KB254193

현대문명의 성향

현대문명의 성향

김 정 의 지음

혜안

책 머리에

4332년 2월 9일 한국문명학회가 창립된 이래 학술발표회가 주기적으로 개최되고 학회지인 『문명연지』와 학회총서인 '한국문명학회총서'가 연이어 발간되었다. 이러한 작업들에 전념하던 중 '현대문명의 성향'에 관하여 관심이 일었다. 그래서 그 성향을 추출하고자 시도하였다.

도대체 현대문명권은 지금 몇 개나 존재하는가? 토인비, 헌팅턴 등의 현대문명 분류는 합당한가? 그리고 각 문명의 상징적인 성향은 한 마디로 각각 어떻게 표현할 수 있을까? 등에 관하여 관심을 집중시켰다. 이것이 어느 정도 숙성되자 『현대문명의 성향』을 한국문명학회총서로 발간하고자 하는 계획을 세웠다.

먼저 현대사의 총체적인 이해 단위로서의 문명을 염두에 두고 여러 측면에서의 다각·다면적인 숙고 끝에 현대문명을 12개의 문명권으로 분류하였다. 그리고 12개 문명권 각각의 상징적인 성향을 검출하였다. 이를 살려 다음과 같이 12개의 장으로 구성하였다.

제1장 한국 문명의 역동성
제2장 중국 문명의 중화주의
제3장 일본 문명의 화혼지향
제4장 미국 문명의 팍스아메리카나
제5장 러시아 문명의 대국주의

제6장 인도 문명의 신비성
제7장 아세안 문명의 다양성
제8장 아랍 문명의 신정주의
제9장 유럽 문명의 유로이즘
제10장 유대 문명의 선민의식
제11장 아프리카 문명의 유원성
제12장 라틴아메리카 문명의 이중성

위의 12개 문명권 각각의 상징적 성향 구명을 알차고 풍부하게 하려고 나름대로 정성을 모았다. 그러던 중 여러 곳에서 현대문명의 통합 징후들을 발견하였다. 여기에서 힌트를 얻어 현대문명의 지배적 성향으로 '현대문명의 통합 징후'를 추론할 수 있었다. 이를 보론으로 싣게 된 것은 천행(天幸)이다.

'뜻이 있는 곳에 길이 있다'는 금언이 있다. '하늘은 스스로 돕는 자를 돕는다'라는 금언도 있다. 삼장(三長)의 재(才)가 부족한 줄 알기에 인백기천(人百己千)의 자세로 매달렸다. 다행히 하늘도 돕고 주변도 도와 계획을 차질 없이 진행시킬 수 있었다. 집필에는 선학들의 저서와 인터넷 URL의 도움을 크게 받았다. 도움을 주신 모든 분들에게 고마울 뿐이다.

그러나 비록 상징적인 성향을 분명히 하여 전력을 기울여 노력하였지만 이제와 보니 스스로도 흡족한 것은 아니다. 이것은 전적으로 지은이의 한계다. 특히 12개 현대 문명권 각각에 대한 성향의 서술방식을 통일시킬 수 없었다. 어떤 경우는 일부 시대사만 서술하고 어떤 경우는 전 역사를 서술했다. 어떤 경우는 문명의 특징만을 집중 서술하고 어떤 경우는 역사뿐만 아니라 백과사전식으로 전 분야를 망라해서 서술하기도 하였다. 이렇게 된 이유 하나는 그들 문명권의 성립 배경과 발전 과정이 상이하기 때문이고, 다른 하나는 각 문명권에 대한 지은이의 관심분야와 이해가 다르기 때문이었다. 그래도 이 책을 발간하기로 만용을 저지른 것은 현대문명의 한 축을 한국문명이 분명히 담당하고 있다는 사실을 나름대로 밝히고 싶어서였다. 여기서 명심할 것은 한국문명이 세계의 여러 문명과 더불어 제 몫을 다해야 된다는 생각이다. 그래서 우물안 개구리처럼 우리 문명만 내세우지 않고 다른 문명권에 대해서도 통찰하는 식견이 노상 필요하다는 생각이다. 이것은 반드시 지은이만의 의기(意氣)라고는 생각하지 않는다.

이제 독자 여러분의 고견과 질책을 겸허하게 기다리고자 한다. 그것이 지은이로 하여금 자기계발로 나타나 더 좋은 책이 될 수 있도록 보완하는 데 도움이 될 것으로 믿기 때문이다.

끝으로 보잘 것 없는 초안을 갖고 이렇게 돋보이는 책을 상재(上梓)할 수 있게 해 준 것은 오로지 도서출판 혜안의 공로이다. 오일주 사장과 김현숙, 양상모 선생 등 편집진에게 감사한다. 그리고 올해는 지은이로서는 매우 뜻깊은 해이다. 가연(佳緣)을 맺은 지 30주년이 되는 해이기 때문이다. 이에 『현대문명의 성향』을 간행함으로써 자축코자 한다. 돌이키니 필설로 다할 수 없는 의미있는 시간들이었다. 영광은 한울의 몫이다.

4334년 2월 4일
미래문명연구소에서
지은이 씀

차 례

제1장 한국 문명의 역동성

1. 머리말

한국 현대문명은 오랜 고난 끝에 드디어 새롭게 문명(文明)의 꽃을 만개(滿開)하고 있다. 오늘날 고도로 발달한 현대문명단계에서 한국사(韓國史)를 바라보면 오늘의 시각에서 즉, 문명사관(文明史觀)의 시각에서 볼 수밖에 없다고 생각한다. 왜냐 하면 한 나라의 역사는 틀림없이 현대문명의 밑거름으로 작용하고 있다고 생각하기 때문이다. 따라서 유구한 한국사는 한국 현대문명의 바탕 내지는 배경이 된다고 생각한다.

그렇다면 오늘날 한국이 역동적이고 주변에 영향력 있는 현대문명을 이룩할 수 있었던 데는 필시 역사 속에 그 정체성(正體性)이 있다고 믿는다. 이에 그 근원을 밝히기 위해 한국사 속에서 역동적이었던 몇 가지의 상징적 면모를 찾아보고자 한다. 이에 부정적이었던 일제 잔재의 식민사관(植民史觀)을 청산하고 좀더 진리에 접근하고자 하는 차원에서 한국사와 대화하고자 한다.

예상컨대 앞으로 전개될 21세기에는 한국 문명을 중심으로 자성적인 문명관이 새롭게 일 것으로 전망된다. 이 자성적 문명관의 바탕 위에서 새로운 환경친화적인 문명·진보관이 위력을 발휘할 것이다. 따라서 미래 발전의 도약을 위하여 흔붉사학을 역동적으로 활성화시키는 작업은 현존하는 한국인에게 부과된 중차대한 과제라고 생각한다.

필자는 이미 흔붉사관=신문명사관(新文明史觀)이라고 명명(命名)한 바 있다.[1] 이 같은 혼붉사관=신문명사관의 시각을 통하여 역동적인 한국 문명의 정체성을 구명코자 한다.

2. 홍익인간의 구현

한국인은 태초에 홍익인간(弘益人間)의 천명(天命)을 받고 나라를 개창하였다(서기전 2333년).[2] 이 때 이미 한국 문명은 만세토록 홍익인간의 이념으로 살아가도록 그 기본 틀이 마련된 것이다. 그 내용은 『삼국유사(三國遺事)』나 『제왕운기(帝王韻紀)』, 『세종실록지리지(世宗實錄地理志)』그리고 『동국여지승람(東國輿地勝覽)』 등에 잘 나타나 있다.

이 중 『삼국유사』와 『동국여지승람』에 기록되어 있는 단군성조[檀君聖祖 : 단군임금(壇君壬儉) · 단군왕검(檀君王儉)]의 기사 요지는 다음과 같다.

> …… 고기(古記)에 이렇게 말했다. 옛날에 환인(桓因)의 서자(庶子) 환웅(桓雄)이라는 이가 있어 자주 천하를 차지할 뜻을 두었다. 그리하여 사람이 사는 세상을 탐내어 구하는 것이었다. 그 아버지가 아들의 뜻을 알아차려 삼위태백산(三危太白山)을 내려다보니 인간들을 널리 이롭게 해 줄 만했다[可以弘益人間]. 이에 환인은 천부인(天符印) 세 개를 환웅에게 주어 인간의 세계를 다스리도록 했다. 환웅은 무려 삼천 명을 거느리고 태백산 마루턱에 있는 신단수(神檀樹) 밑에 내려왔다. 이 곳을 신시(神市)라 한다. 그리고 이 분을 환웅대왕이라고 이른다. 그는 풍백(風伯), 우사(雨師), 운사(雲師)를 거느리고 곡식, 수명(壽命), 질병(疾病), 형벌(刑罰), 선악(善惡) 등을 주관하고, 모든 인간의 360여 가지 일을 주관하여 세상을 다스리고 교화(教化)하였

---

1) 김정의, 「문명 · 진보론의 생성과 전개」, 『문명연지』 1-2, 한국문명학회, 2000, 26쪽.
2) 서기전 2333년이라는 단군 즉위 원년의 절대연대는 사실로서의 의미가 없다. 핵심은 단군이 요(堯)와 동시기에 즉위하여 건국하였다는 데에 있다. 즉, 우리 나라가 중국과 대등한 시기에 건국한 유구한 역사를 지닌 나라라는 의식을 나타내고자 하였다는 데에 고조선 건국연대의 의의가 있는 것이다(노태돈, 「역사적 실체로서의 단군」, 『한국사시민강좌』 27, 2000, 10쪽 참조).

다. …… 환웅이 잠시, 거짓 변하여 그[웅녀(熊女)]와 혼인했더니 이내 잉태해서 아들을 낳았다. 그 아기의 이름을 단군왕검(檀君王儉)이라 한 것이다. 단군왕검은 당고(唐高)가 즉위한 지 50년인 경인년(庚寅年)에 평양성(平壤城)에 도읍하여 비로소 조선(朝鮮)이라고 불렀다.……3)

우리 동방은 단군이 나라를 처음 세우고, 기자(箕子)가 봉함을 받으니 ……4)

이 같은 내용으로 보아 고조선의 건국자인 단군성조(檀君聖祖)는 천손(天孫)으로서 신이한 능력을 지닌 존재가 된다.5) 이를 뇌리에 새긴 선인들은 배달겨레로서의 천손족(天孫族) 의식이 자연스럽게 몸에 배게 되었다. 이는 민족의 위난시기에 민족운동을 가열차게 전개할 수 있는 동력으로 작용하였다. 즉, 민족의식의 바탕에는 우리 민족이 모두 단군의 자손이란 천손족의식이 깔려 있으며, 이러한 인식은 민족이 어려움에 처했을 때마다 강하게 분출되었다.6) 그 근거는 몽골 지배 하에서 단군신화가 문자화되었고, 또한 일제하에서는 「2·8독립선언서」, 「대한독립여자선언서」,7) 「장서」8) 등 각종 선언에서 단군신화9)의 정신이 역력히 드러나 있다. 이 중 「2·8독립선언서」를 보면,

---

3) 일연 지음, 이민수 번역, 『삼국유사』, 을유문화사, 1982(7판), 44쪽.
4) 『동국여지승람』, 서문.
5) 노태돈, 앞의 글, 6쪽.
6) 서영대, 「신화 속의 단군」, 『한국사 시민강좌』 27, 2000, 21쪽.
7) "대한동포는 5천년 문명역사와 2천만 신성민족이기 때문에 3천리 강토를 지킬 만한 독립자존의 능력이 있다"(박용옥, 「대한독립여자선언서 연구」, 『한국민족운동사연구』, 14, 1996, 172~176쪽).
8) "한국은 4천년 역사를 지닌 문명의 나라로 정치 원리와 능력이 있으므로 일본의 간섭은 부당하다"(황묘희, 「유학사상사」, 『한국문명사』, 혜안, 1999, 363쪽).
9) '단군신화'냐 '단군기록'이냐 하는 논쟁은 아직도 결론에 이르지 못하고 있다. 대체로 강단학계에서는 단군신화를 선호하고, 재야학계에서는 단군기록을 옹호하는 경향이 있다.

4천 3백 년의 장구한 역사를 갖고 있는 한민족은 실로 세계에서 가장 오래된 문명민족 중의 하나이다.

라고 선언하여 유구한 문명민족의 자긍심을 일깨웠다. 이 같은 마음자세로 민족독립운동을 전개하여 드디어 광복의 날을 맞이하게 되었다. 현대인 역시 단군신화를 기리는 마음자세는 여전하다. 먼저 개천절(開天節) 노랫말 1절을 보자.

> 우리가 물이라면 새암이 있고
> 우리가 나무라면 뿌리가 있다
> 이 나라 한아버님은 단군이시니
> 이 나라 한아버님은 단군이시니[10]

라고 하여, 이 나라 한아버님은 『제왕운기(帝王韻紀)』 등에 적시된 단군으로서 단군이 우리 민족사의 첫 출발의 새암임을 분명히 하였다.[11] 또, 제헌절(制憲節) 노랫말에서는,

> 비 구름 바람 거느리고
> 인간을 도우셨다는 우리 옛적
> 삼백예순 남은 일이 하늘 뜻 그대로였다
> 삼천만 한결같이 지킬 언약 이루니
> 옛길에 새 걸음으로 발맞추리라
> 이 날은 대한민국 억만년의 터다
> 대한민국 억만년의 터[12]

라고 노래하고, 애국가(愛國歌)에서도 이렇게 노래했다.

---

10) 정인보 작사, 「개천절 노래」, 『우리들의 노래』, 서울교육원, 1988, 10쪽.
11) 강세구, 「한국인의 역사인식」, 김정의 엮음, 『한국문명사』, 혜안, 2000, 47쪽.
12) 정인보 작사, 「제헌절 노래」, 『우리들의 노래』, 서울교육원, 1988, 14쪽.

동해물과 백두산이 마르고 닳도록
하느님이 보우하사 우리 나라 만세
무궁화 삼천리 화려강산
대한사람 대한으로 길이 보전하세[13]

이처럼 개천절 노래, 제헌절 노래, 애국가를 통하여 우리의 뿌리 의식을 선양하고 있다. 즉, 개천절 노랫말에서는 단군성조가 한민족(韓民族)에 의하여 건국된 최초의 국가인 고조선의 건국자라는 의식이 확연히 드러나 있고, 제헌절 노랫말에서는 아예 단군신화의 요지를 노래화하여 '인간을 도우셨다[弘益人間]'는 내용을 부각함으로써 민족의 자긍심을 드러냈다. 또한 애국가 노랫말에서도 하느님의 존재를 경외(敬畏)했다. 여기에서 말하는 하느님은 두말 할 것도 없이 단군신화에 나오는 환인(桓因)을 지칭하는 것이다.

김구(金九 : 1876~1949)는 좀더 구체적으로 홍익인간의 이상을 다음과 같이 갈파하였다. 즉,

인류가 현재의 불행한 근본 이유는 인의(仁義)가 부족하고, 자비가 부족하고, 사랑이 부족한 때문이다. 이 마음만 발달이 되면 현재의 물질력으로 20억이 다 편안히 살아갈 수 있을 것이다. 인류의 이 정신을 배양하는 것은 오직 문화이다. 나는 우리 나라가 남의 것을 모방하는 나라가 되지 말고, 이러한 높고 새로운 문화의 근원이 되고, 목표가 되고, 모범이 되기를 원한다. 그래서 진정한 세계의 평화가 우리 나라에서, 우리 나라로 말미암아서 세계에 실현되기를 원한다.[14]

이것이 홍익인간의 이상이라는 것이다. 김구에게는 우리 국조(國祖) 단군성조의 이상이 바로 홍익인간이라는 생각이 신념처럼 확연했다. 이러한

---

13) 서울교육원 편간, 「애국가」, 『우리들의 노래』, 1988, 9쪽.
14) 1947년 김구가 지은 「나의 소원」에 나오는 글이다(김구 지음, 도진순 주해, 『백범일지』, 돌베개, 1997, 431쪽).

선도적인 분위기는 일반인에게도 보편화되어 드디어 우리 나라 '교육기본법'에선 교육이념으로서 홍익인간을 다음과 같이 표방하기에 이르렀다.

> 교육은 홍익인간의 이념 아래 모든 국민으로 하여금 인격을 도야하고 자주적 생활능력과 민주시민으로서 필요한 자질을 갖추게 하여 인간다운 삶을 영위하게 하고 민주국가의 발전과 인류공영의 이상을 실현하는 데 이바지하게 함을 목적으로 한다.[15]

즉, 모든 국민으로 하여금 인격을 도야하고 자주적 생활능력과 민주시민으로서 필요한 자질을 갖추게 하여 인간다운 삶을 영위하게 하고 민주국가의 발전과 인류공영의 이상을 실현하는 이념으로서 홍익인간을 원용한 것이다. 한국인의 가치관 설정의 제일의를 유구한 원초 이념에서 따 온 것은, 이를 원동력으로 삼아 한국적 전통을 계승·발전시키겠다는 의지의 발로로 볼 수 있겠다.

한편 홍익대학교, 홍익중·고등학교, 홍익여자중·고등학교, 홍익초등학교가 각각 개교되었고, 홍익회가 창립되고 홍익치과의원 등이 개원된 것이나 조선대학교, 단국대학교, 단국중·고등학교가 개교된 것은 각자의 처지에서 입지(立志)한 홍익인간 구현의지의 구체적 사례라고 볼 수 있겠다.

이 같은 현대인의 생각은 현재만 그러한 것이 아니고 역사적인 전통이 있는 것이다. 고등학교 국사교과서에도 이런 사실을 다음과 같이 적어 놓았다.

> 천신의 아들이 내려와 건국하였다고 하는 단군 건국의 기록은, 우리 나라의 건국 과정의 역사적 사실과 홍익인간의 건국이념을 밝혀 주고 있으며, 고려, 조선, 근대를 거치면서 우리 민족의 전통과 문화의 정신적 지주가 되어 왔다.[16]

---

15) 교육기본법 제2조(교육이념), 개정 2000. 1. 28 法律第6214號.
16) 문교부, 『고등학교 국사』, 대한교과서주식회사, 1985, 10쪽.

이처럼 개국 이래 한민족은 때때로 나라 이름은 달라도 하늘로부터 전수받은 천손족으로서의 홍익인간 정신을 줄곧 지켜 왔다. 마치 단군신화에 나오는 '쑥'과 같은 생명력을 발휘한 것이다.[17] 한민족(韓民族)에겐 가슴에 깊이 새겨진 홍익인간의 정신이 무엇보다도 큰 자부심이었다. 그래서 천손족으로서의 홍익인간의 구현이 흔얼주의[人天主義][18]로 현현되기에 이르렀다. 따라서 어떻게 하면 이를 달성하여 인류구원의 이화세계(理化世界)[19]를 만들 것인가가 자나깨나 한결같은 민족 성원의 소망이었다.

그래서 고래로 천상(天象)의 변화를 응시하고 그 천변지이(天變地異)를 끊임없이 기록으로 남겨 놓았다.[20] 이는 물론 하늘의 뜻을 헤아려 현실 정치에 반영할 뿐만 아니라 이를 후손에 전수시켜 홍익인간의 이화세계를 성취하기 위한 민족적 갈망이자 신앙이었다. 이는 한국사에서 유난히 발달해 온 천문과학의 발달 단서가 되었고, 홍익인간의 이화세계를 이룰 수 있는 연관 분야를 발전시켰다. 예컨대 천상(天象)을 담기 위해 제지술과 인쇄술이 발달하였다. 또한 기록으로 남기기 위한 문자가 거듭 만들어져(吏讀 → 口訣文)[21] 드디어 훈민정음(訓民正音)이 창제되고 이것이 한글로 다듬어지기에 이르렀다.

요컨대 세계가 인정하는 한국역사상의 천문학, 기술학, 인문학의 발달 연유가 모두 홍익인간의 이화세계 건설을 기하다 보니 나타난 현상이라고

---

17) 우리 속말에 '쑥밭이 됐다'는 말이 있다. 이는 황폐화된 것을 상징하는 표현이다. 황폐화된 곳에 으레 쑥이 무성하기에 나온 말이다. 일례로 일본 히로시마에 원자탄이 떨어져 황폐화되었을 때 제일 먼저 자생한 생명체가 쑥이라고 한다. 쑥의 생명력이 우리 민족의 생명력이 아닐까?

18) 한국의 '흔얼주의'는 중국의 '중화주의(中華主義)', 일본의 '화혼지향(和魂志向)'과 잘 대비되는 우리의 원천적인 정신이라고 생각된다.

19) 이상향(理想鄕), 이상국가(理想國家), 이상적인 세계, 유토피아(Utopia)를 의미한다.

20) 이태진, 「소빙기(1500~1750) 천변지이 연구와 『조선왕조실록』 - global history의 한 장 - 」, 『역사학보』 149, 1996, 203~236쪽 ; 이태진, 「'小氷期'(1500~1750년)의 天體現象的 원인 - 『朝鮮王朝實錄』의 관련 기록 분석 - 」, 『국사관논총』 k72-3, 다운로드 89~126쪽 참조.

21) 小倉進平, 小林芳規 등은 일본 가나(假名) 문자의 한국기원설을 제기하였다(『조선일보』 2000년 11월 30일 및 12월 1일자 기사).

볼 수 있는 것이다.22)

이처럼 한민족은 인류역사에서 그 유래를 찾아볼 수 없는 홍익인간의 포덕(布德)이라는 뚜렷한 고등신앙을 지녀 왔고, 또 그것을 인류구원의 사명감으로 확신하고 대대로 이 땅에서 문명을 일구며 살아 왔다. 때로는 홍익인간의 주체적인 삶 속에서 외래문명을 수용하기도 하였다. 4세기의 불교 수용, 14세기의 성리학 수용, 그리고 19세기 이래 갈등을 겪으며 수용하고 있는 기독교문명이 그렇다고 생각된다. 다만 우려되는 것은 옛적에는 전통적인 문명을 간직한 상태에서 수용했지만 지금은 전통문명이 단절되다시피한 어려운 상황에서 수용하게 되어 사실상 전통문명의 맥이 실종(失踪)하기에 이르렀다는 점이다. 다행히 이를 깨친 인사들에 의하여 실종된 전통의 맥을 찾아 잇고 우리 입장에서 서구문명을 수용하고자 하는 분위기가 일고 있음은 크나큰 위안이다.

그럼 우리의 전통문화에서 홍익인간의 전통은 어떻게 이어져 왔는가? 고조선(古朝鮮)의 홍범(洪範) 8조의 전교,23) 고구려의 천손의식(天孫意識),24) 신라의 화랑도(花郞道) 정신,25) 고려의 무사정신, 조선의 선비정신,

---

22) 「한국문명학회를 세우는 취지서」, 1999(『문명연지』 1-1, 한국문명학회, 2000, 283쪽 참조).

23) 북한은 최근 세계 4대문명 발상지에 '대동강문화'를 추가하여 이를 세계 5대문명의 발상지로 설정하였다. 즉, 1998년 3월 11일 평양을 중심으로 한 대동강 일대의 고대문화에 대해 '대동강문화'라는 이름을 부여하고 이를 대내외에 천명했다. 같은 해 10월 2일 평양인민문화궁전에서는 사회과학 부문 관계자들과 역사학자·언어학자들이 참석한 가운데 '대동강문화에 관한 학술발표회'가 개최됐다. 참석자들은 "단군릉 발굴을 비롯한 고고학적 발굴과 조사연구에 대해서 우리 나라의 첫 고대국가 고조선이 서기전 30세기 초에 섰다는 것이 확인됐다"면서 "이는 대동강문화가 세계 5대문명의 하나로 된다는 것을 확증해 준다"고 공언했다. 1999년 2월 일본 도쿄에 있는 조총련계의 학우서방이 내놓은 「최신조선지도」는 <세계문화발상지와 인류화석의 발굴지>라는 제목 아래 세계지도상에 이집트(나일강), 메소포타미아, 인더스, 황하와 함께 대동강을 표시하고 이 지역을 고대문명의 발상지로 명기했다. 또한 티베트, 바빌론, 모헨조다로, 은허와 함께 평양을 고대의 도시문명 발상지로 표기했다(http://jls.co.kr/index3/dprkculture1.htm). 신용하(愼鏞廈 : 1937~)는 서기전 30세기에 대동강 유역에서 형성된 고조선문명권은 중국의 황하문명권보다 형성 시기가 앞선다고 주장했다(『한국경제신문』 2001년 2월 3일자, 28쪽).

24) 우주의 중심을 뜻하는 강서대묘의 「사신도」, 태양신을 상징하는 「삼족오」, 광개토대

근대 맹아기의 실학정신(實學精神)은 다같이 홍익인간의 실현을 위한 구체적인 발현이자 계승이라고 할 수 있겠다. 특히 성리학(性理學)에도 홍익인간은 그대로 녹아들었다. 한영우(韓永愚 : 1938~)는,

> 조선은 고도로 세련된 문화정책과 사회정책으로 분열된 사회를 재통합했다. 전보다 한 단계 성숙한 민족통일을 이룩한 것이다. 민족문화의 뿌리인 고조선 문화를 발견하고, 성리학 사상 속에 홍익인간 이념을 담아 정책으로 구현한 것이 바로 조선왕조다. 각각 삼국의 유민(遺民)이라는 지역의식이 이 때 비로소 극복되었고, 이런 문화정책의 힘이 519년이라는 장수를 담보한 것이다.26)

라고 조선이 성리학 사상 속에 홍익인간의 이념을 정책적으로 구현하고 있었음을 밝혔다. 원유한(元裕漢 : 1935~)도 성리학이 단일민족국가 형성의 논리적 근거를 제공했다고 언급했다. 즉,

> 성리학은 고구려 역사 또는 신라 역사를 각기 계승했다고 하는 등, 고려시대의 이원적 역사계승의식을 통합하여 단군을 국조로 통합·일원화시키고 한민족의 역사적 정통성을 제고시키는 데 논리적 근거가 되었다.27)

왕릉비문에 각석된 천손(天孫)이란 글자 등이 이를 시사하고 있다.

25) 동학은 한국 고유사상을 기저로 유·불·선과 기독교 교리까지 수용하여 창도하였다. 그런데 한국 고유사상은 도대체 무엇일까. 그것은 신채호(申采浩 : 1880~1936)의 소론에 의하면 낭가사상(郎家思想 : 화랑도)이다. 그런데 화랑도도 고유사상에 기저를 두고 유·불·선을 종합하여 만들어진 것이다. 여기에서 말하는 고유사상을 최치원(崔致遠 : 857~?)은 「난랑비서(鸞郎碑序)」에서 '현묘지도(玄妙之道)'라고 지적하였다. 그렇다면 '현묘지도'란 과연 무엇일까. 그것은 동학에서 말하는 천신사상과 일맥상통하는 것이 아닐까. 마침 이선근(李瑄根 : 1905~1983)은 그의 『화랑도 연구』에서 동학사상이 화랑도에서 연원되었다고 주장하였다. 이제 무엇인가 감이 잡힐 것 같다. 동학의 천신사상이 바로 한국의 고유사상인 것이다. 따라서 그것은 필시 화랑도와 상통하며 더 소급하면 현묘지도, 즉 개천(開天) 시의 '홍익인간' 내지는 '이화세계'에 가서 맥이 닿지 않을까 생각한다(김정의, 「동학의 문명관」, 『신문명 지향론』, 혜안, 2000, 68쪽).

26) 한영우, 「역사속의 2000년 6월 12일」, 『조선일보』 2000년 6월 9일자.

라고 여말선초의 실학인 성리학은 삼국통일로부터 한국사가 지향한 중세
적 통일민족국가 완성기에 대응한 통치이념이요 사회사조였다고 그 성격
을 명쾌하게 구명하였다.[28]

그런가 하면 동학(東學)의 인내천(人乃天)이나 사인여천(事人如天)은
사실상 홍익인간에 터한 높은 경지의 사상이라고 볼 수 있겠다. 아예 단군
성조를 신앙하는 대종교(大倧敎)가 등장하기도 하였다. 국권피탈기에 겪었
던 민족독립운동 역시 홍익인간의 구현이라고 할 수 있는 것이다. 그것은
대한민국건국강령 제2항에 잘 명기되어 있다.

우리 나라 건국정신은 삼균제도(三均制度)에 역사적 근거를 두었으니, 선
민의 명명한 바 수미균평위(首尾均平位)하면 홍방보태평(興邦保泰平)이라
하였다. 이는 사회 각층의 지력과 권력과 부력의 가짐을 고르게 하여 국가를
진흥하며 태평을 보전 유지하려 함이니 홍익인간과 이화세계 하자는 우리
민족의 지킬 바 최고공리임.

작금 벌어지고 있는 민중운동이나 통일운동 및 시민의식 고취를 위한
역동적인 시민운동도 홍익인간의 발전적인 구현을 위한 운동이라고 하겠
다.

또한 평양에선 단군릉을 발견하고 새롭게 단장하여 일반인에게 공개시
키고 있다고 한다.[29] 이러한 현상도 같은 맥락에서 홍익인간의 구현책이라

---

27) 원유한, 「'한국실학'의 개념 모색」, 『실학사상연구』14, 무악실학회, 2000, 758쪽.
28) 같은 글.
29) "북한은 최근 평양 강동군 소재의 단군릉을 발굴, 개축작업을 벌인 결과 무덤에서 단
군의 유골을 출토했으며 그 연대는 지금으로부터 약 5천 11년전의 것으로 확증됐다
고 2일 밝혔다. 단군릉 발굴작업을 주관했던 북한 사회과학원은 이 날 단군릉 발굴보
고를 통해 무덤에서는 단군과 부인의 것으로 보이는 남녀 한 쌍의 유골을 발굴했으
며 이 중 단군의 유골로 추정되는 남자의 뼈를 전자상자성 공명법을 적용해 2개의 연
구기관에서 현대적 측정기구로 각각 24회, 30회씩 측정한 결과 이같이 확증했다고 중
앙방송이 보도했다. 이 보고는 이어 단군의 유골이 5천여 년이라는 긴 세월 동안 삭
아 없어지지 않고 보존될 수 있었던 것은 '석회암지대에 묻혀 있었고 매장되어 있던
지점의 토양이 뼈를 삭히지 않는 특성을 가지고 있었기 때문'이라고 설명했다. 단군

고 볼 수 있겠다.

이처럼 한국 문명은 역사적으로 홍익인간의 구현에 진력해 왔고, 이제 그 전통의 맥을 이어 다시금 발전적인 홍익인간의 구현을 위해 헌신하려는 사람들이 증가하고 있는 것은 매우 고무적이라고 볼 수 있겠다. 요컨대 한국인은 각자가 스스로 더 나은 사회를 만들기 위해 자신들이 존재한다는 의식이 어느 민족보다도 강했다. 이 모든 연유의 원뿌리는 천손족으로서의 홍익인간의 이념에 가서 맥(脈)이 닿기에 가능했었다. 이것이 바로 한국 문명이 역동적이 될 수밖에 없었던 정체성(正體性)의 원천이라고 가늠된다.

3. 한글 문명의 창달

한국 문명의 역동성은 한글 문명의 창달에서도 유감없이 드러나고 있다. 우선 문자가 창제됨으로 인하여 도시, 종교와 더불어 문명 구성의 기본요소를 모두 충족시키는 결과를 가져왔다.[30] 이는 무엇보다도 중요한 측면이다. 그런데 한글은 세계에서도 가장 우수한 완미(完美)한 문자라는 것이

의 유골이 발굴됐던 무덤에서는 두 사람분에 해당하는 86개의 뼈가 출토됐는데 골반뼈를 기초로 감정을 벌인 결과 하나는 남자인 단군의 것으로, 하나는 단군 부인의 것으로 확인했다. 그리고 남자의 뼈는 길고 상당히 굵으며 키는 1백 70cm 정도였던 것으로 보이는데 단군이 생존했던 시대의 일반적인 남자의 키가 1백 63cm를 넘지 못했을 것이라는 사실을 감안하면 단군은 당시로서는 키가 상당히 크고 체격이 웅장한 사람이었다고 볼 수 있다고 이 보고는 지적했다. 단군릉에서는 사람뼈 이외에 금동왕관 앞면에 세움장식과 돌림띠 조각이 각각 1개씩 출토됐다. 또한 여러 개의 도기조각과 관에 박았던 관못도 6개가 출토됐다. 단군의 유골이 발굴된 단군릉은 돌로 쌓은 고귀여양식의 돌칸 흙무덤이다"(서울 = 내외, 『조선일보』, 기사ID : 9310031809).

단군릉이 기록에 처음 보인 것은 16세기 초반에 편찬된 『신증 동국여지승람』에서다. 그러나 이선복은 이를 단군릉이라고 보는 것은 무리한 억측이라고 했고, 노태돈도 북한의 발표를 그대로 수긍하기는 어렵다고 전제하고 고구려 때의 무덤으로 보는 것이 순리라고 하여(노태돈, 앞의 논문, 11쪽) 학계의 공감대가 아직은 정립되지 못하고 있다.

30) 인류문명의 탄생을 가늠하는 지표로서 흔히 도시·문자·종교를 든다(오금성, 1997년 5월 30일, 서울대학교 문화관에서 개최된 제40회 전국역사학대회 개회사).

세계 언어학계의 통설이다. 그것은 UNESCO가 한글을 세계에서 가장 우수한 글로 선정하고 문맹퇴치에 제일 큰 업적을 남긴 나라에게 매년 KS상(King Sejong Prize)을 한글날인 10월 9일 수여하는 것으로 보아서도 뒷받침되고 있다.[31]

또한 한글은 창제 당시의 음성학 속에 이미 음성을 전자파화할 수 있는 과학적인 기반이 마련되어 있었음이 최근 한태동(韓泰東 : 1924~)에 의하여 밝혀졌다.

세종 때 한글 창제를 위해 진행된 음성학 연구를 공부했더니, 사람의 음성을 전자파와 바꿀 수 있게 하는 이론적 근거가 그 속에 담겨져 있더군요. 이번 연구로 우리 말을 음성만으로 인식하는 컴퓨터 개발에 새로운 길이 열릴 이론틀을 찾아냈습니다.[32]

단어를 한 자씩 구분해 인식하는 기존의 음성인식방식은 연음 등의 인식이 어려웠으나, 이 이론은 전자파로 음성을 바꿈으로써 문제점을 해소할 수 있다는 설명이다. 한편 음성인식 컴퓨터는 북한도 개발하였다고 보도되었다.[33]

이제 이러한 문자를 예찬하는 한글날 노래를 보자. 한글날 노랫말에는 한글 문명을 창달해야만 할 이유가 다음과 같이 잘 함축되어 나타나 있다.

강산도 빼어났다 배달의 나라
긴 역사 오랜 전통 지녀온 겨레
거룩한 세종대왕 한글 펴시니
새 세상 밝혀주는 해가 돋았네
한글은 우리 자랑 문화의 터전
이 글로 이 나라의 힘을 기르자

---

31) 『조선일보』 1996년 10월 9일자.
32) 『조선일보』 기사ID : 9810082308.
33) KBS TV, 2000년 6월 14일 밤 9시 News.

볼수록 아름다운 스물넉 자는
그 속에 모든 이치 갖추어 있고
누구나 쉬 배우며 쓰기 편하니
세계의 글자 중에 으뜸이로다
한글은 우리 자랑 민주의 근본
이 글로 이 나라의 힘을 기르자[34]

일찍이 문일평(文一平 : 1888~1939)은 한글 문명이 앞으로 시간이 갈수록 더욱 생명력을 지닐 것이라고 예측하고 민중민주시대를 이끌 요체로서 높은 한국 문명의 구축을 선도할 것이라고 강조하였다.[35] 이러한 분위기 속에서 주시경(周時經 : 1876~1914), 최현배(崔鉉培 : 1894~1970), 김윤경(金允經 : 1894~1969) 등이 한글 문명의 터전을 닦는 데 신명을 바쳤다.

돌이켜보면 한글은 태어날 때부터 민족의 글이요 민중의 글로서 평등의 글이었다. 그것은 반포 당시 한글을 가리켜 민중을 훈육하는 바른 글 즉, 훈민정음(訓民正音)이라는 지칭 속에 잘 함축되어 있다. 이 점에 대하여 다시 문일평의 선견지명을 들어보자.

조선문명을 상징한 것은 실로 훈민정음이니 세계문자 위에 뛰어나는 실용적 이기인 점에서 이것이 어찌 저 신라예술의 걸작인 석굴암이나 또는 고려 불교의 결정(結晶)인 장경판(藏經板)에 비할 바이랴. 모든 역사적 유물이 거의 다 골동화(骨董化)하여 버린 오늘날에 와서 갈수록 새 문명을 번쩍이고 있는 것은 오직 이 훈민정음뿐이다. 한국이 이로부터 새 문명을 창건하는 데는 반드시 이 이기(利器)에 힘입은 바 많을 것이다.

한국인은 현대 진운(進運)에 낙오자이나 이 문명의 이기를 가졌으므로 노력 여하에 따라 낙오자를 면할 수 있고, 한국인은 거의 그 전부가 빈궁자(貧窮者)이나 이 민족적 지보(至寶)를 가졌으므로 어느 의미에서는 빈궁자(貧窮者)가 아니다. 적나라한 한국인에게 남아 있는 것은 다만 선조(先祖)로부

---

34) 최현배 작사, 「한글날 노래」, 『우리들의 노래』, 서울교육원, 1988, 16쪽.
35) 김정의, 앞의 『신문명 지향론』, 237~241쪽.

터 물려받은 영혜(靈慧)한 두뇌와 아울러 이 완미(完美)한 문자뿐이다. 이를 잘 이용·활용·애용함에 의하여서만 진정한 한국의 새 생명을 개척할 것이다. 인류의 진화는 더딘 것이다. 한국이 역사를 가진 지 수천 년에 겨우 조선에 와서 인문결정(人文結晶)인 훈민정음이 생겨났고 이제부터 이 민족적 지보를 한국인 하나 하나가 잘 활용하여 한층 더 아름다운 신문명(新文明)을 창조하는 데에는 또다시 얼마나 장구(長久)한 세월이 걸릴 것인지 역도(逆睹)[36)하기 어렵다.

그러나 현재 성숙한 문명의 열매를 거두는 것보다 미래문명의 꽃을 보기 위하여 오늘날 그 씨를 뿌리는 데 인간의 희망이 있는 것이다.

구문명(舊文明)의 폐허에 새 문명의 씨를 뿌리고 있는 오늘날 한국인은 그 일동일정(一動一靜)이 바로 역사에 영향을 미친다. 과거의 한국인이 현재의 문명을 지은 것과 같이 현재의 한국인이 미래의 문명을 짓고 있다. 다만 과거에는 소수인에 의하여 그것을 짓게 되고 현재에는 다수인에 의하여 그것을 짓게 되는 것이 다를 뿐이다.

소수인에 의하여 지은 문명은 귀족문명이요, 다수인에 의하여 지은 문명은 민중문명이다. 전자의 특징이 이상적인 데 있다면 후자의 특징은 실제적인 데 있다. 이는 벌써 조선문명이 신라·고려보다 실용적 색채를 짙게 띠고 있는 만큼 미래의 민중문명을 암시 혹은 배태(胚胎)한 것이라고 볼 수도 있다. 무엇보다 이것을 가장 잘 설명하는 것은 훈민정음이다. 훈민(訓民)이란 어의(語義)는 곧 민중의 훈육(訓育)을 의미한 것이 아닌가. 여기서 역사동향과 문명진운이 거의 일치됨을 발견하겠다.[37)

문일평은 이처럼 예리하게 한국문명사상에서의 한글의 의의를 꿰뚫었다.[38) 이런 연유로 인하여 오히려 한글은 특권의식을 가진 한문중독의 지배계층으로부터 언문(諺文)으로서 소원될 수밖에 없었다.

---

36) 미리알기라는 뜻.
37) 문일평, 「조선문명의 결정」, 『한국의 문화』, 을유문화사, 1974(8판), 12~13쪽.
38) 그러나 강만길같이 훈민정음의 창제가 통치자의 입장에서 민중을 훈육하기 위한 글이라며 창제 의미를 폄하하는 경우도 있다(강만길, 『분단시대의 역사인식』, 창작과비평사, 1978).

실로 한글의 발전사는 민중의식의 성장사와 그 궤를 같이하는 것이었다. 연산군(燕山君 : 1476~1506)의 비행을 비판한 글이 한글이었고, 홍길동의 의협심이나 성춘향의 사랑을 예찬한 글이 한글이었다. 동학의 경전인『용담유사』가 한글로 간행되었고,[39) 기독교의 성경도 한글로 번역되었다. 그리고 기우는 국운을 바로잡고자 애국충정을 토로한 글이『독립신문』의 한글이었다. 이처럼 한글과 민중의식의 발전은 상호보완적인 것이었다.

이를 발전적으로 계승하여『연세춘추』등 대다수의 대학신문들은 한글 문명의 기수답게 한글 가로판으로 편집한 지 오래고, 대부분의 서적들도 한글 가로판으로 펴내고 있다. 다만 시중의 일간지들이 국·한문 혼용의 세로판으로 나오고 있었으나 이들 신문도 이제는 한글 가로판으로 발간하기 시작하였다. 특히 근래에는 휴대전화나 컴퓨터 WP '흔글'에서 한글의 성능이 비약적으로 발휘되고 있다. 이로써 역사는 한글 문명의 창달 쪽으로 도도히 흘러가고 있음을 간파할 수 있는 것이다. 현재 사용되고 있는 전화가입자 명부도 거의가 한글로 쓴 이름을 선택하고 있고, 숱한 거리의 간판도 한글로 적어 놓은 것을 볼 수 있다. 급기야 가장 보수적이라 할 수 있는 국학 관계 학술논문집마저 한글을 선호하고 있음은 신기하기까지 하다. 유신 시절에 광고탄압을 받던『동아일보』가 독자들에게 보내는 호소문은 한글로 쓰여졌었다. 이는 민중에게 호소하여 민중의 능동적인 도움을 얻는 데 한글 표기의 논조가 갖는 힘을 십분 활용하고자 한 것이었다.[40)

우리는 이토록 커다란 위력을 발휘하는 한글시대로의 도약이 갖은 고초

---

39) 윤석산,「용담유사의 문학적 조명」,『용담유사의 재조명』(동학학회 추계학술세미나), 2000, 1~4쪽 참조.

40) 3선개헌에 이어 유신체제를 구축한 박정희 정권에 의한 언론통제가 강화되었다. 이에 일선 기자들을 중심으로 언론자유수호운동이 전개되었다. 박정희 정권은 이러한 언론자유수호운동에 대해 강력히 대응했는데, 특히『동아일보』광고 탄압사건은 가장 상징적인 것이었다.『동아일보』광고 탄압은 1974년 12월 16일부터 1975년 7월 16일에 이르는 7개월 동안 지속되었다. 이 광고 탄압으로 광고면은 공란으로 발행되었다. 정권과 언론과의 이 대립은 결국 언론사주들의 투항과 기자들의 대량해고로 매듭지어졌다. 이들 송건호 등 해고된 기자들이 중심이 되어 1980년대에『한겨레신문』이 창간되었다(http : //mnum.mokpo.ac.kr/cspark/lifestyle/h2-2/2-96.htm).

를 무릅쓰고 한글연구에 신명을 바친 창제 당시의 세종대왕(世宗大王 : 1397~1450)과 학자들, 그리고 일제 하 한글학자들의 공로임을 익히 알고 그분들의 공적에 감사함이 마땅할 것이다. 마치 이 고마움의 표시인 양 이제 거의 전 국민이 한글을 체득하여 헝가리(Hungary)와 더불어 문맹률이 가장 낮은 국가로 성장하였다. 뿐만 아니라 한국어를 세계인의 국제어로 만드는 데에도 게을리 하지 않았다.[41] 이처럼 우리 모두가 동참하여 이루는 한글 문명을 계속적으로 국가발전의 원동력으로 삼아야 되리라고 본다.

여하튼 한국인이 한글이라는 창조적이고 과학적이고 아름다운 글을 가진 것은 천손족으로서 무엇보다도 가시적인 자부심의 상징이라고 보겠다. 이는 민족적 보배로서 그 무엇과도 교환할 수 없는 세계적 자산이라고 생각된다.[42] 실제로 훈민정음(한글) 원본은 인류가 보전해야 될 세계의 기록 문화유산으로 등재되었다.[43] 어쨌든 한글이 있기에 한국말은 온전하고, 한글이 있기에 한국사는 자의식이 뚜렷하고, 한글이 있기에 한국문학은 얼이 생동하는 것이다.[44] 그리고 이 한글은 정보문명의 촉매제 구실을 톡톡히 하고 있다. 한글이 있기에 한국인으로서의 정체성을 뚜렷이 품고 현대화의 지름길을 달리는 데 성공할 수 있었던 것이다. 실로 한국은 한글이 있기에 부유한 나라다. 이보다 더 귀한 자산을 소유하기는 난망한 일일 것이다. 따라서 앞으로도 이 글로 세계화의 초석을 다져야 될 것이다.

그럼에도 불구하고 한자옹호론자들에 의하여 아직도 한글을 홀대하는 경향이 있는 것은 스스로 근대화의 암적 지반을 키워 온 비극이었다. 그동안 한자는 아시아의 '전근대성'과 '비과학성'의 문화적 상징[45]이었음을

---

41) 김정의, 「한국사의 문명사적 관점론」, 『학산김정학박사송수기념 한국사학논총』, 학연 문화사, 1999, 379쪽.

42) 한글은 우리 민족의 슬기를 자랑할 만한 가장 중요한 민족의 유산이다(허웅, 『한글과 민족문화』, 세종대왕기념사업회, 1974, 3~4쪽).

43) 한글의 원본인 훈민정음은 1997년 10월 UNESCO에 의하여 인류가 보전해야 될 세계 기록유산으로 선정되었다(『조선일보』 1997년 10월 2일자 기사).

44) 문일평, 「사안으로 본 조선」, 김정의, 『신문명 지향론』, 혜안, 240~241쪽 참조.

45) 최화인, 「근대일본의 국민국가 형성과 언어 내셔널리즘」, 『학림』 21, 연세대학교 사학 연구회, 2000, 123쪽.

상기해야 할 것이다. 근래엔 설상가상으로 한자문화 잔재에 겹쳐서 미국 천민문화의 일방통행으로 인하여 작금 한글의 우수성을 망각하는 무리들이 속출하는 것은 여간 민망한 일이 아니다. 이에 대하여 필자는 다음과 같은 생각을 갖고 있다.

세계화라는 미명 아래 혹 나는 무분별하게 외래어를 남용하지 않는가? 나의 복장에 치졸한 외래어를 표기하고 활보하지는 않는가? 나는 상스러운 언어를 천연덕스럽게 표현하지는 않는가?

이제 이를 자성하고 우리의 일상언어를 갈고 닦아 아름다운 우리 언어를 사용함으로써 문명인으로서의 교양과 품위를 높여야 하겠다. 나아가서 우리 언어를 바탕으로 한 우리 민족문화 창달에 이바지하려는 자세를 의연히 갖춰야 하겠다. 그리하여 우리가 주인으로서 한글 사랑의 신성한 권리와 의무를 다해 우리 언어를 자자손손 길이길이 역동적으로 빛내도록 하는 것이 세계화의 지름길이라고 생각한다.[46)]

4. '신명'과 '한'

앞에서 한국 문명이 정체성을 드러낸 역동성으로 '홍익인간의 구현'과 '한글 문명의 창달'을 구체적으로 꼽았다. 이제 그 세 번째로 '신명'과 '한'을 들고자 한다.

우선 '신명'을 생각해 보자. 한국인은 가만히 무료하게 있지를 못한다. 하는 일이 없으면 견디질 못하고 따분해하는 성품이다. 하는 일이 누구에겐가 인정을 받고 스스로도 의미있고 보람있는 일이라고 생각하면 즉, 더 나은 사회를 만들기 위해 보탬이 되는 일이라면 좌고우면하지 않고 전력투구한다. 신명나서 하는 일은 아무도 못 말린다. 반드시 목표를 달성해 내고야 만다. 그러나 신명이 나지 않을 때는 시체말로 '날 잡아 잡수쇼' 하고

---

46) 김정의, 「한글문화의 발전을 위하여」, 『한양여대신문』 47, 1984년 10월 15일자 참조.

나자빠진다.

실례를 들어보자. 고대의 고구려인이나 신라인은 죽음을 두려워하지 않고 충성을 다하여 조국을 위하여 싸웠다. 그 당시는 조국을 위하여 싸우다 죽는 것이 무엇보다도 중요한 덕목이었다. 그에 힘입어 고구려는 영토를 넓게 확장시켜 동아시아를 제패하였고, 신라는 민족의 숙원인 통일조국을 이루는 데 성공하여 민족문화의 공고한 터전을 마련하였다.

이 같은 예는 가까운 데에서도 찾아볼 수 있다. 경제건설과 새마을운동으로 드디어 누대의 가난을 벗고 한강의 기적을 일궈냈다. 건설 현장에선 낮밤없이 구슬땀을 흘렸다. 이건 누가 시킨다고 될 일이 아니었다. 도저히 상상할 수 없는 너무나 빠른 속도로 건설이 진척되었기에 흔히 이는 한강의 기적으로 회자되었다. 전국의 농로가 순식간에 넓혀지고 초가집도 순식간에 사라졌다. 그야말로 5천년 가난이 순식간에 사라진 것이다. 이로써 세계사 진운에 함께 참여할 수 있는 계기를 마련하는 데 성공하였다. 그 여파로 올림픽 대회도 성공적으로 개최할 수 있었다.[47] 신명이 신명을 낳아 계기적으로 신바람 나는 일을 불러온 결과였다. 이는 지도자가 국민을 믿었고, 국민도 그러한 지도자를 따라 신명을 바쳐 일한 대가다. 마치 토인비(Arnold J. Toynbee : 1889~1975)가 말하는 창조적 소수자(creative minority)가 새로운 문명을 창출하고 다수의 민중은 이를 모방(mimesis)[48] 하는 그러한 현상이 나타난 것이다.

민주화투쟁은 또 어떠했는가. 목숨을 걸고 하고 한날 떼로 덤비는데 아무리 강력한 정부인들 막을 재간이 있겠는가. 드디어 험난한 과정을 뚫고 민중민주시대를 민중이 스스로 쟁취하였다.[49] 세계가 부러워하고 경탄할 한국적인 새로운 국가 건설의 장거였다. 이 만한 경제건설이나 민주화 쟁취는 서구에서 수백 년이 걸려 해낸 일이었다. 그러나 한국은 광복 반세기

---

47) 제24회 세계올림픽은 1988년 9월 17일부터 10월 2일까지 160개국이 참가하여 서울에서 개최되었다(http : //www.sosfo.or.kr/olympic/olympicframe01.htm).
48) 김정의, 앞의 『신문명 지향론』, 111쪽.
49) 토인비가 말하는 창조적 소수자가 지배적 소수자로 전락했을 때 나타난 본보기라고 할 수 있겠다.

만에 성사시켰다. 스스로도 놀라운 현상이 펼쳐진 것이다.

지금은 정보산업화의 회오리바람이 불고 있다. 자원이 열악한 한국은 배움만이 살 길이란 믿음이 구한말 이래 체질화되어 있는 나라다.[50] 그래서 한국은 세계적으로 교육열이 가장 높은 나라가 되었다. 그 덕에 문맹률이 가장 낮은 나라라는 명예도 안았다. 이제 한국은 수년 내로 분명히 컴맹률도 가장 낮은 나라로 성장할 것이다. 치맛바람의 대명사가 된 아줌마 부대의 여러 행태는 이를 쉽게 예측케 한다. 일찍이 한국의 교육열을 선도한 바 있는 이 아줌마 부대의 억척같은 전통은 누구도 말릴 수 없다. 아줌마 부대는 조기유학바람을 일으키는가 하면 해외견문바람을 주도하기도 한다. 뿐만 아니라 정보통신의 총아인 휴대폰 소지에도 뒤지지 않는다. 컴퓨터학원은 아줌마 부대로 넘치고 있다. 이것이 한국적인 현주소다. 아줌마 부대의 긍정적인 개가인 것이다. 따라서 아줌마 부대의 선구자적인 깨우침은 필시 2세 교육에 그대로 전수될 것이고, 이로 미루어 한국은 정보산업화의 선도국가가 될 것이 뚜렷이 가늠된다.

젊은이들의 벤처 창업 열풍도 간과할 수 없는 현상이다. 이 정보 분야에서의 폭발성은 세계가 한국을 선망으로 받아들이는 시기를 단축시킬 것이다. 이는 산업화에는 뒤졌지만 정보화에는 앞서 가자는 교육이 빚은 장거다. 이러한 현상들을 지켜본 제프리 존스(Jeffrey Jones)는 경각심에서의 엄살이겠지만 2025년쯤 되면 미국이 한국의 정보문명에 강타당할 것이라고 내다보았다.[51]

어쨌든 이렇게 경제가 건설되고 민주화도 성취되고 정보산업화도 착착 진행되는 등 제법 잘 사는 나라가 되었지만, 정체성의 혼란을 겪고 있는 점은 역시 간과할 수 없다. 뿌리를 잃은 채 남의 정통성에 맞춰 제 정통성인 줄 알고 살다가 깨어 보니 그게 아닌 것을 알게 된 것이다. 드디어 정통

---

50) 1907년부터 1909년 4월까지의 짧은 기간 동안 민중들이 자발적으로 세운 사립학교 수는 무려 3000여 교에 달했다(손인수, 「근대교육의 보급」, 『한국사』 22, 국사편찬위원회, 1984, 166쪽).

51) 제프리 존스, 『나는 한국이 두렵다』, 중앙M&B, 2000, 249~253쪽.

성이 결여된 공허한 문화에 자괴감이 일어나기 시작하였다. 뿌리를 잃으면 어김없이 파멸이 자초되는 것은 정한 이치가 아니던가. 그래서 자기를 잃고 살던 삶을 돌아보게 되었다. 이에 만시지탄이나마 우리 문화의 맥을 이으려는 분위기가 점차 팽배해지고 있는 것은 매우 다행한 일이다. 그 동안 정체성이 부족한 문화에 대한 공허함에서 나타난 반작용일 것이다.

이러한 예는 예술 분야에서 두두러 진다. 사물놀이의 신명성, 판소리의 빼어남, 서예에서의 일필휘지, 그림에서의 대담성 있는 구도, 사기 제작에서의 신명나는 물레질과 여백미를 우선하는 그야말로 '붓이여 네 멋대로 가라'는 식의 시원한 작품활동이 재현된 것이다. 이러한 예를 들자면 이루 다 매거할 수 없다. 이러한 작품활동은 어찌 보면 거칠어 보이지만 결과는 그것이 아니다. 조상들처럼 신명나서 하는 작품활동에서 신품(神品)이 탄생되는 것이다. 한 마디로 한국예술의 자유분방하고 화끈한 면이 재생된 것이다.52)

그렇지만 우리 민족사에는 신명나는 일만 있었던 것은 아니다. '한'이 깊게 자리잡고 있는 것이다. 마치 동전의 양면처럼 말이다. '한'은 고조선 이래 아리수를 거듭 넘으며 스스로 홍익인간을 펼칠 수 없는 지경이 되자 알게 모르게 깊어졌고,53) 이것은 대를 이으며 쌓여 왔다. 이로 인하여 아리랑은 민족의 상징 민요처럼 되어 버렸다. 특히 정선아리랑의 애끊는 곡조는 '한'의 극치를 이룬다. 이를 두고 어찌 '한'의 민족이라고 아니할 수 있겠는가.

동학민중혁명운동은 또 어땠나. 처절히 죽어 가면서도 민중대열을 이루었다. 당시로 보면 동학민중혁명운동은 분명 실패한 운동이었다. 박경리의 대하소설 『토지』에는 이 실패의 역사가 그려져 있다. 그러나 그것이 어찌 단순히 실패로 끝나 버린 역사이겠는가. 동학민중혁명운동정신은 대를 이어 전승되어 끝내는 오늘날 볼 수 있는 민중민주주의시대를 이루는 근원

---

52) 최준식, 『한국미, 그 자유분방함의 미학』, 효형출판, 2000, 93쪽.
53) '한'은 고조선의 영토상실, 한사군의 통치, 몽골의 지배, 일본의 압제를 받으며 골이 깊어졌다.

의 역할을 담당하였다. 동학민중혁명운동(1894)이나 3·1민주혁명(1919), 4·19혁명(1960)처럼 실패한 역사를 통해서도 한발 한발 내딛은 발걸음이 갖는 진정한 의미를 생각하면, 이는 역설적으로 내면의 성공의 역사로 흘러갔음을 찾을 수 있는 것이다.54) 성공한 내면의 역사는 끝내는 6월대항쟁(1987)이라는 성공한 혁명을 이루어 내고야 말았다. 드디어 민중이 스스로의 힘으로 홍익인간과 맥을 이을 수 있는 신명나는 민중민주시대를 연 것이다.

이처럼 우리 민족은 이 '한'을 한으로만 여기지 않고 '한'을 신명으로 승화시키고야 마는 뚝심을 발휘했다. 외적의 굴레 속에서도 100년이 걸리든 200년이 걸리든 그 응어리를 삭이며 반드시 벗어나서 신명을 되찾았고,55) 한자의 중독 속에서도 한글문명권을 만드는 데 성공하였다. 한국 문명은 자부심을 갖고 이웃문명과 조화를 이루면서도 그 독특한 개성을 잃지 않은 것이다. 화이부동(和而不同)하고 화엄(華嚴)을 달성한 것이다.56) 우리 주변국 중에서 이런 나라는 찾아 볼 수 없다. 이런 나라를 누가 영원히 지배할 수 있겠는가. 이로 미루어 현재 남북으로 나뉘어 겪는 분단의 한도 반드시 극복하고 통일을 슬기롭게 이룩하는 신명을 되찾을 것이다.57) 반드시 동귀일체(同歸一體)를 이룰 것이다.

이러한 습성은 일상의 무당굿, 가면극, 살풀이춤에서 '한'을 끝내 신명으로 승화시키는 데서도 잘 드러난다.58) 그리고 관객들도 참여하여 신명을 공유하기에 이른다. 너도나도 더덩실 어깨춤을 추며 흥겨워하는 것이다.

---

54) 임금희, 「『토지』에 나타난 동학연구」, 『문명연지』 1-1, 한국문명학회, 2000, 139~219쪽 참조.

55) 한국사상 이민족의 지배는 세 차례 있었다. 고대 한(漢)의 지배 400년간, 중세 때 몽골 지배 80년간, 그리고 근대의 일본 지배 40년간이 그것이다.

56) 이도흠, 「세계화는 미국의 세계 지배로 가고 있다」, 『신인간』 604, 2000, 27쪽 참조.

57) 분단 후 남·북한은 우여곡절의 변수가 많기는 했었지만 큰 줄기로 보아 1972년 「7·4남북공동성명」, 1992년 「남북기본합의서」, 2000년 「6·15남북정상공동선언」 등을 통하여 평화적으로 통일로의 길을 다져가고 있는 중이다.

58) 이한열(李韓烈 : 1966~1987) 열사의 민주국민장 영결식장(1987년 7월 9일 연세대학교 교정)에서의 이애주(李愛珠 : 1947~) 교수의 살풀이춤은 한을 신명으로 승화시킨 감동적인 장면 중 하나였다.

그래서 처음엔 엄숙했지만 어느새 슬픔은 축제 분위기로 바뀌어 있다. 이 얼마나 슬기로운 일상의 삶인가. 선조들은 이렇게 '한'을 긍정적으로 승화시키며 깊이 있는 문명을 창출한 것이다. 이것이 한국 문명의 원동력으로 작용해 왔고 또 작용해 갈 것이다.

이러한 한국인의 민족적 저력으로 볼 때, 지난날 중국적인 문화, 인도적인 문화, 일본적인 문화를 각각 소화하고 한국 문화를 그 때마다 업그레이드시켜 풍요하게 만든 것처럼[59] 이제 미국적인 문화도 소화시키고 더욱 풍요롭게 한국 문화를 집대성하여 꽃피울 것이다. 그리고 꿈에도 그리던 통일조국을 성취하고 주변국들에게 '문명'의 차원에서 영향력을 증대시키며 세계문명을 선도하는 흔붉문명=신문명을 만들어 갈 것이다. 이것이 '신명'과 '한'이 삶 속에 녹아든 한국인의 간절한 소망이다.

5. 맺음말

위에서 역동적인 한국 문명의 정체성으로 홍익인간의 구현, 한글 문명의 창달, 신명과 한을 들어 흔붉사관=신문명사관의 시각으로 고찰하였다.

먼저 홍익인간의 구현은 정체성을 갖춘 한국 문명의 원천적 이념이라는 사실을 구명하였다. 이 이념은 유사 이래 현금까지 한국 문명의 원천으로 자리잡았다. 이로써 한국인은 인류구원의 이상을 품고 살아온 것이다. 그리하여 마침내 한국은 개방적이며 진취적이면서도 예와 전통을 중심 축으로 하는 나라로서 인류가 선망하는 홍익인간의 문명대국을 구현하였다.

다음으로 한글 문명의 창달을 통하여, 한글 문명의 건설이 홍익인간의 이념이 구현된 민중문명 건설에 필수적인 요건이라는 사실을 구명하였다. 한글 문명은 한자의 중독으로부터 벗어나서 독자적인 문명을 구축하는 데 결정적인 기여를 하였다. 뿐만 아니라 오늘날 한국이 정보통신문명을 선도하기 시작한 것도 사실상 한글 문명이 올린 개가라고 생각된다.

---

59) 김정의, 「동학·천도교의 문명 인식론」, 『하현강교수정년기념논총 - 한국사의 구조와 전개 - 』, 혜안, 2000, 761쪽 참조.

세 번째로 한국은 '신명'과 '한'을 가진 나라다. 한국은 동아시아 문명의 중심에 있는 나라이며 역동성이 독자적이고 주체적으로 용약하는 나라다. 한국인은 역사적으로 신명이 날 때 역사를 폭발적으로 발전시켰고, '한'을 언젠가는 반드시 신명으로 전환시키는 천부적인 능력을 가진 나라임을 입증하였다. 따라서 한국 문명은 신명과 한을 동력화하는 슬기가 필요하다.

한국은 이러한 홍익인간의 이념을 간직하고, 한글 문명을 계속적으로 창달하며, 신명과 한을 역동성의 근원으로 살려 정체성을 갖춘 한국 문명을 키우는 키워드로 활용해야 할 것이다.

참고문헌 및 URL

강만길, 『21세기사의 서론을 어떻게 쓸 것인가』, 삼인, 1999.
강세구, 『성호학통연구』, 혜안, 1999.
김상일, 『한밝문명론』, 지식산업사, 1988.
김용덕, 『한국사의 탐구』, 을유문화사, 1975.
김정배, 『한국민족문화의 기원』, 고려대출판부, 1973.
김정의, 『한국 문명사』(한국문명학회총서 1), 혜안, 1999.
김정의, 『신문명 지향론』(한국문명학회총서 4), 혜안, 2000.
김진혁, 『새로운 문명과 동학사상』, 명선미디어, 2000.
김철준, 『한국문화사론』, 지식산업사, 1976.
노태구, 『동학과 신문명론』, 아름다운세상, 2000.
노태돈, 『단군과 고조선사』, 일조각, 2000.
문일평, 『호암문집』, 조선일보사, 1939.
문일평, 『한국의 문화』, 을유문화사, 1969.
박용숙, 『지중해 문명과 단군조선』, 집문당, 1996.
박이문, 『문명의 위기와 생태학적 세계관』, 당대, 1997.
연세대 현대한국학연구소, 『해외한국학 평론』 창간호, 혜안, 2000.
이광린, 『한국근현대사논고』, 일조각, 1999.
이기백, 『민족과 역사』, 일조각, 1971.
이기백, 『한국사학의 방향』, 일조각, 1978.

이면우, 『W이론을 만들자』, 지식산업사, 1992.
이태진, 『왕조의 유산』, 지식산업사, 1994.
이한빈, 『문명국의 비전』, 박영사, 1988.
이현희, 『한국근대사와 민중의식』, 탐구당, 1981.
장기표, 『문명의 전환』, 미래앰앤비, 1997.
정옥자, 『역사에서 희망읽기』, 문이당, 1998.
조지훈, 『한국문화사 서설』, 탐구당, 1982.
최준식, 『한국미, 그 자유분방함의 미학』, 효형출판, 2000.
최현배, 『우리말 존중의 근본 뜻』, 정음문화사, 1984.
하현강교수정년기념논총간행위원회, 『한국사의 구조와 전개』, 혜안, 2000.
한영우, 『미래를 위한 역사의식』, 지식산업사, 1997.
홍이섭, 『한국사의 방법』, 탐구당, 1968.
홍이섭, 『한국정신사 서설』, 연세대출판부, 1975.
http : //1109.co.kr/home/history/history_korea/dangun01.htm
http : //danhak.hihome.com/history_mainprm.htm
http : //my.netian.com/~minifeel/menu1-2-2.htm
http : //plaza.snu.ac.kr/~sunnysea/index.html
http : //prome.snu.ac.kr/~ysha1/yoo.htm
http : //webserver.knupe.ac.kr/knupe2/professor/ljw.htm
http : //www.contest.co.kr/~han1999/smyung/tal-1.html
http : //www.hangul.or.kr/
http : //www.press.hanyang.ac.kr/bookreview/readingbooks

제2장 중국 문명의 중화주의

1. 중국 근대문명의 형성

1840년 아편전쟁이 발발한 이후 1949년 중화인민공화국이 성립하기까지 100여 년 동안 중화권은 근대문명을 형성하는 격변의 시기였다. 진·한에서 청조에 이르는 2천여 년에 걸친 왕조지배체제가 붕괴되고 사회주의혁명에 의한 국가의 통합이 이루어졌으며, 대외적으로는 중화주의 세계질서가 해체되고 평등외교에 입각한 국제관계가 형성되었다. 그 과정은 구미와 일본 제국주의의 침략으로부터 영토를 보존하고 불평등조약의 개정을 통해 독립국가를 유지하며, 근대적인 개혁과 국민적 통합을 이루어 부강한 중국을 이루고자 하는 즉 근대국가를 형성하고자 하는 노력의 과정이었다.

1) 중화주의의 붕괴와 근대국가 수립의 모색

중국은 전통적으로 천하의 중심이라는 문화적 우월감을 가지고 있었다. 그래서 중국을 화(華), 사방의 오랑캐[四夷][1]를 이(夷)로 구별하고, 천자의 덕으로 주변의 오랑캐를 교화한다는 화이관(華夷觀)을 일찍부터 발전시키고 주변국과의 관계도 화이관에 입각하여 조공체제를 성립시켰다. 아편전쟁은 해외시장 개척에 나선 유럽 자본주의국가 특히 영국이 이러한 중국 중심의 세계관을 토대로 한 조공무역체제를 개편하고 자유무역을 요구하여 일어난 충돌이었다. 물론 직접적인 계기는 아편무역의 금지였지만, 그

---

1) 이른바 東貊族, 西羌族, 北狄族, 南蠻族을 일컫는다.

배경에는 광저우 항(廣州港)에 그것도 특허상인으로만 한정된 대외무역의 제한을 뚫는, 자유로운 시장 개방에 대한 강한 요구가 있었다. 중국은 이 전쟁에서 패배하여 관세자주권을 상실하고, 영사재판권 인정과 최혜국대우 조항을 포함한 불평등조약을 맺게 되었다. 그 결과 중국은 중화주의의 점차적인 붕괴와 함께 세계자본주의 체제로의 강제 편입 속에서 반(半)식민지로 전락되어 갔다. 그러나 한편으로는 이 전쟁을 계기로 서구문명에 대한 관심이 높아지면서 서둘러 근대적 개혁정책에 나서게 되고, 새로운 국가건설을 위한 다양한 움직임을 보임과 동시에 반제민족주의를 낳게 되었다.

그러한 움직임 가운데 가장 먼저 일어난 것이 1851년부터 14년 동안 민중이 청조를 부정하고 새로운 국가를 건설하고자 했던 태평천국운동이었다. 이 운동은 원시 기독교 공산사상에 중국의 전통적 대동사상을 결합하여 평등주의를 지향한 운동으로서, 홍수전(洪秀全 : 1814~1864)을 지도자로 하여 광산·운수 노동자, 유민, 병사, 독서인 등이 결집하여 광시 성(廣西省)에서 거병하여 16성을 석권하고 난징을 수도로 하여 11년 동안 정권을 유지하였다. 이는 전통적 농민반란의 성격을 띠고 있고 후기의 개혁정책은 실패로 끝나긴 하였으나, 중앙집권을 강화하고 서구기술과 문물을 도입하여, 서구열강과 우호적 외교관계를 수립하고 교역을 통해 국부(國富)·민부(民富)를 증진시키고자 하였으며, 은행·우편·전매제도·철도·기선·도로·광산 등의 근대적 설비를 마련하고, 노비를 폐지하고 고용노동을 제시하는 등 자본주의를 지향한 근대적 개혁의 성격을 띠고 있었다. 태평천국의 이 평등주의 이념과 반유교사상은 이후 민중운동에 계승되어 근대적 개혁 과정에서 민주주의와 관련하여 개혁의 주요한 요소로 자리잡게 된다.

한편 청조라는 현 체제를 유지한 채 근대적 개혁을 통해 부강을 추구한 것으로는 양무(洋務)·변법(變法) 운동과 신정(新政)을 들 수 있다.

국내의 민중반란과 외압에 직면한 청조는 체제강화를 목표로 자강(自強)을 표방하며, 강력한 군사력과 각종 근대산업을 육성하고 근대적인 정치제도 개혁을 통해 위기를 극복하고자 하였다. 양무운동은 군의 근대화와 기계제 공장의 설립을 통한 공업화를 추진하고자 한 운동으로, 무기 구입과 제조 및 그 과정에서 기술 도입, 인재 양성, 유학생 파견, 학당 설립 등이 이루어졌다. 공장 설립에서도 초기에는 군수공장 설립과 각종 함대 및 해군 건설을 시작으로, 점차 광산 개발, 철도·통신 설비, 방직공장과 제철공장의 설립을 보았다. 그 과정에서 교육사업과 서적의 번역·출판 사업도 진행되었다. 이들 산업은 그 경영에서 반관반민(半官半民)의 형식을 띠었는데, 외국상품의 진출에 대항하기 위해서 세제상의 우대와 경영의 독점적 부여 등 국가의 관여와 보호가 필요했기 때문이다. 양무운동은 청조 지배 체제를 안정시키는 데는 어느 정도 성공하였으나, 중화제국의 질서를 재건하는 데는 실패하였다. 청·일전쟁에서의 중국의 패배는 이 중화주의 질서를 완전히 붕괴시키면서 기존의 양무운동이 가진 한계성을 비판하고 보다 폭넓은 개혁에 대한 논의를 불러일으켰다. 여기에서 등장한 것이 바로 캉유웨이(康有爲 : 1858~1927), 량치차오(梁啓超 : 1873~1929) 등을 중심으로 지방향신의 지지를 받으며 추진된 변법운동이다. 입헌군주제, 과거제 개혁, 근대적 학교제 확립, 상공업 진흥, 교통통신시설 확충, 병제 개혁 등을 내세운 이 운동도 1898년 무술정변의 실패로 막을 내렸다.

이 즈음 제국주의에 의해 각각의 세력권으로 분할될 위기 속에 놓여 있던 중국은 이제 청조 자체의 근대화 개혁을 생각하지 않을 수 없게 되었다. 이에 청조는 1901년부터 교육·관제·재정·병제 등 다방면에 걸친 개혁 곧 신정에 착수하였다. 1905년 과거제가 폐지되고, 초등·고등소학당, 중학당, 고등학당, 분과대학 등의 신식학제가 마련되고 신식 교육기관을 관장하는 학부가 설치되었다. 그리고 위안스카이(袁世凱 : 1859~1916) 등의 신군(新軍)을 전국적으로 확충하고, 중앙통제를 시도하고, 화폐의 통일과 은본위제의 실시를 통해 재정집권화를 도모하고, 관제를 개혁하고, 새로운 법전을 편찬하는 등 광범한 개혁책이 제시되었다.

또한 상부를 설치하여 실업을 진흥하고 민간자본에 의한 기업 설립을 추진하였다. 이러한 신정 추진 과정에서 캉유웨이와 량치차오를 중심으로 하는 보황파(保皇派)와 장첸(張騫) 등의 신사층을 중심으로 입헌운동이 전개되었다. 이에 따라 청조는 1908년 「흠정헌법대강」을 발표하고, 1909년에는 각 성에 성의회로서 자의국을 설치하고 1910년에 중앙에 자정원을 개설하였다. 그러나 이러한 개혁은 개혁추진의 주체와 지도력의 부재, 재정난, 반입헌적 요소 등으로 인해 실패로 끝나게 되었다.

반면 만주왕조를 부정하고 공화정을 수립하고자 하는 혁명운동도 일어나고 있었다. 신정시기 서구사상에 접한 일본유학생을 중심으로 중국의 식민지화 위기를 극복하기 위한 대안으로 반청혁명이 주창된 것이다. 이들 여러 혁명파들은 1905년 쑨원(孫文 : 1866~1925)의 삼민주의[2]를 강령으로 하여 중국동맹회를 설립하여 조직을 확대하고 무장봉기를 추진하였다. 수차례의 실패 끝에 1911년 10월 11일 후베이 성(湖北省) 무장봉기가 성공하고, 각 성이 이에 호응하여 청조로부터 독립을 선포함에 따라 혁명은 성공하였다.[3]

한편 이러한 지식인·관료 등의 개혁·혁명 사상의 저류에는 민족주의가 흐르고 있었다. 이들뿐 아니라 민중운동 속에서도 민족주의는 싹트고 있었다. 특히 아편전쟁 당시 삼원리 민중항쟁을 시작으로 한 민중의 반제투쟁은 의화단운동에서 정점에 달했다. 1898년 산동에서 의화권을 중심으로 일어난 반기독교운동에서 반제운동으로 발전한 이 운동은 반침략적 민족주의의 성격을 띠고 있었다. 이러한 민족주의는 이후 대미보이코트운동(1905), 이권회수운동(1905)이 전개되면서 민중과 지식인을 포함한 대중적 민족주의로 발전하였다.

2) 의식개혁운동·대중운동의 성장과 국민정부의 수립

신해혁명으로 공화제는 수립되었으나, 근대 국가건설의 구심점을 상실한 채 군벌의 혼란시대를 맞게 되었다. 그러나 동시에 근대의식에 대한 각성이 광범위하게 일어나 신문화운동이 전개되고, 5·4운동을 통해 민족주

---

2) 민족·민권·민생주의.
3) 이를 신해혁명이라고 부른다.

의가 고양되고, 군벌을 일소하고 중국을 통일하여 국민정부를 수립하고자 하는 운동이 전개되었다.

신문화운동은 신식학교에서 신식교육을 받고 서구사조의 영향을 받은 새로운 지식층이 전개한 의식개혁운동으로, 1915년 천듀슈(陳獨秀)가 주관한 『청년잡지』[4]가 발간되면서 본격화되었다. '민주'와 '과학'이 제창되고, 민주주의·자유주의·개인주의·합리적 이성이 존중되면서 전통사상과 악습에 대한 비판이 광범위하게 일어났다. 특히 개인의 자유를 억압하고 개성의 자유로운 발전을 억제하는 유교사상과 가족제도에 대해 비판이 드세었다. 이와 함께 여성해방운동이 전개되고, 후스(胡適 : 1891~1962)를 중심으로 백화운동이 일어나 문체와 문학의 내용을 혁신하고자 하는 문학혁명이 진행되었다. 이러한 의식개혁을 통해 성장한 지식층은 이후 중국의 통일과 근대적 개혁을 주도하게 된다.

의식개혁운동은 1919년 5·4운동을 통해 민족주의와 결합하였다. 제1차 세계대전의 와중인 1915년 일본은 대독 선전포고 후, 독일의 중국내 이권을 일본이 인수하고 중국내 일본의 권익을 확대하는 등의 21개 조항[5]을 중국정부에 들이밀었다. 대전 후 베르사이유 강화회의에서 독일의 이권에 대한 반환 여부를 둘러싸고 문제가 다시 제기되었을 때, 조약 조인 거부와 친일관료 3명의 파면을 요구하는 집회를 출발점으로 하여 5·4운동이 시작되었다. 이 운동은 전국으로 확대되면서, 학생만이 아니라 상공업자·노동단체·농회·성의회·민중단체 등 다양한 계층이 참여하였으며, 운동형태도 대중선전과 규탄집회를 비롯하여 학생·상인·노동자의 스트라이크가 전개되었다. 결국 6월 10일 친일관료 파면, 28일 조약 조인 거부가 결

---

4) 1916년 『신청년』으로 개명.

5) 21개 조의 내용은 다섯 부분으로 나누어져 있다. ① 산동지방의 옛 독일이 차지하고 있던 이권을 일본이 갖는다. ② 남만주·내몽골에서 일본의 우월권 인정, 여순과 대련 및 남만주철도의 조차기간 연장, 일본인의 거주·영업·재산권 인정. ③ 한야공사 (漢冶公司)의 중·일 합작경영. ④ 중국 연안의 항만·도서를 타국에 양도·대여하지 않는다. ⑤ 중국정부 내에 일본인 정치·재정·군사 고문을 두고 일본무기를 공급받으며 화중·화남에도 일본의 철도부설권을 인정한다 등으로 되어 있다(신채식, 『동양사개론』, 삼양사, 1993, 684쪽).

정나면서 운동은 수습 국면에 접어들었다. 이 운동은 민족적 과제를 위해 각계각층의 국민이 결집하여 정부에 국민의 요구를 제시하고 이를 관철시켰으며, 결집된 국민의 힘을 토대로 통일된 국민국가를 수립하고자 하는 움직임으로 발전하였다. 이것이 제1차 국공합작과 북벌로 이어졌다.

1923년 쑨원은 광둥에서 군정부를 재건하고 대원수로 취임한 후 국민당 개조에 착수하여, 국민혁명군을 건설하고 공산당과 제휴한다는 방침을 정했다. 이에 따라 중국국민당 제1회대회(1924년 1월)에서 '연소(聯蘇)·용공(容共)·노농부조(勞農扶助)'의 원칙 하에 국공합작을 결의하고, 국민 각층을 지지기반으로 국민혁명세력을 조직하기 시작하였다. 그리고 황포군관학교를 개교하고 장제스(蔣介石 : 1887~1975)를 교장으로 국민혁명군을 양성하였다. 쑨원 사후 광저우에서 왕징웨이(汪精衛)를 주석으로 하는 중화민국정부를 수립하고(1925년 3월), 이어 1926년 7월 쟝제스를 총사령관으로 하여 북벌을 개시했다. 국공합작과 북벌은 군사작전에만 치중한 것이 아니라, 1920년대 대중운동을 기반으로 하였으며, 대중운동과 함께 발전한 것이었다.

1921~1922년에 걸쳐 확산된 노동운동은 제1차 전국노동자대회를 개최하고 1923년에 급속한 발전을 보였다. 마침내 군벌은 2월 7일 철도노동조합에 대해 유혈탄압[6]을 가하고 이를 시작으로 전국 각지에서 무력을 동원하여 노동운동을 탄압하였다. 그러나 노동운동은 재조직되어 1925년 제2차 전국노동자대회의 개최에 이어 중화전국총공회(中華全國總工會)를 결성하였다. 그러던 중 1925년 5월, 상하이 일본계기업 노동쟁의 과정에서 노동조합 지도원의 피살사건이 발생하고, 5월 30일 시위에서 경찰의 발포로 사상자가 발생하였다. 이에 상공업자와 학생이 연합조직을 결성하고 노동운동은 절정에 달했다. 농촌에서도 1923년 광둥에서 펑파이(彭湃)가 농민협회를 조직한 후, 1924년 7월 국민당이 농민운동 강습소를 열어 농민운동의 지도자를 양성하는 등 농민협회의 조직화에 박차를 가하였다. 농민운동은

---

6) '2·7참안'이라고 불린다.

국민혁명의 진행과 함께 확산되어, 1925년 5월 광둥을 이어 이듬해 후난 성(湖南省)과 후베이 성에서 각각 전성농민협회가 조직되었다. 특히 후난 성에서 농민운동은 급진화하여 지주의 토지를 몰수하기에 이르렀다.

정치운동으로는 먼저 1924~1925년에 걸친 국민회의운동을 들 수 있다. 이 운동은 상회, 농회, 공회, 교육회 등 직능별 단체 대표가 회의를 개최하고, 그 대표로 국민회의를 구성하여 국회를 대신하자는 운동으로서, 1925년에는 베이징에서 20여 성의 대표 200여 명이 모여 국민회의촉성회를 개최하였다. 이처럼 국공합작과 북벌은 정치적·경제적 권리를 포함한 국민의 제반 권리를 보장하는 근대국가를 건설하려 한 사회 전반의 의지를 반영한 것이라 할 수 있다.

3) 국가건설을 둘러싼 국민당과 공산당의 대립과 민족주의·민주주의

1927년 북벌이 진행되는 가운데 상하이에서 장제스에 의한 4·12정변이 발생한 후 국공합작은 결렬되고, 1928년 북벌을 달성한 장제스는 난징을 수도로 국민정부를 수립하였다. 난징 국민정부는 먼저 정치기구의 정비를 위해 10월 「훈정강령(訓政綱領)」을 발표하였다. 훈정이란 군사력에 의해 국민혁명을 추진한 군정기(軍政期)와 헌법에 기초한 헌정기(憲政期)의 중간단계로서, 국민에 대해 정치적 훈련을 하는 준비기간을 의미하며 따라서 국민당에 의한 일당독재의 성격을 띠게 되었다. 이어 정부조직법을 발표하여 행정·입법·사법·고시·감찰의 5권을 분립하였다. 또한 중앙군을 증강하고 구군벌군을 감축함으로써 중앙권력을 강화하였으며, 1934년부터는 유교윤리를 토대로 일상 생활에서 도덕을 확립하고 국민을 통합하려는 신생활운동을 전개하였다. 불평등조약의 철폐에도 노력하여 1928~1930년에 걸쳐 관세자주권을 확립하였다.

공산당은 국공분열 후 1927년 8월에서 12월에 걸쳐 무장봉기를 시도하였으나 실패하고, 이에 따라 마오쩌둥(毛澤東 : 1893~1976)은 봉기군의 잔류병력을 모아 장시 성(江西省) 징강 산(井崗山)에서 소비에트를 수립하고 홍군을 건설하여 공산당 독자의 군사력을 보유하게 되었다. 또한 계급

투쟁에 입각한 토지혁명을 실행하여 지주의 토지를 몰수, 농민에게 분배하였다. 1931년 11월에는 마오쩌둥을 주석으로 하는 중화소비에트공화국을 장시 성 서금에 수립하고 계급투쟁을 적극적으로 추진하였다. 그러나 국민정부에 의한 5차례의 포위공격작전 끝에 1934년 10월 서금을 포기하고 옌안으로 대장정을 떠났다. 이 소비에트 시기에서 시작된 군사력 보유, 토지혁명 실시, 농촌근거지 건설과 유격전술은 이후 공산당이 중국혁명을 수행해 나가는 주요 원동력이 되었다.

국민당과 공산당의 국가건설이 이처럼 서로 다른 방식으로 모색되는 가운데, 1930년대 중반에는 새로운 변화가 발생하였다. 일본의 중국침략이 노골화됨에 따라 항일민족주의가 전국적으로 고양된 것이다. 일본은 1931년 9월 18일 만주사변을 일으켜 만주국을 수립하고 1935년에는 허베이 성과 내몽골에 비무장중립지대를 설정하여 중국을 잠식하기 시작했다. 이에 따라 항일운동이 급속히 발전하여 1936년 6월에는 상하이에서 전국각계구국연합회가 결성되었다. 그러한 가운데 12월 12일 장쉐량(張學良 : 1878~1950)이 시안(西安)에서 장제스를 구금하고 석방 조건으로 내전중지와 정치범 석방, 항일을 요구하였다.[7] 그 결과 제2차 국공합작이 성립되었다. 이에 따라 공산당은 계급투쟁보다는 민족주의를 우위에 둔 항일민족통일전선방침을 결정하고, 토지몰수 중지, 홍군의 국민혁명제8군으로의 개편, 소비에트 정부의 국민정부 하의 변구정부로의 개편 등을 단행하였다. 1937년 7월 7일 중일전쟁이 발발한 후 국민당 정권이 남하한 북중국에서 권력의 공백이 발생하자 공산당은 농촌에 근거지를 건설하여 항일유격전을 전개하고 동시에 여러 개혁정책을 실행하였다. 대표적인 것으로 감조감식정책과 3·3제를 들 수 있다.[8] 이에 힘입어 공산당은 항일과 민주주의에 찬성하는 모든 계급을 연합한 통일전선에 입각한 정권을 창출하고, 정책을 실

---

7) 이를 '시안 사변'이라고 칭한다.
8) 감조감식정책은 소작료와 이자율을 인하함으로써 농민의 부담을 줄이면서 농민과 지주의 이익을 상호 보완하고자 한 것이었고, 3·3제는 선거를 통해 정치기구를 구성할 때 공산당·진보파·중간파가 의석의 3분의 1을 차지하도록 하는 것이다.

행하고자 하였다. 1940년 이후 일본이 삼광작전[9]이라는 강도 높은 토벌작전을 실행하고 근거지 봉쇄작전을 펴자 공산당은 합작사를 운용하는 등 경제위기를 타개하고자 대생산운동을 전개하고, 행정과 군사를 간소화함으로써 효율성을 높이고, 당원에 대한 사상강화운동 곧 정풍운동을 전개하여 사상의 통일과 집중화를 꾀했다.

한편 국민당은 개전 후 수도를 충칭(重慶)으로 옮겨 항일전을 전개하고, 1941년 12월 태평양전쟁이 발발하자 독·일·이에 선전포고를 하였다. 이에 따라 중국은 연합국의 일원, 장제스는 연합국중국전구사령관이 되어 아편전쟁 이후 중국의 현안이었던 불평등조약과 열강의 특권이 폐지되기에 이르렀다. 그러나 국민당은 항일전을 수행하는 데 있어 군사적 측면에 치중하면서 막대한 군사비를 세금으로 충당하여 세금을 증수하고, 통화팽창과 물자부족으로 인해 인플레를 초래하였으며 외국에서 들여온 차관은 일부 기업의 비대화에 집중되었다. 사상통제가 계속 강화되었고, 당과 군·관료의 부패현상 또한 극심하였다. 국민당에 대한 국민의 지지도가 점차 상실된 것은 당연하였다. 결국 중일전쟁 이후 국공내전기에 국민당은 국가통합에 실패한 상태에서 제2차 세계대전의 종전을 맞이하였다.[10]

2. 중국 현대문명의 동향

1) 중화인민공화국의 성립

제2차 세계대전 후 장제스는 국민당군의 우세와 미국의 원조에 의해 중국 공산당의 병합은 힘들지 않을 것으로 낙관하였다. 그러나 국·공의 대립은 처음부터 심각하였고 전후처리를 둘러싸고 국·공 분쟁이 확대되면서 중국은 다시 내전의 소용돌이 속으로 휘말려 들어갔다.

항일 8년전쟁에 시달린 민중은 모처럼 찾아온 종전과 승전의 기쁨을 다

---

9) 모조리 죽이고, 불태우고, 약탈한다.
10) 「중국 근대문명의 형성」은 오봉혁, 「중국에서의 근대국가 형성」, 『한국문명사』, 혜안, 1999, 429~436쪽에서 전재.

시 내전으로 몰고가는 데 강력하게 반대하였다. 이리하여 마오쩌둥과 장제스는 충칭에서 회담을 열어 국·공간의 쌍십협정을 체결하였다(1945년 10월 10일).[11] 그러나 회담이 진행되고 있는 동안에도 국·공 양군은 동북지방의 전략요지를 장악하는 데 힘을 쏟고 있었다. 미국은 마샬 장군을 트루먼(Harry Shippe Truman : 1884~1972) 대통령의 특사로 중국에 파견하여(1945년 12월) 국·공 내전의 종식과 통일정부의 수립을 위한 중재에 나섰고, 이에 따라 정전협정이 성립되었다(1946년 1월). 그러나 1946년 봄 만주지방에서 린뱌오(林彪 : 1907~1971)가 지휘하는 30만 공산군이 국민정부군을 공격하자 사태가 급박해진 국민당정부는 제6기 중전대회(中全大會)에서 공산당과의 정치협상을 파기하고 반공을 가결하였다(1946년 3월). 이에 대해 옌안의 공산당은 청산투쟁을 추진하여 친일파·악질지주를 처형하고 그 재산을 몰수하여 토지개혁을 단행하였다. 공산당의 기반은 농민을 주축으로 하였고 국민당은 봉건지주세력을 기반으로 하고 있었으므로 이는 공산당이 농촌을 장악하는 데 결정적으로 유리하였다.

이에 국민당정부의 장제스 총통은 미국과 영국을 포함한 연합국에 원조를 호소하였으나 제2차대전 직후의 연합국은 국민당을 도와줄 형편이 못 되었다. 할 수 없이 장제스는 공산당에게 화의를 제의하였으나 거절당하였다. 이리하여 국민당정부는 중국대륙을 공산당에게 빼앗기고 패잔병 50만과 200만의 피난민을 이끌고 타이완으로 철수하였다(1949년 8월 1일). 이로써 4년간 계속된 국·공 내전은 막을 내리고 중국대륙에는 중화인민공화국이 수립되었다(1949년 10월 1일).

그런데 중국의 정식헌법은 그 5년 후인 1954년 9월 전국인민대표자대회에서 통과되었으므로 그 동안의 5년간은 임시헌법[강령]에 의해 국가를 운영하였다. 즉 중국공산당은 1949년 9월 21일에 베이핑[베이징]에서 중국인

---

11) 1945년 8월 28일에 마오쩌둥은 소련의 압력에 의해 주중미국대사 허얼리와 함께 충칭에서 18년 만에 장제스와 만나 41일간에 걸쳐 10회의 회담을 하였다. 여기에서는 건국방안과 국민대회를 소집한다는 추상적인 원칙에 합의하였으나 회담은 성과없이 끝나고 말았다(신승하 편역, 「重慶會談(將毛談判)」, 『중국현대사』, 범학도서, 1976, 234쪽 참조).

민정치협상회의를 개최하고 여기에서 임시헌법과 같은 중국인민정치협상
회의공동강령을 제정하였다.[12] 이는 마오쩌둥 사상을 체계화한 '신민주주
의론', '연합정부론', '인민민주전공론'을 토대로 한 마오쩌둥 사상의 결정체
였다.

 이를 근간으로 1954년에 채택된 신헌법에서는,[13] 중국을 노동자계급이
지도하며 노농동맹을 기반으로 하는 인민민주주의국가라고 규정하여 프롤
레타리아국가임을 분명히 하였다. 국가의 최고기관은 전국인민대표자대회
(전인대)이며 임기 4년으로 매년 1회 소집된다. 전인대는 입법기관임과 동
시에 국가주석 및 부주석을 선출하고 중국공산당 중앙위원회의 추천에 의
하여 국무원의 총리와 각료를 임면할 수 있다. 전인대의 폐회중에는 80명
으로 구성된 전인대 상무위원회가 그 직무의 일부를 대행할 수 있다.

 그리고 중국공산당[14]은 당과 정부 그리고 군(軍) 등 3대 권력기구를 장
악하고 중앙집권체제를 구축하였다. 중국공산당에는 위로는 중앙위원회에
서 아래로는 농촌에 이르기까지 여러 층으로 나누어 구성된 조직적 기구
가 있다. 이를 보면 가장 큰 공산당 단위로는 6개의 대구역으로 편성하
고[15] 그 아래 22개 성을 설치하였다. 한편 중국공산당은 전국을 당의 독재
하에 두고 인민을 효과적으로 지배하기 위해 다시 각종 인민단체를 조직
하여 공산당의 외곽단체로 활용하였다.[16]

---

12) 이 회의에서는 해방구, 해방군, 인민단체와 각 정당대표 등 4개 단위의 정식대표 510
   인, 후보대표 77인, 특별초청대표 75인 등 모두 662인이 참가하였다. 이 가운데 공산
   당 간부는 408인으로, 회의 주도권은 이들 공산당이 장악하였다(이병주, 「국민정부
   대륙상실원인론고 - 남경시대 정치적 특성을 중심으로 - 」,『동아연구』 6, 서강대동아
   연구소, 1985).
13) 신헌법은 모두 4장 106조로 구성되었으며 이후 1957년과 1978년 두 차례에 걸쳐 개
   헌이 되었으나 1954년 헌법의 기본원칙은 그대로 유지되었다.
14) 중국 공산당 당원은 주로 농민 출신자가 중심을 이루었다. 1947년에 270만, 1953년에
   610만, 1959년에 1,400만, 1961년 1,700만 명으로 그리고 1973년에 2,800만 명, 1987년
   에는 4,700만 정도로 증가되었다.
15) 동북국(선양), 화북국(베이징), 화동국(상하이), 중남국(우한), 서남국(충칭), 서북국
   (시안)이 그것이다.
16) 대표적인 인민단체는 다음과 같다. 민주청년연합회(1957년 결성, 회원 3400만), 민주
   부녀연합회(1953, 회원 7600만), 합작사연합총회(농민협동조합 : 1956, 1억 6200만),

여기서 묵과할 수 없는 것은 국가건설중에 일어난 한국전쟁이다. 중화인민공화국이 수립된 지 불과 1년밖에 안 되는 시기에 일어난 한국전쟁에 중국이 개입한 것은 만주의 군사시설 보호와 함께 한국전쟁의 만주로의 비화 및 타이완 국민당정권의 본토 수복에 대한 염려 때문이었다. 이 참전으로 중국이 입은 물질적·인적 손실은 엄청난 것이었으나, 반면에 한국전쟁을 중국 내부를 긴장시켜 사회주의 체제를 강화하는 데 효과적으로 이용하였다. 즉 중국은 한국전에 참전함으로써 대외적 위기의식을 조장하여 이를 대내적인 국민단결로 연결하고 국내개혁을 과감히 추진하여 나갔다.

2) 사회주의개혁운동

한국전쟁과 때를 같이하여 시작된 중국공산당의 개혁운동은 끊임없이 반복되었다. 사회주의 개혁은 물질주의적인 면(경제)과 정신주의 면(사상)으로 진행되었는데 시기적으로 중화인민공화국 초창기 8년(1949~1957) 동안은 공산주의 사회로 나아가는 혁신의 시대이며 확실한 성공의 시대였다. 대표적인 개혁은 토지개혁과 사회개조운동으로 나타났다.

중화인민공화국 수립 이전까지의 중국공산당은 국민당정부를 극복하고 일본의 침략에 효과적으로 대처하는 혁명정부의 성격이 강하였다. 그러나 이 두 가지 투쟁목표가 없어지고 전 중국을 지배하게 되면서 목표는 피폐된 농촌을 재건하고 파괴된 공업시설을 일으켜 생산성을 회복하는 쪽으로 옮겨 갔다.[17] 특히 중국의 해방과 더불어 수립된 공산정권에 대해 인민대중은 많은 기대를 가지고 있었고 이에 대해 정부는 도시노동자에게는 일자리를, 농민에게는 토지의 분배로 보답해야 함을 잘 알고 있었다. 이리하여 1950년 6월에 토지개혁법을 공포하여 지주계층을 12급으로 나누고 농민은 6등으로 분류하여,[18] 지주의 토지를 몰수하여 토지가 없는 농민에게

중화전국학생연합회(1955, 400만), 소년선봉대(1957, 3000만), 중국연합예술연합회 등 (김임자, 「중공 부녀운동에 관한 연구」, 『아세아연구』 25-2, 1982).

17) 1949년 당시의 생산고는 혁명 전의 최고생산고와 비교하여 농업은 25%, 경공업은 30%, 중공업은 70%나 감소되어 국고는 텅 비어 있었다(小島晋治·丸山松幸 지음, 박원호 옮김, 『중국현대사』, 지식산업사, 1989, 175쪽).

분배하였다. 이리하여 농민의 절대적인 지지를 얻을 수 있었다.

1954년에 시작된 농업의 집단화는 초기에는 농민의 자발적인 의사로 추진되었다. 그러나 1955년 여름부터 그 이듬해에 걸쳐 집단화가 가속화되면서 강제성을 띠기 시작하였다. 집단농장은 2단계로 추진되었는데 1단계는 초급합작사에 의한 추진방법으로 10호 내지 40호로 초급합작반을 조직하고[19] 농민이 집단적으로 경작은 하지만 토지와 그 밖의 생산수단은 각호 사유로 하고 출자액과 노동에 따라 수입을 분배하였다. 제2단계는 고급합작반에 의한 경영방법이다. 고급합작사는 평균 160~170호로 구성되고 생산수단은 집단소유로 노동에 따라 분배되었다.

1957년 11월에 모스크바 세계공산당대회에 참가한 마오쩌둥은 자본주의로부터 사회주의에로의 평화적인 전환 문제와 미국제국주의에 대한 평가, 그리고 평화공존과 민족해방투쟁 문제를 놓고 소련공산당과 의견 대립을 보이고, 이후 양국관계는 급속도로 냉각되었다.

마오쩌둥은 1958년 1월부터 각지에서 신중론(반약진론)자를 혁명 열기에 재를 뿌리는 보수주의자라고 비판하며 대중적인 기술혁신, 지방공업의 건설, 대규모적인 수리시설 등에 의한 농·공업의 대약진운동을 주창하였다. 이것이 그 해 5월에 개최된 제8차 전인대에서 채택되어 사회주의 건설의 총노선으로서 대약진운동이 시작되었다. 공업에서 대약진의 중심이 된 것은 철강의 증산운동이었다.[20] 이를 달성하기 위하여 도시와 농촌에서 토법로(土法爐)[21]에 의한 제철생산운동이 시작되었다. 그러나 이렇게 생산

---

18) 지주 12급은 ① 지주 ② 반지주 ③ 대지주 ④ 중지주 ⑤ 소지주 ⑥ 관료지주 ⑦ 당권지주 ⑧ 악패지주 ⑨ 공상지주 ⑩ 경제지주 ⑪ 육두지주 ⑫ 몰락지주로, ①에서 ⑥까지는 사형, ⑦에서 ⑫까지는 체포대상으로 하였다. 농민 6등은 ① 부농 ② 부유중농 ③ 중농 ④ 전농 ⑤ 고농 ⑥ 빈농이다(서영진, 「중공의 농업정책」, 『아세아연구』 25-2, 1982).

19) 초급합작사는 1954년에 228만 5천 호(전 농가의 2%), 1955년에 1688만 1천 호로 나타나 있다(길현익, 「중공에 있어서의 급진파·온건파의 투쟁과 그 사상적 배경」, 『동양사학연구』 12·13합, 1978).

20) 1958년의 생산목표인 620만 톤을 1070만 톤으로 올리고 1959년도의 생산목표를 2700만 내지 3000만 톤으로 설정하였다(앞의 『중국현대사』 193쪽).

21) 재래식 제철로.

된 철강은 공산품을 만드는 재료로는 부적합한 것으로 쓸모가 없어지면서 대약진운동의 한계가 드러나게 되었다.

농촌에서의 인민공사 추진과 공업의 대약진운동이 실패하였음은 1959년에 나타난 극심한 식량난과 일용소비품의 부족현상으로 증명되고, 이는 1961년까지 계속되었다.[22]

3) 문화대혁명과 중국사회의 변혁

문화대혁명은 중국의 전통문화를 철저히 파괴하고 새로운 공산주의사회를 건설하려는 데 그 목표를 두었다. 문혁은 1965년 11월 10일에 상하이의 일간지 『문회보(文匯報)』에 야오원위안(姚文元)이 해서파관(海瑞罷官)을 새로 평한다는 글을 실은 데서 시작되었다.[23] 이어서 1966년 4월 18일 중국인민기관지 『해방군보』는 마오쩌둥 사상의 위대한 깃발을 높이 받들어 적극적으로 사회주의 문화대혁명에 참가하자는 사설을 게재하였다. 5월 4일에는 사회주의문화대혁명을 무산계급문화대혁명으로 그 명칭을 바꿨다. 이와 함께 마오쩌둥은 정치국상임위원회에 문화혁명소조를 설치하고 천보다(陳伯達), 장칭(江淸), 장춘차오(張春橋) 등을 책임자로 임명하면서 문화대혁명은 정치운동으로 시작되었다. 그리하여 전통적인 문화·사상·풍속·습관 등 네 가지 구악을 타파하고[破四舊] 새로운 네 가지를 수립한다[立四新]는 기치 하에 일체의 문화유산과 현대문화사조를 부정하였다. 이와 함께 공산당이 조직한 청년단이나 민간단체는 류사오치(劉少奇), 덩샤오핑(鄧小平 : 1904~1997)이 장악하고 있었기 때문에 대중의 지지기반이 약한 마오쩌둥과 린뱌오는 지식과 경험이 풍부한 청소년들로 조직된 홍위

---

22) 1959년의 식량생산은 1억 7천만 톤으로 이는 1954년 수준으로 떨어진 수치이고, 더욱이 1960년과 1961년에는 더 떨어져 1억 4천만 톤으로 하락하였다. 인구는 1951년보다 약 1억이 증가하였다(앞의 『중국현대사』, 198쪽).

23) 해서(海瑞 : 1531~1587)는 명나라 세종대의 명신으로 호부주사로 재직할 때 당시의 황제 세종에게 정치를 돌보지 않는다고 간하였다가 파관 하옥되었다. 이후 해서는 연극에 자주 등장하면서 부패한 정치를 바로잡으려는 명관으로서 중국인민의 인기를 얻었다(오금성, 「海瑞(1531~1587)新論 - 명대의 강서남부의 사회와 그의 치적 -」, 『고병익선생회갑기념사학논총』, 한올, 1984).

병(紅衛兵)을 문화대혁명의 주동자로 이용하였다.

홍위병은 사회계층을 홍5류와 흑5류로 분류하였는데, 홍5류는 노동자·빈농·하층중농·혁명군인·혁명운동의 희생자를 지칭하고 이에 대해 흑5류는 구지주·부농·반동분자·우파분자·기회주의자로서 흑5류를 일차적인 타도대상으로 하였다.24) 문화대혁명에서는 인테리 계층인 교사와 학자, 교수, 예술가들이 숙청대상이 되었고 이 밖에 유교, 기독교, 회교도와 홍콩, 타이완 출신자들도 공격목표가 되었다.

1973년 8월에 개최된 전인대에서 덩샤오핑이 중앙위원으로 복귀하였다. 이와 함께 문혁을 통하여 세력을 잡은 왕홍원(王洪文, 1935~)이 공산당 중앙위원회 부주석, 장춘차오가 정치국 상무위원, 장칭과 야오원위안이 정치국원으로 선출되면서 이른바 4인방을 결성하였다.

1976년 1월 저우언라이(周恩來) 수상이 죽고 전국이 불안과 슬픔에 싸인 가운데 4인방을 중심으로 덩샤오핑 비판운동이 전개되었으나 문화대혁명시대와 같은 격렬한 반응은 나타나지 않고 도리어 천안문 사건으로 전개되었다(1976년 4월 5일). 즉 4월 4일부터 저우언라이를 추모하는 꽃다발이 천안문 광장의 인민영웅기념비 앞에 쌓이면서 수십만 군중이 집결하여 공공연히 4인방을 비판하는 시를 낭독하여 연설을 하였다. 심지어 인민은 어리석은 무리가 아니며 진시황의 봉건사회는 한 번 사라지면 다시 돌아오지 않는다고 하면서 마오쩌둥을 진시황에 비교하며 비판하였다. 이러한 사태 속에 개최된 공산당정치국회의에서 장칭은 이를 조직적 반혁명책동이라고 주장하고 꽃다발 철거와 연설자 체포를 요구하였다. 북경시혁명위원회 주임 우더(吳德)는 4월 5일 광장을 봉쇄하고 군중을 체포하였다. 그러나 저우언라이의 추도와 반4인방운동은 난징, 항저우(杭州), 팅저우(汀州), 타이위안(太原) 등 지방에서도 일어났다.

천안문사건 이후 4인방은 언론기관을 총동원하여 덩샤오핑을 중심으로 하는 실무파(개방파)을 비판하고 문화대혁명 이념을 강조하는 데 열을 올

---

24) 이 때 주자파(走資派)로 몰린 덩샤오핑은 농촌으로 쫓겨나 노동봉사를 강요당하였다.

렸다. 그러나 마오쩌둥에 의해 새로 국무총리겸 당 제1부주석이 된 화궈펑 (華國鋒 : 1921~)은 문혁을 긍정하면서도 4인방의 과격한 투쟁노선에는 적극적인 태도를 취하지 않았다. 1976년 발해만 연안에 대지진이 일어나 탕산 시를 중심으로 한 주변 지역에서 65만의 사상자를 낸 대재난이 일어 났고 이러한 와중에 마오쩌둥이 사망하였다(1976년 9월 9일). 마오쩌둥에 비호 하에 세력을 떨치던 4인방은 그의 죽음과 함께 화궈펑의 지시로 마오 쩌둥의 경호대장 왕둥싱(王東興)이 지휘하는 중앙경호부대에 의해 체포되 어 비극적인 종말을 맞았다.

한편 화궈펑은 마오쩌둥의 정통후계자로 자처하고 마오쩌둥의 혁명이론 을 긍정하면서도 4인방의 개혁을 생산력 발전의 측면을 무시한 극우노선 이라 비난하였으며, 덩샤오핑에 대해서도 혁명정신을 경시한 회색분자로 몰아부쳤다. 그러나 4인방 비판운동이 확산되는 가운데 문화대혁명에 대해 서도 비판이 재연되자 화궈펑은 이에 저항하였으나 공산당 10기 3중대회 (1977년 7월)에서 덩샤오핑은 당부주석 겸 해방군총참모장으로 복귀하여 대전환의 계기를 열게 되었다. 한편 화궈펑은 제11회 전인대(1977년 8월) 에서 문화대혁명의 종결을 선언하였다.

이처럼 중화인민공화국의 수립 이래 끊임없이 반복되어 온 개혁과 대약 진운동 그리고 문화대운동은 마오쩌둥의 사망과 함께 물거품처럼 사라져 버렸다. 그리하여 1978년 말에 덩샤오핑이 지도력을 획득하면서 공산주의 의 계급투쟁목표어가 4대노선근대화[25] 추진에 의해 밀려 나갔다. 이러한 변화는 마오쩌둥에 의해 추진된 개혁이 지나치게 파괴적이었고 그에 따라 중국의 전통적인 문화와 사회윤리가 송두리째 유린당하면서도 결국에 가 서 쟁취한 것은 경제적 빈곤과 사회적 갈등뿐이라는 현실을 중국인민이 깨닫기 시작하였다. 이리하여 중국의 위대한 공산주의 지도자로 추앙받던 마오쩌둥도 공개적으로 비판을 받게 되었다.[26]

---

25) 농업, 공업, 과학기술, 군사의 근대화.
26) 「중국 현대문명의 동향」은 신채식, 『동양사개론』, 삼양사, 1993, 712~734쪽을 주로 참조하여 작성하였다.

제11기 중앙위원회(3중전회, 1978년 12월) 이후 공산당과 정부가 가장 대담하게 개혁을 추진한 것은 경제분야였다. 대외적으로는 개방화가 진행되면서 외국의 기술과 자본 도입이 추진되었고 대내적으로는 사회주의 경제체제는 유지하되 자본주의 시장원리를 대폭 도입함으로써 기업 간의 경쟁과 생산성 향상을 꾀하였다. 특히 문혁기에 낙후된 과학기술을 선진국 수준으로 끌어올리고 외국기술을 받아들이기 위하여 1980년 8월부터 경제특별구[27]를 설치하고 1984년에는 경제기술개발구[28]를 설치하여 서방 여러 나라 및 화교의 자본과 기술을 적극적으로 도입하기 시작하였다.

이에 따라 대외관계도 크게 달라졌다. 특히 마오쩌둥 시대에서 덩샤오핑 시대로의 전환과 함께 국제적 환경 면에서도 많이 달라졌다. 마오쩌둥이 공산주의 이데올로기로 중국을 건국한 지도자라면, 덩샤오핑은 개혁과 개방으로 중국을 현대문명으로 이끌고 간 견인차라고 볼 수 있다.

즉 1950년대의 내정체제에서 1980년대의 국제적 화해의 시대로, 그리고 1990년대에는 소련 공산체제의 붕괴와 함께 일어난 사회주의체제의 엄청난 변화가 국제환경을 근본적으로 바꾸어 놓았다. 대립과 갈등의 시대에서 이데올로기보다는 국익을 우선하는 민족주의 색채가 강한 시대로 바뀌고 있다. 이리하여 계급투쟁이나 사회주의혁명의 시대는 막을 내리고 민족의 이익을 우선하는 개혁과 경제적 현실주의가 등장하게 되었다.

더욱이 중국은 1997년 영국으로부터 홍콩을, 1999년에는 포루투갈로부터 마카오를 반환받으며 2000년대를 맞았다. 19~20세기에 손상되었던 중화주의의 깊은 상처가 모두 아물고 자신감을 되찾은 것이다. 이제 남은 것은 타이완 문제뿐이다. 이러한 승승장구를 바탕으로 장쩌민(江澤民) 정권은 덩샤오핑의 개혁개방정책을 계승하여 눈부신 발전을 거듭하며 드디어 미국과 맞서는 위치에 이르렀다.[29]

---

27) 선전(深圳), 주하이(珠海), 산터우(汕頭), 샤먼(廈門).

28) 다롄(大連), 톈진(天津), 칭다오(靑島), 상하이, 광저우 등 14개 연해도시.

29) 그러나 정치민주화 요구의 대명사처럼 된 1989년의 6·4천안문사태에 대한 재평가가 불가피하고, 그 과정에서 덩샤오핑에 대한 평가절하와 그 연장선에 있는 장쩌민에 대한 비판이 불가피하다는 관측이 만만치 않음을 감안할 때 정치체제의 민주화, 정책결

그들은 토인비(1889~1975)가 예상한 세계국가 달성의 야심찬 비전을 속속 드러내고 있는 중이다. 앞으로 중국 문명의 이러한 동향은 중국 자체는 물론이고 한반도를 포함한 동아시아, 나아가 세계문명사에 중대한 역할을 수행할 것임이 확실해 보인다.

3. 중화주의의 확산

중국대륙을 관통하는 창 강(長江)30)은 중국 문명을 두 성향으로 갈라놓았다. 북쪽(화북) 사람들은 정치지향적이고, 남쪽(화남) 사람들은 경제지향적이다. 거의 모든 시대에 수도가 북쪽에 있었기 때문에 이 곳은 지배층이 자리잡았고, 상업은 남쪽에서 발달하였기에 상인들의 주무대가 되었다. 그리고 오랜 세월을 지나면서 이들은 이러한 생활에 익숙해지게 되었다.

중국인이 전 세계로 뻗어나가기 시작한 것은 한 세기도 더 된다. 그들이 소위 화교(華僑)다. 그들은 스스로 용(龍)의 자손이라 생각하고 스스로를 중화(中華)라고 지칭하는 데 서슴지 않는다. 자신들이 이룩한 문명에 대한 이러한 강한 자부심은 그들로 하여금 몇 대를 외국에서 살면서도 중화의식을 간직하게 만들어 왔다. 어디에서든 중국어를 잊지 않고 구사하는 것은 그러한 자부심의 일단을 읽을 수 있는 좋은 면모라고 보겠다.

화교들은 대부분 광둥·푸젠(福建)·하이난(海南)·광시 성 등의 연안 도시에 사는 한족 출신이 주를 이룬다. 그들은 지금도 광둥어를 쓰고 광둥 요리를 즐긴다. 그들이 처음 이민 나갈 때는 고단한 현실이었지만 지금은 세계에서 가장 부유한 네트워크를 구성하고 있다.31) 오늘날 동남아시아 지역에는 화교조직이 6000여 개나 있는 것으로 추산된다. 이들 중 일부는 협동조합이나 투자지주회사로 전환하여 활동하기도 하며, 이들 조직은 PC를

정과정의 투명성 제고를 위한 노력은 장쩌민이 외면하기 어려운 과제다(http : //www. dongailbo.co.kr/docs/magazine/news_plus/news73/plus73-44.html).

30) 양자강을 일컫는다. 세계에서 네 번째로 긴 강으로 그 길이는 총 4989km에 달한다.

31) 중국의 네티즌 수는 현재 미국, 일본, 영국, 독일 등에 이어 세계 8위에 올라섰으며 관련 사이트 수는 1만 5천여 개로 급증했다(윤지령, 「중국문명사」 초안, 2000).

통해 연결되어 있다. 강력한 힘을 발휘하는 네트워크가 그렇듯이, 화교실업가는 이 네트워크에 중심부에 위치해 있다. 중국인이 갖는 개인주의적 성향으로 볼 때 이는 화교에게 안성맞춤의 조직이라고 할 수 있겠다.

신기한 것은 화교가 국제협력에서 핵심적인 관계는 물론 귀화국과 중국과의 관계를 원만하게 만들어 내는 뛰어난 능력이다. 이 점은 화교들에 대해 거부감을 보이는 나라들조차 인정하고 있을 정도다. 그들은 훗날을 내다보고 세계적 네트워크를 착실하게 쌓아 가고 있는 것이다. 이들 중화주의의 속셈은 실로 원대한 것이다.[32]

참고문헌

강용규, 『고사성어로 배우는 중국사』, 학민사, 1993.
강용규, 『인물중국사』, 학민사, 1994.
김관도, 『중국사의 시스템이론적 분석』, 신서원, 1995.
김구진, 『이야기 중국사』, 청아출판사, 1985.
민두기, 『중국사시대구분론』, 창작과비평사, 1997.
김문경, 『동아시아사연구논총』, 혜안, 1996.
신채식, 『동양사개론』, 삼양사, 1993.
안정애, 『한 권으로 보는 중국사 100장면』, 가람기획, 1997.
윤내현, 『중국사』 1·2, 민음사, 1988.
이동복, 『동북아세아사연구』, 일조각, 1986.
이춘식, 『중국사 서설』, 교보문고, 1991.
황원구, 『동아시아의 인간상』, 혜안, 1995.
Fairbank · John King, 『신중국사』, 까치, 1994.
Fairbank · Reischauer · Craig 지음, 전해종 · 민두기 옮김, 『동양문화사』, 을유
　　　　문화사, 1969.
John Naisbitt 지음, 홍수원 옮김, 『메가트렌드 아시아』, 한국경제신문사, 1997.
http : //my.netian.com/~21china/

---

32) John Naisbitt 지음, 홍수원 옮김, 『메가트렌드 아시아』, 한국경제신문사, 1997(1판 8
　　쇄), 44~58쪽 참조.

http : //weldoad.net/~china/bo.htm
http : //china-love.co.kr
http : //chinainkoret.co.kr

제3장 일본 문명의 화혼지향

1. 일본인의 뿌리

현재 일본인의 피 속에는 한국인의 혈통이 얼마만큼 흐르고 있을까. 한때 일본이 한반도의 동남부를 지배했다는 일본 측의 주장과, 일본고대 왕실은 한인의 후예였다는 학설 중 어느 것이 옳은 것일까.

최근 한 서양과학자가 일본인의 기원을 한국인으로 보아야 한다는 주장을 제기하여 눈길을 끌고 있다. 캘리포니아 대학 제러드 다이아몬드 교수는 미 과학지『디스커버』에서「일본인의 뿌리」라는 논문을 통해 "현재 일본인은 유전학적으로나 골상학적으로나 한국 민족의 후예임에 분명하다"고 결론을 내렸다. 다이아몬드 교수는 일본의 역사와 고대문화를 자세히 훑은 후, 일본인 혈통에 영향을 준 '아이누족',1) '조몬인', '야요이인', 그리고 '한국인'을 분석했다.

조몬인은 서기전 7천 5백년 전 무렵, 규슈에서 시작해 일본 전역에 흩어졌던 신석기시대 사람이다. 이에 반하여 야요이인은 서기전 4세기 무렵 한국에서 넘어간 문물을 받아들인 신 일본족으로 우월한 무기와 문명을 기반으로 조몬인을 축출하고 일본인의 주인이 되었다.

현재 일본학자들은 '일본인의 조상은 서기전 2만년 전 빙하기 때 아시아 대륙과 연결된 홋카이도 쪽을 통해 넘어간(그러나 한국인은 아닌) 아시아 기마족'이라고 주장하고 있다.

---

1) 홋카이도에 살고 있는 고대의 원주민.

다이아몬드 교수는 이들 고대종족들의 인골 화석에서 뽑아 낸 유전자 정보와 골상의 구조 등을 분석한 최근의 연구결과를 검토했다. 그의 주장에 따르면 조몬인의 유골은 긴 이마, 날카로운 코, 넓적한 얼굴을 지닌 반면, 야요이인들은 조몬인보다 키가 3~5cm 크고, 미간이 좁으며, 편평한 코에 날카롭게 긴 얼굴을 가졌다. 또 유전자 분석결과 현대 일본인의 유전자는 조몬인보다 야요이인의 영향을 훨씬 많이 받은 것으로 드러났다. 이로부터 그는 서기전 4세기 무렵, 한반도에서 넘어간 농경인(주로 쌀농사)들이 조몬인에게 고급문명을 전달하며 어울려 피를 섞었고, 이들의 후예가 현대 일본인이 되었다고 결론을 내리고 있다.

어떤 학자는 도일한 한국인들의 수가 수백만이었다고 주장하기도 한다. 마지막 수수께끼. 그렇다면 왜 현재 일본말과 한국말은 서로 다를까. 그 수수께끼는 현재 한국말의 뿌리가 7세기 말에 이루어진 삼국통일의 승자, 신라 말이라는 데 있다. 그렇다면 서기전 4세기의 한반도에는 한 가지가 아닌 여러 가지 언어가 서로 섞여 쓰이고 있었고, 때문에 일본으로 도래한 족속들의 언어는 현재 한국어와 매우 달랐을 수 있다고 주장했다.[2]

2. 근대 일본을 만든 정치적 요인

오늘날 우리 사회는 시국의 총체적 난국을 주로 정치적인 타락에서 찾는 경우가 많다. 그만큼 정치란 일상사와 분리될 수 없는 것으로서 밑바닥 인생으로부터 최고위층의 삶에 이르기까지 매우 민감한 문제가 되어 버렸다. 우리는 소수의 대리인을 통해 정치적 지배를 받으면서 나름대로 질서를 이루며 살아가고, 그 테두리 안에서 국가의 운명을 좌지우지한다. 정치란 원래 정치(正治)를 뜻하며, 정의실현을 위한 사회공동체의 통제라고 일컬어진다. 그러나 현실적으로 보면, 정치는 결국 국가나 민족이 직면한 문제를 해결하기 위한 메카니즘이며, 그리하여 국가나 민족 문제 해결에 지

---

2) http://www.jls.co.kr/japan/publish/j.diamond.htm

침을 제공하는 것은 다름아닌 정치사상 내지는 정치적 이데올로기다. 국가는 개개인의 공동목표를 향하여 나아가며, 그 과정이 곧 정치적인 전통을 만들어 낸다.

그런데 이러한 정치적 전통의 발전은 근대 일본에서는 극히 복합적인 것이었다. 오늘날 일본은 세계적인 경제대국으로서 국제사회의 한 축을 담당할 만큼 큰 세력으로 성장했지만, 아직까지 정치는 거기에 미치지 못하고 있다. 즉, 일본은 아시아 국가 중 유일하게 근대화에 성공하여 부강국이 되었지만, 정치분야만 놓고 볼 때 근대화가 충분히 되었는가에 대해서는 논의의 여지가 많다는 것이다.

이러한 일본정치의 근대화 시점에서의 특질, 그 정치사상의 변천 등에 대해 알아보고 근대화를 이룰 수 있었던 근본적인 내재적 요인에 대해 생각해 보자. 그러기 위해 먼저 일본사의 종합적인 배경과 특질을 알아보고, 그 중의 메이지기 이전의 일본정치사의 특질을 찾아 근대화와 어떻게 연결되는지에 대해 알아보자.

1) 일본사의 배경과 특질

일본인들은 태초로부터 지금까지 동일한 종족이 동일 지역, 즉 지금의 일본열도에서 생활해 왔다. 그 동안 타민족과의 혼혈이 있기는 하였으나, 정복·피정복에 의한 종족의 교체나 대규모의 융합 없이 원시시대의 야만으로부터 현대문명의 일류의 수준에 이르기까지 사회와 문명을 단절시킴이 없이 발전해 왔다. 이는 일본역사의 커다란 특징의 하나를 이룬다.

일본사회는 서기전 3세기경까지 일본열도의 땅에 거의 고립되어 있었다. 그리고 5세기 무렵에야 미개단계를 마치고 문명단계로 접어들었다. 이는 중국, 인도, 이집트 등 인류문명의 발상 시기를 고려한다면 2000년에서 4000년 이상이나 뒤진 것이다. 하여튼 그 후로 일본사회는 때로는 급진하기도 하고 때로 정체하기도 하면서 전체적으로 그다지 느리지 않은 발전을 하였다. 일본인들은 현재까지 세계문명을 리드할 만큼 체계적인 독창성을 성취한 적이 없이 항상 선진문명을 모방하여 왔다. 이는 문명세계의 변두리에 고립되어 있는 민족으로서 당연한 것이었고, 일본인들은 이 선진문명의 흡수를 통해 그 활력을 증명하였다.

그러나 이렇게 도입된 선진문명은 계급사회의 성립으로부터 근대 이전까지는 지배계급을 위한 것이었으며, 받아들여진 문명은 위로부터 아래로 침투될 그러한 것이었다. 즉, 지배계급은 외국문명을 도입하여 그들의 지배도구로 삼았던 것이다. 무엇보다도 섬나라라는 지리적 조건을 배경으로 하여 강력한 중앙정부가 있을 때는 백성의 해외왕래를 금지시키고 외국인이 일본에 오더라도 일반 백성과의 접촉을 차단시킬 수 있었기 때문이다. 물론 12세기부터 17세기 초까지의 정치적 혼란 속에서 일부 백성들이 소위 왜구로서 또는 평화적인 상인으로서 조선이나 중국 각지를 왕래하기도 하고, 16세기에는 일본에 온 유럽인과의 접촉이 이루어지기도 하였지만, 그 후 엄격하고 치밀한 봉건지배의 확립과 쇄국으로 인해 외국문명이란 지식인이 서적을 통해서만 섭취할 수 있는 것이었다. 이는 근대에 이르러서도 마찬가지였다. 이러한 상황에 변화가 일어난 것은 노동계급의 성장과 이를 배경으로 한 혁명운동을 통해서였다.

어쨌든 도입된 선진문명은 이처럼 거의 완전히 지배계급에게 독점되었고, 이는 일본사회에 언제나 새로운 것과 낡은 것을 혼합 병존시키며 문화의 중층성을 각인시켰다. 이에 따라 사회변혁은 조금씩 상부로부터 쌓아올려지는 개량이라는 형식을 띠게 되고, 이는 일본역사의 진행양식을 규정짓는 중요한 요소가 되었다. 석기에서 청동기, 철기로 넘어갈 때도, 그리고 문자나 종교, 제도를 받아들일 때도 지배자는 항상 백성을 물질적·정신적으로 항상 뒤떨어진 상태에 묶어 두려고 했다. 이는 메이지 유신 때도 마찬가지였다.

문화의 중층성은 사회경제의 구성에도 해당된다. 생산관계의 변혁은 생산력의 담당자인 근로민중과, 낡은 생산관계를 통하여 권력과 부를 쌓아올린 지배계급 간의 다양한 형태의 투쟁을 통해서만 실현되는 것이다. 일본의 역사에서도 변혁의 원동력은 분명 민중에게 있었지만, 밑으로부터의 변혁을 단번에 실현시킬 수는 없었다. 즉 민중의 움직임에 대응하여 상층계급의 일부 또는 중산계급이 개량을 리드해 나가는 방식을 취했던 것이다.

이와 같이 문명세계로부터의 고립이라는 지리적 특징과 문명의 도입이 지배계급을 위한 것이었다는 사실이 일본사에서 중층성을 형성하는 배경이 되었고 그것은 일본역사의 특질을 만들어 냈던 것이다.

2) 정치적 특질

역사학자 라이샤워(E. O. Reischauer)가 말했듯이 "일본사회는 목표를 지향하는 사회이고, 한국이나 중국 같은 사회는 지위를 지향하는 사회"이다. 이 말은 제한된 신분 속에서 그 가운데 최고가 되려는 목표를 추구하는 일본인의 특성을 그대로 드러낸 말이다. 일본은 고대로부터 좁은 농경지에 많은 사람들이 모여 살았기 때문에 이를 위한 질서의 유지가 필요했다. 제한된 식량을 가지고 많은 사람들이 먹고 살자니 강력한 신분질서를 도입할 필요가 있었다. 그것이 계층사회를 이루고, 그 유지를 위한 계급의 세습화가 이루어졌다.

일본의 계급은 사무라이, 농민, 수공업자, 상인 등으로 이루어지는데, 이들은 각자 담당하는 생산성의 효율 정도에 따라 등급이 나뉘어진다. 즉 사무라이는 사회의 정신적 기반을 담당하므로 가장 상층에, 농민은 땅에서 수확물을 생산하므로, 수공업자는 물건을 만들어 냄으로써 그 다음에 자리하고, 상인은 아무 생산 없이 물건의 유통을 통해 이익만을 얻음으로써 맨 하층에 위치하였다. 사무라이의 농·공·상에 대한 신분적인 절대분리, 가신단 내부의 놀랄 만큼 세분화된 편성은 도쿠가와 시대에 들어서 비로소 완성된 것으로서,3) 이는 유교윤리와 맞아 떨어지면서 유교가 번성하는 계기가 된다.

이렇게 섬나라라는 특성과 맞물려 나타난 폐쇄적이고 귀족적이며 엄격한 사회규율은, 개인에게 모범적 행위로서 복종을 강요하였고 이것이 곧 권위주의적인 윤리를 낳았다. 이는 공동체와 사회적 조화를 이루는 것을

---

3) 그 근간은 중세 봉건사회에 대해 근대 봉건사회가 갖는 중요한 특질로서, 전국시대를 통해 형성되었으며 결정적으로 철포의 전래로 인해 유도된 '병농분리'다.

이상으로 하였다. 앞에서도 언급했듯이 일본의 지리적 특성은 식량의 제한이라는 문제를 낳았고 이는 개개인에게 노동과 절약의 윤리를 강요하였다. 이것은 집단의 성공과 안녕을 위한 것으로 여겨졌으며, 나아가 집단에 대한 강한 귀속성이라는 일본인의 전통을 낳았다.

이러한 사회적 특질 때문에, 18세기 초까지만 해도 유교윤리의 융성에도 불구하고 유교정치권에서 엘리트를 뽑는 기본적인 방법이었던 과거제도가 존재하지 않았다. 그러므로 개개인은 제한된 신분 속에서 자기의 목표를 추구할 수밖에 없었다. 이는 기술집적을 낳고, 장인정신을 낳아 근대화가 성공할 수 있는 한 요소가 되기도 한다.

그러나 일본인의 강력한 집단에의 귀속성은 다른 한편으로 자신의 주어진 의무는 다하되 주체적인 책임의식의 결여라는 문제를 낳았다. 이는 일본이 전근대 사회에서 근대사회로 이행할 때 중요한 하나의 특징을 이루게 된다. 즉 사회변혁이 밑의 민초들로부터 자율적으로 이루어지는 것이 아니라 위로부터의 개혁이라는 형식을 취하게 되고, 이것은 일본이 완전한 근대 시민국가로 진입하는 데 중요한 저해요인이 된다. 그리고 이러한 무책임하고 피동적인 개인과 강력한 정치적 지배력의 결합에 의해 근대 이후 일본은 군국주의화의 길로 들어서게 된다.

3) 정치사상의 흐름

일본은 고립된 섬나라다. 따라서 외국의 위협에 대해 빠져나갈 곳이 없다. 이는 일치단결해야 살 수 있다는 전통적인 관념을 만들어 내고, 도쿠가와 막부의 200년에 걸친 쇄국정책을 배경으로 하여 외국에 대한 비우호적인 태도를 낳았다. 여기에 주자학으로 뒷받침된 유교논리가 변천되면서 독특하고 신성한 일본이라는 관념이 더해져, 외부세계에 대한 강한 지역중심 관념과 문화적 주체관념이 생겨났다.

여기서는 당시의 정치사상에 대해 간략히 알아보고 거기서 얻을 수 있는 결론이 무엇인지 생각해 보자.

앞서도 말했듯이 전국시대(戰國時代)를 통일한 도요토미 히데요시를 이어 지배권을 확립한 도쿠가와 막부는 정치사상적 지레를 주자학에서 찾았다. 기실 그것은 무력으로 천하를 통일했지만 문(文)의 소중함과 힘을 알고 그 사상적 근거로서 유교를 숭상한 도쿠가와 자신의 노력이기도 했다. 이렇게 해서 유교는 도쿠가와 막부시대를 맞아 그 전성기를 맞이하게 된다. 그런데 일본의 유교는 조선이나 중국과 달리 '효'보다 '충'을 강조하면서 가족국가로서의 체제를 굳혀 간다. 요컨대 근세 봉건사회의 사회구성과 유교윤리의 사상구조와의 유형적인 조응이야말로 일본 근세에 유교가 가장 강력한 사회윤리로서 사상계의 지도적 지위를 차지할 수 있었던 객관적인 조건이었다.

이러한 유교는 많은 변동을 거치고 일본의 폐쇄성과 결합하며 사상적 해체 과정을 겪으면서 한국·중국과는 다른 형태의 철학을 발전시키게 된다. 특히 18세기 후반이 되면 정통적인 유교사상은 이미 소수의 편벽한 관념이 되어 버려 단순한 세속철학으로 전락하고 만다. 이미 17세기의 대표적인 유학자 야마자키 안사이는 "유교의 진리란 나라에 대해 독립적임과 동시에 보편적이기 때문에 중국인에 대해서와 마찬가지로 일본인에게도 똑같이 적용된다"라고 하여 공자의 도에 대한 탐구에 일본의 도(道)에 대한 믿음을 결합한 절충주의적 사상을 내놓았고, 더 나아가 마쓰다이라 사다노부는 "유가사상은 중국보다는 오히려 일본에 적합하다"고 주장하여 일본의 도덕적 우월성에 대한 깊고 강한 관념을 드러내었다.

18세기에 들어서면 이러한 흐름과 나란하게 국학이 성립되었다. 국학은 중국의 사상과 제도가 들어오기 전에 존재했던 소위 '순수하고도 우월한 일본의 도'를 찾고자 한 것이다. 모토오리 노리나가에 의해 집대성된 이 국학은 일본 정신성의 우수성이라는 배타성에 바탕한 일본의 문화적인 주체관념을 만들어 내었다. 그러면서도 일본 문화의 한 특성을 이루는 중층성에 바탕하여 자기 문화에 대한 취약성을 인식하고 있었다.[4] 이 양립할 것 같지 않은 두 관념은 일본이 과거의 틀을 무너뜨리지 않고 근대 사회체제

---

4) 중국처럼 방대한 대륙으로 들어갈 수 없다는 의미.

를 접목시키는 데 큰 원동력으로 작용하게 된다.[5]

3. 일본의 재산목록

21세기의 구상에 대해 논할 때 우리는 먼저 20세기의 유산부터 신고해 두는 편이 좋을 것이다. 미래는 무(無)에서 생겨나는 것이 아니라 과거와 현재로부터 만들어지는 것이기 때문이다. 과거와 현재의 제약 없이 자유롭게 미래를 만들어나갈 수 있다고 말하는 것은 불성실하며 자타 모두를 기만하는 결과를 초래하기 쉽다. 과거를 사실 그대로 인정하고 자신들이 어떠했는가를 과거의 현실을 통해 확인하는 것이 모든 일의 출발점이다.

물론 과거에 제약을 받는 것과 과거에 지배를 당하는 것은 같지 않다. 과거에 어떠했는가와 현재 어떠한가는 다르다. 오히려 현재의 정체성은 역사적 체험에 대한 우리의 평가와 선별을 통해 형성된다. 우리가 긍정하는 과거는 우리가 계승하고 확인하는 자기이며, 우리가 비판하는 과거는 우리가 결별하고자 하는 자기이다. 역사의 연속성은 중요하지만 동시에 역사를 만드는 것은 인간이며 그 인식과 의사가 역사를 구성하는 중요 요인임은 어느 시대에나 다를 바가 없다.

일본사의 커다란 문제는 훌륭한 일과 화제로 삼기도 싫은 일이 모두 충분한 국민적 자각 없이 이루어졌다는 점이다. 우리는 21세기의 항로를 정함에 있어서 이제까지 일본이 걸어 온 길을 되돌아보고 소중하게 남겨야 할 자산(資産)과 청산해야 할 부채(負債)를 밝힘으로써 되살려서 활용해야 할 것, 결함을 보완해야 할 부분들을 정리하는 일부터 시작하고자 한다. 물론 여기서 역사학적 논의를 시작할 수는 없으나 근대사(戰前)와 전후사 양쪽의 자산과 부채를 간결하게 서술하고자 한다.

1) 근대 일본

---

5) http : //www.postech.ac.kr/class/ge234/old_home/1998spring/95/9526001/f.html

전전(戰前) 일본의 역사에서 한 가지 좋은 점을 꼽는다면 근대화의 성공일 것이다. 산업혁명을 경험한 19세기의 서양문명은 엄청나게 강대해져 서양 열강만이 세계의 주역으로서 지구 전체를 지배할 듯한 기세를 보였다.

19세기는 다름 아닌 '서양문명의 세계사'였다. 이 때 '비(非)서양' 중에서는 일본이 19세기 후반부터 근대화에 매진하여 20세기를 맞을 무렵에는 제1차 산업혁명을 달성하더니 러·일전쟁에서 승리를 거두었다. 이는 서양문명의 전유물로 여겨져 온 풍요와 힘이 기실은 누구든 학습을 통해 자기 것으로 만들 수 있는 것이었음을 실증한 것이었다. 일본은 예로부터 폭넓은 중국 문명을 학습하면서 동시에 바다로 에워싸인 섬나라라는 지리적 이점을 이용하여 독립을 고수하며 일본 고유의 문화를 발전시키는 전통을 쌓아 왔다. 극동의 섬나라였던 일본이 근대화에 성공한 이유로서는 일본과 강대 문명 간의 이 같은 선례를 중요한 원인으로 꼽을 수 있을 것이다. 근대 서양문명의 힘이 가진 비밀을 열심히 학습하고 이를 이용하여 외부 문명을 극복하는 비슷한 유형의 대응이 용이했을 것이라 여겨지기 때문이다.

반면 전전의 일본사에서 문제점으로 지적할 수 있는 것은 무엇일까. 무엇보다도 먼저 애써 성공한 근대화로 강대해진 일본이 정치적 예지를 발휘하여 그 힘을 컨트롤하지 못한 점을 꼽아야 할 것이다. 태평양전쟁에 이르는 역사의 상세한 부분에 관해서는 앞으로도 국내외 역사학자들에 의한 진지하면서도 다면적인 규명이 필요할 것이다. 그러나 '서양의 지배로부터의 아시아 해방'이라든지 '대동아공영권'과 같은 대의명분을 내세우며 독선적 목표와 질서를 주변 국가들에게 강요하고 타국의 희생을 토대로 하여 제국의 확대를 추구하고 아시아태평양지역에 대전란과 참화를 가져온 것은 일본 근대사의 슬퍼해야 할 장대한 우행(愚行)이었다.

주변 여러 민족의 희생을 토대로 하여 일본제국의 확대를 시도한다는 것은 도저히 용인할 수도, 이해할 수도 없는 것이다. 그러나 노골적인 파워 폴리틱스의 논리로 국제위기에 대응한다면 이 같은 경향은 동서고금을 막론하고 어느 나라에서나 초래될 수 있는 것이다. 거기에 국제환경의 변동을 고려하여 대국적 견지에서 국익에 대한 재정의를 내리는 일은 일본의 경우 예나 지금이나 쉬운 일이 아니다. 미국처럼 대통령선거 때마다 국익의 재정의를 시도하는 시스템을 가진 사회와는 대조적으로 일본사회는 각별하게 안정과 지속을 선호한다. 이러한 사회는 환경이 바뀌어도 과거에 성공한 옛 방식을 고집하는 경향을 띠기 쉽다. 거시적이고 국가전략적인 시각이 약하다는 점, 정치문화 면에서 기득권익의 옹호에 매달린다는 점, 시야가 좁은 내부 화합의 요청에 비하여 전체적이고 합리적인 관점에서 결정을 내릴 수 있는 리더십이 약하다는 점이 일본이 자멸적인 전쟁으로 치닫게 되었을 때의 문제점이었다. 그리고 오늘날의 일본정치를 보건대, 이는 반드시 과거에 국한된 문제라고만은 볼 수 없다.

2) 현대 일본

전후의 일본에서 높이 평가할 점은 전쟁과 결별하고 칼을 가래로 바꿔들고 평화적 발전의 길을 모색하여 경제국가의 재건에 성공한 점이다. 전후의 평화주의는 종종 승자에 의한 강제의 소산으로 여겨졌었다. 그러나 이는 사실의 일면에 불과하다. 한국전쟁 당시 미국정부는 일본에 대해 신속한 재군비를 강력히 요구했다. 그러나 요시다 시게루(吉田茂) 내각은 국민의 광범위한 평화 희구를 배경으로 경제부흥을 최우선시하며 미국의 압력에 굴하지 않았다. 이 선택은 그 후에도 일본의 엘리트와 국민 쌍방의 지지를 받았으며, 이윽고 일본은 1960년대를 중심으로 고도성장을 이룩하여 세계 선진경제권의 3극의 하나를 이루게 된다.

이러한 성공을 지탱해 준 것이 자유, 민주주의, 미·일동맹이다. 전후의 일본을 경제국가로 재발전하도록 뒷받침한 것이 무엇보다도 자유로운 국제경제질서였음은 분명한 일이다. 전전 자원과 시장 결핍에 허덕이며 경공업으로부터 중공업의 발전을 추진했던 일본은 전후에 미국을 중심으로 구축된 자유무역체제 속에서 단숨에 비상(飛翔)할 수 있었다. 일본의 민주주의는 미점령군의 개혁을 통해 그 방향이 결정되어 정착되었다. 노동자의 권리 확보는 해마다 임금인상을 초래했고 농지개혁과 그 이후의 농업부문에서의 소득유지정책은 국민생활의 전반적인 향상을 가져왔다. 이는 국내

구매력을 높이는 효과를 발휘했으며 높은 저축률, 기술 이전, 교육수준의 향상과 함께 이루어진 국내시장의 확대는 1960년대의 내수주도형 고도성장을 가져왔고 이는 일본제품의 국제경쟁력 향상으로 이어졌다. 이처럼 전후 일본의 안전을 보장하고 국제적 자유경제질서에 동참케 하여 번영을 이룩하게 하고 민주주의의 발전을 뒷받침해 준 것이 미·일동맹을 근간으로 한 미국과의 우호관계였다.

태평양전쟁 전에도 자유와 다원성을 허용하면서 국제질서를 주도한 영·미 양국과의 동맹 협력관계가 일본에 대단히 유리하게 작용하였으나, 전후의 미·일관계는 일본의 안전보장·경제·정치·문화의 제반 영역에 걸쳐 한층 다대한 이익을 가져다주었다. 냉전 하에서 일본의 안전을 보장해 주었고 오키나와 반환이라는 역사상 보기 드문 사적(事績)을 가능케 했을 뿐 아니라, 일본을 세계적 경제질서와 연결지어 글로벌 파트너십이라는 시야를 갖게 해 주었다. 일반적으로 미·일동맹은 양국에 대해 극단적인 과잉 혹은 과소 행동을 억제하고 협조적·안정적인 행동을 취하도록 작용해 왔다. 주목할 점은 1990년대의 한반도를 둘러싼 위기에 대처하는 과정에서 미·일동맹의 기능이 명확해짐과 동시에 한국을 포함한 3국간 협력의 틀도 강화되었다는 것이다.

공격적·팽창적이지 않으며 지역의 안정을 지키는 백본(backbone)으로서 미·일동맹을 활용하는 전망이 오히려 위기 속에서 열렸다고 할 수 있을 것이다. 앞으로도 급격한 변동 속에서 야기될 가능성을 가진 여러 동란에 대하여 미·일동맹은 아시아태평양지역의 안전 장치 기능을 수행할 수 있으며, 이를 서포트하는 것은 일본의 국제사회에 대한 중요한 공헌이 될 것이다.

한편 전후 일본이 안고 있는 문제점도 만만치 않다. 전후 일본의 경제중심주의 노선은 분명 커다란 성과를 거두었다. 그러나 냉전 하에서 자국의 안보와 국제질서 유지를 미국에 크게 의존해 온 습성이 일본의 국제적 역할에 관한 책임감과 자기 결정능력을 저하시켰다. 국가 향방에 관한 거시적 그림을 스스로 그리지 않는 채 전례답습주의로 정책을 추진해 온 취약성은 1990년대 위기에 직면했을 때 그 문제점을 명확히 드러냈다. 전후 일본이 경제적 성공을 거둔 만큼 그 과정에서 형성된 이익단체라든지 국가제도의 기득권은 강대했다.

냉전 종식 후 환경은 급변하였고 이에 따라 일본의 사회에도 정치·외교상의 변화가 요구되고 있다. 이런 가운데 거시적인 국가전략적 관점에 입각한 국익의 재정의가 필요하다.

또 하나의 문제는 일본과 아시아, 특히 인근 국가와의 관계가 아직 충분히 심화되지 못하고 있다는 점이다. 일본은 1970년대 말 무렵부터 무역·직접투자·정부개발원조(ODA) 등을 통하여 동아시아의 경제발전에 일정하게 기여하였다. 과거와 같은 탈아입구(脫亞入歐)라든가 또는 아시아의 희생을 토대로 한 일본의 팽창이라는 제로섬적 구도가 아닌, 일본과 아시아 국가들과의 플러스섬적인 상호 발전구조를 형성한 것은 높이 평가해도 좋을 것이다. 그러나 전후 반세기 이상이 지나도록 한국과 중국 등 이웃나라와의 교류가 충분히 심화되었다고 볼 수 없으며, 지역협력의 틀도 충분히 제도화되어 있지 못하다.

이상의 내용을 정리하면 전후 일본의 좋은 측면을 지탱해 온 자유, 민주주의, 미·일동맹을 20세기의 자산으로 지켜 가면서, 아직 충분하지 못한 아시아와의 협조를 발전시키되 그 동안 경제에 몰두하면서 저하되어 버린 국제사회에서의 책임감과 자기결정 능력을 향상시켜 국제시스템 구축에 참여하는 것이 21세기의 일본에게 부여된 과제라 하겠다.6)

4. 일본 문명의 화혼지향

일본 문명의 상징적인 표현을 한 마디로 어떻게 규정할 수 있을까? 이어령이 표현한 것처럼 '축소지향'일까, 아니면 『국화와 칼』에서 말하는 그런 '이중성'일까. 그것도 아니라면 '모방성'일까. 도대체 무엇일까. 일본 문명이

---

6) http://www.japanem.or.kr/special/t6_2.html

라면 다른 어느 나라 문명보다도 잘 이해하고 있을 것 같지만 막상 그렇지 않다.

일본 문명은 제3장에 해당하지만 이 책을 집필하면서 가장 마지막에 집필한 것도 그 같은 연유에서였다. 오랫동안 이 제목 저 제목 주저하다가 드디어 일본 문명의 상징성을 화혼(和魂)지향이라고 명명하였다. 그런데 이 '화혼지향'이라는 것은 과연 합당한 표현일까. 지금까지로서는 그렇다고 확신한다.

일본의 고대 국명은 야마토 국(大和國)이다.7) 일본인들 뇌리에는 이 야마토 국이 떠나지 않았고, 그렇기에·야마토 국의 건국정신이라 할 화혼(和魂)은 일본인들의 생활정신으로까지 자리잡았다. 그리고 드디어는 모든 가치 가운데 화(和)의 가치를 으뜸으로 치기 시작하였다.8)

근대에 이르러 서양 열강이 밀려오는 이른바 서세동점의 위기 속에서 중국인은 중체서용(中體西用)을 주장하였고, 한국인은 동도서기(東道西器)로 대처하였다. 일본인은 이 때 바로 화혼양재(和魂洋才)를 내세웠다. 일본인들 입장에서 보면 매우 적절한 표방이었을 것이다.

이처럼 일본인은 화혼을 일본정신의 상징 표현으로 삼았다. 이 점은 지금도 마찬가지라고 생각된다. 일본인이 일상 생활에서 화(和)를 으뜸으로 친다는 사실은 곳곳에서 확인된다. 우선 남에게 폐가 될 행동을 극히 억제한다. 공공장소에서 휴대폰 사용을 자제한다든지, 지하철에서 신문을 접어서 읽는다든지, 다른 사람과 똑같지 않으면 안심할 수 없어하는 행동이9) 모두 그렇다.

이 화(和)의 중심에는 오랫 동안 일본인에게 신격화되어 온 이른바 '천

---

7) 일본 국토가 통일된 5세기경부터 율령국가가 성립한 7세기까지를 야마토국이라고 하고, 그 정부를 야마토 정권 혹은 야마토 조정이라 한다. 황실을 중심으로 하는 제 호족의 연합정권의 성격을 띤 것으로 추측된다(가와사키 쓰네유키 · 나리모토 다쓰야/ 김현숙 · 박경희 옮김, 『일본문화사』, 혜안, 1994, 23쪽).

8) 祐野隆三, 「言外表現にみられる日本文化の特性」, 『문명연지』 2-1, 한국문명학회, 2001, 250쪽.

9) 澤井理惠 지음, 김행원 옮김, 『엄마의 게이쬬 나의 서울』, 신서원, 2000, 136쪽.

황'이 자리하고 있다. 일본사회는 천황을 중심으로, 천황을 정점으로 하여 화가 종횡으로 연결되어 있다. 그들은 국교(國敎)가 있다고 표현은 안하지만 신도(神道)는 사실상 일본의 국교이고, 그 제사장이 천황이다.[10]

그래서 일본에선 가미가제(神風) 특공대가 가능했고 궁성요배도 가능했으며, 지금 논란이 되고 있는 신사참배나 기미가요 부활, 천황 복권[11]도 가능한 것이다. 이러한 행태의 한가운데 화혼이 자리잡고 있다. 일본의 특징 중 하나로 지적되는 몇 백 년, 혹은 천 수백 년씩 전수되는 가통도 실은 화혼의 전수 차원에서 가능한 현상일 것이다.

일본 문명은 매우 정치(精緻)하다. 그리고 이 정치한 문명을 개미사회의 위계질서처럼 자부심을 갖고 전수한 것이다. 여기에 일본 문명에 힘이 실린다. 이것이 세계적으로 유수한 문명을 창출하는 힘이 되고, 근대 서구과학도 일본화시킬 수 있는 힘이 되었다. 공간적으로 동아시아에 위치하면서도 정치적으로 서방 7개국[12]에 포함될 수 있었던 원동력 역시 여기에 있다.

그런데 문제는 이 화가 일본 내에서 가치관이 같은 일본인들끼리만 통하는 국지적인 화로 활용된다는 점이다. 즉, 가치관이 다른 이웃나라와의 관계에서는 화(和)를 멀리한 것이다. 오히려 불화(不和)의 연속일 뿐이었다. 자기의 이익만 우선하고 이웃의 이익은 챙기지 않았다. 더 노골적으로 말한다면 상대방의 이익을 가로채고 무자비하게 짓밟았다. 그러고서야 어찌 선린외교를 운위하며, 국제간에 화를 바로 세울 수 있으랴. 자기들끼리만의 화혼은 종내 불화로 막을 내리게 되는 것이고, 그래서 일본인들은 도처에서 옹졸하다는 말을 듣게 된 것이다.

따라서 일본은 계속 화혼을 중심으로 삼되 국제간의 화(和)도 중요한 가치관으로 업그레이드시킨다면 일본 문명은 명실공히 세계인이 흠모하는

---

10) 김정의, 「일본문명과 우리나라」, 『신문명 지향론』, 혜안, 2000, 99쪽.
11) 박정훈, 「열린 황실 다시 닫고 신성화 작업」, 『조선일보』 2000년 7월 7일자.
12) 보통 G7이라고 한다. G7에는 미국, 캐나다, 영국, 프랑스, 독일, 이탈리아, 일본이 들어가며, 최근 여기에 러시아를 포함하여 G8라고 말하기도 한다.

문명 건설이 가능하고 이는 인류문명에 대한 지대한 공헌으로 이어지게 될 것으로 생각된다.

참고문헌 및 URL

金達壽,『日本の中の朝鮮文化』, 東京 : 講談社, 1988.
김정의,『신문명 지향론』, 혜안, 2000.
김희성,『일본의 정토사상』, 민음사, 1999.
박석이,『일본의 신도사상과 불교』, 이화문화출판사, 1994.
이어령,『축소지향의 일본인』, 갑인문화사, 1982.
이진희,『한국과 일본문화』, 을유문화사, 1982.,
최정호 외,『일본 문화의 뿌리와 한국』, 문학과 지성사, 1992.
허정열,『일본의 전통과 군사사상』, 팔복원, 1999.
가와사키 쓰네유키·나리모토 다쓰야/김현숙·박경희 옮김,『일본문화사』, 혜
          안, 1994.
라이샤워, E. O,『일본사』, 탐구당, 1982.
마루야마 마사오,『일본의 사상』, 한길사, 1998.
武藤誠,『일본미술사』, 지식산업사, 1994.
베네딕트, 루스,『국화와 칼』, 을유문화사, 1996.
司馬遼太郎,『일본인과 일본 문화』, 서울 : 을유문화사, 1993.
祐野隆三,「言外表現にみられる日本文化の特性」,『문명연지』 2-1, 한국문명
          학회, 2001.
中根千枝,『일본사회의 성격』, 일지사, 1979.
澤井理惠 지음, 김행원 옮김,『엄마의 게이죠 나의 서울』, 신서원, 2000.
http : //www.postech.ac.kr/class/ge234/old_home/1998spring/95/9526001/f.html
http : //www.japanem.or.kr/special/t6_2.html
http : //www.jls.co.kr/japan/publish/j.diamond.htm
http : //www.tomatolee.com/

제4장 미국 문명의 팍스아메리카나

1. 미국 문명의 흐름

1) 미국 문명의 배경

1492년 유럽인으로서는 최초로 콜럼버스(Columbus, C. : 1456~1506)가 이른바 신대륙을 발견한 이래, 아메리카 대륙은 유럽 열강들의 식민지 개척경쟁의 대상이 되었다. 1620년 청교도 일파가 신앙의 자유를 찾아 메이플라워호를 타고 지금의 매사추세츠 주에 상륙한 이후 1733년까지 영국은 북아메리카의 대서양 연안에 13개의 식민지를 건설하였다. 북아메리카 대륙은 인디언·영국·프랑스 등 3파의 항전이 계속되었고, 결국 영국의 승리로 돌아갔다. 그러나 본국과 식민지인 간의 대립·알력이 각종 조세부과를 둘러싸고 나타나기 시작하였다.

1773년 '보스턴차당(The Boston Tea Party) 사건'을 계기로 북미대륙의 영국식민지들 사이에서는 공동의 저항운동이 일어났다. 그리하여 1774년 9월 필라델피아에서 식민지 대표들이 모여 제1차 대륙회의를 개최하였다. 1775년 4월에는 영국군과 식민지인 사이에 유혈충돌이 벌어졌고 이로써 아메리카 혁명의 막이 올랐다. 1776년 1월의 대륙회의에서는 처음으로 독립문제가 공개적으로 논의되었으며, 이에 따라 북미대륙의 13개 영국식민지는 개별적으로 독립정부를 수립하기 시작하였다. 마침내 그 해 7월 4일 독립선언서가 대륙회의에서 공식적으로 채택되어 영국에 대한 미국의 독립이 정식으로 선포되었다. 미국의 독립은 1783년 파리 조약에 의하여 승인되었으며, 1787년 연방헌법을 제정하고, 1848년경에는 주변의 영토를 획득하여 거의 현재와 같은 대륙국가로 발전하였다. 이로부터 미국은 정치적 민주주의를 나름대로 발전시키며 개척지의 확장과 산업혁명, 교통혁명을 추진하였다.

그런데 미국 북부는 건설단계에서 북유럽 및 서유럽으로부터의 이민을 받아들여 산업자본가들이 많았으나, 남부는 여전히 보수적이며 흑인노예제에 기초한 농업자본가들이 우세하였다. 1861년에 시작된 미국의 남북전쟁은 명분상으로는 주권론(州權論)을 주장하는 남부와 합중국론(合衆國論)을 주장하는 북부와의 헌법상의 해석문제를 둘러싼 문제였다. 1865년 북부의 승리로 남북전쟁이 종결되자, 미국의 민주주의는 더욱 확고한 기반을 확보하여 마침내 1870년에는 흑인들에게도 투표권을 부여하고 노예제도의 폐지를 단행하였다. 이후 미국은 급속도의 경제혁명을 경험하면서 산업주의시대를 꽃피운다.

이 시기 유럽 열강들은 전 세계에 걸쳐 영토와 이권을 확대해 가는 제국주의 시대를 열고 있었다. 미국도 뒤늦게나마 이 시대적인 조류를 타기 시작하였고, 미국과 조선이 접촉하게 된 것도 이 때다. 1914년 유럽에서 제1차 세계대전이 일어나자 미국은 즉각 중립을 선언했으나, 영국과 독일 등과의 경제적 이해관계로 말미암아 전쟁에 개입하지 않을 수 없었다. 1929년 대공황이 미국을 강타하였다. 그러나 루즈벨트(Franklin D. Roosevelt : 1882~1945)가 대통령에 당선되면서 뉴딜(New Deal) 정책을 추진, 미국 자본주의의 위기를 어느 정도 극복하였다.[1]

2) 프랭클린 루즈벨트 대통령(1933~1945) 시기의 미국

후버(Herbert Hoover : 1874~1964)의 후계자 프랭클린 델라노 루즈벨트는 루즈벨트 가문에 속하고 있었다. 그는 온화한 성품과 교양으로 대중의 인기를 차지하고 있던 사촌누이 엘레노아 루즈벨트와 혼인하여 정치기반

---

1) 김미경, 「한미관계를 어떻게 볼 것인가」, 『한국문명사』, 혜안, 1999, 448~450쪽.

을 굳히고, 대통령에 당선된 후 위대한 용기, 천성적인 매력과 친근감, 신인 발굴의 능력, 보기 드문 정치연설의 재능 등을 발휘하였다.

루즈벨트가 후버의 뒤를 이어 비극적인 시국을 계승하게 되었지만 그가 있을 때에도 농민들은 채권자에게 집을 빼앗기고, 수천 개에 달하는 지방은행은 부동산을 담보로 대출한 채무의 변제가 불가능하였으므로 파산하였다.

이러한 경우에는 세 가지의 경제대책이 있을 수 있다.

첫째는 개인활동의 성과에 의해 정상적 상태로 복귀되기를 기대하는 것.

둘째는 공산주의적 해결.

셋째는 계획경제였다.

신임대통령은 제3의 방식을 채택하였다. 그는 국민이 부정증권에 투자하는 일이 없도록 보호하기 위하여 채권발행은행이 예금 취급을 겸하는 것을 금지하고, 공단이 저렴한 전력을 공급함으로써 농촌에 전력을 보급할 수 있게 하였다.

뉴딜이라고 부르는 이 정책에 대하여는 열렬한 지지자와 반대자가 있었다. 지지자는 이것이 국가를 구제했다고 주장하였고 반대자는 미국을 파멸의 길로 이끌고 있다고 비난하였다. 그러나 일반 대중은 그를 전폭적으로 지지하였으며, 1936년에 무난히 재선되었다.

공화당과 민주당은 만장일치로 그의 외교정책을 승인하였다. 그러나 대법원은 오랫동안 뉴딜을 반대하고 의회에서 성립된 몇 개의 법안을 위헌이라고 판정하였다. 외교정책에서 루즈벨트 대통령은 매우 곤란한 형편에 처해 있었고, 영·불과의 관계는 악화된 채였다.

1931년 후버 대통령이 배상금 지불을 1년간 정지하도록 명령했기 때문에 유럽 국가들은 미국에 대한 지불을 일체 정지하였고, 이에 미국 국민은 분개하였다. 전통적으로 고립주의를 취한 보수파는 더 한층 고립주의로 기울어졌다. 1935년으로부터 1937년 사이에 3개의 중립법이 제정되었다. 이 법령은 대통령의 특권 가운데 일부를 제한하고 의회의 권한을 강화하려는 것이었다.

1939년 전쟁이 터지자, 의회는 대통령의 요청에 따라 무기는 현금으로 구입하고 구매국의 선박으로 수송해야 한다는 현금 자국선 조령을 제정함으로써 무기 수출제한을 강화하였다. 프랑스 수상 폴 레이노가 루즈벨트에게 구원을 요청했을 때 그는 원조하겠다는 약속조차 할 수 없는 처지에 있었다.

1940년 해가 저물어 갈 무렵 대통령 선거가 있었다. 루즈벨트와 공화당의 웬델 윌키가 입후보한 이 선거에서 루즈벨트가 당선되었다. 이로써 그는 미국사상 처음으로 3기에 걸쳐 출마하고, 세 번 당선된 기록을 세운 대통령이 되었다. 선거에서 승리를 거둔 루즈벨트는 영국을 지원하는 정책을 추진할 수 있는 권한을 국민으로부터 보장받게 되었다.

대통령은 무기대여법의 제정에 성공하였다. 미국은 중립을 지키는 체하던 자세를 버리고, 독일에 대한 적의를 공공연히 표시하면서 독일로부터의 선전포고에 대비하였다. 미국인은 제2차 세계대전에서 애국심이 강하고 질서의식과 능력이 우수하다는 것을 실증하였다. 평화산업은 경이적인 속도로 전시산업으로 전환하였다.

미국 육해군은 최강의 위치를 차지하게 되었다. 루즈벨트는 주력을 독일 전선에 집중하도록 결정하는 선견지명을 발휘하였고, 동서 양면으로 압축해 들어오는 거인의 주먹에 독일은 결국 분쇄되었다. 1945년 5월 7일, 히틀러는 자살하고 아이젠하워는 독일군으로부터 무조건 항복을 받았다.

이제 남은 것은 일본뿐이었다. 육군의 공격도 물론 필요했으나 많은 민간인의 첩보공작도 활발하였다. 루즈벨트 대통령은 아직 불안정한 상태의 원자무기를 제작한 후 비행기로부터 투하하는 폭탄에 막대한 자금을 지출하고 있었다.

1944년도 선거에 당선하여 제4임기에 취임했을 당시 그의 병세는 이미 상당히 악화된 상태였다. 부통령 해리 트루먼(Harry S Truman : 1884~1972)이 그 뒤를 계승하고 1945년 8월 14일 트루먼 대통령은 전쟁 종결을 발표하였다. 제2차 세계대전은 이로써 완전히 종결을 짓게 되었다.[2]

3) 트루먼~케네디 대통령까지의 미국

전쟁 말기에 루즈벨트와 미국 국민들은 큰 희망을 가졌었다. 그들은 전체주의의 패배가 전 세계에 정의에 입각한 새로운 질서를 확립하게 할 것이라고 생각했던 것이다. 대전 후반기에 루즈벨트는 어떤 희생을 치르더라도 소련과 신뢰적 관계를 맺고자 애썼다. 또 그는 발칸 반도의 여러 나라에 공산주의 정부를 세우는 것도 허용해 줌으로써 그는 스탈린과 우호관계를 맺기를 희망했다.

선거 때에 트루먼은 사령관으로서 소질을 가지고 있다고 여겨지지 않았다. 그러나 그의 책임감이 아주 빨리 그를 성장시켜 주었다. 1947년의 미국은 더 이상 군사적인 강대국이 아니었던 것이다. 이것이 서유럽에서 소련의 영향력을 증대시켰다. 많은 군대가 무력으로 전진해 나왔던 것이다. 한편 승리에의 도취는 경제적 번영에 의해 더욱 심화되었다. 미국은 유사 이래 최고의 부를 누렸다. 공정하게 말해 루즈벨트의 뉴딜 정책이 소득을 재분배함으로써 이러한 번영에 이바지했다는 점을 지적해야 할 것이다.

1948년 대통령 선거가 시작되었다. 공화당 전당대회에서 듀이(Thomas Edmund Dewey : 1902~1971) 지사가 지명되었고, 트루먼은 보수적인 민주당원들의 반대에도 불구하고 민주당 전당대회에서 지명되었다. 80회 국회는 트루먼에 대해 적대적이어서 사람들은 트루먼이 재선될 가능성이 없다고 생각했다. 그러나 트루먼은 정거장마다 유세를 하는 등 아주 활기 있게 싸워서 듀이보다 2백만 표를 더 얻어 재선에 성공했다.

당시 그에게는 명성이 필요하였다. 국제정세가 점점 험악해지고 있었기 때문이다. 게다가 동아시아에서의 상황은 훨씬 더 어려웠다. 1945년부터 중국에서는 장제스와 중국 공산당 사이에 내전이 일어났다.

사람들은 1947년에 그리스와 터키에 관하여 그가 표명한 정책들을 트루먼 독트린이라고 불렀다. 1949년에 미국과 캐나다, 영국, 프랑스, 이탈리아, 벨기에, 네덜란드, 룩셈부르크, 노르웨이, 덴마크, 아일랜드 그리고 포르투

---

2) http : //www.1109.co.kr/home/history/history_western/newdeal.htm

갈 사이에 북대서양조약(NATO)이 체결되었다. 이 조약은 조약 가입국에 대한 공격을 모든 나라에 대한 공격으로 간주하는 일종의 동맹조약이었다.

이 조약이 체결된 사이에도 아시아 사태는 점점 더 어려워져 갔다. 1949년 미국은 한국에 이승만정부를 남겨 놓은 채 군대를 철수시켰고, 이듬해 한국은 북한의 침략을 받았다. 오래 전부터 트루먼 대통령과 맥아더(Douglas MacArthur : 1880~1964) 장군은 동아시아 정책에서 서로 의견을 달리하고 있었다. 맥아더는 한국전쟁에서 주도권을 쥐어야 한다고 주장했고, 트루먼은 그것이 세계대전으로 확대될 위험이 있다고 맞섰던 것이다. 다행히 한국전은 휴전협정의 체결(1953)로 일단 한숨을 돌릴 수 있게 되었고, 미국국민들은 민심을 잃은 이 전쟁의 종식을 기쁜 마음으로 받아들였다.

그러나 1954년 베트남 북부 전부가 공산당의 지배하에 들어갔다. 소련에서는 스탈린 사후 정권을 장악한 말렌코프(Malenkov)가 후르시초프(Khrushchev)에 의해 축출당했다. 그 역시 야심 많고 빈틈없는 제국주의자였다.

1956년 아이젠하워(Dwight D. Eisenhower : 1890~1969) 대통령은 심장병에서 회복되어 다시 대통령에 재선되었다. 부통령 닉슨(Richard M. Nixon : 1913~1994)이 제2의 인물로 등장했지만 외교정책은 계속 국무장관 덜레스(John Foster Dulles : 1888~1959)가 맡았다. 영국과 프랑스는 키프로스 영국기지에서 출발하는 운하의 재점령을 목표로 파견대를 준비했다.

그런데 갑자기 미국과 소련이 연합하여 무력 개입을 통해 프랑스와 영국, 이스라엘을 위협했다. 1957년과 1958년에는 군비 부분에 커다란 변화가 일어났다. 미국은 소련과 거의 동시에 대륙간 유도탄을 만들어 냈다.

미국내 정치에서는 아이젠하워에게만 모든 정무를 맡기고 있던 공화당의 상황이 계속 악화되어 갔다. 1958년 선거에서는 민주당이 상원에서도 많은 의석을 차지했다. 1960년 대통령선거에서 닉슨은 공화당 대통령후보로 지명되었으나 민주당 후보 케네디(John F. Kennedy : 1917~1963) 상원의원에게 패배하였다. 당시 43세의 케네디는 미국의 역대 대통령 가운데 가장 젊은 대통령이자 가장 근소한 표차로 당선된 대통령이었다.

4) 20세기의 미국 생활

미국은 1900년부터 1940년에 이르는 사이에 1860년으로부터 1900년까지와 같은 급격한 변화와 발전을 이룩하였다. 특히 교통수단의 발달은 이질적인 요소의 융합을 촉진하였다. 공공통신 수단도 미국의 일체화에 이바지하였다. 미국에서는 라디오가 신문만큼이나 여론 조성에 커다란 영향을 미쳤다. 제2차 대전이 끝난 후에는 텔레비전이 미국인의 가정생활에서 점차 중요한 역할을 맡게 되었다.

한편 도시의 발전과 교통수단의 진보는 가정생활을 뒤죽박죽으로 만들었다. 대도시의 집세가 치솟고 많은 미국인들이 가정을 떠나 밖에서 생활하게 되었다. 미국 공업의 두드러진 특색인 대량생산은 크게 두 가지 성과를 초래하였다. 생활비의 경감과 생활양식의 단일화가 그것이다. 가난한 사람도 부자처럼 양질의 식료품을 살 수 있게 되었고, 가사를 돕는 기계가 발명되어 집안살림은 훨씬 간편해졌다. 또한 대량생산된 상품이 전국으로 보급되면서 국민생활은 지나칠 정도로 단일화되었다.

흑인의 상태는 여전히 위험한 불씨로 남아 있었다. 흑인변호사와 흑인의사가 배출되었지만 대부분의 도시에서 흑인과 백인은 분리된 지역에 거주하고 있었다.

종교생활은 19세기에 비하면 저조하여, 미국인의 약 반수는 어떤 교회에도 소속되어 있지 않다. 그러나 미국은 아직도 본질적으로 기독교의 나라이며 종교생활은 정치생활과 밀착되어 있다. 설교의 전문이 신문에 유료광고로 게재되기도 하고, 고명한 성직자는 국가의 중요한 문제에 관하여 자문을 받기도 한다.

교육은 국가의 장래를 위해 가장 중요한 문제의 하나로, 미국은 일찍부터 교육을 대단히 중시해 왔다. 그러나 그 성과를 보면, 미국 개척기의 교육환경이 열악했던 벽돌학교의 교육보다 나아졌다고 할 수는 없을 것 같다. 우수한 고등교육이 이루어지는 곳도 있으나, 기초교육이 부재한 데서 확고한 교양이 이루어질 수는 없다. 거기에 교원의 수도 적고 봉급도 빈약하다.

미국문학은 1900년부터 1940년까지에 영국문학의 영향으로부터 완전히 탈피하였다. 미국의 언어 표현은 16세기의 영어를 상기할 만큼 유창해졌고, 미국의 만족적인 낙천주의와 청교도주의, 감상주의에 대한 반동을 표현하고 있다.

미국의 산업혁명이 국가를 부강하게 만든 것은 엄연한 사실이다. 하지만 그와 함께 전쟁 이후 불안도 점점 심화되어 왔으며 신경증 환자의 수는 유럽을 앞서고 있다. 한편 유럽 사람들이 어떻게 생각하든 간에 과학분야에서 미국이 앞서고 있다는 것은 인정해야 한다. 1930년에서 1950년 사이에 노벨 과학상의 3분의 1이 미국인에게 돌아갔다.[3]

미국의 경제는 세계 최강을 자랑한다. 세계인구의 4.5%를 점하는 미국 인구(2억 8천만)[4]가 전 세계의 부의 24%를 차지하고 있으며, 자동차의 56%, 라디오의 43%, 전기에너지의 34%를 소유하고 있다.

또한 제2차 대전은 계급간의 평등을 더 한층 촉진하였다. 미국에서는 세금을 공제하고 연간 2만 5천~3만 달러의 수입을 얻는 일이 매우 어려워졌다. 국가재정은 불안이 없으며 세출입은 균형이 맞아 있다.

2. 미국 문명의 오늘

미국은 본토의 48개 주와 알래스카, 하와이를 포함한 50개 주에 콜럼비아특별구[5]로 구성된 연방공화국으로, 푸에르토리코, 버진 제도, 동사모아, 괌 등 태평양의 해외영토도 가지고 있다.

이 영토 안에 인종의 전시장이라고 할 수 있을 만큼 지구상의 모든 인종

---

3) http : //1109.co.kr/home/history/history_western/20c_usa.htm
4) 양봉진, 「워싱턴 저널」, 『한국경제』 2001년 1월 5일자.
5) 수도인 워싱턴 D.C.

과 민족이 뒤섞여 살고 있는 특이한 복수민족국가이다. 하지만 압도적인 다수를 점하는 것은 역시 백인종이며 유색인종은 모두 합쳐도 12%에 불과하다. 미대륙 초기이민의 물결을 따라 들어온 대량의 이민집단은 영국을 중심으로 한 북서유럽의 백인이었으며, 동부에서는 영국계 이민, 미시시피강 유역에서는 프랑스계 이민, 서부에서는 스페인계 이민이 또 한 주류를 이루었다. 남부농업지대에는 노동력으로서 아프리카 흑인이 대량이입되었고, 제1차 세계대전을 전후해서는 아시아로부터의 이민도 꾸준히 증가했다.[6] 아시아인들은 프론티어의 서부 진출에 따른 노동력 부족을 보충하기 위한 저임금노동자로서 받아들여졌다. 1940~1970년까지의 인종구성의 변화를 보면, 상대적으로 백인의 비율이 저하되고 유색인종의 증가가 두드러진다. 하지만 동부의 영국식민지가 미국으로 독립한 이래 지금까지 영국인들이 국가발전의 중추를 이루어 왔다고 볼 수 있다.

유럽에서 이민온 프로테스탄트는 처음에는 종교의 자유를 인정하지 않았으나 건국후 헌법에 종교의 자유를 보장하였다. 다수의 인종과 민족으로 구성된 나라인 만큼 거의 모든 종류의 종교가 퍼져 있으나 기독교가 압도적으로 많다. 특히 인구의 약 32%를 점하며 약 150종파로 이루어진 프로테스탄트가 강세다. 가톨릭은 약 22% 정도를 차지하는데, 이는 가톨릭 세력이 강한 유럽이나 남아메리카 여러 나라와는 구별되는 특징이다. 또 미국에는 이스라엘의 인구보다도 더 많은 유대교도가 살고 있기도 하다.[7] 그밖에 그리스정교, 솔트레이크의 몰몬교 같은 독특한 문화경관을 만드는 종교집단도 있다.

교육은 건국 이래의 전통에 따라 영국 등과는 다른 독자적인 교육제도가 구축되었다. 특히 교육에 관한 권한이 거의 전적으로 주 이하의 행정기관에 위임되어 있다는 것은 두드러진 특징이다. 따라서 학교제도는 각 주

---

6) 한국인의 미국이민자는 1990년 현재 약 80만 명에 달한다(http://www.joins.co.kr/LA/199901/14_01.htm).

7) 전 세계에 흩어져 살고 있는 유대인은 모두 1300만 명인데, 이 중 460만 명이 이스라엘에 살고 있다. 미국에는 이보다 많은 600만 명이 살고 있다.

에 따라 다른데, 보통 의무교육기간은 6~12년이다. 전체 주의 약 70% 정도는 2~3년의 유치원 교육과 6년제 초등학교가 있고, 이후에는 13~15세의 주니어 하이스쿨과 16~18세의 시니어 하이스쿨로 나누어 3년씩 학생을 수용한다. 시니어 하이스쿨 과정에는 대학진학 준비과정, 상업과정, 교직과정, 일반교양과정의 4개 과정이 있다. 대학은 2년제와 4년제가 있다.

정치는 연방공화제로 3권분립주의이다. 대통령이 행정기관의 최고 책임자로서 군최고사령관을 겸한다. 대통령의 임기는 4년으로, 3선은 금지되어 있다. 대통령은 각 주에서 국민들이 상·하 양원과 같은 수의 선거인을 뽑고 이들 선거인에 의해 선출되는 간접선거제로 되어 있다. 의원제도는 상원과 하원의 2원제이다. 상원은 정원 100명으로 각 주에서 2명씩 선출하고, 임기 6년이며 2년마다 1/3이 개선된다. 하원은 정원이 435명, 각 주로부터 인구비례로 선출하여 2년마다 전원 개선된다. 각 주는 연방정부와 독립된 헌법을 가진 독립국에 가까운 존재로서, 광범위한 지방자치권을 가지고 있다. 세금의 종류와 세율은 주에 따라 다르며 음주연령 제한도 주의 법률에 따라 각양각색이다.

정당은 민주당과 공화당의 2대 정당이다. 정당은 이데올로기나 확고한 강령에 바탕을 둔 견고한 조직이 아니라 이해관계를 기초로 조성된 지방정당의 연합체 같은 성격을 갖고 있다. 경제단체·노동조합·농민·의사 등의 각종 단체가 조직과 자금을 동원하여 정치에 관여하고, 의원을 그들의 지배 하에 두고 영향을 미치는 일이 많다.

미국은 광대한 국토와 풍부한 자원 면에서도 세계 최대를 자랑한다. 특히 농림수산업과 광공업 등의 업종은 세계 제일의 다품목 생산을 과시하고 있다. 무역은 수출입액으로 공히 1위를 달리며, 주요 상대국은 캐나다·일본·멕시코·독일 등이다. 주로 기계류·자동차·항공기·농산물을 수출하고 기계류·석유·자동차·의류·철강 등을 수입하고 있다. 근래에는 계속되는 무역수지의 적자를 만회하였지만 여전히 세계 각국에 무역압력을 넣고 있는 상태다.

북아메리카 대륙을 점유하고 있는 미국은 본토만 해도 캐나다 국경에서 멕시코 연안까지 남북 총연장 약 2만 km, 대서양 연안부터 태평양 연안까지 총 4800km에 달하는 광대한 영토를 보유하고 있다.

동부에는 평균고도 1000m의 애팔레치아 산맥이 남북을 달리고 서부에는 4000m급 산들이 연이은 로키 산맥이 시에라네바다 사막을 사이에 두고 마주하고 있다. 이 양자 사이로 중남부에는 미시시피 강을 중심으로 하는 대평원이 밀·면화 등의 넓은 농작지대를 이루고 있다.

동북부의 대서양 연안과 미시시피 강 유역에는 천혜의 항구도시가 발달했고, 서부의 산맥지대에는 대자연의 조형미가 뛰어난 거대한 협곡과 계곡이 있고 사막지대 또한 많다. 북동부 캐나다와의 국경에는 5대 호가 위치하며 세인트루이스 강으로 합쳐져 산업에 중요한 수로가 되고 있다.[8]

3. 첨단과학의 선도

1) 우주개발산업

미국은 지금까지 이 분야에서 세계 최고의 기술수준을 자랑하고 있는데, 이러한 우위를 바탕으로 21세기에는 상업적인 결실까지 거머쥐겠다는 복안을 가지고 있다. 우주항공 분야에서 미 항공우주국(NASA)은 21세기 NASA 전략계획을 새롭게 마련했다. 냉전시대의 종식과 함께 경쟁적 우주개발의 필요성이 사라진 마당에 기존의 우주항공전략도 변해야 한다는 것이다.

대니얼 골딘 NASA 국장은 의회청문회에서 "앞으로 NASA 전략은 핵심적인 과학연구와 첨단기술의 개발 및 응용에 초점을 맞출 것"이라고 선언했다. 이는 그 동안 NASA가 이룩한 업적과 독보적 지위를 손에 잡히는 실질적 성과로 연결시키겠다는 뜻이다. 즉 상징적인 우주탐험이나 과시적인 기술개발을 지양하고 연관산업과 학문적 연구에 구체적으로 보탬이 되는 쪽으로 21세기 NASA의 역량을 집중하겠다는 얘기다.

---

8) http : //edu-lib.nonsan-o.ed.chungnam.kr/

이를 위해 NASA는 종전에 잡다하게 추진되던 각종 사업을 핵심적인 4개 분야로 압축하고, 이들 분야에 학계 및 산업계의 참여를 확대시켰다. 특히 앞으로 추진할 우주항공 개발계획에서 파생되는 극소기계기술, 인공지능, 정밀로봇, 천체관측, 원격감지기술, 지구환경관측, 우주환경에서의 인체실험, 우주운송기술, 첨단소재 등의 첨단기술을 과감하게 민간에 이전할 방침이다.

최근 잇따른 실패로 위축된 로켓 발사사업에 대해서는 정부주도의 과감한 투자로 그간의 우위를 확고하게 굳히겠다는 구상이다. 월가에서 21세기에 가장 각광받을 산업으로 지목받고 있는 생명공학 쪽에서는 이미 상당한 상업화가 이루어지고 있다. 생명공학 역시 엄청난 예산이 들어가는 기초연구는 주로 정부 쪽에서 담당하고, 이를 상업적으로 발전시키는 개발사업은 민간이 담당하는 구도로 진행되고 있다.

현재 미국에서 국가적으로 추진되고 있는 대표적인 생명공학 프로젝트로는 1990년에 시작된 인간 유전자지도 사업이 있다. 미 정부가 무려 30억 달러(약 3조 6천억 원)의 예산을 대고 주요 대학연구소가 세부 분야별로 나누어 연구를 진행하여 2000년에는 드디어 유전자 지도 초안 제작에 성공했다.[9]

민간업계가 주도하는 유전자 변형 농산물은 이미 보편화되었고, 인공장기를 만드는 세포조직공학과 유전자 치료·생명공학 백신사업 등도 비약적인 발전을 거듭하고 있다. 생명공학연구에서 파생된 극소기술과 자동화기술, 세포칩, 복합화학 등의 신기술 사업들도 주목을 받고 있다. 생명공학 산업은 이제 가장 유망한 21세기 벤처 사업으로 꼽힌다.[10]

2) 인터넷

(i) 인터넷 트렌드 : 미국의 차세대 인터넷 프로젝트 'NGI'[11]

---

9) http : //bric.postech.ac.kr/bbs/rtrend/tin960101/el/026.html
10) 『중앙일보』 1999년 12월 7일자 기사, 글 김종수.
11) http : //www.howpc.com/howpc/199803/net/01.html (윤준수 기고)

새로운 비전인가, 새로운 음모인가? 미국의 차세대 인터넷 프로젝트 'NGI'
"인터넷의 회선 속도를 지금보다 수십, 수백 배까지 올려 주겠다."

네티즌이라면 누구나 귀가 솔깃할 말이다. 이런 약속을 모든 국민에게 공개적으로 한 사람이 있다. 바로 미국의 전임 대통령 클린턴(Bill Clinton)과 엘 고어(Al Gore) 전임 부통령이다. 미국 테네시 주 녹스빌에서 있었던 대통령 선거유세 때 그들은 꿈의 인터넷에 대한 비전인 'NGI' 프로젝트를 내놓았다. 인터넷에 관심이 있는 독자라면 한 번쯤 '인터넷 II' 프로젝트에 대해 들어보았을 것이다. 인터넷 II란 미국의 대학 간에 초고속 정보고속도로를 구축하여 극심한 체증을 빚고 있는 인터넷 회선 문제에서 미국의 대학들을 해방시키겠다는 계획이다. 문화와 기술의 산실인 대학들이 초고속 네트워크로 연결되면 미국의 정보화 수준이 크게 성장할 것이라는 전략에서 시작된 것이다.

그러나 미국의 더욱 큰 야심은 단순히 대학 정보화에 머무르고 있지 않다. 국내에는 인터넷 II에 대해 어느 정도 알려져 있지만, 정작 'NGI' 프로젝트에 대해서는 정보가 거의 없는 형편이다. 국내의 인터넷 전문가들 중에서는 인터넷 II와 NGI가 서로 같은 것이라고 생각하고 있는 사람들도 있으며, 심지어 전문매체에서도 동일한 것으로 기사화되고 있다. 녹스빌 선거유세에서 클린턴 대통령이 공약한 것이 인터넷 II라고 하기도 한다. 그러나 NGI와 인터넷 II는 분명히 다른 것이다. 클린턴이 공약한 NGI 계획은 인터넷 II의 중요한 내용을 반영하고 있는 것이다. 즉 1996년 10월 10일 클린턴에 의해서 발표된 이 정책은 미국 대학들이 합의한 인터넷 II 프로젝트의 중요한 부분을 수용한 것으로 발표 시점이나 주체 등에 있어 전혀 다른 것이기 때문이다. 이 같은 두 계획의 차이점은 인터넷 II 프로젝트의 디렉터인 마이크 로버트(Mike Roberts)가 NGI에서 발표한 자료 중에서 명백하게 드러난다.

한편 이러한 미국의 정책적인 의도는 미국 내의 정보화에만 국한된 것이라면 몰라도 상관없겠지만, 그것은 전 세계에 거대한 해일을 몰고 올 수도 있는 프로젝트이기에 엄밀하게 짚고 넘어가야 한다. 인터넷 II 프로젝트는 미국 대학들을 중심으로 제기된 것으로 민간 차원의 자발적이고 자생적인 계획인 데 반해, NGI 즉, 차세대 인터넷 이니셔티브[12]는 미국 정부가 치밀하게 계획하고 수행하고 있는 정책이다. 미국 정부가 이 계획을 발표했을 때 미국 내의 수많은 인터넷 이용자들이 환호했다. 그리고 미국이 아닌 다른 국가들의 인터넷 이용자들도 전 세계 인터넷의 백본을 제공하고 있는 미국의 인터넷 고속화를 통해 혜택을 볼 것이라는 기대에 부풀어 있었다.

하지만 이 같은 기대와 희망 뒤에 가려진 미국의 계획을 간과하고 있는 것은 아닐까? 왜냐 하면 미국 정부가 들고 나온 NGI는 모든 인터넷 이용자를 위한 계획이기보다는 인터넷을 완전히 거머쥐고자 하는 미국의 야심과 음모를 담고 있기 때문이다. 물론 이러한 분석과 판단에 대해 지나친 견해라고 비판하는 사람들도 있을지 모른다. 그러나 NGI에 대해 구체적으로 분석하고 파헤쳐 보면 그 실체가 조금씩 드러난다. 미국이 추진하려는 NGI의 의도 속에는 우리 정부가 반드시 시급하게 추진해야만 하는 정책들이 들어 있다는 것을 알게 된다.

인터넷을 지배하는 자가 세계를 지배한다.

21세기 정보사회는 어떻게 전개될 것인가? 전 세계를 연결하고 있는 컴퓨터 네트워크를 통해서 정보사회가 이루어질 것이라는 예측은 너무도 당연한 얘기다. 인터넷은 이미 정보통신의 다양한 서비스들, 즉 전화, 팩스, 위성, 케이블 등을 비롯하여 방송, 신문, 잡지, 영화 등 인류의 발전에 영향을 미친 모든 미디어들을 닥치는 대로 삼키면서 그 영역과 영향력을 확대시키고 있다. 인터넷을 이용한 원격생활(Tele-Life)도 급속도로 발전하고 있다. 원격교육, 원격진료, 재택근무, 홈뱅킹, 홈쇼핑, 전자상거래 등 다양한 삶의 수단과 방식이 인터넷 안으로 흡수되고 있다. 더욱이 세계 최강국임을 자타가 인정하는 미국의 국가정보통신망(NII)[13]이 인터넷으로 결판이 났으며, 미국이 구축하겠다고 나선 전세계정보통신망(GII)[14] 역시 인터

---

12) Next Generation Internet Initiative.
13) National Information Infrastructure의 약자.

넷을 기반으로 하고 있기 때문에 정보사회의 핵심 기반은 결국 인터넷이라는 결론에 도달하게 된다.

그렇다. 새로운 정보사회 도래의 핵심은 인터넷이다. 그리고 '인터넷을 지배하는 자가 세계를 지배한다'는 것도 더 이상 추측이 아니다. 그렇다면 미국이 NGI 계획에 매년 1억 불 이상을 투자하겠다고 적극적으로 나선 의도를 충분히 짐작할 수 있는 일이다.

'순수 학술 연구망' 속에 감춰진 속셈

우선, NGI를 정확하게 이해하기 위해서 미국에서 주장하고 있는 바인 NGI가 순수 '학술 연구망'이라는 주장에 대해 분명하게 짚고 넘어가야 한다. 미국 정부가 NGI를 추진함에 있어 전면에 내세우고 있는 것은 인터넷을 통한 상업적인 활용, 즉, 인터넷 비즈니스의 활성화로 인해 인터넷의 기본 역할인 학술 연구망으로서의 기능이 사실상 불가능해지고 있다는 것이다. 따라서 이러한 문제점을 극복하고 인터넷 고유의 기능이었던 학술 연구망으로서의 역할을 강화시키기 위해서 NGI라는 계획이 불가피하다고 설명한다. 이 같은 이유로 NGI는 모든 상업적인 목표를 지닌 기업이나 조직의 참여를 불허하고 있다고 공공연히 주장하고 있다.

과연 그럴까? 물론 아니다. 미국 정부는 전 세계를 연결하는 가장 보편적이고 강력한 통신망인 인터넷의 주도권 확보가 곧 국가경쟁력의 확보와 직결된다고 파악하게 된 것이다. 즉, 미국 정부의 인터넷에 대한 기본 정책은 불필요한 어떠한 규제나 통제도 가하지 않음으로써 자유로운 민간 참여를 적극 유도하고, 이를 통해 인터넷을 발전시켜 나가는 것이었다. 하지만 인터넷을 그렇게 두었다가는 다른 산업 분야에서 일본이나 유럽, 한국 등에게 주도권을 빼앗겼듯이 인터넷에 있어서도 다시 추월당할 수 있다는 우려와 두려움이 밑바닥에 깔려 있다고 본다.

이런 이유로 미국은 NGI가 순수 학술 연구망이라는 점을 강조하면서 새

---

14) Global Information Infrastructure의 약자.

로운 인터넷 관련 기술을 개발하여 지금 누리고 있는 인터넷의 종주국 위치를 유지하겠다는 속셈을 지니고 있는 것이다. 그것은 WTO 체제 하에서 국내의 통신사업자들에게 특혜성 정책을 추진하지 못하게 되어 있는 현실과 맞물려 학술 연구망이라는 이름으로 추진되고 있는 것이다. 이 같은 판단은 NGI의 구성 주체들을 살펴보면 훨씬 더 설득력을 지닌다. 즉, 미국 정부와 미국의 대학들이 그 핵심 기관인 점은 부정할 수 없지만, 미국이 주장하는 바대로 상업적인 주체들이 하나도 없는지를 살펴보면 역시 아니라는 결론이 나온다. 미국의 주요 네트워크 업체들, 예를 들어 시스코라우터, 아이비엠, 쓰리콤 등의 기업들은 기증(Donation)이라는 이름으로 이미 NGI에 참여하고 있으며, 이들은 고속 인터넷 관련 기술을 NGI 위에서 시험하고 테스트하여 상품화한다는 전략을 지니고 있다.15)

결국, 표면적으로는 NGI를 순수한 학술 연구망이라고 부르고 있지만, 결과적으로는 NGI 역시 WTO 체제 하에서 미국의 기업이나 통신사업자들을 우회하여 지원하고, 이를 통한 신기술의 상품화를 통해 미국의 인터넷에 대한 지배력을 더욱 강화하자는 것이 본래의 의도가 아닌지 강한 의문을 품게 된다.

인터넷을 사용하는 사람들이라면 인터넷에 접속할 수 있는 ID만 가지고 있으면 특별히 이용료를 지불해야 하는 유료 사이트를 제외하고는 모든 사이트에 접속할 수 있다. 그리고 이것은 인터넷에 접속되어 있는 모든 네트워크들의 자유로운 접속을 보장한다는 인터넷의 기본 정신에 충실히 따르고 있는 것이다. 따라서 인터넷의 특성이나 기본 성격을 말할 때, 가장 먼저 언급되는 것 중의 하나가 자유로운 접속과 이용이라는 표준화된 개방형 네트워크라는 것이다.

그런데 인터넷의 발전, 그것도 학술 연구망으로서의 인터넷의 역할을 강조하는 NGI는 인터넷의 기본 정신인 개방형을 지향하지 않는다. 오히려 폐쇄된 형태로 디자인되었으며 현실적으로도 자유롭게 접근하고 활용할

---

15) 이 계획은 미국정부의 NGI 발의서에도 명시되어 있다.

수 없다. 그렇다면 이는 분명하게 차세대를 위한 인터넷의 진보가 아니라 폐쇄망으로의 퇴보라 할 수 있지 않을까? 물론 미국은 이러한 현실에 대해서 앞서 설명한 학술 연구망으로서 원활하게 활용하기 위해 불가피한 조치라고 설명하고 있지만 설득력이 부족한 얘기다.

그렇다면 궁금하지 않을 수 없다. 인터넷의 발전을 이끌어온 사람들, 특히 인터넷소사이어티(ISOC)라고 불리는 사실상의 인터넷 의사결정 기관은 어떻게 이렇듯 시대역행적이고 폐쇄적인 NGI 계획을 수용할 수 있었을까? 더욱이 정부나 여타의 공적인 기관의 간섭이나 개입을 적극적으로 배제해 왔던 이들이 왜 유독 NGI 계획만은 예외로 인정했던 것일까? 이것은 인터넷소사이어티의 주요 구성 멤버들이 인터넷 II와 관계가 있는 사람들이라는 점을 상기해 보면 충분히 이해가 가는 대목이다. 그들은 어쩌면 다음과 같은 밀월관계를 지속하고 있는지도 모른다.

인터넷 II와 NGI, 그 관계는?

대개 혼동을 일으키는 인터넷 II와 NGI 간의 관계를 정확하게 짚어 보면, 어떻게 민간 주도의 인터넷이 미국 정부의 직접적인 개입과 간섭을 허용하게 되었는지를 알 수 있다. 두 계획 간의 관계를 이해할 때 가장 범하기 쉬운 오류는 이 프로젝트들이 거의 동시에 각기 다른 주체들에 의해서 발의되었기 때문에 양자 간의 관계를 경쟁구도로 파악하는 것이다. 또 다른 오류는 두 프로젝트 중 하나는 대학중심이고, 하나는 정부중심이므로 위계(hierarchy)가 있다고 판단하는 것이다.

그러나 현실적으로 양 프로젝트 간에는 상호경쟁적인 구조도, 위계도 존재하지 않으며, 오히려 상호보완적인 동시에 의존적이다. 즉, NGI의 성공적 수행을 위해서는 무엇보다도 대학을 중심으로 하는 인터넷 II 관련 커뮤니티의 적극적인 참여가 필요한 것이다. 그러나 이러한 보완적 관계 및 유사성에도 불구하고 양자 간의 경계는 지속될 것이다. 대학 및 연구자들은 자유롭게 인터넷에 접속하고 활용하겠다고 요구할 것이다. 따라서 정부는 이들을 계속 통제나 간섭을 할 수 없을 것이다. 그렇다고 해도 미국 정부는 NGI 계획 추진을 통해 새롭게 개발된 기술이나 애플리케이션 등을 민간에 이전함으로써 국가 전체의 경쟁력과 이윤을 높이자는 전략을 세우고 있다. 그러므로 민간 분야에서 시작된 인터넷 Ⅱ 프로젝트가 지속되기를 원하고 있을 것이다.

인터넷에 있어서 미국의 주도권 확보와 이를 통한 국가이익의 최대화[16] 라는 공통의 목표 하에 미국을 중심으로 구성된 인터넷소사이어티는 연간 1억 불이라는 금전적 지원과 각종 정책적 지원을 담보로 인터넷의 기본 정신을 협상 테이블 위에 올려 놓을지도 모른다.

(ii) 미국 '인터넷경제'규모 18대 경제대국과 맞먹어

인터넷과 관련된 미국 업계의 영업수입 규모가 아르헨티나 경제규모보다도 큰 것으로 집계됐다.

게다가 이 같은 미국의 인터넷 시장 규모 가운데 절반 가량은 인터넷 자체를 발전시키기 위한 산업이 만들어 내는 시장인 것으로 집계돼, 인터넷 관련 산업은 앞으로도 급속한 성장속도를 보일 것으로 전망된다.

미국 텍사스 대학이 조사하고 미국의 인터넷 관련 기업인 시스코 시스템스가 발표한 미국 인터넷 관련 산업 현황에 따르면 미국의 '인터넷 경제'의 규모는 영업수입 기준으로 3314억 달러에 이르는 것으로 나타났다.

이 같은 미국의 인터넷 산업규모를 국별 경제규모에 비교하면 스위스보다는 작지만 아르헨티나보다는 큰 세계 18위인 것으로 파악됐다.

시스코 시스템스는 이 같은 인터넷 산업을 부문별로 구분할 경우 인터넷 그 자체를 유지·발전시키는 1차 기반산업 부문이 34.7%, 2차 기반산업 부문은 17.0%를 차지하는 것으로 조사됐다. 이는 미국 인터넷 관련 산업 가운데 절반이 넘는 51.7%의 기업들이 인터넷 그 자체를 뒷받침하고 발전시키기 위한 사업을 하고 있다는 뜻으로 풀이된다.

시스코 시스템스는 그러나 인터넷 관련 산업은 컴퓨터 - 정보통신, 또는

---

16) NGI 발의서에 이 같은 내용이 명문화되어 있다.

인터넷 - 소프트웨어 등으로 겹치는 부분이 많으며, 이에 따르는 중복계산을 빼면 미국의 인터넷 산업규모는 연간 영업수입으로 3014억 달러라고 밝혔다.17)

(iii) 미국 인터넷 이용자들의 인구

인터넷 관련 조사 회사인 eStats에서 eGlobal Report를 발표하였다. 여기에는 인터넷과 관련해서 여러 주제에 대해 폭 넓고 심도 있게 다루어지고 있는데, 그 중에서 미국의 인터넷 사용자들에 대한 인구통계와 인터넷 사용 유형에 관한 통계정보를 살펴보면 다음과 같다.

최근 2년 동안 미국의 인터넷 이용자수는 1200만 명에서 4700만 명으로 3배 이상 증가하였으며, 미국 인터넷 이용자들에 대한 인구통계 프로필이 미국 전체 인구통계 프로필과 유사하게 변화하고 있다고 보고서에서 밝히고 있다. 특히 나이, 성별, 혼인 여부 등과 같은 핵심 인구통계는 인터넷 이용자들과 미국 전체 인구통계가 거의 근접하다는 결과가 나왔다.

보고서에 의하면 미국 인터넷 이용자들의 평균 나이는 1996년 32세에서 1998년 38세로 상승했으며, 이는 미국 전체 인구의 평균나이인 36.2세와 비슷한 수치이다. 또한 12~17세 사이의 청소년들 중 인터넷에 정기적으로 접속하는 이용자수는 1998년 중반 750만 명으로 미국 청소년 인구인 1880만 명의 40%에 해당되며, 이는 또한 미국 전체 인터넷 사용자의 16.9%에 해당된다.

미국 인터넷 이용자의 성별비율은 미디어와 조사기관들의 계속되는 논쟁의 주제로, 여기에는 결국 인터넷 이용자의 성별비율의 추세에 따라 막대한 인터넷·광고와 마케팅 비용이 걸려 있기 때문인 것으로 여겨진다. 따라서 각 조사기관마다 다른 결과를 내놓고 있는데, eStats에서는 13개 조사기관의 결과를 종합하여, 1998년 미국 인터넷 이용자의 성별에 대해 여성은 42.2%이고 남성은 57.8%를 차지하고 있다고 발표하였다. 이는 미국

---

17) http : //www.hani.co.kr/SCITECH/data/9906/day11/print/p055p6c1z.html (이주명 기고)

전체 인구통계의 성별비율인 여성 51%, 남성 49%와는 대조를 보이고 있다.

또한 미국 인터넷 이용자들의 연평균 가계수입은 58,000달러로, 이는 미국 전체 인구통계의 36,000달러에 비해 61%나 많은 것으로 나타났다. 이러한 결과는 인터넷을 이용하기 위한 PC와 모뎀, 그리고 인터넷 접속비용을 감당할 수 있는 능력이 있어야 인터넷을 지속적으로 이용할 수 있기 때문이라고 추측된다.[18]

3) 게놈프로젝트
(i) 인체 게놈[19] 사업

1980년대 말 미국 주도 아래 시작된 초거대 과학 프로젝트이다. 사업이 완성될 것으로 예상되는 2005년까지 30억 달러가 소요되는데, 달 착륙이나 원자탄 계획을 능가하는 사상 최대의 프로젝트인 것이다. 미 국립보건원과 유럽, 일본 등 선진국이 모두 참여해 인체 게놈 사업기구(HUGO)란 별도의 국제학술회의가 결성돼 있다.

생물체의 유전정보는 우리에게 무엇을 안겨 줄까? 인체 게놈 사업의 완성은 조물주가 창조한 인체 설계도를 벽돌 한 장까지 낱낱이 규명해 냄을 의미한다. 게놈 해독을 통해 인간 유전자를 전체적으로 파악하면 이를 바탕으로 각 유전자의 작용을 알아내 결함을 수정하고 기능을 강화하는 등 다양한 생물공학적 응용이 가능해진다. 인체 게놈 연구를 통하여 얻을 수 있는 직접적인 결과는 인간과 생물의 유전정보지만, 더욱 중요한 것은 새로운 과학의 창출이라 할 수 있다. 21세기에는 화석연료가 고갈됨으로써 석유산업이 마감되고 생물산업이 들어선다. 생명공학은 식량, 의료, 에너지, 환경 문제를 해결해 주는 유일한 대안이다. 유전학은 21세기를 주도하는 학문이 될 것으로 예상된다.

---

18) http://cuth.cataegu.ac.kr/~s7220051/page8-7.htm
19) genome = gene + chromosome의 합성어.

(ii) 유전자 치료(gene therapy)

현재 약 8천 개의 질병유전자가 밝혀진 상태이다. 선천적인 유전병은 치료가 불가능하지만 이상이 있는 유전자를 교체함으로써 유전병을 치료하는 방법을 유전자 치료라 한다.

- 정상 유전자를 추출하여 골수의 특정 부위로 운반하는 운반체에 삽입시킨다.
- 운반체를 환자에서 추출한 골수세포에 감염시킨다.
- 운반체가 환자의 골수세포에 침입하여 정상 유전자가 비정상 유전자를 대체한다.
- 정상 유전자를 가진 골수세포를 환자의 골수에 이식한다.
- 새 골수세포가 분열, 정상 유전자가 작동하여 질병이 치유된다.

(iii) 게놈 해독 이후의 과제(POST Genome)

① 에너지 : 생물이 갖고 있는 생체분자의 생합성 능력은 석유산업의 화학 합성보다 훨씬 정교하고 다양하다. 생물의 게놈 정보는 생합성 기구에 해당하는 각종 효소를 유전학적으로 손쉽게 제조함으로써 산업기술에 바로 활용하게 해준다. 이는 기존 석유산업의 화학제품을 전부 대체하고 새롭고 차원 높은 신규 생물산업 소재를 창출할 것이다.

- 고열과 고압에서 적응할 수 있는 새로운 산업효소를 생산하여 석유산업의 대체 기술개발을 위한 극한 내열성 미생물의 연구
- 보다 많은 산소를 방출하는 식물
- 식물성 기름을 이용한 에너지

② 환경 : 생물산업은 환경정화의 근본 대책을 제공해 줄 수 있다. 생물산업 공정은 석유화학 공정과 달리 공해 부산물이 거의 생기지 않고 에너지 소모가 적어서 환경오염을 근원적으로 줄일 수 있다. 또한 환경오염물질을 제거하는 데도 효과적이다.

- 폐유, 플라스틱, 합성세제 같은 오염물질을 분해하는 미생물
- 보다 많은 CO_2를 흡수하고 O_2를 방출하는 식물

③ 멸종생물의 복원 : 게놈 연구는 생물의 자연환경 적응 능력을 증대시
킬 것이다. 이는 멸종생물의 보존이나 먹이사슬의 고리를 이어줄 수 있다.

④ 식량문제

인류의 숙원 중 하나인 식량문제야말로 시급한 문제인데 게놈 분석으로
해결되리라 생각되는 가장 기대되는 분야이다.

· 비타민 A와 Fe을 강화한 벼(벼에는 이들이 거의 없다)

· 아미노산을 3~4배 강화한 고구마(아프리카 인의 주식량이다)

· 혈압 강하 물질을 함유한 토마토

· 지방산을 강화한 들깨

· 락토페린을 함유한 젖을 생산하는 젖소

⑤ 의약품 생산

게놈 해독의 완성은 끝이 아니라 시작이라 할 수 있다. 디지탈 정보가 0
과 1의 조합인 데 비하여 인간의 유전정보는 A(아데닌), T(티민), C(시토
신), G(구아닌) 등 4개의 염기조합으로 되어 있다. 이 30억 쌍의 염기 순서
가 밝혀지면 이 정보를 이용해 10만 개의 인간 유전자의 기능을 밝혀 내는
작업이 필요하다. 이 작업을 통해 질병의 원인 규명과 새로운 진단 방법과
신약 개발이 이어질 것이다. 또 다른 한 축은 인종별 또는 나이 차이에서
오는 유전자의 차이를 밝혀 냄으로써 사람에 따라 약의 처방을 달리하는
맞춤 의약이 가능해진다.

⑥ 생체 모방제품의 생산

두뇌작용과 생체 감각장치, 식물의 광합성, 동물의 운동기관 등 현대과
학이 모방하기 힘든 것인데, 유전정보가 밝혀지면 이들을 인공적으로 제조
할 수 있을 것이다. 이렇게 되면 제2의 산업혁명이 도래할 것이다.

· 식물의 광합성 : 대기 중의 CO_2 감소, 공장에서 식량 생산

· 동물의 운동기관 : 근육의 수축원리를 이용한 공해없는 동력장치

⑦ 유전자 치료

유전자 지도를 통해서 알아낸, 질병을 일으키는 결함 유전자를 세포에서
제거하고 대신 수정 유전자를 주입해 질병을 치료할 수 있다. 이는 질병을

일으키는 유전자를 모두 찾아 냄으로써 질병을 미리 예방할 수도 있다는 것이다. 이러한 유전자 요법은 유전질환, 신경 - 근육 질환, 심 혈관 질환은 물론이고 암과 에이즈를 치료하는 데도 응용할 수 있을 것으로 기대된다.

4. 팍스아메리카나

미국은 거대한 개방국가로 정치, 경제, 군사, 과학기술, 정보 면에서 모두 세계 최강이다. 1차 세계대전 때부터 세계의 강자로 착실하게 부상한 미국은 소련이 붕괴되고는 필적할 국가가 없어졌다. 사실상 세계의 패자로 등장하게 된 것이다. 드디어 고대의 '팍스로마나(Pax Romana)'처럼 현대판 '팍스아메리카나(Pax Americana)' 시대가 도래한 것이다.

미국은 현재 하늘과 바다와 육지를 모두 지배하고 있다. 그들은 세계 도처에 병력을 주둔시키고 있다. 이 같은 무력을 통하여 모든 국제분쟁에서 해결사로 등장하였다. 명실공히 국제질서의 헌병 역할을 자임하고 있는 것이다.

미국은 경제적으로도 세계를 지배하고 있다. 세계 시장경제에서 미국 달러는 세계 공용화폐로 막강한 위력을 발휘하고 있다. 미국은 부의 상징적인 나라로 자리잡은 것이다.

이러한 여건에 힘입어 미국은 세계 정치무대에서 정치력을 십분 발휘하고 있다. 세계가 미국 대통령선거에 지대한 관심을 갖고 있는 것은 그가 사실상 세계 대통령의 위치에 오르는 지름길이기 때문이다.[20] 미국 대통령은 세계 대통령이라는 지도력을 활용하여 미국식 민주주의를 수출하고 있

---

[20] 21세기의 첫 대통령을 뽑는 2000년 11월 7일 제43대 미국 대통령선거는 40년 만의 대접전이라는 표현대로 마지막 투표함의 뚜껑을 열 때까지 승패를 점치기 어려운 치열한 접전이었다. 부시(George W. Bush)가 271 : 267로 승리했으나 플로리다 주의 혼선으로 끝내 '부시 승리' 오보사건이 터졌다. 이에 민주당 고어(Al Gore) 후보의 제소로 플로리다 주에서는 수작업 재검표가 거듭되고 각종 재판이 이루어질 적마다 안개 상황이 연출되었다. 12월 12일에 이르러서야 수작업 검표는 위헌이라는 연방대법원의 판결이 내려짐으로써 공화당 후보 부시의 당선이 확정되었다(『동아일보』 2000년 12월 14일자 기사 등 참조).

는 것이다.

뿐만 아니라 미국은 인터넷을 통하여도 세계를 제패하였다. 세계의 두뇌들이 미국으로 속속 모여들고 있다. 미국은 실로 노벨 과학상 수상자의 무려 39%를 점하였다.[21] 미국의 실리콘 밸리(Silicon Valley)는 세계 벤처의 심장으로 가동되고 있다. 그리하여 우주과학, 게놈 프로젝트 등 부가가치가 높은 산업은 한결같이 미국이 선도하고 있다.

또한 미국은 영어를 만국 공용어로 만들었다. 오늘날 미국의 베스트셀러 작품은 동시에 세계의 베스트셀러가 되기 일쑤이고, 미국에서 성공한 영화는 세계에서 흥행에 성공을 거두는 것이 다반사다. 미국식 록은 세계를 강타하기도 한다. 또한 코카콜라는 세계인의 음료, 버거킹은 세계인의 식품, 블루진은 세계인의 블루진이 되었다. 이처럼 미국식 문명은 엄청난 영향력을 발휘하고 있는 것이다.

어쨌든 미국은 이제 세계 제일의 문명국가로 성장하였다. 미국 문명은 성년의 국가가 된 것이다. 이러한 미국의 찬란한 문명 건설에는 그들의 선조들이 이룩한 청교도 정신이 밑바탕에 깔려 있다. 미국인에게는 정직이 최상의 도덕인 것이다. 정직이 그들의 무기이다. 한번 부정을 저지르면 재기가 사실상 어려운 나라로 정평이 나 있다.

요컨대 미국은 여러 면에서 능력을 발휘하였다 여기엔 미국이 세계 제일이라는 No.1 정신도 미국으로 하여금 세계의 패자로 군림하는 데 크게 기여하였다. 미국은 현재 초강대국가인 것이다. 그리고 이변이 없는 한 이는 당분간 계속될 것이다. 미국 문명은 아직은 젊기 때문이다.

그래서 오만방자한 부정적인 면모도 수없이 발견되지만 미국이라는 나라는 파워가 있기 때문에 그것마저 패기로 미화되고 있는 것이다. 세계는 한동안 이를 묵과할 수밖에 없을 것이다. '팍스로마나'처럼 말이다. 지금은

---

21) 1901년에서부터 1994년까지 94년 동안 노벨 과학상 수상자는 425명, 수상국 수는 26 개국에 이르고 있다. 그러나 그 많은 수가 미국인으로서 총 165명, 전체의 39%를 점하고 있다. 165명 가운데 149명은 제2차 세계대전 이후의 수상자들이고 그 중 35명은 세계 각국에서 이민해 온 사람들이다(http : //mulli.kps.or.kr/~pht/7-3/38.html).

‘팍스아메리카나’인 것이다.

참고문헌 및 URL

강일선, 『강자의 논리』, 열린포럼21, 2000.

김동길, 『링컨의 일생』, 샘터사, 1991.

신수정, 「미국문명 통신」, 『문명연지』 2-1, 한국문명학회, 2001.

이규한, 『이야기 미국사』, 청아출판사, 1993.

이삼성, 『미래의 역사에서 미국은 희망인가』, 당대, 1995.

이삼성, 『20세기의 문명과 야만』, 한길사, 1998.

이삼성, 『세계와 미국』, 한길사, 2001.

임홍빈, 『기술문명과 철학』, 문예출판사, 1995.

최정규, 『동아시아의 경제위기와 팍스아메리카나』, 넥서스, 1999.

데니스피터슨, 『고대 인간과 첨단 문명』, 나침반사, 1992.

마이클 디 그라임즈, 『계급연구와 미국 사회학』, 파란나라, 1995.

메트리들리 지음, 하영미 등 옮김, 『게놈』, 김영사, 2001.

에드워드 번즈 외, 『서양 문명의 역사(1)』, 조합공동체 소나무, 1994.

존 우드브리지 외, 『기독교와 미국』, 총신대출판부, 1992.

하워드 진 지음, 이아정 옮김, 『오만한 제국』, 당대, 2001.

NATIONAL RESEARCH COUNCIL, 『국가과학교육 기준』, 교육과학사, 2000.

http : //ecoweb.skku.ac.kr/HSChung/홈페지올릴자료/수필/veble.htm

http : //edu-lib.nonsan-o.ed.chungnam.kr/

http : //www.1109.co.kr/home/history/history_western/newdeal.htm

http : //mulli.kps.or.kr/~pht/7-3/38.html

http : //www.hani.co.kr/SCITECH/data/9906/day11/print/p055p6c1z.html

http : //www.howpc.com/howpc/199803/net/01.html

제5장 러시아 문명의 대국주의

1. 러시아의 역사

오늘날의 러시아연방은 혁명 이전의 러시아와 소련의 연속선상에 있다. 따라서 러시아연방의 역사는 혁명 이전의 러시아사와 소련사를 포함한다.

1) 혁명 이전의 러시아

러시아라는 지명이 역사상에 나타나기 훨씬 전에 중앙아시아, 트랜스코카서스, 흑해 연안 등지에는 발달된 문명이 존재하였다. 그러나 진정한 국가는 지금의 키예프 부근에 형성되었다. 8세기경 슬라브족과 9세기 초 바랑고이족(북유럽계의 방랑족)이 드네프르 강과 볼호프 강 및 볼가 강 상류 지역으로 유입해 와서 정착하였다. 두 종족은 스텝의 유목민들로부터 자주 약탈을 당하자 점차로 서로 결집하여 루스(Rus)라는 국가를 형성하였다. 이 국가는 처음에는 노브고로트를 수도로 하였지만 882년 키예프로 옮겼다.

키예프 공국은 뛰어난 전략적 위치를 바탕으로 세력을 크게 확장시켜 도시국가 형태의 주변 공국들을 지배하였다. 988년 키예프의 왕 블라디미르(Vladimir : 955경~1015)가 그리스정교로 개종한 후, 기독교는 새로운 국가통합수단 역할을 하였다. 그러나 1054년 키예프 왕가의 분열로 블라디미르, 모스크바, 노브고로트 등 여러 도시국가가 독립하면서 키예프 공국은 크게 쇠퇴하였다. 그 후 키예프는 여러 이민족의 침입을 받다가, 13세기

타타르인(몽골인)의 침입으로 결정적으로 멸망하였다. 몽골 침략 후 키예프 주민들은 서쪽의 폴란드, 리투아니아로 이동하거나 북쪽 볼가 강 상류로 이동하였다. 서쪽으로 이동해 간 난민들은 거의 세력을 형성하지 못하였으나, 볼가 강 상류로 유입한 난민들은 후에 모스크바 공국의 성장에 적지않은 역할을 하였다.

모스크바 공국은 원래 키예프 공국에 속해 있었지만 1147년부터 세력을 확장시켜 나갔다. 모스크바는 척박한 토양, 울창한 삼림, 늪지, 혹독한 기후 등으로 인해 키예프보다 조건이 열악하였지만, 바로 이 때문에 외부의 침입을 적게 받아 세력 확장이 용이하였다. 또한 모스크바 주위로 교통로 역할을 하는 하천들이 발달하였고, 타타르인과 융화함으로써 후에 몽골로부터 러시아 전역의 통치권을 위임받았다. 또한 그리스정교의 대주교가 1310년 블라디미르에서 모스크바로 옮겨 옴으로써 모스크바 공국은 크게 성장할 수 있었다. 1453년 콘스탄티노플이 투르크인에 의해 멸망하자 모스크바는 세 번째 로마가 되었으며, 유럽과 다른 독자적인 발전 경로를 밟았다. 그리하여 스콜라 철학, 르네상스, 종교개혁운동, 계몽주의 등 여러 가지 신학적, 철학적, 지적 조류가 유럽 전역에 영향을 미쳤지만, 러시아의 경우 1917년 볼셰비키 혁명 전까지 그리스정교와 귀족제도가 거의 영향을 받지 않고 유지될 수 있었다. 모스크바는 이후 동부 슬라브권의 새로운 핵심지역이 되었다. 모스크바는 주변의 하천망을 따라 계속 영토를 확장하였다. 1478년 노브고로트 공국을, 1485년 칼리닌 공국, 1489년 뱌트캬, 1521년 랴잔을 각각 정복하였다. 1533년 모스크바 공국의 영토는 모스크바를 중심으로 북서쪽은 발트 해, 북쪽의 북극해 연안, 동쪽의 우랄 접경지대까지 확대되었다.

한편 16세기경에는 과거 몽골 침입시 서쪽으로 이주해 간 슬라브족들이 드네프르 중상류지역에 다시 정착하기 시작하여, 우크라이나와 벨로루시라는 민족국가를 형성하였다. 16세기 후반 무렵에는 비록 서쪽 영토를 상실하였지만 남쪽과 동쪽으로는 각각 카스피 해와 시베리아 접경지대까지 진출하는 등 영토 확장이 계속 이루어졌다. 이 때 많은 러시아인들이 이

지역으로 이주하였다. 시베리아 정복은 급속히 이루어졌다. 1581년 러시아인의 동진이 시작되어 1640년에는 태평양 연안까지 진출하였다. 1652년 바이칼 호 지역을 합병한 뒤, 1689년 중국과 네르친스크 조약을 맺어 스타노보이 산맥 이북의 모든 땅을 러시아 영토로 삼았다. 이 때부터 남쪽으로 중앙아시아, 몽골 접경지대까지, 동쪽으로 연해주와 캄차카 반도를 제외한 전 지역을 통치하게 되었다. 이것은 러시아인의 통치, 관료제도, 종교와 관습 등을 주변의 비(非)러시아계 지역에 전파하는 계기가 되었다.

표트르(Pyotr A. Romanov : 1672~1725) 대제[1]는 서쪽으로 영토를 계속 확장해 나갔다. 그 결과 표트르 대제는 현재의 러시아 영토 대부분을 지배하는 최초의 러시아 황제가 되었다. 그리고 1703년 네바 강 하구 부근에 상트페테르부르크[2]를 건설한 뒤, 1713년 제국의 수도를 모스크바에서 이 곳으로 옮겼다. 한편 표트르 대제는 정치적, 경제적, 문화적 개혁을 단행하면서 유럽과 본격적으로 교류하기 시작하였다. 상트페테르부르크는 러시아가 외부세계로 진출하는 창구역할을 하였으며, 이 곳을 통해 무역이 성행하였다. 또한 이 무렵부터 우랄 산맥 일대에 철강과 군수공업시설이 들어서기 시작하였다. 이외에도 해군의 창설과 군의 근대화 및 행정조직개혁 등이 표트르 대제 때 이루어졌다. 18세기 말 에카테리나(Ekaterina, A. Romanov : 1729~1796) 여제[3]는 폴란드의 분할[4]에 참가하면서 서쪽으로 영토를 더욱 확장시켰으며, 흑해 카프카스 지방까지 진출하였다.

1825년 알렉산드르 1세(Alezander Ⅰ : 1777~1825)[5]가 사망하자, 권력의 공백을 틈타 서구적 입헌군주제의 도입을 주장하는 혁명세력의 봉기가 있었다. 이것이 유명한 '데카브리스트의 반란'이다. 이 반란은 실패하였으나, 이후 러시아 급진파와 혁명가들에게 혁명의 가능성을 확신시켜 주는 계기가 되었다. 알렉산드르 1세에 이어 즉위한 알렉산드르 2세(1818~

---

1) 재위 1689~1725년.
2) 후에 레닌그라드로 이름이 바뀌었으나 최근 다시 원래의 지명으로 복귀하였다.
3) 재위 1762~1796년.
4) 1772년, 1793년, 1795년 세 차례 이루어졌다.
5) 재위 1801~1825년.

1881)6)는 1861년 농노해방령을 선포하는 등 일련의 개혁정치를 펴는 동시에 제국의 팽창을 위해 노력하였다. 농노해방은 러시아가 중세의 틀을 벗어나 서부유럽과 같은 산업자본주의로 전환한 것을 상징하는 중요한 사건이다. 그러나 러시아의 산업화는 또한 제1차 세계대전과 러시아혁명의 원인이 되기도 하였다. 한편 알렉산드르 2세는 제국의 영토를 중앙아시아까지 확장하여 14세기 모스크바 공국보다 약 1300배가 넘는 광대한 영토를 성립시켰다. 남쪽으로 카프카스와 카자흐스탄 및 아랄 해까지, 동쪽으로는 블라디보스토크와 베링 해를 건너 미국 캘리포니아까지 세력을 확장하였다.

19세기에 러시아는 중요한 경제적 변화를 겪는다. 비옥한 흑토지대의 획득과 흑해 연안의 항구 건설로 우크라이나는 유럽의 곡창지대가 되었으며, 모스크바, 상트페테르부르크, 돈바스 지방에 공업이 크게 성장하였다. 한편 유럽의 목재수요가 늘어나면서 북쪽의 아르항겔스크 항이 크게 번성하였다. 또한 광활하고 잘 통합된 영토를 개척함으로써, 후의 소비에트 정권에게 큰 도움을 주었다. 특히 1891년 착공하여 1917년 건설된 시베리아 횡단철도는 광활한 국가를 통합하는 데 결정적인 기여를 하였다. 그러나 알렉산드르 2세가 사망한 후 러시아는 정치면에서 절대주의 군주체제를 강화하는 반동적 경향을 띠었으며, 위로부터의 산업화가 급속하게 이루어졌다. 위로부터의 산업화는 인민의 생활수준을 극도로 악화시켰고, 그에 따라 인민의 불만이 고조되면서 체제위기가 고조되었다. 1905년 러·일전쟁의 패배에 자극받아 일어난 노동자들의 혁명은 차르 체제를 급속히 약화시켰으며, 1917년 혁명의 도화선이 되었다.

2) 소비에트 정권의 수립

제1차 세계대전에의 참전과 패배로 인해 빈곤에 찌든 인민들의 시위와 파업이 계속되었다. 1917년 2월혁명이 일어나 니콜라이 2세(Nikolai Ⅱ :

---

6) 재위 1855~1881년.

1868~1918)7)를 축출하고 임시정부를 수립하였다. 그러나 임시정부가 국민들의 요구에 부응하지 못하자, 이에 대항하는 노동자와 병사들의 대표들로 구성된 볼셰비키 혁명세력이 전국적으로 확산되었다. 마침내 1917년 11월 7일8)에 레닌(Vladimir Lenin : 1870~1924)이 이끄는 볼셰비키파가 임시정부를 전복시키고 프롤레타리아 혁명에 성공하여, 세계 최초의 사회주의정권이 들어섰다.

레닌은 혁명 직후, 주요 산업 및 은행의 국유화, 신분제 폐지, 인민재판소 설치, 의회해산 등과 같은 혁명적 입법조치를 취했다. 그러나 신생 소비에트 정권은 부르주아와 지주 등 우익 백군(白軍), 즉 반(反)혁명세력의 봉기와 연합국9)의 개입으로 위기를 맞았다. 이에 레닌은 모든 기업의 국유화, 노동의무제, 곡물징발제, 식량배급제 등을 내용으로 하는 '전시(戰時)공산주의' 정책을 실시하는 동시에 소비에트 적군(赤軍)을 동원하여 내란을 종식시켰다.

전시 공산주의 정책은 농민의 반발과 경제복구의 실패 등으로 오히려 신생 소비에트 정권을 위기상황으로 몰았다. 이에 1921년 레닌은 '신경제정책'10)을 채택하면서, 자유농 인정, 농산물 판매 허용, 사기업 인정 등 자본주의적 요소를 도입하였다. 이러한 신경제정책으로 경제가 신속히 복구되었고 인민의 생활수준도 다소 향상되었다.

한편 레닌은 고전적인 마르크스(Karl H. Marx : 1818~1883)의 명제에서 벗어나 러시아 한 나라만이라도 사회주의 건설이 가능하다는 '일국사회주의론'을 전개하였다. 이는 러시아혁명 후 주변 국가에서 기대했던 사회주의혁명이 일어나지 않고, 오히려 소비에트 정권의 안정 자체가 시급해진 현실에 대한 전략적 대응으로서 나온 이념 수정이었다. 레닌의 신경제정책과 일국사회주의론은 격렬한 이념논쟁을 불러일으켰다.

---

7) 재위 1894~1917년.
8) 러시아 구력으로 10월 25일.
9) 영국, 프랑스, 미국, 일본 등.
10) New Economic Plan : NEP.

이러한 당내 갈등의 와중에 1922년 스탈린(Iosif V. Stalin : 1879~1953)은 당 총서기로 임명되었고, 러시아, 우크라이나, 벨로루시, 카프카스[11]로 이루어진 '소비에트 사회주의 연방공화국'(소련 : USSR)이 탄생되었다. 한편 제1차 세계대전과 혁명을 거치는 동안 신생 소비에트 정권은 에스토니아, 라트비아, 리투아니아 등 서부지역의 상당한 영토를 상실하였다. 이러한 영토상실은 1939~1945년에 소련이 회복하는 영토보다 많았다.

3) 스탈린 시대

1924년 레닌의 사망으로 권력을 잡은 스탈린은 트로츠키파를 숙청하고 권력기반을 공고히 하였다. 그는 일국사회주의 건설과 소련의 온전한 경제적 독립을 이룩하기 위해, 도시와 농촌에서의 자본주의적 요소를 제거하는 한편, 공업화와 농업근대화를 추구하였다. 이를 위해 사기업을 폐지하고 국가 주도의 제1차 5개년계획(1928~1932)과 농업집단화를 실시하였다. 이는 신경제정책의 실질적인 폐지를 의미한다.

스탈린은 계속된 2, 3차 5개년 계획기간에 중공업 중심의 공업화를 강력히 추진하였다. 또한 1937년에는 농업집단화를 완료하여 토지의 99%를 콜호스 소유로 만들었다. 한편 스탈린은 정치부문에서는 강권정치를 통해 사회주의체제를 확고히 하였다. 즉 1936년 스탈린 헌법이라 부르는 소비에트 헌법을 제정하고, 공산당 지도자, 인텔리겐치아, 농민 등 수많은 사람들을 숙청하였다. 제2차 세계대전 참전 전까지 1924년 투르크메니스탄, 우즈베키스탄, 1929년 타지키스탄, 1936년 키르키스스탄, 카자흐스탄, 1940년 몰다비아, 에스토니아, 라트비아, 리투아니아가 각각 소연방에 가입하였다.

제2차 세계대전 발발 전후로 스탈린은 매우 현실적인 외교노선을 취했다. 즉 1939년 독일과 불가침조약을 맺고 중립을 취해, 서부지역에서 상당한 영토를 얻었다. 그러나 1941년 독일이 침공하자 순식간에 모스크바까지 함락될 위기에 처했다. 이에 스탈린은 서부의 공장시설을 소개(疏開)하여

---

11) 아제르바이잔, 그루지야, 아르메니아.

우랄·시베리아에 군수산업을 일으키는 한편, 새로운 군부대를 창설하여 반격하였다.

1945년 5월 독일의 패전 이후 소련은 일본과 전쟁을 벌여 북한과 사할린 및 쿠릴 열도까지 진출하였다. 소련은 제2차 세계대전에서 승리하였지만, 2000만 명 이상이 희생당하고 국가재산의 약 30%가 손실되는 등 막대한 피해를 입었다. 제2차 세계대전 종전 후 소련은 전쟁복구에 나서 1950년대 초에는 경제가 전전(戰前) 수준으로 회복되었다. 한편 종전 후 동유럽과 중국의 공산화가 진행되면서 세계는 미·소를 양극으로 하는 '냉전체제'로 전환되었다.

4) 브레즈네프 시대

1953년 스탈린에 이어 흐루시초프(Nikita S. Khrushchev : 1894~1971)가 집권하였다. 그는 1956년 제20차 소련공산당 대회에서 스탈린을 격하시키고, 여러 부문에 걸쳐 탈(脫)스탈린 정책을 전개하였다. 즉, 스탈린 체제하 희생자들의 복권, 거주제한의 완화, 집단지도체제로의 전환, '평화공존' 등을 추진하였다.

그러나 경제회복의 실패, 헝가리의 반소운동(1956) 등으로 흐루시초프는 결국 1964년 실각되고 대신 브레즈네프(Leonid I. Brezhnev : 1906~1983)가 집권하였다. 그는 사회주의 국가들과의 유대를 강화하고 제3세계의 민족해방전쟁을 지원하며, 1968년 체코슬로바키아를 침공하는 등 전 세계에 걸쳐 소련의 영향력을 확대하였다.

한편으로 그는 비록 1968년 무력충돌로 발전하였지만 중국과의 화해를 시도하였고, 서독과 상호협력조약, 전략무기제한협정(SALT 협정), 헬싱키 협정 등 '데탕트 노선'을 취했다. 그러나 1979년 아프가니스탄 침공으로 화해무드는 사라지고 '신(新)냉전' 구조로 바뀌었다. 한편 그의 집권기간에 나타난 경제성장률의 둔화, 소비재의 부족, 지나친 관료화, 과학기술의 비효율적 발전 등으로 그의 통치시대는 '정체의 시대'로 평가받고 있다.

5) 고르바초프 시대

1982년 브레즈네프가 사망하자 집권한 안드로포프와 체르넨코 정권은 기본적으로 브레즈네프 노선을 답습하였을 뿐만 아니라 단명에 그쳤다. 그러나 1985년 미하일 고르바초프(Michail Gorbatchev)의 등장은 소련사회에 대변혁을 초래하였다.

그는 경제침체와 외교적 고립이라는 난제를 해결하기 위해, 대내적으로 페레스트로이카(개혁), 대외적으로는 글라스노스트(개방)라는 실용적인 정책을 펼쳤다. 국내 경제발전을 위해 국가통제체제를 완화하고 기업과 지방의 자율권을 확대하는 동시에, 시장경제제도의 도입과 무역확대를 추진하였다. 또 관료주의의 축소, 권력의 지방분산, 인민대표회의 창설, 대통령제의 도입 등 정치개혁을 실시하였다.

1989년 최초로 다당제 선거가 실시되었고 1990년 고르바초프가 초대 대통령으로 선출되었다. 한편 국내개혁을 효율적으로 추진하기 위해 외교적 부담을 줄일 필요가 있었다. 그리하여 아프가니스탄에서의 철수, 군축회담, 동유럽 민주화에 대한 불개입, 미·소 정상회담 등을 통해 새로운 데탕트를 형성하였다. 그러나 그의 개혁정책은 외교 면에서는 큰 성과를 얻었지만 국내정치 및 경제에서는 부분적인 성과에 그쳤다. 오히려 경제의 혼란과 연방내 공화국 간의 갈등이 심화되었다.

6) 러시아연방의 출범

고르바초프의 개혁정책 아래 소련내 각 공화국의 독립 움직임이 크게 일어났다. 1991년 6월 러시아공화국의 대통령으로 당선된 옐친(Yeltsin, Boris Nikolaevich)은 보다 급진적인 개혁을 요구하면서 고르바초프와 대립하였다. 1991년 8월 19일 옐친의 도움으로 보수파의 쿠데타가 저지된 후 옐친의 정치적 입지는 더욱 강화되었다.

옐친은 연방정부를 무력화하고 러시아공화국의 독립을 성취하려 하였다. 이를 위해 그는 1991년 10월 러시아공화국의 독자적인 경제개혁을 추구할 수 있는 3개 법안을 통과시켰다. 이 법안들은 대통령포고령이 헌법

및 기타 법률과 동등한 권한을 가질 뿐만 아니라 그것을 무효화할 수 있도록 하여 옐친의 정치적 권한을 크게 확대시켰다.

또한 공화국 간 거래에 국제가격을 적용하고 연방에 대한 재정지원을 대폭 삭감함으로써 연방정부를 기능 불능상태에 빠지도록 하였다. 마침내 1991년 12월 11개 공화국이 카자흐스탄의 수도 알마아타에서 독립국가연합 결성을 합의함으로써 소련은 완전히 해체되고 1992년 1월 1일자로 러시아를 비롯한 각 공화국은 완전한 독립국가가 되었다.

2000년에는 옐친의 뒤를 이어 블라디미르 푸틴(Vladimir putin : 1953~)이 대통령직을 승계하여 실추된 러시아의 위신을 만회하기 위하여 대국주의정책에 전력투구하기 시작하였다.[12]

2. 러시아의 문화

1) 교육

러시아 교육제도의 기본 틀은 1930년대에 만들어졌다. 모든 교육은 무상교육이며 의무교육기간은 8년이다. 또한 유치원이나 탁아소 비용이 매우 저렴하거나 무료이기 때문에 취학 전 아동들은 대부분 이들 기관에서 교육을 받고 있다. 다만 농촌에서는 시설부족과 거리문제로 유치원 교육혜택률이 낮다. 고등교육을 받는 학생들은 연금 또는 최저임금 수준의 보조금을 받는다.

일반적으로 러시아의 아동들은 6~7세에 정규 교육기관에 취학하여 의무교육기간이 끝나는 8학년(초급학교 4년과 중학교 4년)까지는 동일한 교육을 받는다. 9학년부터는 일차적인 진로선택을 하는데, 일반 고등학교 과정(2년 과정)을 계속하거나, 일반 학과 외 특정 분야의 기술교육을 병행하는 기술학교(테흐니쿰, 3~4년 과정)로 진학한다. 대체로 테흐니쿰 졸업은 일반 고등학교 졸업에 비해 선호된다. 그 밖에 재능이 우수한 학생이나 박

---

12) 국제교육교류센터(http : //maincc.hufs.ac.kr/~russian/html/russia/history.html).

약아 또는 신체장애인을 위한 특수학교와 군사학교가 있다. 재능이 우수한 학생을 교육하는 일종의 영재학교는 명성이 높아 우수한 상급학교 진학률이 높다.

러시아의 상급 교육기관은 종합대학과 특수대학으로 나뉘어진다. 특수대학은 의학, 교육학, 전기공학, 도시계획, 농학, 국제학 외에 예술분야 등의 전문분야를 교육하는 기관으로서, 흔히 '연구소' '학교'라는 명칭이 붙어 있다.

상급학교 입학시험은 1년에 한 번 여름에 실시되며 평균 입학경쟁률이 5 : 1 정도이다. 그러나 학교의 명성에 따라 경쟁률 차이가 극심하여, 모스크바 대학, 모스크바 국제관계연구소, 모스크바 외국어연구소, 모스크바 연극 및 예술 연구소 등은 평균경쟁률이 50 : 1에 달하고, 최고 100 : 1을 넘기도 한다. 대학의 수학기간은 보통 5년이며 졸업자격시험에 해당하는 국가시험에 합격해야 졸업할 수 있다. 그러나 러시아에서는 학사학위 제도가 없고, 대학졸업 후 보통 3년 과정의 아스피란트[13]를 마치면 칸디다트라는 박사취득 자격학위를 받는다. 다시 일정자격을 갖추고 논문을 제출하면 박사학위를 받는다.

일반적으로 러시아의 교육수준은 상당히 높은 것으로 알려져 왔다. 대학 진학 희망률이 매우 높으며, 대학졸업 학력소지자의 숫자도 미국에 비해 훨씬 많다. 이와 같은 높은 교육열은 국가경제 전체적으로 볼 때 낭비라고 볼 수 있다. 경제활동능력이 왕성한 계층이 불필요하게 대학에 집중되어 생산노동력 부족을 가중시키고 있기 때문이다. 또한 고급인력의 과잉으로 대학졸업자가 학력수준에 맞지 않는 일자리에 취업하는 경우가 많다. 한편 높은 교육열에도 불구하고 교육시설은 매우 낙후되어 있다. 특히 초급학교의 경우 교실부족으로 약 1/4 정도가 2부제 또는 3부제 수업을 받는다.

2) 노동

---

13) 한국의 대학원과정.

러시아의 생산가능인구14)는 1992년 현재 8620만 명으로 전체 인구의 58%이며, 이 중 취업인구는 생산가능인구의 약 84%인 7230만 명이다. 이 수치는 전년도의 각각 60%와 85%에 비해 소폭 감소했다. 1993년 말 현재 전체 취업인구 중 국영기업에 고용된 인구는 전체의 60%이며, 민영기업과 합작기업의 비율은 각각 20%이다. 최근 국영기업 취업비율은 급격히 감소하고 있다.

한편 산업별 고용 동향을 보면, 농림업·수송·통신 부문의 비중은 감소하는 반면, 행정·금융·보험 부문은 증가하고 있다(1992). 공식적으로 등록된 실업자는 1993년 12월 현재 77만 9000명으로 실업률은 1%를 밑돌고 있다. 실업자는 최근 매년 증가하고 있으나, 국영기업의 민영화 및 기업의 경영합리화가 본격 추진되지 않은 관계로 대량 해고사태는 아직 발생하지 않고 있다. 지역적으로 보아 유럽러시아 지역이 다른 지역에 비해 실업률이 높다.

1992년 12월 현재 노동자 및 사무원의 월 평균임금은 1만 6071루블로서15) 경제개방 이후 급속히 상승하고 있다. 부문별 임금수준은 금융·보험 부문이 가장 높고, 보건과 교육 부문이 가장 낮다. 또한 국영기업의 평균임금은 민간부문 평균임금의 절반 정도에 불과하다.

한편 지역별 임금수준에서는 극동 지역과 시베리아 지역의 임금수준이 다른 지역에 비해 높다. 이는 이들 지역의 열악한 거주조건에 대해 보상하기 위한 것이다.

기업의 조직구조는 경영자, 중간 관리층, 작업반 등으로 구성된 계층구조를 이루고 있다. 경영자 또는 기업지배인16)은 대부분 이공계 대학 출신의 기술자이다. 그러나 학력은 절대적 조건이 아니며, 해당 분야의 풍부한 경험 유무가 우선 고려된다. 과거 경영자의 경영목표가 생산목표의 달성이었을 때는 경영자는 생산목표를 달성하기 위해 부품이나 원자재 확보에

---

14) 16~60세의 남성과 16~55세의 여성.
15) 1991년 평균 552루블의 약 29배.
16) 반드시 사장만을 의미하지 않는다.

신경을 쓰는 반면, 공정개선이나 품질개선 등 경영혁신은 거의 무시하거나 적극적으로 억제하기까지 하였다. 최근 독립채산제의 도입, 민영화 등 각종 개혁조치가 취해졌지만, 여전히 상당수 경영자는 서구적 경영기법에 대한 인식이 낮아 그 성과는 미미하다.

엔지니어와 관리직은 기업내 독립적인 팀의 일원으로 있으면서 경영자와 작업반의 교량역할을 한다. 작업반은 대개 20~25명의 생산직 노동자로 구성되어 있으며 작업반장에 의해 통솔된다. 작업반장은 경험이 풍부한 숙련노동자 중에서 임명되는데, 작업 감독뿐만 아니라 반원에 대한 기술교육 및 반원의 신상관리까지 하였다.

작업반과 유사하게 작업조(work brigade) 제도가 있다. 이 제도는 1970년대 건설노조에서 생겨 전 업종으로 확산된 제도로서 기업과 계약하여 공정의 일부를 도급(都給)·생산하는 것을 말한다. 작업조의 조장은 작업반장과 유사한 역할을 한다. 러시아의 경우 매년 20% 이상의 노동자가 이직한다. 연령층이 낮은 노동자일수록, 건설노동자일수록, 시베리아와 북극 지역의 노동자일수록 이직률이 높다. 이와 같은 높은 이직률은 노동생산성의 저하로 연결된다. 한편 부품이나 원자재의 공급 불안정으로 생산현장의 작업 페이스가 자주 교란된다. 이 때문에 자주 노동자의 일상 생활까지 영향을 받아 품질 저하의 요인이 되고 있다.

3) 도시와 농촌의 특색

러시아에서는 유럽러시아 일부 지역을 제외하고 도시가 먼저 생기고 그 주변에 마을이 확산된 경우가 많다. 이는 미개척지를 개척하기 위해 전략적으로 도시를 만든 경우가 많기 때문이다. 러시아에서는 인구수를 기준으로 도시와 농촌을 구분하고 있다.

인구 1만 2000명 이상인 곳을 도시(고르드), 인구 2000명 이상이 거주하고 그 중 절반 이상이 비농업에 종사하면 준(準)도시, 나머지 지역을 농촌으로 분류한다.

러시아 인구의 74%가 도시에 거주하며(1993), 도시인구의 약 2/3가 농촌

출신이다. 농촌인구의 도시 유입 속도는 최근 많이 둔화되었지만, 여전히 농촌인구의 비율이 선진국에 비해 높다. 따라서 농촌인구의 도시이주는 상당기간 계속될 것으로 보인다. 러시아인들은 도시정착을 출세를 위한 지름길로 여기고 있으며, 그런 의미에서 모스크바 정착은 최고의 지름길로 인식되어 왔다. 따라서 그 동안 대도시 인구유입 억제정책에도 불구하고 대도시 인구는 급속히 증가해 왔는데, 그 여파로 대도시 주변에 많은 위성도시가 형성되어 있다. 러시아 철도 여객수송의 90% 이상이 바로 위성도시 거주민 수송이다.

러시아 대도시의 열악한 주택사정은 유명하다. 1인당 주거면적이 매우 협소하고, 절대 다수의 주택이 방 1~2개짜리의 소형주택이며, 상하수도와 욕조 등 기본시설을 갖춘 주택은 절반에도 미치지 못한다. 그나마 주택공급량도 절대적으로 부족하여, 신청 후 배정받기까지 상당한 햇수를 기다려야 한다. 이러한 주택난은 출산율 저하의 근본 원인이 되고 있으며, 이 외에도 혼인, 자녀양육, 이성관계 등 사회생활의 많은 부분에 영향을 미치고 있다. 중소도시는 주택사정이 대도시보다 나은 편이다. 그러나 다른 사회적 기회가 대도시에 비해 훨씬 적다. 특히 많은 소도시에서는 도로 등 기본적인 사회간접자본이 농촌과 마찬가지로 낙후되어 있다. 중소도시에는 대개 하위의 행정, 교육시설과 저급한 수준의 산업이 입지해 있다.

1993년 현재 농촌인구는 3980만 명이며, 약 60%가 노동인구이며 그 중 약 60%가 농업에 종사하고 있다. 그러나 대부분의 농촌가구는 텃밭을 갖고 있으며 이 곳에서 기본 식량을 조달하고 있다. 텃밭의 평균면적은 360평에 불과하며, 감자, 채소, 과수를 재배하거나 가축사육장소로 이용된다. 그러나 이 곳의 단위면적당 생산성은 집단농장 생산성의 2배 이상이다. 농촌인구 구조를 보면, 청장년층 인구가 적고, 성별로는 남성이, 학력별로는 고학력자가 적다. 농촌주민은 대부분 이주할 의사를 갖고 있으며, 특히 자신의 자녀가 농촌에 잔류하기를 희망하는 경우는 극소수이다.

러시아 농촌의 사회제도는 지역소비에트 콜호스,[17] 소프호스[18]로 대별된다. 지역소비에트는 미르[19]로 구성된 행정단위로서 평균 2700명이 거주한다. 이보다 상위의 행정단위로는 수십 개의 소비에트를 합친 레이온[20]이 있다. 농촌소비에트는 오랜 역사를 지닌 지역공동체조직에서 발전한 것으로 행정기능 외에 지역농업 생산활동을 지원한다. 집단농장은 인구조밀지역에서 주로 조직되어 있는데, 농장의 구성원들은 농장의 전체 수입에서 각자의 수입을 분배받는다. 이에 비해 국영농장은 대규모 영지가 있던 곳, 신개척지를 중심으로 조직되었는데 이 곳의 구성원들은 농장 운영수입과 상관없이 일정한 액수의 월급을 받는 농업노동자이다.

구소련 해체 직전에는 소련 전역에 약 2만 6000개의 집단농장과 약 2만 3000개의 국영농장이 있었으며, 집단농장은 평균 6100ha의 농경지를, 국영농장은 평균 2만 ha의 농경지를 각각 경영하였다. 그러나 독립채산제가 도입되면서 두 농장 유형 간의 구분이 거의 불가능해졌을 뿐만 아니라, 최근에는 많은 집단국영농장이 해체되고 있다. 1992년 현재 러시아의 집단국영농장은 전체 농경지의 35%, 농업생산고의 23%를 차지하고 있는데, 이는 1990년의 각각 95%, 73%보다 현격하게 줄어든 것이다. 이처럼 집단국영농장의 비중이 줄어드는 대신 새로운 형태의 기업농장과 개인농장의 비중이 크게 증가하고 있다.

러시아의 농촌지역은 거의 모든 사회간접자본, 공공서비스가 도시에 비해 크게 낙후되어 있으며, 경제개방 이후 도시와 농촌 간의 격차는 더욱 확대되고 있다.

4) 국민생활

러시아 일반 국민의 생활상은 과거에는 획일적이었으나, 개혁이 진행되면서 개인의 능력과 책임 및 개성이 강조되고 새로운 생활상이 등장하고 있다. 한편 경제개방이 본격화하면서 새로운 부유층이 광범위하게 형성되

---

17) 집단농장.
18) 국영농장.
19) 농촌공동체.
20) 대체로 한국의 군에 해당한다.

고 있다. 이들은 거의 서구의 부유층과 맞먹는 생활상을 보이고 있다.

① 생활수준 : 러시아 가구의 명목소득은 최근 급증하고 있다. 즉 가계의 1인당 월평균 화폐소득이 1991년 865루블에서 1993년 말에는 8만 5559루블로 100배 가까이 증가하였다. 그러나 물가상승률이 화폐소득 상승률을 훨씬 상회하여, 실질소득은 오히려 크게 줄고 있다. 한편 월평균 소득 2000~4000루블의 저소득층과 1만 루블 이상의 고소득층이 동시에 증가하고 있어 소득격차가 심화되고 있다. 1993년 현재 2000~4000루블의 저소득층은 전체 인구의 40.5%를 차지하는 반면, 1만 루블 이상의 고소득층은 6.4%이다.

가계의 소비지출구조를 보면, 1993년 현재 식비지출이 전체 지출의 47.0%를 차지해 가장 높다. 그 다음으로 피복비, 서비스 요금, 내구소비재 구입비, 주거비 순으로 지출규모가 크다. 이러한 지출구조는 본격적인 개방 이전에 비해 항목별 지출 패턴은 거의 비슷하나 식비의 비율이 크게 증가하였다. 주거비 지출규모가 적은 것은 대부분의 주택이 국가에서 운영하는 임대주택으로서 임대료가 매우 싸기 때문이다. 이러한 보급 실태는 10여 년 전에 비해 소폭 개선되었을 뿐이다. 한편 과거에 비해 생필품 부족현상은 많이 개선되었지만, 일부 품목에 대해서는 여전히 공급부족현상이 계속되고 있으며, 공급이 풍부하더라도 구매력에 비해 가격이 지나치게 높다. 그러나 의료, 교육, 대중교통 등 공공서비스 비용은 비록 최근에 급격히 상승하고 있지만 상대적으로는 안정되어 있는 편이다.

② 가정생활 : 러시아의 대도시에서는 3세대 동거가구를 흔히 볼 수 있으며, 대부분의 자녀는 은퇴한 할머니가 돌보고 있다. 또한 부모에 대한 자녀의 봉양의무가 강하게 남아 있고, 명절이나 특별한 가족행사 때 친인척이 모이는 것이 보편적이다. 또한 가장의 권위가 높고, 일상의 가사와 금전관리는 주부가 맡는다. 이처럼 러시아의 가정생활에서는 동양적 생활상을 발견할 수 있다.

이러한 생활상이 나타나게 된 데는 심각한 주택난도 크게 작용하였다. 노동연령에 있는 여성(14~55세)의 대부분이 학업이나 취업을 하고 있어 주부들도 직장에 나가는 경우가 많다. 혼인연령은 평균 20대 전반으로 빠른 편이다. 이것은 혼인이 주택신청의 전제조건이 되기 때문으로, 주택난과 무관하지 않다. 반면, 주택난 때문에 부부가 동거하지 못하는 경우가 허다하며, 따라서 성도덕이 문란하고 혼인한 3쌍 중 1쌍이 이혼할 정도로 이혼율이 높다.

러시아에서는 토·일요일과 8일의 법정공휴일 및 평균 21일의 유급휴가가 있어 여가활동이 활발히 이루어지는 편이다. 주말에는 스포츠와 놀이가 보편적으로 행해진다. 특히 대도시 가구의 상당수가 근교지역에 다차[21]를 갖고 있어, 이 곳에서 소규모 텃밭을 경작하면서 주말을 보내는 경우가 많다. 휴가기간은 주로 여름에 집중되는데, 흑해, 발트 해, 바이칼 호 등지가 대표적인 휴양지이다.

③ 사회생활 : 러시아에서는 인간관계가 아주 중시된다. 관료주의가 강하고, 물자부족이 극심하던 과거에 비해 최근에는 많이 사라졌지만 거의 모든 일상 생활에서 인간관계가 크게 작용한다. 한국의 '빽(back)'과 유사한 의미를 가지는 블라트(Blat)가 있으면 안 되는 일이 없을 정도이다. 블라트와 마찬가지로 성행되고 있는 암거래와 물물교환 역시 특유한 현상이다. 암거래와 물물교환은 실제로 러시아 경제의 주요 부분이 되고 있다. 러시아의 사회문제로는 술, 마약, 마피아, 매춘 등을 들 수 있다. 특히 술은 가장 심각한 사회문제가 되고 있는데, 알콜중독의 만연은 노동생산성의 저하, 안전사고의 빈발, 국민건강의 훼손, 가정생활의 파괴 등 막대한 국가적 손실을 일으키고 있다.

5) 과학·기술

러시아의 과학과 기술은 극단적인 양극화 현상을 보여주고 있다. 물리학, 생물학, 화학, 수학 등 기초순수과학분야와 우주공학, 생물공학, 화학공학 등 일부 첨단과학분야는 매우 발달하였다. 그러나 이를 응용하고 상업

---

21) 별장.

화하는 기술은 매우 낙후되어 있다. 이는 특히 소비재 산업에서 두드러진다. 이와 같은 과학·기술 분야의 불균형이 경제침체의 한 요인으로 지적된다.

따라서 1980년대 후반부터 응용기술에 대한 자체 개발노력이 이루어지는 동시에 합작투자를 통해 선진국으로부터의 기술이전을 적극 추진하고 있다.

6) 러시아의 주민, 언어, 종교[22]

(i) 주민

1994년 현재 러시아연방의 인구는 1억 4818만 명으로 1959년 1억 1753만 명, 1979년 1억 3755만 명 등과 비교해 볼 때, 1959년 이후 현재까지 32년간 약 3000만 명이 증가하여 연평균 인구증가율은 1%가 되지 않는다. 특히 1980년대 후반부터 5% 미만의 인구증가율을 보이다가 1992년 이후 인구가 감소하고 있다. 이러한 인구정체는 낮은 출산율과 비교적 높은 영아사망률에 기인하고 있다. 1980년대 중반 이후 출산율은 하락하기 시작하여 최근에는 10%대에 정체되어 있다. 이는 공업화·도시화에 따라 여성의 경제활동참가율이 높아졌을 뿐만 아니라, 낙태가 보편화되었고 무엇보다도 주택의 양적·질적 낙후로 인해 출산기피현상이 확산되고 있기 때문이다. 이에 따라 일찍부터 정부는 낙태 및 피임 제한, 가족수당지급, 유급출산휴가, 출산에 대한 사회적 태도 개선, 주류판매제한, 보건서비스 개선 등 각종 인구정책을 펴 왔다. 한편 영아사망률이 높은 것은 여성의 일상화된 음주습관과 관련이 깊은 것으로 추정되고 있다.

사망률은 1992년 현재 인구 1000명당 12.2명으로 최근에 다시 높아지는 추세이다. 평균수명은 남자 64.2세, 여자 74.5세(1989)로 1950년대 이전보다는 크게 증가하였지만 아직도 선진국에 비해 현격한 차이를 보이고 있다.

러시아의 여초 현상은 오래 된 현상이다. 1993년 현재 여자 100명당 남

---

22) http://user.alpha.co.kr/~stoneis2/russia/cul02.html

자 88.7명으로 여전히 여자가 훨씬 많다. 이는 제1, 2차 세계대전 중 성인 남자가 많이 사망한 데 기인하며, 그 결과 현재 고령층에서 여초 현상은 극심하다.

한편 연령별 인구구성을 보면 노령층의 비율이 계속 증가하고 있어 인구노령화에 따른 노동력 수급문제가 큰 현안으로 되고 있다. 전반적으로 인구증가율이 낮지만 농촌이 도시에 비해, 비(非)러시아계 민족이 러시아인보다 높은 인구증가를 보이는데, 출산성향으로 보아 이러한 추세는 상당 기간 계속될 것으로 예상된다. 도시인구는 1930년대 이래 공업화를 추진하면서 급속히 증가해 왔다. 구소련 전체로 볼 때 제1차 세계대전 직전 도시인구비율은 18%에 머물러 있었으나 1961년에는 50%를 넘어섰으며, 최근에는 70%를 넘어섰다. 러시아연방의 경우 1993년 현재 도시인구는 약 1억 890만 명으로 전체 인구의 74%에 이른다.

도시성장의 지역별 패턴을 보면, 1950년대 까지는 코미·툴라·쿠즈바스의 석탄산지, 카라간다 철광석산지, 볼가 - 우랄의 원유산지 등 자원채취 지역과 서시베리아의 농업개척지를 중심으로 국지적인 도시인구 증가가 이루어졌다. 1960년대 이후에는 유럽러시아를 포함하여 동부시베리아 경계에 이르는 전 지역에 걸쳐 도시인구가 증가하였다. 특히 이 시기에는 마그니토고르스크, 첼야빈스크, 노보쿠즈네츠크, 카라간다 등 신흥 공업도시가 집중 성장하였다. 그 결과 전체 인구분포에서도 상트페테르부르크에서 오데사에 이르는 러시아의 서쪽 경계에서부터 동쪽의 바이칼 호 부근의 쿠즈바스 지역에 이르는 삼각형지역, 즉 '비옥한 삼각형(fertile triangle)' 내에 전체 인구의 대부분이 거주하고 있다. 이는 모스크바 주(州)의 경우 인구밀도가 334.3인/km^2, 레닌그라드주는 78.1인/km^{2}인 데 비해 크라스노야르스크 지방, 야쿠티야, 마가단주 등지는 2인/km^{2}이 채 되지 않는 인구밀도의 지역차에서 잘 드러난다. 현재 러시아에는 모스크바(약 880만 명, 1993)를 필두로 인구 100만 이상의 도시는 상트페테르부르크, 니주니노브고로트, 노보시비르스크, 예카테린부르크, 옴스크, 첼야빈스크 등 총 12개이며 50만 이상 도시는 33개이다(1990).

한편 농촌인구는 시베리아와 극동지역의 일부 및 남부 유럽러시아 일부 지역을 제외하고는 거의 전 지역의 농촌에서 절대적인 감소를 보이고 있다.

러시아는 150여 개의 크고 작은 민족으로 구성된 다민족국가이다. 그 중 러시아인이 전체 81.5%를 차지하는 절대다수 민족이며, 타타르인(3.8%), 우크라이나인(3.0%) 등도 비교적 많은 편이다. 이 밖에 소수민족으로는 추바슈인, 바슈키르인, 키르키스인, 다게스탄인, 우드무르트인, 마리인, 코미인, 코미페르먀크인, 체첸인, 오세트인, 불가리아인, 한국인, 부랴트인, 야쿠트족, 카바르딘인, 카렐리야인, 카라칼파크인, 헝가리인, 집시, 북방족,[23] 칼미크인, 잉구슈인, 투바인 등이 있다.

러시아는 이처럼 다민족으로 구성되어 있으면서도 미국과 같이 민족간 융화가 제대로 이루어져 있지 않다. 대신에 일찍부터 정부당국은 여러 민족을 강제적으로 융화시키기보다는 자치를 허용하고 소수민족의 고유언어 및 관습 등을 상당히 인정하는 등 갈등을 최소화하려는 정책을 펴 왔다. 그 결과 소수민족의 대부분은 자신의 민족공화국 내지 민족자치주 또는 그 밖의 자치행정단위에 살고 있다. 다만 러시아인은 전역으로 퍼져나가 다른 민족의 자치지역 내에서도 지배민족이 되는 경우가 많다.

그러나 러시아인의 출산율이 계속 떨어지고 있는 반면 다른 소수민족들은 높은 출산율을 유지하고 있어 민족 간의 구성비율이 점차 변하고 있다. 한편 최근 민족의식이 표출되어, 타타르스탄과 체첸 두 공화국은 다른 독립국가연합 회원국과 동일한 수준의 독립을 요구하고 있으며, 이 밖에 여러 자치주와 자치구도 공화국으로의 승격을 요구하고 있다. 특히 타타르인은 과거에는 상당히 러시아인으로 동화되어 군대 및 행정관료에서 다른 소수민족에 비해 주도적인 역할을 해 왔는데도 불구하고 소련 해체 후 민족의식이 고양되고 있다.

---

23) 에벤키족, 네네츠족, 한티족, 추코트족 등.

(ii) 언어

세계에서 러시아만큼 다양한 언어가 공용되고 있는 나라는 없으며, 민족구분도 주로 언어구분에 따른다. 구소련 이래 러시아는 소수민족언어에 대해 유화적인 정책을 펴 왔다. 그리하여 취학 후 8학년까지는 학교에서 소수민족언어에 의한 교재사용 및 학과운영이 실시되고 있으며, 소수민족의 고유언어로 신문 및 방송 제작이 이루어지고 있다. 다만 고급관료나 전문직에 종사하기 위해서는 러시아어 구사를 필수조건으로 하고 있다. 현재 러시아에서 쓰이는 언어를 계통적으로 분류하면 다음과 같다.

① 인도유럽어족 : 인도유럽어족은 다시 크게 슬라브어족과 기타 인도유럽어족으로 구분할 수 있다. 슬라브어족에는 러시아어 외에 최근 독립한 국가의 언어인 우크라이나어, 벨로루시어, 리투아니아어, 라트비아어 등이 포함된다. 러시아어는 러시아인 외에 러시아 전역에서 사용되는 공통어이며 국제어의 하나이다. 현재 러시아에서 사용되는 다른 인도유럽어로서는 카프카스 일대의 오세트어, 독일어, 집시어 등이 있다.

② 우랄알타이어족 : 우랄알타이어족은 크게 핀우그르어와 투르크어, 몽골어, 만주퉁구스어로 구분된다. 핀우그르어에 속하는 집단으로는 북서부 핀란드 접경지대의 카렐리야인, 중부 볼가 지역에서 우랄 지역에 걸쳐 분산되어 있는 코미족, 모르도바족, 우드무르트족, 마리족, 북극지방의 수렵민족인 네네츠인, 서시베리아 저지 삼림지대에 분산되어 있는 한티족, 만시족 등이 있다.

투르크어족은 구소련의 중앙아시아 지역에 밀집해 있는데, 현재의 러시아에는 타타르족, 추바슈족, 바슈키르족이 큰 집단을 구성하고 있다. 그 밖에 투르크어에 속하는 소수집단으로는 레나 강 유역의 야쿠트족, 사얀 산맥의 투바족, 알타이 산맥의 하카시야족이 있다. 몽골어족으로는 바이칼 호 주변의 부랴트족과 카스피해 북서부 연안의 칼미크족이 있다. 한편 만주퉁구스어를 사용하는 종족은 동시베리아와 극동지역의 에벤키인과 한국인이 대표적이다.

③ 기타 어족 : 카프카스 지방에서 사용되고 있는 카프카스어, 나흐어,

다게스탄어 등을 소그룹으로 하는 이베로카프카스어족과 동부시베리아와 극동지역에 산재해 있는 코랴크어, 추크치어, 에스키모어, 알류트어 등의 고시베리아어족이 있다.

(iii) 종교

구소련 정권 하에서 종교는 억압되었지만 민중들의 의식 속에 뿌리깊게 남아 있었다. 고르바초프의 등장 이후 종교의 자유가 허용되면서 활발한 종교활동이 일어나고 있다.

러시아의 대표적인 종교집단은 그리스정교이다. 그리스정교는 10세기경 전래되어 러시아인과 인근의 그루지야, 우크라이나, 아르메니아 외에 코미인, 모르도바인, 우드무르트인, 마리인 등의 종교로 자리잡았다. 이슬람교는 중앙아시아 지방의 제1의 종교인데 러시아 내에는 타타르인을 비롯한 일부 소수집단이 신봉하고 있다. 소수종교로는 칼미크족과 부랴트족의 불교와 여러 기독교 분파들이 있다.[24]

3. 러시아의 자연

1) 지형

중간의 우랄 산맥을 제외하면, 러시아의 지형은 남동쪽으로 험준한 산악지대가 발달하였고 북서쪽으로는 광활한 평지가 펼쳐져 있어 흡사 커다란 반구형의 극장과 같은 형상을 이루고 있다.

지형적 특성에 따라, 러시아는 콜라 - 카렐리야 지역, 러시아 평원, 카프카스 지역, 우랄 산맥, 서(西)시베리아 저지, 중앙 시베리아 고원, 남부 산악지대, 동부 산악지대로 구분된다.

콜라 - 카렐리야 지역은 핀란드 국경을 접한 유럽러시아의 북서부 지역이다. 카렐리야 지역은 고원지형을 이루나 해발고도는 낮다. 대부분 200m 이하의 구릉이 반복적으로 나타나며, 곳곳에 빙하호와 늪지가 발달하였다.

---

24) http : //user.alpha.co.kr/~stoneis2/russia/cul01.html

콜라 반도에는 히비니 산(1191m)을 제외하고는 해발고도 300m 미만의 낮은 구릉이 발달하였다.

러시아 평원은 서쪽 국경선으로부터 동으로 우랄 산맥까지, 북극해로부터 남으로 카프카스 지방과 카스피 해까지 펼쳐진 대평원이다. 광활한 평원의 서쪽과 남쪽으로 발다이 구릉, 스몰렌스크 - 모스크바 고원, 중앙러시아 고원, 프레몰가 고원 등 400m 미만의 저산지가 분포해 있다. 이 고원들 사이로 드네프르 강, 돈 강, 드비나 강 등이 흐르면서 그 주위에 범람원을 이루고 있다.

특히 발다이 구릉은 해발고도 300m 내외의 빙하성 산지로서 볼호프 강, 드비나 강, 볼가 강 등의 분수계 역할을 하고 있다. 러시아 평원은 대부분 선캄브리아기 충적층이 덮인 지형구조를 보여주는데, 충적층이 두꺼운 곳에는 석탄이 많이 매장되어 있다.

카프카스 지역은 흑해와 카스피 해 사이에 쿠반 저지와 쿠마 저지 및 카스피 해 연안저지가 광활하게 펼쳐져 있으며 북쪽으로 러시아 평원과 연결된다. 특히 카스피 해 연안은 해수면 이하(-27m)의 낮은 저지대이다. 쿠반 저지와 쿠마 저지 사이에는 평균 해발고도 400m의 스타브로폴 고원이 있다. 한편 카프카스 지역 남단에는 험준한 카프카스 산맥이 동서로 발달해 있어, 러시아와 그루지야·아제르바이잔 사이의 국경선 역할을 한다.

우랄 산맥은 북극해 연안에서 카자흐스탄에 이르는 총 길이 약 2080km의 습곡산맥으로서 러시아 평원과 서시베리아 저지를 구분해 주고 있다. 북쪽의 나로드나야 산(1894m)을 비롯해 해발고도 1500m가 넘는 산은 소수이고 그 사이로 낮은 산들이 이어져 있다. 그래서 우랄 산맥은 큰 교통 장애 요소가 되지 못하며, 일찍부터 주요 교통로가 발달해 왔다.

서시베리아 저지는 우랄 산맥에서 동쪽의 예니세이 강까지, 북극해에서 남쪽 알타이 산맥까지 펼쳐져 있는 광활한 지역이다. 이 저지는 오브 강과 이르티슈 강이 형성한 거대한 범람원으로서 늪지가 많다. 대부분 해발고도 100m를 넘지 않는 저지이다. 취락은 주로 비교적 높은 남반부에 발달하였다.

중앙 시베리아 고원은 예니세이 강과 동쪽의 레나 강 사이에 발달한 고원지대로서 대부분 해발고도 400~700m의 구릉으로 이루어져 있다. 예니세이 강과 레나 강의 지류가 고원 사이로 흐르면서 골짜기를 이룬다.

중앙 시베리아 고원 북쪽으로는 비랑가 산맥과 푸토란 산맥이 있으며, 남쪽에는 바이칼리아 산맥이 있다. 이들 산맥은 비교적 높은 산들로 이루어져 있다. 동쪽에는 야쿠티아 분지가 형성되어 있다.

남부 산악지대는 카자흐스탄의 동쪽 국경선에서 바이칼 호에 이르는 지역으로, 알타이 산맥, 동·서 사얀 산맥으로 구성되어 있다. 이 산맥들은 해발고도 2700~4200m의 험준한 산지로서, 정상부에서는 평탄한 고원을 이룬다. 또한 정상부의 만년설이 녹으면서 예니세이, 오브, 이르티슈 강에 물을 공급하고 있다. 한편 바이칼 호는 단층작용으로 형성된 거대한 호수로 최대 수심이 1616m에 이른다.

동부 산악지대는 동쪽의 바이칼 호로부터 야블로노비 산맥, 스타노보이 산맥, 주그주르 산맥, 콜리마 산맥, 추코트 산맥으로 이어져 베링 해까지 연결된다. 한편 베르호얀스크 산맥과 체르스키 산맥은 남북으로 뻗어 각각 주그주르 산맥, 콜리마 산맥과 만난다. 이 산맥들은 해발고도 2000~3000m 사이의 산으로 이루어져 있는데, 고대 유럽 지괴와 북아메리카 지괴가 충돌하면서 형성된 습곡산지이다. 한편 동부산악지대의 동쪽지역은 화산이 집중 분포해 있다. 특히 캄챠카 반도와 쿠릴 열도는 활발한 화산활동이 일어나고 있는 환태평양 화산지대의 일부이다.

2) 하천

러시아의 큰 하천은 주로 중앙아시아 지역의 남단에 발달한 산악지역에서 발원하고 있으며, 그 중 카스피 해로 유입되는 볼가 강을 제외하고는 대개는 북류한다. 대체로 상류지역에 해당하는 급경사 부분은 짧은 반면, 유로의 대부분이 평원 위로 흐르고 있다.

예를 들어 오브 강은 하류쪽 약 3000km의 낙차가 불과 90m이며, 볼가 강 하류 3000km의 고도차도 350m에 지나지 않는다. 유량의 계절적 변화는 매우 커 풍수기(豊水期)인 5~6월에는 연간 유량의 약 1/2이 흐르고, 나머지 기간은 거의 항행이 어려울 정도로 유량이 적다. 따라서 주요 하천 곳곳에 건설된 댐의 전력생산이 큰 지장을 받고 있다. 이들 강들은 1년 중 많게는 8~9개월, 적게는 3~4개월 정도 결빙하여 수로교통 수단으로 이용하는 데 제약을 주고 있다. 더구나 교통수요는 주로 동서방향으로 발생하는 데 비해 하천은 대부분 남북으로 흐르고 있어 교통수단으로서의 기여도는 낮을 수밖에 없다. 이 때문에 오래 전부터 운하를 건설하거나 동서방향의 철도망을 건설하여 주요 하천들을 서로 연결하는 교통체계를 마련하고자 노력해 왔다.

한편 대규모 하천이 남북으로 길게 흐르기 때문에 해빙기가 되더라도 하구 쪽은 얼어 있는 경우가 많아 자주 범람한다. 이는 농업에 막대한 지장을 주고 있다. 그럼에도 불구하고 러시아의 주요 하천은 발전용수, 농업용수, 교통로, 공업용수로서 그 경제적 가치는 매우 크다. 따라서 대규모 토목사업을 통해 그 가치를 극대화하려는 노력이 계속되고 있다. 그 대표적인 것이 볼가 강 개발과 예니세이 강 유역변경공사이다. 볼가 강 개발은 수력발전 및 홍수조절 목적 외에, 남쪽의 볼고그라드에서 북쪽의 트베리를 거쳐 직접 범(汎)유럽 운하 하천망과 연결되는 수로교통망을 구축하려는 목적도 있다. 예니세이 강 유역변경공사는 앙가라 강으로 유로를 바꿔 낙차를 이용, 대량의 전력을 생산하기 위해 이루어진 것이다. 여기서 생산된 전력은 인근의 이르쿠츠크 공업지역뿐만 아니라 서부지역에 공급된다. 또한 이 공사는 시베리아 남부지역에 관개용수를 공급하고, 나아가 오브 강을 거쳐 유럽러시아의 하천망과 연결하려는 거대한 토목사업이다.

3) 기후

러시아의 기후는 매우 한랭하고 긴 겨울과, 짧고 서늘한 여름을 가지는 전형적인 대륙성 기후이다.

남쪽의 중앙아시아에 발달한 산악지대가 습윤한 아열대성 기단을, 또 동쪽의 험준한 습곡산지가 태평양의 해양성 기단을 차단하며 서쪽의 대서양

기단의 영향은 거의 받지 않는다. 따라서 대부분 지역이 겨울에는 급속히 추워지는 반면 여름에는 급속히 기온이 상승한다. 기온의 연교차는 지역에 따라 큰 차이를 보이는데, 시베리아 베르호얀스크의 경우 연교차가 60℃를 넘어 세계에서 가장 큰 연교차를 보이고 있다. 이에 비해 모스크바는 연교차가 30℃에 못 미치고 있으며, 발트 해와 태평양 연안지역은 이보다 작다. 일부 지역을 제외하고 서리가 내리지 않는 날이 150일 이하로 작물의 생육기간이 짧다. 1월에는 매우 한랭한 고기압부가 시베리아에서 형성된다. 바람이 육지에서 해양으로 불기 때문에 대부분의 지역이 영하로 떨어지며 살인적인 추위를 느끼게 한다.

서쪽의 유럽러시아 지역은 대서양 기단의 영향을 일부 받지만 동쪽으로 올수록 그 영향이 약화된다. 따라서 1월의 등온선 분포는 북서쪽에서 남동 방향으로 뻗어 있다. 7월에는 유라시아 대륙의 기온이 상승하여 중앙아시아와 남부아시아에 저기압대가 형성된다. 이때부터 약 2~3개월 간 강수가 집중된다. 7월 등온선 분포는 거의 위도와 평행하는 양상을 보이는데, 북극해 도서지방은 0℃, 북극해안은 5~10℃, 시베리아 일대는 15℃ 전후, 유럽러시아 지역은 20℃에 육박하는 기온분포를 보인다. 대서양에서 발달한 해양성 기단은 러시아 강수의 주요 원천이 되고 있다. 강수량 분포는 북위 60° 부근을 정점으로 하여 남북으로 갈수록 강수량이 떨어지는 양상을 보여주고 있다. 이는 대서양 기단의 진로가 북위 60°선을 따라 동쪽으로 이동하기 때문이다. 대부분 지역의 강수량이 500mm 이하인 가운데, 유럽러시아와 동시베리아에서는 500mm, 시베리아 중부 400mm, 북극해, 카스피해 부근에서는 250mm 이하의 강수량 분포를 보인다. 우랄 산맥에는 지형성 강우가 빈발하는 편이며, 지중해성 기후와 유사한 흑해 부근에서는 겨울강우량이 많다. 또한 극동지역은 몬순성 강우가 많다.

4) 식생과 토양

러시아는 위도에 따른 식생대가 매우 뚜렷하다. 툰드라, 타이가, 혼합림, 낙엽수림지대, 스텝 등이 넓은 지역에 걸쳐 발달해 있다.

(i) 툰드라 지대

북극해 연안을 따라 핀란드 국경에서 베링 해까지 동서로 펼쳐져 있으며, 전체 면적의 약 5%에 해당한다. 이 지역에는 월 평균기온이 0℃ 이상인 달이 3~4개월에 불과하고 그것도 10℃를 넘지 않는다. 지표는 극히 한랭하여 하부의 토양층은 영구 동토를 이루고 여름에는 곳곳에 습지가 형성된다. 혹독한 기후, 짧은 성장기간, 토양의 영구 동결로 농업은 불가능하며, 다만 선태류·지의류·양치류 외에 일부 관목이 자라고 있을 뿐이다.

(ii) 타이가(삼림대) 지대

툰드라 지대 남쪽에 분포해 있으며 국토의 약 30%를 차지하고 있다. 툰드라와는 달리 여름에는 온난한 기후를 보인다. 이 곳에는 주로 전나무, 낙엽송, 가문비나무 등 침엽수림이 발달해 있지만, 남쪽에는 자작나무, 떡갈나무 등 활엽수림도 있다. 봄과 가을의 빈번한 서리, 습지, 척박한 토양 때문에 농업이 제대로 이루어지지 않는다. 특히 타이가의 대표적인 토양인 포도졸은 표층의 부식질이 쉽게 용탈되기 때문에 매우 척박하다.

(iii) 혼합림, 낙엽수림 지대

타이가 지대 남쪽에 분포하며 서쪽 국경에서 동쪽의 노보시비르스크까지 전개된다. 이 지대는 서쪽의 경우 남북으로 길게 발달한 반면 동쪽으로 갈수록 그 폭이 좁아지는 삼각형 모양을 하고 있다. 타이가 지대에 비해 하계가 길고 온난하며, 동계 역시 상대적으로 짧고 기온도 높은 편이다. 연강수량은 400~600mm에 불과하지만, 증발량이 적고 하계에 집중되어 곡물농업에 적합한 기후조건을 가진다. 그 결과 많은 지역이 개간되어 농지로 이용되고, 삼림은 극히 일부 지역에만 남아 있다.

주요 수종은 참나무, 가문비나무와 같은 침엽수림과 서양물푸레나무, 단풍나무, 느릅나무 등의 활엽수림이 분포해 있다. 이 지대의 토양은 스텝의 토양보다는 비옥도가 떨어지지만 타이가의 포도졸보다는 비옥하다. 즉 영구 동토가 없고 배수도 양호하며, 상대적으로 토양의 여과성이 떨어지고 토양층이 두껍다. 뿐만 아니라 많은 영양분을 가진 빙하성 퇴적물질이 이 곳에 집중 퇴적되어 토양의 비옥도를 높여 주고 있다. 따라서 이 곳에는 다양한 농작물이 재배되고 목축업이 성행하는 등 스텝 지역과 더불어 러시아의 중요한 농업지역이 되고 있다. 토지생산성이 높기 때문에 오래 전부터 이 곳에 인구가 집중 분포해 왔다. 이 지대 남쪽에는 삼림과 스텝이 혼재되어 있는 삼림 스텝 지대(forest-steppe)가 동서로 길게 서(西)시베리아 지역까지 분포해 있다. 문자 그대로 삼림과 스텝의 점이지대이다.

(iv) 스텝 지대

서쪽 국경에서부터 동쪽의 시베리아 알타이 산맥까지 뻗어 있다. 이 지역은 하계가 온난하고 무상기일이 길지만, 연강수량이 200~500mm에 불과하다. 따라서 건조한 기후에 잘 견딜 수 있는 곡물을 재배하는 한편 가축사육을 많이 한다. 토양은 흑색의 체르노젬(chernozem)으로서, 부식질이 매년 쌓이는 반면 거의 용탈되지 않아 토양 속에 영양분이 많다. 특히 토양 속에 함유된 석회분이 토양을 중성으로 만든다. 이 지대는 러시아의 곡창지대로 밀, 사탕무, 해바라기 등의 농작물 재배가 집중적으로 이루어진다.[25]

5) 자원

(i) 에너지 자원

러시아의 잠재적 에너지 자원량은 막대하다. 주요 에너지 자원은 종류별로 매장량이나 생산량 부문에서 세계에서 상위에 속한다. 그러나 러시아는 이와 같은 각종 에너지 자원을 막대한 규모로 보유·생산하고 있으면서도 에너지 수급문제를 안고 있다. 잠재 에너지 자원량의 90%가 우랄 동쪽의 여러 지역에 집중되어 있지만, 열악한 기후조건과 자본부족으로 제대로 개발되지 않고 있다. 이 곳을 본격 개발하기 위해서는 막대한 자본과 인력이 소요되므로 현재까지는 에너지 자원 개발에 더 치중하고 있다. 또한 주요

---

25) http : //user.alpha.co.kr/~stoneis2/russia/cul03.html

수요처인 동쪽의 유럽러시아를 연결해 주는 공급망이 충분히 확보되지 않고 있다. 한편 1980년대 중반 이후 러시아의 에너지 생산량은 감소하고 있다. 이는 경제침체와 자본부족으로 효과적인 개발이 이루어지지 못하고 있기 때문이다.

석탄의 가채(可採) 매장량은 구소련 전체로 약 2400억 t으로 세계 1위였고, 채탄량은 1993년 현재 3억 400만 t에 달하고 있다. 주요 탄전으로는 유럽러시아의 페초라, 모스크바 주변과 동부의 쿠즈네츠크, 카라간다, 칸스크 - 아친스크, 이르쿠츠크, 퉁구스카, 레나, 남(南)야쿠티아 등이 있다. 쿠즈네츠크와 카라간다 탄전이 러시아 석탄공급에서 절대적인 역할을 하고 있으나 최근에는 생산량이 감소하고 있다. 확인된 매장량 규모로 보아 가장 규모가 큰 탄전들은 퉁구스카, 레나 등 동(東)시베리아의 탄전들이다. 아직 이 지역들은 본격 개발되지 않고 있으며 장차 러시아 석탄수급에서 그 역할이 커질 것으로 예상된다.

러시아는 세계 최대의 석유생산국이며, 석유수출량에 있어서는 사우디아라비아에 이어 세계 제2위이다. 1993년 현재 석유생산량은 약 3억 5200만 t으로 최근에는 매년 10% 이상 감소하고 있다. 주요 유전으로서는 볼가 - 우랄, 북카프카스 지역, 극동의 사할린, 서시베리아의 톰스크, 투마니 등이 있다. 지역별 생산비율을 보면, 1970년대까지 최대 생산지였던 볼가 - 우랄 지역은 최근 러시아 전체 생산량의 12%대로 떨어진 반면, 시베리아의 유전지대에서 전체 생산량의 약 70% 이상을 생산하고 있다.

천연가스는 생산량과 수출량에서 세계 최대이다. 천연가스 역시 확인된 매장량의 73.4%가 서시베리아에 집중되어 있다. 주요 천연가스전(田)은 베레조보, 우렌고이, 얌부르그, 쟈플랴르노예 등의 가스전이다. 천연가스도 최근 생산량이 하락하고 있는데, 최대 수요자인 구소련 국가들의 구매력 저하가 큰 요인이다. 석유와 천연가스는 송유관을 통해 러시아 전역뿐만 아니라 유럽의 여러 국가까지 수출되고 있다. 한편 러시아는 전통적으로 국가가 운영하던 석유와 천연가스부문을 1992년부터 민영화하기 시작하였다.

러시아의 전력생산은 풍부한 화석연료를 이용한 화력발전에 크게 의존하고 있다. 과거에는 볼가 강, 드네프르 강, 예니세이 강 유역의 수력발전이 큰 비중을 차지하였지만, 전력수요가 늘면서 화력발전에 크게 의존하고 있다. 현재 전체 전력생산 중 화력발전이 70%를 넘는 반면, 수력발전이 약 15% 정도, 원자력이 약 10% 정도를 차지하고 있다.

(ii) 광물자원

철광석, 망간, 크롬, 티탄, 구리, 납, 아연, 니켈, 코발트, 텅스텐, 금, 주석 등 금속광물은 매장량이나 생산량에서 세계 최대 혹은 상위에 속할 정도로 풍부하다. 주요 철광석 매장지는 우랄 지역, 쿠르스크 지방, 콜라반도, 동시베리아 지역, 극동지역, 크라스노야르스크 지방에 분포해 있다. 이러한 막대한 철광석 생산량을 바탕으로 우랄, 쿠르스크, 쿠즈네츠크 지방에는 대규모 철강공업이 발달하였고, 도처에 크고 작은 철강공장이 들어서 있다. 그 밖에 비철금속은 우랄 지역에 망간, 크롬, 니켈, 코발트, 구리, 납, 아연과 시베리아에 망간, 티탄, 니켈, 몰리브덴, 텅스텐, 구리, 납, 아연 및 극동지역에 텅스텐, 금, 다이아몬드, 주석, 납, 아연이 집중 매장되어 있다. 특히 우랄 지역은 인근의 풍부한 광물자원과 유럽러시아와의 근접성 때문에 일찍부터 비철금속 야금업의 중심지로 성장하였다.

4. 러시아의 정치동향

러시아는 대내외적으로 소비에트사회주의공화국연방의 법적 계승자이다. 그러나 러시아의 정치제도는 구소련의 것과 판이하게 다르다. 구소련이 1당독재국가였던 데 비해 러시아는 다당제 민주국가이다. 1991년 8월 고르바초프 대통령을 실각시키고 소연방을 유지하고자 하는 보수파에 의한 쿠데타가 실패로 돌아간 후 소련은 급속한 해체의 길을 걸었다. 그러나 쿠데타 이전부터 소련의 붕괴는 예견되었다.

옐친은 1990년 5월 러시아공화국 최고회의 의장에 선출된 후 소연방을 탈퇴하고 공산당의 지도적 역할과 1당독재를 폐기하였으며 1991년 6월에는 국민에 의한 직접선거로 러시아공화국 대통령에 당선되었다. 보수파에 의한 8월 쿠데타 실패 후 중앙권력의 부재로 각 공화국은 일제히 독립을 선포했고 1991년 12월에는 고르바초프가 사임하고 독립한 공화국들은 독립국가연합을 창설했다. 이로써 단일국가로서 소연방은 무너졌다.

러시아가 독립된 국가로 출범한 후 이 나라의 정치는 대단히 불안정했다. 특히 의회26)와 행정부 간의 권력분립이 불분명하여 헤게모니 다툼이 치열했다. 구소련 시절에 구성되어 보수파가 다수를 차지하고 있는 의회는 옐친 행정부의 개혁정책에 사사건건 제동을 걸었다.

이에 옐친은 3권분립을 명확히 하고 대통령권한을 강화하기 위해 1993년 10월 의회를 해산했다. 의회 해산 과정에서 자체 무장력을 갖추고 있던 의회보수파는 무력저항을 하였으나 진압되었다. 동년 12월에는 의회 재선거가 실시되어 보수파의 입지가 크게 줄어들었다. 이로써 옐친은 보수파를 제압하는 데는 성공했으나 많은 의석을 확보하지는 못했다.

70여 년 간 공산체제 하에서 민주정치의 경험이 결여된 러시아는 새로운 민주정치체제가 정착되는 과정에서 많은 시행착오와 정치불안을 겪고 있다. 러시아는 국제법상 구소련의 완전한 계승자이다. 러시아는 소련이 가졌던 국제연합 안전보장이사회 상임이사국의 지위를 물려받았으며 소련의 해외자산을 인수받았다. 구소련 외교의 기본방침이 마르크스 - 레닌주의에 입각한 서방과의 적대적 대결이었다면, 신생 러시아연방의 외교정책의 기조는 '서방과의 협력적 경쟁' 또는 '서방에의 협력적 의존'으로 바뀌었다. 과거의 외교정책이 이념에 입각한 양분법적 도식에 의한 것이었다면 러시아연방의 외교정책은 낙후된 러시아경제를 되살리기 위해 서방의 경제지원을 얻어내고 국익에 철저히 입각한 것으로 전환되고 있다. 이에 따라 러시아는 서방 7개국 정상회담에 회원으로서 참여하게 되었고 중국과의 소모적인 경쟁을 중단하며 협력관계로 전환하고 일본과는 북방 4개 섬

---

26) 인민대표자대회.

을 반환하는 대가로 경제원조를 얻어내기 위한 협상을 계속하고 있다. 특히 러시아는 유럽 못지않게 일본·한국 등 동아시아를 중시하여 1992년에는 옐친 대통령이 한국과 일본을 방문한 바 있다.

러시아 국내경제 재건을 위해 서방과의 경제협력을 도모하는 것이 러시아 외교의 하나의 축이라면, 다른 또 하나의 축은 구소련의 핵무기 독점을 유지함으로써 국제사회에서 강대국으로서 러시아의 위치를 견지하는 것이다. 이를 위해 러시아는 미국과 함께 핵무기 비확산에 외교적 노력을 기울이고 있다. 러시아연방 탄생 이후 가장 큰 변화를 겪고 있는 것이 군사부문이다. 러시아는 구소련이 추구하던 '강력한 군사력을 앞세운 세력 확장 정책'에서 탈피하여 자국 영토의 보전을 위한 '순수 방위전략'으로 일대 전환을 이룩했다. 과도한 군사비 지출이 경제침체의 요인이 되었다는 인식 아래 러시아는 1994년 8월 독일(동독)에 주둔시킨 구소련군을 철수시킨 것을 끝으로 해외주둔과 군사간섭을 축소시키는 방향으로 나아가고 있다. 한편 대대적인 병력감축과 군비축소, 군수산업의 민수용으로의 전환이 진행되고 있다. 그러나 러시아는 연방내 공화국의 이탈에 대해서는 무자비한 군사적 진압을 하고 있다. 1994년 12월 러시아는 연방을 이탈하여 독립국가로 존재하고자 하는 체첸공화국에 대하여 무력공격을 개시하여 점령한 바 있다.[27)]

5. 러시아의 경제동향

러시아는 구소련 경제에서 절대적인 비중을 차지했다. 1991년 구소련 전체의 국민총생산(GNP) 가운데 러시아는 전체의 61%를 차지하였으며, 산업생산도 비슷한 수준이었다. 1970년대부터 시작된 러시아의 경제침체는 갈수록 심화되어, 1990년 이후에는 마이너스 성장을 기록하였다. 한편 고용인구를 기준으로 할 때, 공업 건설부문(41.6%), 기타 서비스부문(23.9%),

---

27) http : //user.alpha.co.kr/~stoneis2/russia/pol01.html

농림업(13.4%), 상업 및 유통부문(7.9%), 수송 및 통신부문(7.7%) 순의 산업구조를 보여주고 있다(1992).

1) 농업

러시아의 농업생산규모는 실로 막대하다. 농경지와 목초지가 국토면적의 14.7%에 불과하지만 그 실제 면적은 2억 1703만 ha에 이르는 광활한 면적이다.[28] 이 광활한 농경지를 바탕으로 한 주요작물 생산량은 세계에서 가장 많이 생산하는 국가 부류에 속한다. 즉, 곡물·감자 생산량은 세계 최대이고, 옥수수·사탕무·해바라기·포도 등은 세계 5위권 안에 들며, 돼지·양·닭 사육두수와 양모·우유·계란 등의 축산물 생산량 역시 세계 5위권 안에 들고 있다. 또 전체 노동력의 약 13.4%가 농업에 고용되어 있어(1993) 여전히 중요한 산업의 하나이다.

그러나 토지생산성은 미국에 비해 절반 정도에 불과하며, 매년 수십억 달러를 농산물 수입에 쓰고 있다.[29] 특히 1980년대 후반 이후 농업생산의 감소로 농산물 수입규모가 크게 증가하였다. 최근의 생산감소는 주로 국영 집단농장의 생산감소에서 기인한다. 러시아의 농업문제는 오래 전부터 계속되어 왔고 갈수록 심화되고 있다. 과거 소련이 농업문제 해결을 위해 취한 주요정책은 농경지의 확대와 농업생산 조직화이다.

1950년대 후반부터 중앙아시아와 서시베리아 일대를 개척하려는 정책[30]을 펴 온 결과, 소련 전체로 볼 때 지금까지 약 4300만 ha의 농경지가 새로 생겼다. 이 정책은 원래 육류생산을 늘리기 위해 기존 곡물생산지이던 비옥한 흑토지대의 농경지를 사료재배지로 전환하는 한편 새로운 농경지를 곡물재배에 이용하고자 한 정책이었다. 그러나 새로운 농경지의 자연조건이 열악하고 사회간접자본이 낙후하여 오히려 곡물부족과 그에 따른 곡물 수입 증가를 초래하였다. 한편 농업집단화정책은 농업기계화와 농업생산

---

28) 농경지 1억 3393만 ha, 목장·목초지 8310만 ha.
29) 1992년 43억 6430만 달러.
30) virgin lands campaign.

의 전문화 등 농업근대화를 이룩하기 위한 정책이었다. 그러나 부품 및 연료 부족과 기계운용 능력부족으로 기대한 만큼 성과를 거두지 못했다. 오히려 이윤동기의 박탈과 비효율적 통제로 생산성이 급격히 떨어졌다. 최근 종자개량, 비료공급 확충, 도로 및 저장시설 정비와 같은 투자확대와 시장 메커니즘의 도입 및 비효율적 농업관련조직 개선 등 농업문제를 해결하려는 각종 조치가 이루어지고 있다. 그리하여 많은 집단국영농장이 해체되고 사적(私的) 경영이 확대되고 있다. 그러나 농업문제는 쉽사리 해결되지 않고 있다. 그것은 일차적으로 러시아의 자연적 조건, 즉 주기적인 한발과 홍수, 짧은 생육기간 등에 원인이 있다. 따라서 러시아가 어떤 경제체제를 취하더라도 그 해결이 쉽지 않다.

그럼에도 불구하고 많은 전문가들은 러시아의 농업생산 잠재력이 지금까지 제대로 발휘되지 못한 것으로 보고 있으며, 적절한 투자만 이루어진다면 지금보다 생산량이나 생산의 질이 훨씬 크게 개선될 것으로 전망되고 있다. 러시아의 농업지역은 대체로 밀재배지역의 경계와 일치한다.

즉 비옥한 삼각지대[31]에서 곡물 외에 옥수수, 감자 등의 주요작물이 많이 재배되고 있다. 해바라기와 사탕무는 주로 흑토지역과 서시베리아 남부의 삼림수목지대에서 재배된다. 채소는 대도시 주변에서 많이 재배되며, 콩은 극동의 아무르 주(州)에서 많이 재배된다.

한편 사과나 배 같은 내한성 과일은 유럽러시아의 북부지역에서, 포도와 같은 온대성 과일은 흑해 연안에서 주로 재배되고 있다. 목축과 돼지사육은 거의 전지역에서 이루어지고 있는 반면 양·염소 사육은 남부 산악지대에서 주로 행해지고 있다.

2) 공업

러시아혁명 이후 소비에트 정권은 산업시설을 국유화하는 동시에 국가계획위원회[32]를 설립하여 국가 주도의 야심찬 공업화를 추진하였다. 국가

---

31) 오데사, 상트페테르부르크, 이르쿠츠크를 각각 연결하는 선 이내의 지역.
32) GOSPLAN.

계획위원회는 공업의 분산화와 지역별 특화정책을 실시, 1950년대까지 우랄 지역과 서시베리아 지역을 중심으로 기계·화학·금속 공업이 크게 성장하였다. 특히 새로운 자원개발이 이루어지고, 제2차 세계대전중 서부의 공업시설이 이전해 오면서 우랄과 서시베리아 지역은 유럽러시아의 공업수준에 필적하게 되었다. 이후 소련의 공업은 계속 동시베리아와 극동지역 및 중앙아시아 등 주변지역으로 확대되어 갔다. 그러나 이러한 공업화는 흐루시초프 시대에 잠깐 소비재 공업이 성장한 것을 제외하면, 일관되게 중화학공업 중심의 공업화였다. 또한 사회간접자본의 부족으로 동부의 원료산지와 서부의 공업지역의 연결이 원활하지 못해 국가 전체 효율성이 크게 저하되었다.

1980년대 후반 소련의 공업은 생산시설과 사회간접자본의 낙후, 품질의 저하 등 모든 측면에서 서방국가의 공업에 비해 크게 뒤떨어져 있었다. 이에 정부는 품질개선, 설비현대화, 독립채산제 도입 등의 조치를 취했다. 그러나 새로운 경영환경에 대한 기업의 적응력 부족, 현격한 산업부문 간 격차, 낙후된 사회간접자본, 현대적 장비에 대한 노동자의 적응력 부족 등으로 실질적인 효과를 거두지 못하고 오히려 역효과만 확대되고 있다. 그리하여 1990년 이후 러시아의 공업생산은 마이너스 성장으로 돌아섰고 매년 하락폭이 커지고 있으며,[33] 이는 공업의 전 부문에 걸쳐 발생하고 있다. 이는 과거부터 누적되어 온 설비의 낙후, 투자부족 외에 최근의 경기침체에 따른 유효수요 감퇴 등의 요인이 복합적으로 작용한 결과이다.

현재 공업구조를 보면, 기계 및 조립금속, 식품, 경공업, 화학 및 석유화학, 금속, 목재 및 제지, 비철금속공업 순으로 비중이 높다.

철강공업은 17세기 모스크바 주변에서 시작되어 19세기 우랄과 우크라이나로 확산되면서 급속히 발전하였다. 현재 러시아의 주요 철강공업 중심지는 우랄 지역의 마그니토고르스크, 첼랴빈스크, 유럽러시아의 툴라, 리페츠크, 서시베리아의 노보쿠즈네츠크 등이다.

---

33) 1993년의 경우 전년 대비 -16.2% 성장.

비철금속 및 야금 산업은 여러 지역에 산재되어 있으나, 우랄 지역과 동시베리아의 크라스노야르스크 지방이 상대적으로 더 발달한 편이다.

기계 및 조립금속 공업은 러시아에서 가장 오랜 전통을 갖고 있으며 러시아 전체 산업의 핵심분야를 차지해 왔다. 그러나 최근 전반적인 공작기계의 노후화로 기계공업의 생산성은 저하되고 있다. 유럽러시아의 상트페테르부르크, 모스크바, 서시베리아의 노보시비르스크, 우랄의 예카테린부르크, 오르스크, 동시베리아의 이르쿠츠크, 쿠즈바스 지방 등이 그 중심지이다. 특히 방직기계의 모스크바, 이바노포, 자동차공업의 톨리야티(승용차), 나베레즈니예첼니(트럭) 등은 유명하다.

화학공업은 대체로 기초단위의 제품 생산부분은 상당히 발전하였지만 다양한 응용제품 개발부분은 크게 낙후되어 있다. 최근 화학공업은 시베리아 지역에서 크게 발전하고 있으나, 여전히 유럽러시아 지역이 절대 우위를 점하고 있다.

목재산업 중 목재 가공분야는 브라츠크, 바이칼스키, 우스트일림스키 등이 제재분야는 크라스노야르스크, 레소시비르스크, 이르쿠츠크, 노보시비르스크 등이, 펄프와 제지 분야는 아르항겔스크, 니주니노브고로트, 페름 등이 중심지이다.

식품공업은 분산되어 있지만 농업지역과 대도시 주변에서 상대적으로 더 발달하였다. 특히 낙공·육가공 분야는 대도시 인근에 집중해 있으며, 수산물 가공 분야는 극동지역에 집중되어 있다.

기타 경공업 분야는 모스크바를 중심으로 한 중부지역에 집중되어 있다.

3) 무역

1993년 러시아의 무역규모는 700억 달러[34]로서 160억 달러의 무역적자를 기록하고 있다.[35] 1988년 이전까지 소련은 매년 40억~50억 달러의 흑자를 기록했으나, 1989년 이후 적자로 돌아섰다. 소련은 초기에는 자급자

---

34) 수출 430억 달러, 수입 270억 달러.
35) CIS 공화국과의 거래 제외.

족 위주의 정책으로 무역규모가 미미했으나, 냉전체제가 강화되면서 사회주의국가 및 제3세계국가와 교역을 확대하였다. 사회주의국가와 제3세계국가와의 교역은 구상무역방식이 주종이며 정치적인 목적이 강했다. 1980년대 들어 소련은 선진국과 본격적으로 교역하기 시작하여 무역은 크게 증가하였다. 그러나 1990년 이후 자국(自國) 상품의 취약한 경쟁력, 그로 인한 경화(硬貨) 부족 때문에 무역규모는 급격히 하락하였으며, 특히 수입규모가 현격하게 줄었다. 러시아의 무역상대국은 145개국에 이르며, 이는 1950년의 45개국에 비해 3배 이상 증가한 것이다. 1993년 무역의 지역별 분포를 보면, 구(舊)코메콘 국가와 기타 사회주의국가가 전체 무역의 약 28%를 차지하고 있으며, 선진국과의 무역거래는 전체 무역의 약 60%를 차지하고 있다. 이는 과거 소련의 경우와 완전히 역전된 것이다. 개발도상국과의 교역은 12.7%이며 매년 급속하게 신장되고 있다. 연료와 전력, 기계장비, 광물 등이 주요 수출품이며, 기계류, 농산물, 소비재 등이 주요 수입품이다.

최근 러시아는 무역의 구조개선 및 확대를 위해 노력해 왔다. 그 일환으로 우선 비효율적인 중앙집권적 무역제도를 지양하고, 기업과 지방정부에 상당한 권한을 부여하였다. 1988년에는 과거 대외무역을 주관해 온 대외무역부를 국가대외경제관계위원회(GKES)와 통합하여, 대외경제관계부(MVES)를 신설하였다. 대외경제관계부의 역할은 주요 전략상품에 대한 지도·감독으로 한정하고, 그 통제방식도 완화하였다. 또한 종래의 구상무역방식에서 경화결제(硬貨決濟)방식으로 전환하였다. 이 때문에 과거 주요 무역상대국이던 구(舊)공산국가와 제3세계국가와의 무역거래가 급속히 줄었다. 다만 소련에 속해 있던 신생 독립국가들의 경우, 오랜 경제적 상호의존 관계를 바탕으로 당분간 무역거래가 지속될 것으로 보인다. 이외에도 루블화의 태환성 확보를 위한 국내 가격구조 개선과 외국자본의 적극 유치 등을 실시하고 있다. 그러나 현재까지 이러한 개혁적 조치는 뚜렷한 성과를 거두지 못하고 있다.

4) 상업·금융

러시아의 상업은 과거에는 국영상업, 협동조합상업, 콜호스 상업에 국한 되었다. 이 가운데 국영상업은 각 지방행정단위가 직접 경영하는 전국적 조직이며, 협동조합상업은 농촌지역을 중심으로 상업활동을 하는 소규모 상업조직으로 국영상점의 하부조직이다. 콜호스 상업은 콜호스 농민이 소 량의 잉여생산물을 도시에서 판매하는 상업조직으로 농업노동자의 부수입 원이면서 도시민의 식품공급원으로서 중요한 역할을 수행하였다.

한편 러시아 곳곳에는 암시장이 형성되어 주요 생필품이 대량으로 거래 되어 왔다. 1984년 이후 개인영업허가가 실시되면서 사기업과 서비스 관련 기업이 비약적으로 증가하여, 비효율적이고 서비스가 낙후된 국영상점의 역할을 잠식하고 있다.

개방 이전에 러시아에는 국립은행(Gosbank) 외에 농공은행, 공업건설은 행, 저축은행, 사회주택은행, 대외무역은행의 5개 특수 금융기관이 있었다. 고스방크가 해체된 1992년 이후부터 러시아연방 중앙은행이 발권기능과 통화정책 수립기능을 대신하고 있다. 또한 농공은행과 사회주택은행은 해 체되었고 공업건설은행과 저축은행은 상업은행으로 전환하였다. 또 과거 에 주로 대외차관과 외환관리를 전담하던 대외무역은행은 무역업무만 전 담하고 있다. 대신 구소련과 러시아의 대외채무를 전담하는 대외경제관계 은행을 새로이 설립하였다. 한편 1993년 설립된 수출입은행은 수출입업무, 특히 기계류 수출업무를 주로 담당하는 특수은행이다. 1993년 현재 러시아 에는 총 1812개의 상업은행과 6개의 외국은행이 영업을 하고 있다.

그러나 러시아의 금융체계는 크게 낙후되어 있으며, 특히 사기업과 개인 의 대출이용이 매우 어렵다. 최근에는 이러한 대형금융기관의 약점을 이용 한 개인 금융기관이 활발하게 설립되고 있다.[36]

6. 러시아 문명의 전망

---

36) http : //user.alpha.co.kr/~stoneis2/russia/eco01.html

러시아는 16세기 후반 이래 동진정책을 꾸준히 진행시켜 드디어 태평양에 이르렀다. 대국주의, 패권주의를 계속한 것이다. 1917년에는 러시아혁명을 성공시켜, 빠른 시간 내에 세계사의 한 축의 주도권을 잡고 세계사 패권쟁탈전에 나섰다. 그들의 패권의식, 대국주의는 멈추질 않은 것이다. 이를 위해 군비에 치중하다가 1989년 경제상의 난관으로 소련이 붕괴되었다. 그리고 1991년 러시아연방이 등장하였다.

지금 러시아의 대국주의는 장래가 불투명하다. 다시금 대국주의, 패권주의를 회복하고자 분발하고 있지만 전도를 난관하기엔 어려움이 많아 보인다.

우선 러시아는 인터넷 시대의 후진국으로 전락되고 있다. 현대사회는 자동차, 비행기, 텔레비전, 그리고 컴퓨터를 제외하고는 생각할 수가 없다. 최근 몇 년 사이에 또 한가지 현대사회를 특징지을 문명의 이기가 나타났다. 바로 인터넷이다. 전국을 인터넷으로 연결하지 못한 국가는 이제 문명세계에서 멀어지게 될 것이다.

서방에서 인터넷은 인구의 29%가 사용한다. 하지만 러시아의 인터넷 사용인구는 2%에 불과하다. 이 속도대로라면 2010년경 선진국 전체 인구에게 보급될 인터넷이 러시아에서는 20%에게만 주어지게 될 것이다.

여기서 섬뜩한 결론을 내릴 수 있다. 지금 당장 배고픈 자가 빵을 움켜잡듯이 인터넷에 덤벼들지 않으면 러시아는 도리 없이 이방인의 위치에 서게 될 것이다.[37]

다음은 러시아의 개방정책에 대한 알렉산드로 솔제니친(Solzhenitsyn, Aleksandr Isayevich)의 경고를 귀담아 들을 만하다.

옛 소련 시절 유명한 반체제인사였던 솔제니친은 오늘날 러시아에 대해 과거의 공산독재가 '금권(金權)에 의한 절대권력'으로 바뀌었을 뿐이라며 옐친 정부의 전체주의를 비난했다. 그는 기술이 정교한 도구를 만들기는 했지만 인간의 정신까지 개발하지는 못한다며 '문명의 번영이 영혼의 빈곤

---

37) 『이즈베스티야』 2000년 4월 24일자, DSD 이상원(http : //dsd.co.kr/russia/2000/20000 4/ru2000042502.htm).

화를 초래했다'고 강조했다.

대중은 쾌락만 추구하고, 돈에 눈먼 영화제작업자들과 출판업자들은 이들의 천박한 취미에 영합함으로써 문명의 저질화가 심화되고 있다고 솔제니친은 진단했다. 할리우드의 영화제작업자들이 고전을 재탕하면서 대중이 재미를 원한다는 이유로 비극을 행복한 결말로 바꿔 놓고 있다고 비판하기도 했다.

그는 서구문화가 설령 자본에 의해 손상되지 않았더라도 전 세계의 문화로는 적합하지 않다면서 "획일적으로 '전 세계적 문화'라는 개념을 정립하려 함으로써 토착문화들을 위태롭게 만들고 있다"고 경고했다. 그는 러시아의 문화적 퇴보가 심각한 국가재정 위기로 인해 더욱 악화됐으며 돈이 없어 예술과 과학을 지원하지 못하는 새 정부의 무능력은 다른 어떤 독재만큼이나 예술을 고사시키고 있다고 비난했다.

지난 10년간 러시아의 변화에 대해 "우리는 시장도 없고 민주주의도 없으며 다만 야만적이고 약탈적인 자본주의가 이 곳에 자리잡고 있을 뿐"이라는 게 솔제니친의 진단이다. 20년간의 미국 망명생활을 청산하고 1994년 귀국한 그는 최근 러시아 지도자들과 세계의 타락상을 비판하는 데 관심을 쏟고 있다.

솔제니친은 과거 전체주의의 잔혹성에 대한 가차없는 폭로로 칭송받았으나 러시아에서 이제는 영향력과 권위를 크게 상실했다. 괴팍하고 독선적인 예언자가 되었으며 작품 속에서 추구해 온 공익정신도 퇴색했다는 비판도 나오고 있다.[38]

과연 무엇이 20세기 초의 활력을 러시아에서 빼앗아 갔을까. 1998년 겨울, 모스크바와 러시아 곳곳에서는 구태와 타락의 나락에 빠져 무기력하기만 한 러시아의 현실을 한탄하며 이 문제의 원인을 진단하는 세미나와 논문, 저서들이 쏟아져 나왔다.

노벨상 수상작가인 알렉산드르 솔제니친, 언어연구자이자 문명비평가인

---

38) 『경향신문』 1997년 9월 26일자 기사.

드미트리 리하체프, 영화감독 니키타 미하일코프, 대주교 알렉세이 2세와 같은 대가들은 그들의 울분과 한탄, 그리고 미래에 대한 애정과 비전을 슬라브 정신의 부활, 정교(正敎)문화, 서구의 타락한 대중문화에 대응하는 러시아적 고전문화에서 찾고자 했다.

특히 솔제니친은 러시아의 잘못된 개혁정책, 그 중에서도 보리스 옐친 대통령과 '철부지' 소장 개혁파들의 정책이 러시아에 이러한 무기력을 초래했다며 격렬히 비난하고 자신의 80회 생일을 맞아 옐친 대통령이 특별히 수여한 대문화훈장마저도 "러시아의 혼을 타락시키고 나라를 파멸시킨 사람들이 수여하는 것을 받을 수 없다"며 거부하기까지 했다. 이들은 슬라브 정신의 부활, 이념적 순수성의 회복 없이는 21세기 러시아를 부활시킬 힘은 있을 수 없다는 입장이다.

반면 강경파 공산주의자인 알베르트 마카쇼프, 민족주의 노동운동가 빅토르 안필로프 등은 인종주의적 차별성과 러시아 민족주의의 부활을 통한 슬라브 대국주의적인 방법으로 러시아를 부활시키고자 했다.

이들은 유대인을 겨냥한 인종차별적 공격을 유난히 강조하고 러시아의 개혁과 혼란을 유대인의 세계지배음모와 결부시켜 설명, 큰 파장을 일으켰다.

이들보다 덜 과격하긴 하지만 정치지도자들인 유리 루슈코프 모스크바 시장, 알렉산드르 레베드 크라스노야르스크 주지사 등도 권위주의적이고 통제적인 방법으로 질서와 부의 균형적 분배와 이를 통한 강한 러시아의 재건을 주장했다.

단지 소수의 친서방 개혁파 그룹과 미하일 고르바초프 옛 소련 대통령, 그와 함께 페레스트로이카 정책을 입안했던 알렉산드르 야코블레프 등만이 철저한 민주적 개혁 및 서구와의 협력만이 러시아의 21세기를 보장한다고 주장했다.

대서양문화권이 20세기 말에 민주주의, 인간주의, 문화의 상호교류 확대 등을 추구하고 이쪽으로 움직이고 있는 데 반해 러시아에서는 볼셰비키 혁명기 때와는 다른 방식과 분위기로 집단주의, 권위주의가 각광받고 있으며, 차르 러시아 시대 때와 같은 국수주의적 경향의 슬라브 민족주의와 대국주의가 기승을 부리고 있는 것이다.

이 때문에 러시아주재 서구 대사관의 당국자들은 이러한 경향의 증대를 매우 우려하고 있으며, 심지어 러시아에 대한 서구의 지원중단을 주장하기도 했다.

1999년 12월 초『모스코 타임스』에 한 익명의 미국인은 "러시아는 서구의 지원으로 개혁을 추구한 것이 아니라 오로지 타락한 관료들의 배를 불렸을 뿐이다. 서구의 지원이 러시아를 개혁시킬 것이라는 환상에서 하루빨리 벗어나 러시아 스스로 파멸의 길을 가도록 내버려둔 후 그들이 요청할 때 손을 내밀어야 한다"고 주장했다.

과연 이러한 주장대로 러시아에 대한 지원을 포기하고 그들을 그들의 길로 가도록 놓아 두어야 하는가. 아니면 "전세기 말과 금세기 초 러시아에 대해 적절한 지원을 제공하지 않아 극단주의와 공산주의의 발호를 조장한 서구는 비관론에 빠지지 말고 이러할 때일수록 러시아에 대한 지원조건을 완화해 개혁파와 민주세력의 발판을 마련해야 한다. 그렇지 않을 경우 인류는 공산주의보다 더 혹독한 체제의 출현을 목도할 것이며 대가도 더 클 것이다"는 스티븐 코언과 같은 주장에 더 귀를 기울여야 할 것인가. 세기말의 모스크바는 지금 이러한 논쟁의 와중에 있다.[39]

이제 러시아 문명의 앞날은 47세의 젊은 나이에 러시아 대통령에 취임한 블라디미르 푸틴에 달렸다(2000. 5. 7).[40] 푸틴 대통령은 1999년 말 대통령 대행으로 임명된 이래 기회 있을 때마다 자신의 정치이념을 밝혀 왔다. 그 때부터 부각된 '푸틴 철학'은 러시아 역사와 전통을 바탕으로 중앙집권형 강국을 이룩한다는 국가주의, 세계를 향한 개방주의, 혁명이 아니라 단계적 개혁을 추진한다는 점진주의, 경제효율성을 높이기 위한 시장경제주

---

39) 김석환, 「21세기 준비하는 러시아, 20세기 방식으로 논쟁」,『NWK/ON THE NEWS』 362, 1999년 1월 20일자(http : //nwk.joongang.co.kr/199901/362/nw362021.html).

40) 현 헌법상 임기 4년에 재임이 가능하다. 국민의 지지를 받는다는 전제 아래 푸틴 대통령은 8년 동안 러시아의 최고지도자 자리를 지키게 된다.

의 등으로 집약된다.

푸틴 대통령의 이 같은 정치이념은 19세기 이후 러시아 근대사를 관통하는 '슬라브주의'와 '서구주의'라는 양대 사상 조류를 함께 반영한 것으로 보인다. '슬라브주의'는 러시아가 서구 국가들과 달리 정통기독교·농민공동체·강력한 국가통치 등의 전통을 갖고 있으며 이를 살려야만 러시아가 본래의 모습을 유지할 수 있다는 주장이다. 반면 '서구주의'는 서구의 문명과 계몽주의, 인도주의를 도입해야 러시아가 번영할 수 있다는 것이다.[41]

푸틴 대통령은 "시장경제와 민주주의라는 원칙을 러시아의 현실과 조합시킬 수 있어야만 미래의 가치를 창조할 수 있다"며 의욕을 보이고 있다. 하지만 현실은 만만치 않다. 국민들은 말을 앞세운 통치자들의 약속에 질릴 대로 질려 있다. 참신한 인상을 주는 새 대통령에 대해 강한 기대를 갖고 있는 한편, 정치불신과 무관심이 각계 각층으로 확산되고 있다.[42]

따라서 푸틴 대통령은 국민들과 약속한 "세계가 존경하는 나라로 만들고 싶다"는 그의 의지를 계속 펼치는 것만이 러시아 문명의 전도를 밝게 할 것으로 전망된다.

에필로그

러시아는 한국에게 정치·외교·경제·군사안보적으로 매우 중요한 국가이다. 러시아는 지구 반대편 유럽 저 멀리에 있는 국가가 아니다. 현재 북한과 접경하고 있고, 통일이 되면 통일한국의 접경국가로 된다. 더욱이 극동지역 개발이라는 차원에서는 '모스크바 러시아'가 아니라 '극동러시아'로 인식할 필요가 있다.

러시아는 우리에게 무엇인가. 희망사항은 이 글을 통하여 러시아가 우리에게 기회가 될 수 있으면 하는 바람이다. 국력신장과 통일실현이라는 한국의 국가목표 실현에 러시아가 도움을 줄 수 있다는 점을 인식할 필요가

---

41) http://www.russiainkorea.com/PNS_News/putin_election_07.htm
42) 『日本經濟新聞』 2000년 5월 10일자.

있다. 그래서 한·러 간의 호혜적·전면적 접근이 필요하다.[43]

참고문헌 및 URL

기연수 외,『현대러시아 연구』, 집문당, 1993.
김학준,『러시아사』, 대한교과서주식회사, 1992.
이무열,『한 권으로 보는 러시아사 100장면』, 가람기획, 1996.
정철훈 필담,『(러시아 사회비평) 소련은 살아 있다』, 1995.
정한구·문수연,『러시아정치의 이해』, 나남, 1995.
트라우트, J. C,『러시아사상사』, 탐구당, 1989.
아니킨, A,『러시아 사상가들』, 나남출판, 1994.
헬므트 알트리히터 지음, 최대회 옮김,『소련소사』, 창작과비평사, 1997.
http : //maincc.hufs.ac.kr/~russian/html/russia/history.html
http : //nwk.joongang.co.kr/199901/362/nw362021.html
http : //plaza.new21.org/rusplaza.htm
http : //user.alpha.co.kr/~stoneis2/russia/cul01.html
http : //user.alpha.co.kr/~stoneis2/russia/cul02.html

---

43) http : //plaza.new21.org/rusplaza.htm

제6장 인도 문명의 신비성

1. 인도 문명의 형성

1) 베다 문화

서기전 15세기경 중앙아시아로부터 이란을 거쳐 인도로 침입한 아리안족(Aryans)은 원주민을 정복하면서 새로운 세계를 성립시켰다. 정복기간 중 아리안족은 인도대륙에 위대하고 영구한 문명을 수립해 나갈 기초를 닦았다.

펀자브 시대의 정치·사회의 기본조직은 가부장체제였다. 부락별로 씨족을 기본단위로 하여 집단생활을 하다가 점차 여러 씨족이 모여 부족을 이루었다. 부족장은 라자(raja)라 하였으며 처음에는 부족회의에서 선출하였으나 뒤에는 세습되었다. 라자는 정치·군사의 지도자인 동시에 제사의 주제자였는데 백성들의 동의를 얻지 않은 독재적인 통치를 하지는 않았다.

아리안인들은 유목생활에서 시작하여 반농·반목을 거쳐 후에는 농업을 주로하고 목축을 부로 하는 정착생활로 옮아 갔다. 이러한 생활방식의 변화는 당시의 아리안족이 편찬한 『리그베다(Rig-Veda)』에 잘 나타난다. 생활방식의 변화에 따라 신앙의 주 대상도 천계(天界)에서 공계(空界)로, 그리고 공계에서 지계(地界)로 옮아 가고 있다. 이 시기의 중요한 산업분야는 농업과 목축이었지만 상업과 수공업도 상당한 비중을 차지하고 있었다.

서기전 1000년경 아리안족의 일부는 갠지스 강 유역으로 진출하기 시작하였다. 갠지스 강 유역은 토질도 비옥하고 기후도 더 온화하여 농업은 더욱 발전되고 인구도 크게 증가하였다. 그 동안 아리안족과 원주민은 오랜 기간에 걸친 융화 과정을 통하여 공통적인 언어와 습관, 종교를 가진 하나의 민족이 되었다.

아리안인은 본래부터 자연물, 자연현상을 신으로 숭배하는 다신교를 신앙하고 있었다. 그러한 신은 천·공·지의 삼계를 점거하고 있는 것으로 때로는 자연현상을 신격화한 것이었다. 이들에게는 신에게 제물을 바치고 희생하는 의식이 매우 중요한 것이었고 신앙은 가장 중요한 의무의 하나였다.

아리안족의 신앙은 시대가 흐름에 따라 원시적인 신앙으로부터 탈피하여 점차 이론화되어 갔으며 여러 신들에 대한 기도서가 나와 베다[1]로 집대성되어 현재까지 전래되고 있다. 베다는 산스크리트어(梵語)의 고형(古形)으로 씌어져 있는 방대한 종교적인 문헌이며 아리안족의 위대한 문학작품이기도 하다. 베다에는 1000여 편의 종교찬가집인『리그베다』를 비롯해서『사마(Sama)』,『야쥬르바(Yajurva)』,『아다르바(Atharva)』의 네 가지 베다가 있다.[2] 시기적으로 좀 뒤의 것이긴 하나 아리안족들은 두 개의 거대한 서사시『마하바라마(Mahabharama)』[3]와『라마야나(Ramayana)』[4]를 남겼다. 그것은 아리안족 사이의 세력 쟁패와 영웅의 활약, 그리고 신앙에 의한 이민족의 교화 등을 내용으로 하고 있다.

펀자브 시대에는 아리안인인 자유민과 피정복민인 노예의 두 계급이 있을 뿐이었고 그들의 사회적·정치적·경제적 실권자는 왕족계급이었다. 그러나 갠지스 강 유역으로 들어와 농경사회를 확립하게 되면서 종교의식이 점차로 복잡해지고 성전인 베다를 암송·연구하는 전문가가 필요해져

---

1) Veda : 지식이란 뜻. 본래 베다는 제신에 대한 종교적 찬가를 모은 것으로서 성자들이 신비적인 영감을 통해서 감득한 계시로 믿어졌으며 브라만교(Brahmanism)의 근본 성전으로 존숭되었다.
2) 불교 홍기 이전의 인도문화는 4개의 베다를 중심으로 한 것이어서 이 시기의 문화를 베다 문화라고 한다.
3) 18권에 10만 송(頌) 수록.
4) 7권에 2만 4천 송 수록.

사제계급인 브라만(Brahman 婆羅門)들이 생겨나고 이들이 세습화함에 따라 권력이 증대되어 지배계급으로서 확고한 위치를 확보하게 되었다.

이와 같은 과정을 통하여 인도사회에는 브라만을 중심으로 한 네 계급의 카스트 제도가 성립되었다. 첫째 계급은 브라만 계급으로서 종교와 학문을 주재하고 주술적인 지배력을 행사하여 사회의 최상층을 형성하고 있다. 둘째 계급은 크샤트리아(Kshatrya)라고 불리는 왕족과 귀족, 무사들로서 정치와 군사를 담당하였다. 셋째 계급인 바이샤(Vaishya)는 평민계급으로 상·공·농업에 종사하였다. 넷째 계급 수드라(Sudra)는 노예계급으로 사회의 최하층을 구성하였는데 주로 피정복민(비아리안인)으로 충당되었다. 그리고 아웃 수드라는 아예 여기에도 끼지 못하는 마소 같은 짐승으로 취급되어 왔다.

카스트 제도는 그 뒤 수천 년 동안 계속되었다. 이 제도 아래서는 개인의 신분과 사회적 지위는 날 때부터 정해지고, 직업은 세습이며, 계급이 다르면 혼인은 물론 음식조차 함께할 수 없다. 이는 오늘날에 이르기까지 인도사회의 발전을 저해하는 요인으로 작용하고 있다.

베다 시대를 이어 인도 각지의 아리안족 간의 세력다툼이 전개되던 중에 브라만교(Brahmanism)가 발생하였다. 이 종교는 당시 인도사회의 유일한 종교로서 절대적인 권위를 갖게 되었다. 브라만교는 전란시대의 혼란과 크샤트리아 계급의 정신상의 불안, 그리고 민중의 곤궁과 고난을 종교적으로 구제해 주는 종교가 되었다. 그러나 브라만의 사회적 지위 확립과 더불어 전횡과 방종이 심해져서, 그들은 자기들의 사회적 지위를 확보하려는 목적으로 카스트 제도를 보강하여 각 계급의 의무와 법식을 번거롭게 법제화하였다.

브라만교가 점차로 형식화하고 브라만들이 타락하기 시작하면서 서기전 8세기경부터 문화의 중심은 동방으로 옮겨지고 왕족 간에 자유로운 학술연구가 성행하여 새로운 사상운동과 종교운동이 일어났다. 브라만들 가운데서도 자각하는 자들이 이에 참가함으로써 서기전 7세기에 우파니샤드(Upanishad 奧義書)의 철학이 성립하게 되었다.

우파니샤드 철학은 베다 및 브라만교의 교의 가운데 있던 것을 발전시킨 것으로, 그 핵심은 열반(涅槃 Nirvana), 윤회(輪廻 Samsora), 해탈(解脫 Moksha)이었다. 즉 우주의 본체는 범(梵 Brahman)이고 인간생명의 근원은 대아(大我 Atman)인바, 범아일여로써 열반에 이를 수 있으나 인간은 애욕에서 일어나는 업(業 Karma) 때문에 윤회전생의 괴로움을 겪어야 하는 존재이며 이를 면하기 위하여 심신의 수련을 통한 해탈을 해야 한다는 것이다. 이러한 새로운 사상은 후에 일어난 불교와 힌두교에도 큰 영향을 주었다.

2) 새 종교의 성립

아리안족이 갠지스 강 하류에까지 식민을 확대한 서기전 6세기 이후에는 사회적·문화적으로 눈부신 발전이 이루어졌다. 상공업의 발전은 씨족에게 기초를 둔 부족사회를 붕괴시키고 많은 도시를 형성시켰으며 이들 도시를 중심으로 많은 소도시들이 성립되었다. 이 중 가장 유력한 왕국이 갠지스 강 중류의 코살라(Kosala)와 마가다(Magadha)였다. 그 중 마가다 왕국은 서기전 6세기 중엽에 유능하고 강력한 아자타사트루(Ajatasatru) 왕의 출현으로 다른 국가들을 병합하여 펀자브 지방을 제외한 북부 인도의 태반을 통일하였다.

이러한 정치적 발전과정 중 사회계급에도 변화가 일어나 상공업자 세력이 강화되고 브라만 계급 대신 크샤트리아 계급이 최고의 계급으로 부상하게 되었다. 또한 종교에서도 정통적 브라만의 사상계가 생기를 잃게 되자 우파니샤드 철학 등의 사상운동에 자극받아 새로운 종교운동이 일어났다. 자이나(Jina)교와 불교(佛敎)가 그 대표적인 것이었다.

자이나교는 바르다마나(Vardhamana : 서기전 6~5세기)라는 크샤트리아 출신에 의해 창시되었는데 10여 년의 고행수업 끝에 완전지(完全智)에 도달하여 자이나[5]가 되었다. 그 때부터 마하비라(Mahavira)로 불리게 된

---

5) 승자의 뜻.

그는 부단한 설교를 통해 자이나교를 확대시켰다. 그는 인생을 '고(苦)'로 보고 '업(業)'을 물질로 보아 업의 속박을 벗어나야 윤회의 세계에서 벗어나 열반으로 들어갈 수 있다고 하였다. 이를 위한 종교적 실천으로서 진실한 행위, 금욕적 고행, 불살생을 강조하였다.

자이나교는 베다를 배척하고 브라만의 특권을 반대하는 등 불교와 상통하는 점이 많으나 카스트 구별을 인정한 점에서 완전한 평등관에 입각한 구종교의 충분한 개혁에까지는 이르지 못하였다. 자이나교는 그 후 인도에 폭넓게 유포되어 오늘날에도 수백만 신도를 가지고 있다.

불교의 개조인 석가모니(釋迦牟尼 Sakya Muni)[6]는 아리안계의 석가족이 세운 도시국가 카필라(Kapila) 성주의 아들로서, 본명은 고타마 싯다르타(Gotama Siddhartha)이다. 생존 연대는 불분명하나 대략 서기전 560~480년경으로 추정된다. 그는 장성함에 따라 사회의 부패와 인생의 무상함을 깊이 느껴 29세에 출가하였다. 6년간의 금욕 고행 끝에 부다가야(Buddha Gaya)의 보리수 밑에서 대오(大悟)하여 불타(佛陀 Buddha)[7]가 되었다. 그 후 40여 년 동안 제자들과 더불어 포교와 중생구제에 종사하다가 쿠시나가라(Kusinagara) 성 밖 사라쌍수 아래서 입멸하였다.

석가의 교설은 근본불교라 하는데, 그 요지는 4정제 8정도의 사상 가운데 잘 나타나 있다. 석가에 의하면, 인생에는 고(苦)·집(集)·멸(滅)·도(道)의 4개 진리가 존재한다. 고는 인생의 일체 즉 생(生)·노(老)·병(病)·사(死)가 모두 해당한다. 집은 고에 원인이 있는 것으로, 그 원인은 인간의 욕망인바 이들을 번뇌라 한다. 멸은 고의 원인을 없애고 해탈할 수 있는 것이다. 도는 고의 원인을 멸함에 있는 것인데, 그 방법으로서 8정도를 들고 있다.

이 네 가지 진리를 바로 깨닫는 것을 4정제라 한다. 8정도는 번뇌를 멸하고 해탈하기 위한 실천적 방법론을 일컫는 것으로 정견(正見), 정사(正思), 정어(正語), 정업(正業), 정명(正命), 정정진(正精進), 정념(正念), 정

---

6) 석가족의 현자라는 뜻.
7) 깨달은 사람이라는 뜻.

정(正定)을 들고 있다. 이 4정제와 8정도에 의하여 비로소 무고안온(無苦安穩)의 열반에 들어가 생사윤회의 고뇌에서 해탈할 수 있다. 석가는 추상적 이론이나 금욕 고행을 경시하고 자기 해탈을 강조하는 한편 계급을 초월한 민중 구제의 길로 나아갔다. 또 그는 브라만교에 반대하였으나 사상면에서는 브라만교의 사상을 받아들인 점도 없지 않다.

불교는 브라만들로부터 심한 방해를 받기도 하였으나 마가다 왕국의 보호에다 그 평등사상이 엄격한 계급제도에 불만을 품고 있던 당시의 민중들의 환영을 받아 널리 퍼져 나갔다. 석가는 여러 계급의 사람들에 대하여 수시로 적절한 설교를 하였기 때문에 그 교설이 논리적으로 통일이 이루어지지 않을 우려가 있어서 석가가 입멸한 해에 제자들이 모여서 7개월에 걸쳐 경(經)을 송출(誦出) 집성(集成)하였다. 이것이 제1차 불전 결집인데, 다시 100년 후에 제2차 결집이 행해졌다. 이 때까지의 불교를 원시불교라고 한다.

3) 불교의 확대

마가다 왕국이 북인도 지역을 거의 통일하였던 서기전 6세기 이후 약 3세기 동안에 인더스 강 지역에는 두 차례의 외족 침입이 있었다. 하나는 페르시아의 대왕 다리우스의 침입이었고 또 하나는 알렉산더 대왕(Alexander the Great : 서기전 356~323)의 침입이었다. 또한 서기전 4세기에는 마가다 전국에 혁명이 일어나 종래의 시수나가 왕조 대신 난다 왕조가 그 지배권을 차지하였다. 이러한 외족침입과 왕조교체로 마가다 왕국은 약화되어 동방의 한 왕국에 불과하게 되었다.

알렉산더 대왕 사후의 혼란을 틈타 난다 왕조의 한 왕자인 찬드라굽타 마우리아(Chandragupta Maurya)가 펀자브 지역에서 세력을 형성하여 마케도니아의 남은 군사들을 몰아내고 동방 마가다국의 난다 왕조도 멸한 후 왕위에 올라 마우리아왕조(孔雀王朝, 서기전 322~184)를 열었다. 이 마우리아 왕조에 이르러 비로소 인더스·갠지스의 두 평야가 하나의 왕권 아래 통합되었다. 나아가 3대 아소카(Asoka, 서기전 272~232) 왕 때에는 남단을 제외한 전 인도가 통일되어 인도 최초의 통일국가가 이룩되었다.

아소카 왕은 위대하고 고귀한 통치자의 일례를 보여주었다. 전쟁과 정복을 행했던 다른 왕들처럼 그도 처음에는 대내적으로는 권력을 집중시키고 대외적으로는 팽창정책을 추진하였다. 그의 팽창정책은 성공을 거두었지만 정복전쟁으로 인한 유혈과 병고의 참상은 그로 하여금 정복전쟁의 포기를 결심하도록 하였다. 그리하여 아소카 왕은 국가정책을 무력에 의한 정복전에서 도덕적·종교적 통치로 전환시켰다.

열렬한 불교신자가 된 아소카 왕은 불법에 근거를 둔 통치방침을 거대한 바윗돌에 새겨 국내 도처에 세우고[柱石] 그 비문에 쓰인 칙령을 백성들에게 설명해 줄 관리를 파견하였다. 아소카 왕은 불교의 보호·전파에도 힘을 기울였다. 성지를 순력(巡歷)하고 각처에 부처를 기념하는 기념주와 불탑을 세웠으며 각지로 포교승을 보내 포교에 주력한 결과 불교는 동은 미얀마, 서는 시리아, 남은 실론(Ceylon), 북은 중앙아시아 그리고 멀리 그리스와 이집트까지 전도되었다. 특히 실론 섬에의 전도 성공은 후에 소승불교의 중심지가 형성되는 실마리가 되었다. 그는 또한 제3차 불전 결집으로 경(經)·율(律)·론(論) 3장(藏 Tripitaka)의 통일을 이루어 소승불교의 기초를 세웠다.

한편 불교 이외의 모든 종교에 대해서도 관용정책을 베풀고, 관리들이 임무 수행상 백성에게 불필요한 부담을 주는 것을 감시하는 감독관들을 파견했다. 동시에 주변의 약소 부족들에게는 그들을 정복하지 않을 것이며 그들의 선(善)은 자기의 선이라고 하는 선언문을 보내고 그들 부족사회에 재물과 의약품을 가진 봉사단을 파견하였다. 그의 정치의 유일한 목적은 지구상에 평화가 이룩되며 인간과 인간 사이는 물론이고 인간과 동물 사이에서도 선의(善意)가 이룩될 수 있도록 하는 데 있었다. 바로 이러한 정신적 고귀성 때문에 마우리아 제국은 쇠망했어도 아소카 왕만은 유일하게 기억되고 있는 것이다.

아소카 왕 사후 마우리아 왕조의 통일은 무너지고 인도는 또다시 분열과 혼란 상태로 빠져들게 되었다. 동부에는 마우리아 왕조를 이어 숭가

(Sunga : 서기전 185~80) 왕조가 출현하여 전통을 이었고 서북방에서는 알렉산더가 남긴 그리스 식민들이 박트리아(Bactria) 지방을 중심으로 하여 인더스 강 유역까지 영유하는 박트리아 왕국을 건설하였으며, 남부에서는 드라비다족이 일어나 안드리아 왕국을 창건하였다. 그러나 마가다 왕국의 주권을 장악한 숭가 왕조도 100여 년 후에는 칸나(Kanna) 왕조에 의해 멸망하고(서기전 80), 칸나 왕조는 강성해지기 시작한 안드라 왕국에게 멸망하였다(서기전 27). 또한 서기전 1세기에는 박트리아 왕국도 쇠미해져 스키타이계의 사카이족(Sakais)에게 축출당한 후(서기전 20), 새로이 침입해 온 쿠산(Kushan)족이 쿠산 왕국을 세우고 박트리아 왕국의 영토를 승계하였다.

쿠산 왕국은 1세기 초부터 강성해지기 시작해서 전성기인 3대 카니시카 왕(2세기 중엽) 때에는 간다라 지방을 중심으로 하여 인도의 서북부와 중앙아시아, 중국의 신강성에 이르는 대제국으로 발전하였고 로마 및 중국 등과 통교함으로써 각종 문화를 교류·융합시켰다. 특히 카니시카 왕은 각별한 불교보호자로서 많은 사탑을 세우고 불교미술을 발전시켰을 뿐 아니라 제4차 불전 결집으로 아소카 왕 이래의 교의를 집대성하여 대승불교의 기초를 세웠다. 이러한 보호하에 불교는 중앙아시아 및 중국 동·북방 여러 나라로 확대되었다.

석가의 입멸 후 불교는 석가의 교설과 계율(戒律)을 엄수하여 일신의 해탈만을 꾀하며 경전의 세세한 주석(註釋)을 일삼는 경향이 강해져 보수·형식적이 되었으므로 이에 반대하는 사람들이 나타났다. 이러한 반대는 제2차 불전 결집 때부터 뚜렷해져 보수적인 상좌부(上座部)에 반대하는 대중부가 형성되었다. 대중부는 불전에 자유로운 해석을 가하고 형식적인 계율을 폐지하고 누구라도 수행을 쌓으면 불타의 경지에 도달할 수 있다고 생각하여 널리 중생의 교화에 힘쓰는 신운동을 일으켰다. 그들은 상좌부의 입장을 소승불교라 부르고, 그들의 새로운 입장을 대승불교라 불렀다.

대승불교의 경전은 이미 서기전 1세기경에 생겨나고 있었으나 카니시카 왕의 제4차 불전 결집에 의하여 그 기초가 확립되었다. 카니시카 왕 때의

용수(龍樹 : 150~250)는 삼론종·천태종을 성립시켜 대승불교의 기초를 확립시켰고 그 후 4세기경에는 무착(無着)·세친(世親) 형제가 법상종·화엄종을 각각 성립시켜 대승불교를 더욱 발전시켰다. 대승불교는 쿠샨 왕조의 보호를 받아 중앙아시아를 거쳐 티베트·중국에 전해지고 다시 한국과 일본에까지 확대되었다. 티베트에 전해진 불교는 라마교를 성립시켜 후에 몽골·간도 등지로 전파되었다. 이와 같이 대승불교는 주로 북방지역으로 전파되었으므로 일명 북방불교라고도 한다.

소승불교의 경전은 아소카 왕의 제3차 결집에 의해 기초가 확립되어 아소카 왕의 보호를 받으며 실론·버마·타이 등 남방으로 전해져 일명 남방불교라고도 한다. 자바나 수마트라, 캄보디아로 전해진 불교는 그 곳의 힌두교와 혼합하여 독특한 불교문화를 이룩하였다.

쿠샨 왕국의 중심지인 간다라 지방에서는 새로운 불교미술이 일어났다. 인도인들은 도처에 불적과 사리가 있었기 때문에 불상을 만들 필요를 느끼지 않았으나 알렉산더 원정 이래 간다라 지방에 살고 있던 그리스인들 사이에 불교가 퍼지자 이들은 그리스 신상을 조각하던 기법을 응용하여 불상을 만들기 시작했다.

이 불상들은 서구적인 면모와 그리이식 의상을 하고 있어 새로운 불교미술이 그리스 문화와 인도 불교문화의 융합으로 이루어진 새로운 문화임을 보여주고 있다. 이러한 미술을 간다라 미술이라고 한다. 간다라 미술은 서기전부터 발달하여 2세기 중엽 카니시카 왕 때에 가장 성하였으며 불교의 전래와 더불어 중앙아시아, 중국, 한국, 일본 등으로 전해져 그 지방의 불교미술에 큰 영향을 미쳤다.

4) 힌두 문화의 부흥

마우리아 왕조가 망한 후 인도 남방에서는 드라비다족이 시무가라는 브라만의 지휘 하에 안드라 왕국(Andhra : 서기전 236~서기후 225)을 세워 점차 강성함을 자랑하였다. 서기전 27년 칸나 왕조 하의 마가타 왕국을 멸한 이 왕국은 전성기인 2세기 초에는 데칸(Decan) 고원 전역은 물론 북부

인도를 지배하면서 인도 서북의 쿠샨 왕국과 대립하여 쿠샨 왕국의 인도 정벌 기도를 막아내었다.

안드라 왕국시대에는 불교와 더불어 브라만교가 부활하고 계급제도가 더욱 강화되었으며 이제까지의 인도의 법사상을 종합한 『마누(Manu) 법전』이 편찬되어 후에 인도법전의 모범이 되었다. 안드라 왕국은 로마, 이집트, 소아시아 등지와 활발한 통상활동을 전개하였으며 또한 수마트라, 말레이 등지로 불교와 브라만교 등 인도의 문화를 전파하였다.

3세기에 들어와 그 때까지 강성함을 자랑하던 쿠샨 왕국과 안드라 왕국은 모두 쇠망하고 인도는 다시 여러 소국으로 분열되었으나 4세기 초에 마우리아 제국의 옛땅인 갠지스 강 유역에 굽타 왕조(Gupta : 320~520)가 일어나 인도의 대통일을 재현하였다. 시조 찬드라굽타 1세(Chandragupta Ⅰ : 320~330)에서 3대 찬드라굽타 2세(380~415)에 이르는 사이에 거의 전역을 통일하여 아소카 왕 이래의 대제국을 건설하였다.

굽타 왕조의 시기는 외래세력을 배제하고 인도 고유의 민족문화를 부흥시키는 힘찬 시대였다. 역대 왕들은 강역을 넓히고 강력한 중앙집권적인 전제군주권을 수립하였으며 특히 찬드리굽타 2세 때의 번영과 충실한 국력은 이 때 인도를 방문한 중국 승려 법현(法顯)의 『불국기』에 생생히 묘사되어 있다. 굽타 시대에는 불교는 강력한 보호자가 없어서 위축되고 대신 브라만교가 고유문화의 부흥책에 힘입어 브라만 계급을 중심으로 크게 발달하였다.

다시 부흥한 브라만교는 민중의 원시적 신앙을 흡수하고 불교의 영향도 받아들여 종래의 브라만교와는 내용과 형식을 달리하는 종교로서 새로운 출발을 하게 되었으니, 이후부터는 힌두교로 불리게 된다. 힌두교는 토속신앙을 흡수하여 우상숭배의 색채가 강하였는데 그 예배하는 본존(本尊)에 따라 시바(Siba), 비시누(Visinu) 등의 종파로 나뉘었다. 이러한 힌두교는 브라만교를 바탕으로 하고 있는데다 그 내용이 난해하지 않아 민중화됨으로써 사회 상층부와 민중으로부터 환영을 받아 널리 퍼져 나갔고 지금까지 인도 종교의 주류를 이루고 있다.

굽타 시대는 인도 민족문화의 황금시대였다. 즉 이 때에 종교·철학·문학·예술·과학 등 모든 부문에서 경이적인 발전을 보아 인도적인 특색을 갖추게 되었다. 브라만교를 기초로 힌두교가 인도 종교의 주류를 이루게 되었으며, 이른바 인도 육파 철학이 완성되어 종교철학이 정립되었다.

또 굽타 시대에는 여러 제왕의 후원을 받아 많은 문인들이 나타나고 브라만교의 성어(聖語)인 산스크리트어가 장려되어 산스크리트 문학이 크게 일어났다. 이 때에 2대 서사시『마하바라마』와『라마야나』가 현재와 같은 형태로 집성 정리되고, 인도 최대의 문인 칼리다사(Kalidasa)에 의해『샤쿤탈라(Shakuntala)』등 3대 희곡이 저술되어 인도의 국민문학으로서 상하층에서 널리 애송되었다.

예술도 왕공들의 보호를 받아 크게 발전하였다. 힌두교가 융성함에 따라 대사원들이 각처에 건립되어 그 장엄함과 더불어 독특한 건축 양식을 자랑하게 되었다. 미술·조각에서는 인도 고유의 기법에 간다라 양식이 융합된 굽타 양식이 나타났는데, 힌두교의 신상(神像) 조각이나 불교미술에서 그 아름다움을 보여주고 있다. 잔시 지역의 데오가르 사원에 있는 비시누,[8] 시바[9] 신상과 아잔타 석굴에 있는 우아한 불상들이 그 대표적 작품이다.

과학기술에서도 큰 진전이 이루어져 천문학·수학·제철기술 등이 크게 발달하였다. 구체적으로 본다면 그리스 천문학과 수학의 풍부한 지식이 수입되고 여기에 독창적인 창안이 가미되어 더욱 발달을 보였다. 의료 및 외과요법도 크게 발달하였다. 이는 종래의 의학지식과 더불어 수스루타(Susruta)에 의해 집대성됨으로써 이슬람 시대의 아랍 의학에 영향을 주었다. 철의 주조기술도 놀라울 정도로 발달하여 델리(Dehli)의 철탑과 높이가 20m 이상 되는 나란다의 불상 등은 현대의 과학기술로는 규명하기 어려운 정도로 잘 제조되었다.

---

8) 자비·보존의 신.
9) 외포(畏怖)·파괴의 신.

2. 외세 지배하의 인도

1) 이슬람교도의 침입

굽타 왕조는 국력의 충실이나 문화의 융성이라는 면에서 가히 인도 역사상 최초의 전성기를 구가하였다고 볼 수 있다. 그러나 이러한 굽타 왕조도 5세기 중엽에 이르러 내부의 반란과 흉노족(Huns)의 침입으로 약화되기 시작하였다. 500년경에는 흉노족에게 펀자브, 말바(Malva) 지역까지 탈취당한데다가 그 후 말바에서 일어나 흉노족을 축출한 요소다르만(Yosodarman)이 강성해지자 마가다 부근을 영유하는 지방정권으로 전락하였다. 이리하여 인도는 6세기 중엽부터는 소왕국으로 분열되었다.

7세기 초에는 혜성같이 나타난 하르샤바르다나(Harshavardhana)가 바르다나 왕조를 세워 남부를 제외한 전 인도를 다시 통일하여 굽타의 전성기를 재현하고, 남부에서는 챠루카 왕국이 패권을 장악하여 남북에서 각각 인도 문화가 재흥하는 듯하였다. 그러나 50년도 채 못 되어 두 왕국이 모두 붕괴함으로써 이후 인도는 다시 소국들로 분열되고 왕조교체도 빈번하여 혼란을 거듭하였다. 게다가 이슬람교도의 침입까지 받아 약 13세기 동안 인도의 민족문화는 암흑시대를 맞게 되었다.

하르샤 왕 사후의 분열시대에 큰 활약을 보인 것은 라지푸트족(Rajiputs)이었다. 라지푸트족은 원래 이민족인 흉노족과 구지라트족 또는 다른 부족으로 불리고 있으나 정확히 알 수 없다. 그들은 5세기 이후 인도에 정착하여 하르샤 왕 사후 펀자브 지역에서 여러 소국을 형성하며 흥망하였는데 인도 문화의 영향을 받아 점차 힌두화되어 갔다. 이들은 12세기 말 이슬람의 침입으로 쇠퇴하였으나 그 후로도 끈질긴 저항을 보였다.

이슬람의 최초의 침입은 8세기 초에 있었다. 이 때 무하마드 카심의 군대는 신드 지역10)을 정복·통치하였으나 이 지역 이상으로는 진출하지 않았으며 역사적으로 큰 흔적을 남기지도 않았다. 보다 중요성을 띤 이슬람의 침입은 10세기 말부터 시작되었다. 11세기에는 아프가니스탄에 자리잡

---

10) 인더스 강 하류지역.

은 터키계의 가주니(Ghazuni) 왕조가 20여 회에 걸쳐 인도대륙 깊숙이 침입하여 무자비한 약탈과 파괴를 자행하였다. 그러나 그들은 인도에서의 근거지 마련보다는 재화의 획득에만 주력하여 편자브 지역을 통치하는 데 만족하였다.

12세기 후반에는 가주니에 대신하여 아프가니스탄을 지배하게 된 아프간인의 퀼지조(Khilzi : 1290~1320), 터키인의 투글라크(Tughlak : 1321~1412)·사이드(Sayyid : 1414~1450), 아프간인의 로디조(Lodi : 1450~1526) 등의 이슬람교국이 연달아 일어나 인도를 지배하였다. 이들 여러 왕조는 힌두교 사원과 신상을 극심하게 파괴하고 이슬람교로의 개종을 강제하고 지즈야(Zizya)[11]를 부과하는 등 종교적·경제적 압박이 심하였다. 한편 이 기간에는 아라비아·이란 문화가 유입되어 인도의 예술과 학문에 영향을 주었다. 그러나 이슬람과 힌두교도 간의 반목·질시가 심각해져 인도사회는 정치적·종교적으로 수습할 수 없는 혼란에 빠져 들어갔다.

2) 무굴 제국

인도는 13세기 이후 16세기 초까지 이슬람 왕조들의 지배를 받는 동안 이슬람교도와 힌두교도 간의 종교적·정치적 대립으로 혼란에 빠졌다. 이 때 북방으로부터 새로운 이슬람 세력이 침입하여 인도를 통일하였다. 바로 터키계 무굴 제국이다. 중앙아시아에서 티무르 제국이 붕괴한 뒤 티무르의 5세손 바베르는 티무르국의 부흥을 꾀하다가 실패하자 방향을 돌려 인도로 들어와 아프간인의 로디조를 멸하고 무굴 왕조를 세운 것이다. 수도는 델리로 하였다.

무굴 왕조는 로디조의 부장이었던 세르샤가 세력을 신장하여 2대 후마윤을 축출함으로써 일시 중단되었으나 3대 악바르(Akbar) 제 때 다시 델리를 점령하고 인도를 지배하였다. 무굴 제국이 제국다운 국력과 안정을 갖춘 것은 3대 악바르에서 6대 아우랑제브(Aurangzev)에 이르는 4대 150

---

11) 비이슬람교도에 대한 인두세.

년간이었다.

무굴 제국의 기초를 확립한 것은 악바르 제였다. 그는 데칸 고원을 제외한 인도의 대부분과 아프가니스탄의 일부를 영유하는 대제국을 건설하고 아그라로 천도하였다. 그는 내정에서도 큰 업적을 보였다. 전국을 15주로 나누고 중앙에서 관리를 보내 통치하고, 힌두인 대지주인 귀족세력을 약화시키고 중앙집권의 실을 거두는 데 노력하였다. 세제개혁에도 주력하여 토지면적과 토질을 조사하여 지조를 공정히 하고 화폐로 납부케 하였으며, 잡세를 줄이고 그 부족분은 상업과 무역에 대한 징세와 조공수입 등으로 보충하였다.

이러한 노력의 결과 재정은 공전의 대흑자를 기록하게 되었다. 또한 제국 내의 분란 요인을 없애기 위해 힌두교도에 대한 직업 개방, 신앙의 자유 부여, 힌두 순례자에 대한 과세와 지즈야 폐지 등 관용정책을 취하고 힌두와 이슬람 양교도의 융화에 힘썼다. 나아가 인도 내의 여러 잡다한 종교를 절충하여 신성신앙을 만들고(1582) 인도인들을 종교적으로 통합하려 하였다. 그러나 이 신앙은 별로 호응을 얻지 못하여 악바르가 죽은 후에는 곧 사라져 버렸다.

악바르의 손자인 5대 샤자한 시대는 무굴 제국의 황금기였다. 아프가니스탄의 일부를 잃었으나 대신 데칸 고원 방면으로 영토를 넓히고 재정은 더욱 풍부해졌으며 호사스런 토목공사를 일으켰다. 그러나 이러한 호사의 이면에는 농민의 처참한 징역노동이 있었으며 막대한 군대를 유지하기 위한 중세로 농토는 황폐화되었다.

뒤이은 아우랑제부의 치세는 무굴 제국 최후의 성기였다. 정력적인 팽창정책으로 제국 최대의 판도를 이루었으나 재원을 무수히 상실하고 제국은 안정되지 못하였다. 그는 열광적인 이슬람교도였기 때문에 악바르 이래의 관용정책을 일변시켜 힌두 사원을 파괴하고 지즈야 등의 차별대우를 부활하는 등 이교도에 대한 탄압정책을 부활시켰다. 이로 인해 전국 각지서 이교도의 반란이 일어나 치세의 태반을 그 진압에 소비하지 않을 수 없었다.

18세기에 접어들면서 무굴 제국에는 내우외환이 거듭되었다. 궁중의 파당 형성과 변방 각주의 독립 그리고 이교도 탄압책으로 일어난 라지푸트족, 시크교도, 마라타족 등의 반항과 페르시아 등의 침입 및 유럽 세력의 침투 등이 그것이다.

마라타족은 데칸 고원 지방에 있던 힌두교도들로, 17세기 말 시바지가 나타나 부족을 통일하고 독립하여 아우랑제브에 반항하였다. 마라타족의 반항은 아우랑제브의 토벌에 의해 일시 진압되었으나 그의 사후 세력을 다시 회복하여 마라타 동맹을 조직하고 무굴 제국과 대립하였다.

한편 시크교는 16세기 초에 바바나나크가 힌두교와 이슬람교를 절충하여 만든 일신교로서 펀자브 지방에서 교세를 펴 나갔다. 본래 평화스러웠던 시크교도는 아우랑제브의 박해를 받고 전투적인 집단으로 변하여 무굴 제국과 투쟁을 벌였으며, 19세기 초에는 란지트싱이 나타나 시크교도를 통일하고 펀자브 지역에 시크왕국을 세웠다.

또한 무굴 제국의 궁중에서는 제위계승을 둘러싸고 3개 파당이 형성되어 지속적인 세력쟁패를 벌였으며, 변경 제 주에서는 점차 주지사들이 제왕의 권위를 무시하고 독자적인 노선을 취함으로써 무굴 제국의 쇠퇴를 더욱 촉진하였다.

18세기 중엽 페르시아 지방에서 일어난 아프샤르(Afshar) 왕조가 무굴 제국에 침입하여 델리를 짓밟은 후 펀자브 지방을 점령하였고(1739), 20년 후 재차 침입하여 무굴 제국과 마라타국의 동맹군을 격파하였다. 이렇게 무굴 제국이 약화된 후 인도는 무굴 제국과 마라타국, 시크 왕국과 기타 소왕국들로 분열되었고 유럽세력의 침투를 받아 드디어는 식민지로 전락하고 말았다.

오랜 기간에 걸친 이슬람교도의 인도 지배로 힌두교는 크게 억압을 받았고 많은 힌두교도가 이슬람교로 개종하였다. 그러나 마라타 동맹의 활동에서도 보는 바와 같이 힌두의 전통과 문화를 지키려는 노력 또한 끊이지 않았다.

그러나 한편으로는 힌두 문화와 이슬람 문화의 교류·융합을 남겨 놓았고, 이러한 융합은 종교·언어·예술 등과 일상 생활면에서 나타나고 있다. 두 종교의 융합인 시크교, 공용어인 페르시아어와 힌두어의 혼합인 우르두어(Urdu) 등이 그것이며, 특히 건축 분야에서는 힌두적 요소와 이슬람 양식이 결합된 인도 - 사라센 양식이 형성되었다. 샤자한 제가 왕비의 죽음을 애도하여 세운 타지마할(Tajimahal) 묘는 그 대표작으로서 웅장함과 아름다움에서 호화의 극치를 이루고 있다.

무굴 제국 시대에는 제왕들의 후원으로 많은 학자, 역사가, 문인들이 배출되어 창작품과 역사서 및 번역작품이 쏟아져 나왔다. 특히 악바르 시대에는 양 교도의 협동을 위해 번역사업이 장려되어 『마하바라다』와 『라마야나』, 그리고 『베다서』 등 산스크리트 고전들이 페르시아어로 번역되어 나왔다.

3) 영령 인도제국

희망봉을 우회하는 인도항로가 개척된 후 최초로 인도에 진출한 것은 포르투갈이었다. 포르투갈은 인도 서해안의 고아(Goa)를 점령하여 이 곳을 근거로 무역활동을 전개했으나 100여 년 후 영국에게 패퇴되었다.

영국의 인도 진출은 17세기 초에 시작되었다. 1600년에 런던의 상인들이 동인도회사(British East India Company)를 설립하고 황제의 특허와 보호를 받아 인도무역을 독점하여 영국의 인도경영의 주체로 발전하였다. 동인도회사는 최초의 근거지 수라트(Surat)를 개설한 후(1614) 이어 캘커타(Calcutta), 마드래드(Madrad), 봄베이(Bombay)에 식민지를 얻어 상업근거지로 삼았다. 회사는 이 곳에서 농민들에게 전대금을 교부하고 일정한 기간과 가격 및 수량을 정하여 면포를 바치게 함으로써 살인적인 착취로 거대한 이익을 가져갔다.

그러나 곧이어 인도에 진출한 프랑스와 충돌하게 되었다. 프랑스는 1600년경에 동방무역을 시작하였으나 최초의 회사들은 모두 실패하고 말았다. 그 후 루이 14세의 후원 하에 다시 동인도회사가 조직되어(1664) 급속한 성장을 이루어 퐁디세리(Pondicherry)와 샹데르나고르(Chandernagor)를 차지하고 영국에 대항하였다.

영·불 양국의 인도정책은 무역이 주목적이었으나 17세기 말 이래 무역 확보를 위해 근거지를 넓히고 인도 내부 문제에도 간섭할 필요성을 느끼게 되었다. 양국의 세력 확장은 상호 충돌을 가져와 인도에서의 영·불 싸움이 격화되었다. 초기에는 프랑스 동인도회사 총재 뒤플렉스(Dupleix)의 활약으로 프랑스가 우위에 섰으나 그 후 7년전쟁(1756~1763)중에 영국의 동인도회사 서기 클라이브(Clive : 1722~1771)가 프랑스의 주요 근거지를 공략함으로써 우세해지기 시작했고 마침내 1757년에는 캘커타 북방의 플라시(Plassey) 싸움에서 프랑스·벵골 토후군의 연합군을 격파하여 영국의 우월권이 결정되었다.

프랑스 세력을 제압한 영국의 동인도회사는 인도 내부의 분열과 쇠약을 틈타 인도경영에 착수하였다. 벵골의 지사 클라이브는 무굴 황제에게 연금을 지불하는 조건으로 벵골 지역의 징세권을 양도받았고(1765) 그 후 이 지방의 전 행정권을 획득하였다. 동인도회사의 중역진은 처음에는 무거운 책임을 회피하기 위해 인도인의 회유에 힘쓰고 독립 상태의 토후들에 대하여 불간섭주의를 취하였으나 19세기 초 이후에는 철저한 간섭주의와 확대정책을 취하게 되었다. 그리하여 독립적인 토후국에 대해서는 동인도회사의 보호 하에 독립을 인정한다는 것을 원칙으로 하되, 그 토후국이 후계자가 없거나 영국에 대하여 적대적일 때는 이를 흡수·병합하는 방침을 취하였다. 이러한 정책에 의거하여 영국은 마라타 동맹군을 완전히 파멸시켰고(1818), 시크교도를 정복하여 펀자브 지역을 점령하였으며(1849), 무굴 왕조를 억압하여 유명무실한 존재로 만들었다.

동인도회사의 인도경영이 진척됨에 따라 본국의 감독 하에 지배기구를 정비하는 한편 근대식 교육의 보급, 교통·통신시설의 확대, 악습의 폐지, 인도인 관리의 채용 등으로 인도통치의 원활을 기하고 민족감정을 무마시키고자 노력하였다. 그러나 민족적 감정의 악화는 막을 길이 없었다.

징세권을 양도받은 동인도회사는 수입 증가를 위해 한때 인도인 청부인을 통해 징세함으로써 과도한 세금에 견디지 못하고 도망하는 농민들이 생겼는데 이러한 현상은 인도의 전통적인 촌락공동체의 붕괴를 초래하여 농촌을 황폐화시켰다. 그리고 18세기 말부터는 근대적인 토지소유제도가 채택되어 많은 소토지 소유자가 소작인으로 전락하고, 영국상품의 침투로 도시의 수공업과 농민들의 부업이 큰 타격을 입었으며, 게다가 회사의 강압적인 병합정책으로 영국인에 대한 민족적 반감이 광범위하게 조성되어 갔다. 이러한 민족적 반감이 폭발된 것이 세포이(Sepoy) 반란이었다(1857).

세포이란 동인도회사의 인도인 용병들로서 그들에 대한 차별대우가 불만을 조성시켜 영국의 정책에 반대하여 반란을 일으킨 것이다. 이 반란은 많은 토후 및 귀족들과 민중의 호응으로 전국적인 규모로 확대되어 영국의 인도경영은 일대 위기를 맞이하였다. 세포이 반란은 2년 만에 진압되기는 하였으나 인도인들이 일치해서 반영항쟁에 나섰다는 점에서 민족운동사상 매우 중요한 사건이었다.

영국의회는 세포이 반란을 계기로 동인도회사에 더 이상 인도를 통치할 능력이 없다고 판단하여 인도의 통치권을 회사에서 정부로 이양시키고(1858), 내각의 인도 사무대신 관하의 총독으로 하여금 직접 통치하게 하였다. 그리고 제반 개혁을 단행하여 인도인에게 약간의 참정권을 부여하여 불만을 감소시키려 노력하였으며, 토후국들을 그대로 잔존시켜 영령과 토후국 간의 분쟁을 이용해서 지배하는 분할통치정책을 채택하였다.

무굴 제국은 세포이 반란 후 영국이 무굴 황제 바하두루샤가 반란에 가담한 것을 구실 삼아 버마로 추방시킴으로써 종말을 고하였다(1858). 그리고 20여 년 후인 1877년에 빅토리아 여왕이 인도황제를 겸하게 됨으로써 인도제국이 성립됨과 동시에 인도는 영국의 직할식민지가 되었다.

3. 인도의 독립

영국정부에 의해 직할통치가 시작된 이후 인도에서는 여러 가지 근대적인 제도가 실현되고 근대적인 시설들이 설치되었으며 신앙의 자유가 주어졌다. 이 때부터 인도의 지성인들 사이에 민족적 각성이 일어났고 이를 무마하기 위하여 1885년 인도국민회의(India National Congress)를 결성시켜 인도인과의 타협을 시도하였다. 국민회의는 처음에는 정부에 대해 협조적이었으나 민족주의가 팽배함에 따라 계급과 종교를 초월한 민족독립운동의 중심기구로 변하였다.

민족운동이 활발해질수록 영국의 인도지배는 강화되어 1939년 제2차 대전이 발발하자 영령 인도정부는 의회와의 협의 없이 전쟁을 선포하였다. 전쟁에 협력하는 조건으로 자치권을 요구하였다가 거절당한 각주 국민회의파 내각은 1940년 총사직하고 전쟁 협력을 거부하였다. 이에 대해 영국은 강제동원으로 맞섰고 전후 자치령의 지위 부여를 약속하였으나 국민회의파는 이를 거부하고 1942년 간디(Mahatma Gandhi : 1869~1948)의 지도 아래 다시 불복종운동을 전개하였다. 그러나 영국의 강경한 탄압으로 다시 침체와 불만 속에 빠지게 되었다. 인도의 독립운동에는 영국의 탄압 이외에도 장애가 많았다. 네루(Jawaharlal Nehru : 1889~1964)의 합법적 자치운동과 간디의 불복종운동 사이에 가끔 마찰이 일어났고, 자치주와 토후국 사이에도 의견의 대립이 잦았으며, 이슬람교도와 힌두교도 사이에도 불화가 소멸되지 아니하였다. 진나(Ali Sinnah : 1876~1948)가 영도하는 회교도 연맹은 간디와 협력하여 독립운동에 참가했으나 보조가 반드시 일치되지는 않았다.

독립투쟁은 제2차 대전중에 절정에 이르렀다. 영국은 식민지 독립의 불가피성을 인정하여 독립을 부여하려고 하였으나, 힌두교도와 회교도 사이의 대립이 격화되었고 간디는 광신자에게 암살당하였다. 진나가 이끄는 회교연맹파는 종교문제로 인하여 타협을 거부하고 분리하여 별개의 국가를 세울 것을 주장하였다. 결국 1947년에 제정된 인도독립법에 의하여 인도와 파키스탄의 두 나라로 독립하고, 영국연방에는 회원국으로 각각 가입하였다.

인도는 독립 초부터 네루 수상의 유능한 영도 하에 민주정부를 위한 확고한 지반을 마련하였다. 국가경제의 개선책으로 인도정부는 세 차례의 5개년 계획을 세워 경공업과 중공업에 힘을 기울였으나 개혁의 역점은 농업에 집중되었다. 그러나 인구증가율이 높고 문맹률도 높으며 식량부족,

빈곤문제 등이 계속 중요한 문제로 남아 있다.

대외정책에서 인도는 냉전시기부터 어느 편에도 가담하지 않는다는 정책을 표방하였으나 때로 서방 측보다는 소련 측에 기울어지는 듯하였다. 1차 전쟁이 끝난 1949년 유엔의 중재로 군사분계선이 그어졌다. 한반도 크기 만한 카슈미르 지역(22만 3000km^2) 중 40%는 파키스탄에 속하고, 나머지는 인도령이 됐다. 1962년 중국이 인도의 북경에 대규모로 침입하여 인도쪽 4만 2000km^{2}가 중국령으로 편입됐다. 이 때 인도는 영·미로부터 무기지원을 받았으나 빼앗긴 영토를 회복하지는 못하였다.

그 후에도 국경분쟁은 끊이지 않고 있다. 1972년 7월에는 카슈미르 통제선이 획정되었으나 1989년에 인도령 카슈미르에서 반정부 폭동이 일어났다. 그리고 세기말인 1999년 5월 인도는 20년 만에 다시 카슈미르 공습을 단행하여 국경분쟁이 재연됐다.

4. 인도 문명의 저변

인도 문명의 저변은 무엇인가? 대답하기 어렵지만 굳이 해야 한다면 힌두교와 카스트라고 할 수 있다. 인도의 모든 문화가 다 그렇듯이 힌두교와 카스트도 몇 마디로 설명하기란 어렵다. 힌두교는 선사시대부터 현재까지 끊임없이 살아서 움직여 온 종교이고, 따라서 그 한계가 명확하게 그어지는 종교가 아니다. 경전도 딱히 정해진 것이 없다. 베다를 힌두교의 최고 권위라 하지만 베다의 권위를 전혀 인정하지 않는 무신론도 큰 비중을 차지하고 있다. 다신교라고 하지만 일신교의 성격도 상당히 강하다. 힌두교는 현실 위주의 물질적 종교이면서 동시에 현실을 초월한 비물질적 종교이기도 하다. 논리적인 철학체계에서부터 비논리적인 무술과 속신까지 모든 형태의 신앙이 다 존재한다. 그 안에서 힌두교를 관통하고 있는 것을 찾는다면, 진리의 상대주의와 그것을 기반으로 한 관용과 혼합의 전통이다. 그래서 힌두교에는 박해나 이단이라는 개념이 없다. 이는 곧 불변의 구원관이 없음을 뜻하기도 한다.

힌두교는 시대와 장소에 따라, 그리고 민중들의 종교적 소망과 의지에 따라 그 원칙이 수시로 바뀌어 온 것이다. 힌두교와 뗄래야 뗄 수 없는 관계를 맺고 있는 것이 카스트 제도이다. 카스트는 '오염' 의식을 중심으로 하는 사회체계라고 할 수 있다. 오염이란 동물이 분비하거나 생산하는 물질 즉 시체·피·가죽·똥·때·머리카락·손톱·침·땀·정액 등으로부터 방출되고 그것과 접촉함으로써 전염된다. 항구적·태생적·직업적으로 이 오염과 관련을 맺고 있는 집단은 낮은 위계에 속하며, 반대로 그것과 멀리 떨어져 있는 집단이 높은 위계에 속한다. 그래서 가장 낮은 계급은 동물의 시체, 특히 소 시체 청소부이고 가장 높은 계급은 베다를 연구하는 학자이다.

오염에 상대되는 개념으로 '청정'이 있다. 청정은 살아 있는 소와 그의 생산물 즉 쇠똥, 쇠오줌, 우유, 우유로 만든 버터, 우유로 만든 요구르트 및 공기, 태양, 갠지스 강, 베다 경전 등에서 나온다. 일시적이고 개인적인 오염은 청정원으로 씻을 수 있다. 그래서 힌두들은 갠지스 강에서 목욕을 하고 쇠오줌으로 집안 청소를 한다. 그러나 항구적이고 집단적인 오염은 이 청정원으로도 씻을 수 없다.

이처럼 카스트 간에는 오염과 관련하여 그 위계가 분명하지만 그렇다고 그 선이 명확하게 그어진 것은 아니다. 카스트가 높다고 해서 그들이 사회에서 모든 현실권력을 쥐고 있는 것도 아니다. 또한 카스트라는 것이 전혀 이동이 불가능해 영구적으로 고착된 것도 아니다. 카스트는 사실 권력 - 계급의 차원보다는 혼인 - 음식의 차원에서 더 큰 의미를 갖는다. 카스트가 서로 다름으로써 혼인과 음식에 제한을 둔 것이 사회적으로 가장 중요한 기능인 것이다. 카스트 체계가 대단히 보수적이고 봉건적인 제도임에는 틀림없지만 그 안에서 민중들이 착취만 당하고 전혀 옴짝달싹 못하는 것은 아니다. 물론 카스트가 지배자와 가진 자들을 위한 제도였음은 부인할 수 없다.12)

---

12) http : //www.dasom.com/religion/1001.htm (이광수 기고)

힌두교인은 힌두교인으로 태어난다. 인도 사람에게 종교는 선택의 문제가 아니다. 누구나 태어나면서 이미 어느 한 종파에 속해 있으며 일생 동안 그 테두리를 벗어나지 않는 것이 이들의 삶이요 종교이다. 힌두교는 서기전 2000~3000년께에 발생하기 시작해 오늘날까지 인도인의 삶을 규정하고 있다. '힌두'라는 말은 인더스 강의 산스크리트어인 '신두'의 페르시아어 발음이다. 힌두라는 말 자체가 인도를 가리키는 것이다. 따라서 힌두교란 곧 '인도 종교'라는 말이 된다. 인도인들에게 종교는 별스런 그 무엇이 아니며, 심각한 그 무엇도 아니다. 사람이 살아 가는 방식에 불과하다. 삶이 곧 종교요 종교가 곧 삶인 까닭에, 종교를 특별히 의식하는 힌두교인도 드물다. 국외자의 눈에는 이들의 삶이 지극히 종교적인 것으로 비치지만, 정작 이들은 스스로를 종교적이라고 생각하지 않는다. 이렇듯 힌두교는 인도인의 삶과 떼어 놓을 수 없는 관계에 있다.

힌두교에서는 수많은 신들이 사람들과 공존하며, 사람의 삶을 간섭하고 규정한다. 사람마다 살아가는 방식이 다르듯 여러 종교, 여러 신들이 있다는 사실이 이들에게는 전혀 이상하지 않다. 삼억삼천이나 된다는 신들은 브라만(Brahman)의 자기 현현에 불과하다. 인도 종교사를 통하여 일신교적인 수많은 종파가 일어났지만, 다른 모든 신을 제쳐 둔다는 의미에서의 유일신교는 찾아보기 어렵다.

다양성에 대한 배려는 신의 세계에서도 예외가 아닌 것이다. 세계는 브라만의 몸이며, 브라만은 또한 인간의 본질(atman)과 같다. 힌두교의 궁극 목표는 브라만과 아트만이 하나임을 실현하는 것이며, 이것이 곧 해탈이다. 이런 의미에서 브라만에 대한 신앙은 곧 자신의 내면으로 침잠하는 자기 성찰이다.

브라만은 대중적 신앙의 차원에서 인격신 이슈와라(Isvara)가 된다. 최고 신 이슈와라는 세계를 창조·유지·파괴하며, 이 세 측면은 각각 브라마·비슈누·시바라는 세 신으로 나타난다. 인간의 삶과 관련해서 본다면, 브라마는 출생, 시바는 죽음, 그리고 비슈누는 그 중간의 삶을 주관한다. 이 가운데서 단연 시바를 숭배하는 사람들이 많다. 시바가 죽음을 주관하는 신이기 때문일 것이다. 출생은 주어지는 것으로서 내가 선택하는 것이 아니다. 그것은 이미 지나간 사건이며, 따라서 굳이 브라마에게 간구할 내용이 없는지도 모른다. 이렇게 본다면 비슈누 또한 그다지 매력적인 신앙의 대상이 아니다.

이들에게 유일한 희망이 있다면, 모든 삶을 걸어 볼 만한 미래가 있다면, 그것은 죽음 이후인지도 모른다. 이런 까닭에 사람들은 시바에게 달려간다. 하나의 진리에 이르는 다양한 길을 인정하는 힌두교는, 포교의 필요성을 느끼지 않는다. 자기의 종교를 참된 종교로 받아들이기 위하여 다른 많은 종교를 거짓 종교로 단죄할 필요도 없다. 각자 자기의 전통에 서서 '힌두교인은 좀더 훌륭한 힌두교인이 되고, 무슬림은 좀더 훌륭한 무슬림이 되며, 기독교인은 좀더 훌륭한 기독교인이 되라'는 것, 그것이 마하트마 간디의 가르침이었다.

정통과 이단의 문제도 있을 수 없다. 물론 베다의 권위를 받아들이는 종파를 정통, 그렇지 않은 종파를 외도라고 일컫기도 하지만, 우리 현실에서 흔히 만나는 정통·이단의 시비는 없다. 이슬람교의 영향을 받은 카비르, 시크교를 일으킨 나나크도 이단으로 배척하지 않는다. 힌두교에 대한 개혁으로 일어난 불교조차도 인도에서는 힌두교의 한 분파로 흡수되며, 부처는 비슈누의 아홉 번째 화신으로 섬겨진다.

힌두교인들이 가장 널리 섬기는 신은 가네샤와 크리슈나다. 코끼리 모양의 배불뚝이 신 가네샤는 시바의 아들이며, 지혜와 행운의 신이다. 일반 대중에게는 부귀와 번영을 약속하는 신으로 섬겨지기도 한다. 지금도 힌두교인들이 어떤 사업을 시작할 때는 가네샤 신상을 모시고, '슈리 가네샤'를 부르는 것으로 시작한다. 우리에게는 『바가바드기타』의 주인공으로 널리 알려진 크리슈나는 비슈누의 화신(avatara)이다. 원래 토착민의 신이었으나, 아리안인들의 신 비슈누의 여덟 번째 화신으로 받아들여지면서 인도인들에게 가장 친숙한 신의 하나가 되었다. 크리슈나와 『바가바드기타』는 인도 문화의 두 주류인 아리안 문화와 드라비디안 문화의 만남이라는 의미를 지닌다.13) 인도가 지니는 온갖 다양성을 하나로 묶는 것도 『바가바드기타』다. 이런 의미에서 『바가바드기타』는 힌두교의 살아 있는 성전이다.

오늘 우리가 보는 힌두교의 겉모습은 가난이다. 물론 그것이 힌두교의 전부일 리는 없다. 인간의식의 새로운 지평을 열어 온 수천 년의 역사는 지금도 곳곳에 살아 움직인다. 구걸한 돈을 신전에 바치는 거지의 뒷모습에서 체념과 초월의 경계를 의심케 하는 그 무엇을 본다.

어스름 새벽 갠지스 강가에 서면, 실로 종교는 사람의 지식으로 헤아릴 수 있는 것이 아님을 느낀다. 발 디딜 틈 없이 수많은 인파가 밀려들고, 들것에 얇은 홑이불 한 장을 덮은 주검이 얼굴을 드러낸 채 지나간다. 삶의 한가운데를 헤집고 죽음이 지나간다. 흐르는 강물에 주검을 태운 재가 뿌려지고, 더러는 타다 남은 주검이 그냥 버려지기도 한다. 바로 그 옆에서 사람들은 목욕을 하며, 강물로 양치질도 한다. 대개는 이 곳에 한 번 오는 것을 평생 소원하여 수천 리 밖에서 몰려든 사람들이다. 여기에는 그럴 듯한 이론도, 설명도 무의미하다. 다만 갠지스가 있을 뿐, 업(karma)을 씻어 내리는 갠지스가 있을 뿐이다.[14]

5. 인도 문명의 신비성

국토는 한국의 약 15배로 329만 km^{2}이다. 세계에서 가장 높은 히말라야 산맥과 대하 갠지스 강을 가지고 있고, 해안선의 길이는 세계 최장이다. 산물은 철강석이 세계 제1위로 224억 t을 산출되며, 그 대부분은 외국으로 수출되고 있다.

오늘날 인도는 새로 태어나고 있다. 그리고 활동적이다. 자유의 획득을 위한 격렬한 싸움 후 1947년 영국으로부터 독립을 쟁취하였다. 학생도, 근로자도, 점원도 젊고 에너지로 가득 차 있다. 특히 대학생이 최근 급격히 증가하고 있고 대학도 전국 각지에 많이 있다.

세계 최고의 인더스 문명이 이어지는 수천 년의 역사를 가진 고대로부

---

13) 아리안족이 인도에 들어오기 전의 토착문화를 뜻한다.
14) http : //www.dasom.com/religion/1001.htm (이거룡 기고)

터 현대에 걸쳐 그 종교, 철학, 미술, 건축은 세계에 큰 영향을 주어 왔다. 불교, 자이나교, 힌두교, 시크교의 발생지이기도 하다. 카스트 제도와 힌두 이즘의 나라, 마하트마 간디가 비폭력 무저항운동으로 영국의 지배에 맞섰던 나라, 성자와 거지 떼가 더불어 살고 있는 나라, 신비한 수행자의 나라, 인간의 희망과 꿈이 숨쉬는 나라, 삶의 궁극적 목적을 위해 가난까지 수용할 수 있는 나라, 사람들은 이 곳을 인도라 한다.

15개의 말이 있고[15] 15개 주와 7개의 테리토리[16]가 있다. 인구는 2001년 현재 드디어 중국인구 12억에 육박하는 인구대국으로 자리잡았다. 핵실험으로 세계를 놀라게 하며 핵무기를 소유한 군사대국, 정보·과학 대국이기도 하다. 동시에 인도는 비과학적인 나라로 천의 얼굴을 가진 나라다. 다음의 기사가 이를 잘 설명해 주고 있다.

모함 격인 인도 로켓이 성공리에 발사되고 이어 한국과 독일의 새끼 위성들이 성공리에 분리, 진입을 완료하자 우레 같은 박수소리가 터져 나왔다. 세계 최고 수준의 인도 과학기술의 현장을 직접 목격한 바지파이 총리는 흡족한 표정으로 연단에 올라섰다. 그러나 유감스럽게도 마이크가 작동하지 않았다. 고장 났기 때문이었다. 총리를 포함한 참석자들은 아이러니한 광경을 보면서 웃을 수밖에 없었다. 이 모습을 지켜본 이종무 주인도 한국대사는 "가장 인도적인 상황을 보여준 해프닝"이라고 설명했다. 서구 세계 뺨치는 최첨단 기술을 가진 나라이면서도 총리가 사용할 마이크조차 제대로 점검 못해 사용 못하는 현실이 공존하는 곳이 바로 인도라는 것이다. 12억 명의 인구(세계 2위), 한반도의 15배나 되는 면적(세계 7위), 법적 공용어만 15개, 그러나 방언을 포함하여 1600개의 언어가 사용되며 190개 종교, 3700여 개 계급(카스트)이 공존하는 큰 나라 인도. 그러나 그들이 가진 다양성과 문화의 깊이, 수천 년 전 고대와 21세기 현대가 공존하는 삶의 현장은 도저히 쉽게 설명키 어려운 복잡 그 자체이다.[17]

---

15) 공용어는 힌두어, 영어는 준공용어이다.
16) 정부 직할시를 말한다.
17) 『조선일보』 기사ID : 0006131001(기고 함영준).

대체로 인도인은 낙천적이지만 철인(哲人) 같은 사려 깊은 민족이다. 그들은 많은 고등종교를 탄생시킨 종교대국이다. 인도인 대부분이 신앙하는 힌두교는 회교, 가톨릭에 이어 세계 3위의 신도 수를 가진 종교로[18] 영혼의 환생을 믿는 신비로운 종교다.

물질문명에 절망한 서양인들이 정신의 기댈 곳을 구하여 인도로 찾아들고 있다. 최근 한국으로부터도 여행자가 급증하고 있다. 각국의 대형 제트기가 인도로 직행하고 있는 것이다. 한국도 인도로 오가는 직항로를 갖고 있다. 아시아나의 델리 직항편은 겨우 8시간 남짓 소요되고 있을 뿐이다. '인도에 다녀오면 부처의 미소를 닮는다'라는 말이 있다. 그래서 세계인들은 인도여행을 선망한다.

참고문헌 및 URL

남상욱, 『인도, 21세기 새로운 강자로 떠오르고 있다』, 일빛, 2000.
박석일, 『인도사개설』, 정음사, 1983.
백좌흠 외, 『내가 알고싶은 인도』, 한길사, 1997.
법정, 『인도기행』, 샘터사, 1991.
이숙자, 「인도문명 탐사 기행」, 『문명연지』 2-1, 한국문명학회, 2001.
이지상, 『슬픈 인도』, 북하우스, 2000.
이태영·홍종필, 『세계문화사』, 홍문관, 1985.
정병조, 『인도사』, 대한교과서주식회사, 1992.
황수영, 『인도기행』, 혜안, 1999.
John Naisbitt 지음, 홍수원 옮김, 『메가트렌드 아시아』, 한국경제신문사, 1997.
게오르그 포이어스타인 외, 『최초의 문명은 고대 인도에서 시작되었다』, 사군자, 2000.
Varm, Vishwanath Prasad, 『불교와 인도사상』, 예문서원, 1996.

---

18) 전 세계의 종교인구는 이슬람, 가톨릭, 힌두교, 불교의 순으로 집계됐다. 미국 선교학자 데이비드 바렛이 최근 내놓은 연례통계에 따르면, 이슬람교 신자가 11억 7천 9백만 명, 로마 가톨릭 신자가 10억 명, 힌두교 신자가 7억 6천 7백만 명, 불교신자가 3억 5천 6백만 명, 개신교가 3억 명으로 나타났다(『조선일보』 1998년 5월 23일자 기사).

http : //myhome.shinbiro.com/~mukhagni/body3.htm
http : //myhome.shinbiro.com/~mukhagni/index.html
http : //www.dasom.com/religion/1001.htm

제7장 아세안 문명의 다양성

1. 아세안 문명의 정의

아세안(ASEAN) 문명은 동남아에서 일어난 문명이다. 이 지역은 대륙에서는 중국과 인도 사이, 해양에서는 태평양과 인도양 사이, 그리고 남·북반구의 중간에 위치한 열대·아열대 지방이다. 이 곳은 일찍부터 중국문명권, 인도문명권, 아랍문명권, 서구문명권이 들어닥쳐 다양한 문명을 형성하였다. 즉 베트남은 유교문명권, 인도네시아·말레이시아는 회교문명권, 태국은 불교문명권, 필리핀은 가톨릭문명권을 이루고 있다. 이처럼 세계의 모든 종교가 이 곳에서 뿌리를 내렸다. 뿐만 아니라 이데올로기도 공산주의국가가 있는가 하면, 자본주의국가도 있고, 또 중립을 표방한 국가도 있다. 정치체제도 왕국, 대통령제국가, 내각책임제국가 등 다양하다.

이들이 경제·사회·문화 상의 목적에서 아세안을 구성하여 새로운 문명권을 창출하고 있는 중이다. 물론 아세안은 동남아 국가연합[1]을 지칭하는 말이다. 현재 아세안 회원국은 태국, 인도네시아, 말레이시아, 싱가포르, 필리핀, 브루나이, 베트남, 미얀마, 라오스, 캄보디아 등 모두 10개국이다.

아세안은 1967년 태국, 말레이시아, 필리핀, 인도네시아, 싱가포르 등 동남아시아 5개국 외상들이 모여 상호협력을 위한 「방콕 선언문」에 서명함으로써 탄생된 지역협력기구다. 창립 당시에는 동남아지역의 안보협력을 주로 하였지만, 지금은 EU, NAFTA, APEC 등과 마찬가지로 경제적 이익

---

1) Association of Southeast Asian Nations.

을 위해서 서로 협력을 하고 있다. 아세안이 이처럼 고도성장을 하게 되고 경제블록을 형성하게 된 이유는 지역주의화하는 세계경제의 추세와 중국·동유럽과 같은 새로운 경쟁시장의 등장에 있다고 볼 수 있다. 특히 EU, NAFTA 등과 같은 대규모 경제통합은 아세안에 큰 부담으로 작용하고 있다. 이 두 블록은 매년 대(對)아세안 총 수출과 수입의 30%대를 차지할 만큼 아세안에게는 중요한 지역이다. 또한 NAFTA는 멕시코를 포함하고 있을 뿐만 아니라 칠레 등 남미의 개도국도 포함할 전망이어서 북미의 대아세안 투자나 무역이 이들 지역으로 전환될 가능성이 높으며 대EU 시장에 대한 아세안의 수출을 북유럽이 담당할 가능성이 적지 않다. 또한 아시아·태평양 지역에서의 새로운 정치·경제적 환경의 변화, APEC의 출현은 아세안으로 하여금 내부 결속력을 다지게 하는 원인을 제공하였다.[2] 그렇지만, 각 회원국들은 취약한 경제력과 그 결과인 낮은 상품구매력, 상호 경쟁적인 산업구조, 기존 특혜관세제도의 실효성 미흡 등으로 말미암아 큰 성과를 얻지 못하고 말았다.

그러나 1980년 중반의 세계경제침체를 성공적으로 극복하면서 아세안은 세계경제에서 가장 역동적으로 성장하는 지역의 하나로 등장하였다. 이렇게 아세안 경제가 고도성장을 달성한 데에는 외국인 투자의 활성화가 큰 몫을 차지했다. 1992년 1월 싱가포르에서 열린 제4차 아세안 정상회담에서 AFTA 결성에 합의하고, 1994년 9월에 열린 26차 아세안 경제장관회의에서는 AFTA를 본격적으로 추진하기 위해 관세인하 완료시기의 단축, 관세인하 진척 상황의 점검, 역내분쟁 조정 등을 위한 AFTA 실무위원회의 설치에 합의하는 등 AFTA 추진에 박차를 가했다. 아세안 회원국의 협력 증진에 따라 역내무역도 빠른 속도로 증가하고 있으며, 이는 아세안의 자체적인 성장 원동력이 되고 있다.[3]

아세안 회원국은 요즘 통화위기와 경기침체, 산불피해로 어려움을 겪고

---

2) 이와 병행하여 2001년 현재 아시아의 유일한 정치·안보협의체인 아세안지역안보포럼(ARF)이 아세안 중심으로 가동중에 있다. 회원국은 북한을 포함하여 23개국이다.
3) http : //trut.chungbuk.ac.kr/~jjjung/bbb2.htm

있지만 대부분 천연자원이 풍부하고 양질의 노동력을 보유하고 있어 성장 잠재력은 매우 크다.

특히 동남아 지역은 1980년대 들면서 역내 국가들의 눈부신 경제성장에 힘입어 세계에서 가장 역동적인 경제권으로 주목을 받고 있다. 유럽연합(EU), 북미 자유무역지대(NAFTA)와 더불어 세계경제에서 차지하는 비중 또한 높은 편이다.

2. 아세안의 발전

전후 자유무역을 주장하는 국제경제질서 속에서 선진 제국의 경제부흥과 세계무역확대는 서유럽 경제의 부흥을 가져오고 미국경제의 대항세력으로서 EC의 창설을 낳았다. 범세계주의를 주도해 온 미국의 경제는 만성적인 국제수지적자로 달러위기를 초래하여 1971년 닉슨 쇼크를 낳았으며 국제수지 개선을 위한 보호무역정책을 실시하기 시작하였다. 또한 EC와 같은 지역경제통합체는 역외국가에 대해 차별공동관세를 설정하였고, 대부분의 선진국에서도 자국내의 산업보호를 구실로 관세, 비관세 장벽을 높이게 되었다. 이러한 국제경제환경의 변화 속에서 기존 질서에 대체할 새로운 질서가 형성되지 않고 있는 가운데 그 동안 추진되어 온 지역경제협력의 강화를 통한 자유, 무차별을 국지적으로 적용한다는 지역주의가 대두하게 되었다.

이에 아세안은 기존의 협력기구를 통한 공동 노력의 필요성을 인식하게 되었다. 아세안은 1980년대 중반 이후 괄목할 만한 성장을 이루었는데 그 원인으로서 2차 오일쇼크(1979~1980) 이후의 적극적인 정책조정과, 직접적으로는 수출의 호조와 외국인 투자의 유입 등 대외적인 요인에 힘입은 바 크다는 평가가 지배적이다.

말레이시아, 태국, 인도네시아 등의 정책조정은 재정수지의 회복, 민간부문의 활성화, 국내저축의 촉진, 생산 및 수출구조의 다변화 등에 초점이 모아졌다. 이러한 정책은 1986년부터 시작한 세계 경제호황을 맞아 빛을 보기 시작하여 위 삼국을 중심으로 아세안 경제는 고도성장을 구가하였다. 즉, 당시 대내적인 개혁노력이 대외적인 경제효과와 서로 맞물려 이 지역의 발전기반을 조성하였다고 볼 수 있다.

아세안 각국의 경제성장이 빠른 속도로 전개될 수 있었던 것은 첫째 풍부한 자연자원의 부존, 둘째 많은 노동력의 보유, 셋째 개방경제의 유지 등 세 가지 요인을 바탕으로 공업화를 추진한 결과다.

무엇보다도 풍부한 자연자원은 경제성장을 위한 토대가 되었다. 아세안 각국은 적도 주위의 열대지방과 아열대지방에 위치하고 있기 때문에 세계 자원의 보고로 통할 만큼 풍부한 자연자원을 산출하고 있다. 이와 같은 풍부한 자연자원은 아세안 각국의 경제에서 고도성장의 주요 요인이 되어 왔다. 즉, 아세안 각국은 1980년대에 이르기까지 제1차 산품의 생산 및 수출에 힘입어 높은 경제성장을 지속해 온 것이다.

아세안 각국은 인구성장률이 비교적 높을 뿐만 아니라 공업화정책이 추진된 1960년대까지만 해도 막대한 과잉노동력이 농업부문에 편중되어 있었다. 이와 같이 아세안 각국은 인구 및 경제활동인구의 증가율이 높을 뿐만 아니라 저렴한 노동력의 공급이 가능하였다. 특히 1970년대부터 경공업 위주의 수출지향공업화가 추진되고 외국기업의 직접투자가 증가함에 따라 농업부문의 풍부한 노동력이 공업부문으로 이동하게 되었다. 풍부한 저임 노동력의 공급은 섬유·잡화 등 노동집약적 경공업제품의 국제경쟁력을 높이는 데 이바지하였으며 그 결과 아세안 경제의 고도성장이 이루어진 것이다.

개방경제의 유지도 아세안 각국의 경제성장 촉진에 이바지했다. 각국은 높은 무역의존도와 빠른 무역 증가추세, 계속 늘어나는 외국인 직접투자 등에 힘입어 경제성장을 이룩한 것이다. 특히 각국 정부에 의한 적극적인 외국인 투자 유치노력은 큰 효과를 발휘하였다. 최근 아세안 각국의 투자 환경이 개선된 것도 외국인 투자자의 입장에서 보면, 첫째 대(對)미, 대EU 와의 무역마찰, 둘째 아세안 각국의 적극적인 투자유치, 셋째 국내의 임금 상승 및 평가절상에 따른 국제경쟁력 저하, 넷째 아세안 각국의 시장확대

등의 요인에 따라 비롯된 것으로 보인다.[4)]

3. 아세안의 지역협력

아세안은 인접국가 또는 지역 간의 서로 다른 부존자원과 생산요소를 보완, 결합하여 특정 지역을 공동개발함으로써 외국인투자를 유치하고 아울러 참가국 간의 교역을 확대하려는 취지에서 성장삼각지대로 대표되는 지역경제협력 전략을 추진하였다. 이러한 지역개발 프로그램으로는 싱가포르 - 조호르 - 리아우 간의 성장삼각지대(SIJORI), 인도네시아 - 말레이시아 - 태국을 연결하는 북부성장삼각지대(IMT-GT), 필리핀 - 말레이시아 - 인도네시아 - 부르나이 4국 간의 동아세안성장삼각지대(East ASEAN GT)의 세 가지 사업이 대표적이다. 이처럼 아세안 각국이 공동지역개발에 심혈을 기울이고 있는 이유는 중국·베트남·인도 등 아시아지역의 개발도상국이 고도성장과 저임금을 바탕으로 외국인투자 유치에 적극적인 자세를 보이고 있을 뿐 아니라, EU·NAFTA와 같은 경제블록이 형성되면서 아세안 각국의 수출 확대와 외국인투자 확대가 난관에 봉착했기 때문이라고 할 수 있다. 즉, 성장삼각지대와 같은 공동지역개발을 통해 외국인투자에 유리한 환경을 조성하고 상호 생산요소의 교환을 통해 국제경쟁력을 강화해야 할 필요성이 증폭되고 있기 때문이라고 할 수 있다.

1) 싱가포르-조호르-리아우 간의 성장삼각지대(SIJORI)

싱가포르의 주도 하에 싱가포르의 양호한 사회간접자본, 말레이시아 조호르의 저임금 노동력, 인도네시아 리아우의 천연자원과 노동력을 결합하여 외국인 투자가들에게 양호한 투자환경을 제공한다. 개발에 필요한 자본과 기술은 역내자본보다는 역외 선진국의 다국적기업에 의존하고 있으며, 정부주도 하에 진행되고 있다.

---

4) http : //trut.chungbuk.ac.kr/~jjjung/bbb2.htm

현재 바탐 섬에는 8개 공업단지가 조성중이며, 그 중 2개 공단 조성작업이 완료되었다. 특히 인도네시아 정부는 예외적으로 바탐 섬에 대한 외국인투자에 대해서는 100% 단독투자를 허용하는 등 우대조치를 부여하고 있어 싱가포르·일본·미국·홍콩 등으로부터 외국인투자가 활발히 추진되고 있다. 특히 싱가포르는 1989년 1월 이후 조호르 주와 바탐 섬을 말레이시아와 인도네시아의 GSP를 이용하기 위한 우회생산기지로 활용하고 있다.

그러나, 인도네시아와 말레이시아 간의 경쟁관계가 표면화되고 성장삼각지대의 추진과 함께 리아우 주와 조호루 주의 임금 및 주택가격이 급상승하고 있으며, 다른 지역과의 빈부격차가 대두되고 있다.

2) 인도네시아-말레이시아-태국을 연결하는 북부성장삼각지대(IMT-GT)

마하티르 말레이시아 수상의 제안에 따라 말레이시아 북부 페낭을 중심으로 태국 남부와 인도네시아의 수마트라 섬을 연결, 상호보완적인 경제협력을 도모한다는 구상이다.

현재 이 같은 구상과 관련하여 아시아개발은행을 중심으로 구체적인 협력 가능사업이 진전되고 있으며, 정부·민간으로 구성된 합동회의가 개최되어 무역·교통·통신·농업·국경지역 개방 문제 등에 대한 심도 있는 논의가 진행되었다.

1995년 12월 17일에는 말레이시아-싱가포르-인도네시아 3국은 '성장의 삼각지대(IMT-GT)'에서 경제협력을 공동으로 추진하기 위한 협정을 체결, 기술훈련센터 설립 등 인재교육 프로그램을 실시하기로 하였다. 이와 관련하여 아시아개발은행(ADB)은 IMT-GT의 개발에 향후 10년간 150억 달러가 소요될 것이라고 밝혔다.

3) 동아세안 성장삼각지대

동아세안 성장삼각지대[5]는 필리핀의 인적자원, 인도네시아와 말레이시

---

5) East ASEAN Growth Area : EAGA.

아의 천연자원, 그리고 브루나이의 자본을 연결하여 공동개발한다는 구상이다. 특히 필리핀의 민다나오 섬(숙련된 기술자와 노동력 등 인적자원), 인도네시아의 술라웨시(코코넛 등 농산물, 상업)와 칼리만탄(석유, 목재, 토지), 말레이시아의 사바와 사라와크(석유), 브루나이(천연가스, 자본) 4개국을 연결하여 아세안 최대의 농수산 개발 및 관광단지 조성을 목표로 하고 있다.

이 같은 구상은 라모스 필리핀 대통령이 1993년 1월 제4차 아세안 정상회담에서 공식 제안함으로써 본격화되었다. 그리고 1994년 3월에 통상, 투자, 농수산업, 관광 분야 통합을 목적으로 조세 투자법 등 관련 법규의 간소화와 동 개발계획을 공식 추진키로 하는 내용의 양해각서를 체결함으로써 구체화되기 시작하였다. 같은 해 11월 초에 개최된 EAGA 4개국의 첫 비지니스 총회에서는 13건의 사업계약이 이루어지는 등 민간부문의 상호 협력이 활발히 전개되고 있으며, 말레이시아, 브루나이, 필리핀 등은 이미 EAGA 내 무역에 대해 상호 수입관세 인하조치를 취하였다.

특히 스라베시의 마나도에서 개최된 4개국 관세장관회의에서는 동아세안성장지대에의 자유무역지대 설치를 신속히 추진하기로 합의하였다. 4개국 장관들은 이 지역 내에서 관광, 항공편의 상호 연계운항, 수송, 해운 및 어업 분야의 교류 촉진은 물론 무역과 투자를 활성화하기로 하고, 1차적으로 삼림업, 에너지, 인력개발 및 지역내 인적자원의 이동을 촉진하기로 합의하였다. 아울러 이러한 사업을 효율적으로 추진하기 위하여 특별 대책반의 설치에 합의하였으며, 1995년도 회의는 말레이시아 사바주 쿠칭에서, 1996년도 회의는 브루나이에서 개최하였다. 이는 그 동안 역내경제협력에 가장 소극적이었던 필리핀의 주도로 이루어지고 있다는 점에서 회원국 간의 경제협력의 확대 가능성을 예시하는 모델이 되었다.

4. AFTA의 추진 배경과 과정

세계경제가 EU, NAFTA 등으로 블록화되어 가면서 외국인 현지투자로 높은 성장률을 기록하던 동남아국가연합(ASEAN) 회원국의 외국인투자가 점점 줄어들게 되었다. 이에 그 동안 수동적이었던 아세안 국가들은 적극적으로 외국인투자를 활성화시키기 위해 AFTA를 결성하게 된다.

즉, AFTA는 관세를 인하하고 비관세장벽을 철폐함으로써 역내에서 자유무역을 보장하고 역외국가에 대해서는 독자적인 관세정책과 무역제한조치를 취하는 아세안의 자유무역지대로서 결성된 것이다.

아세안은 회원국 간의 무역거래에 대한 관세 및 모든 비관세장벽을 점진적으로 인하 철폐함으로써 아세안 역내무역을 자유화하고, 외국인에 의한 아세안 역내투자의 촉진을 추구한다. 이를 통해 자원의 효율적 배분, 경쟁력 향상 및 지속적 경제발전을 도모하여 향후 15년 동안 연 7%의 경제성장을 지속하여 2008년에는 3억 3천명의 인구에 2930억 달러의 GDP를 포괄하는 통합된 시장을 창출할 것을 목적으로 한다.

평균 30%를 웃도는 역내교역상품에 대한 각국의 수입관세를 향후 15년 이내에 5% 이하로 단계적으로 낮추면서 비관세장벽의 철폐도 병행하여 2008년까지 아세안을 자유무역지대로 만들 계획이다. 이를 위한 관세인하의 방법으로 공동유효특혜관세제도[6]를 도입하기로 하였다. 1990년대에 들어 동아시아의 역내외적인 정치·경제적인 환경변화에 의해 아세안의 경제협력이 본격화되기 시작하였다.

이러한 자유무역지대의 결성은 아세안 각국의 경제여건이 그만큼 성숙하였으며, 제조업이 활성화되어 산업에서 제조업의 비중이 증가되었기 때문이다. 또한 아세안과 같은 개발도상국에서는 자체적으로 신기술을 연구 개발하기보다는 선진국으로부터의 기술이전이 장기적으로 경제성장에 뒷받침되기 때문이다. 즉, 외국인 투자를 통해 선진기술의 지속적 이전과 이를 내부화하여 산업구조의 고도화와 경제성장을 기하기 위해서다. 대외적으로는 인도차이나 반도의 개혁 및 개방정책에 의한 정치적 위협이 소멸함으로서 종래 아세안이 안고 있던 지역안보 역할이 감소되고, 세계경제의

---

6) Common Effective Preferential Tariff : CEPT.

블록화와 중국의 자본주의화와 세계경제에서의 부상, 그리고 중국이 제공하는 값싼 노동력과 소비시장으로의 가능성이 커지면서 세계 각국의 아세안에 대한 외국인투자가 감소되면서 아세안의 통합 필요성이 크게 증대되었다.

아세안으로서는 외국인투자가들에게 계속 매력적인 시장으로 평가받기 위해 전반적인 투자환경의 개선이 절실히 필요해졌다. 투자환경은 견실한 거시경제 운용 및 건의, 사회간접자본의 개선, 정치적 안정뿐만 아니라 시장의 크기에 의해서도 영향을 받기 때문이다. 그래서 아세안 각국은 AFTA를 통해 3억 2500만 인구의 대규모 단일시장을 형성할 필요성을 느끼게 된 것이다.

자유무역지대의 창설은 1971년 3월 마닐라에서 개최된 제4차 아세안 경제장관회의에서 마르코스 필리핀 전대통령의 제안으로 시작되었다. 1981년 자카르타에서 개최된 제2회 아세안 정상회담에서 필리핀 정부는 향후 10년 이내에 자유무역지대를 창설하자고 제안하였으나 시기상조라는 이유로 기피되었다. 이후 세계경제의 블록화, 전반적인 경기침체, 외국인투자의 감소가 나타나면서 1980년대 말부터 아세안 무역자유화지대에 대한 검토 움직임이 다시 일었다. 1991년 6월 태국의 아난 수상이 아세안 자유무역지대의 창설을 제안하고, 1991년 10월 쿠알라룸프르에서 개최된 제23차 아세안 경제장관회의에서 자유무역지대 창설에 대한 태국측 제안의 수정이 합의에 이르렀다. 이에 1992년 1월 싱가포르에서 개최된 제4차 아세안 정상회담에서 「싱가포르 선언」을 채택하고, 경제협력 증진을 위한 기본협정에 서명함으로써 AFTA의 결성이 합의됨과 동시에 아세안경제장관회의에서 CEPT가 조인되었다. 1992년 4월 쿠알라룸푸르에서 개최된 고위각료회의에서 AFTA 관세인하 초안이 작성되었고, 1992년 12월 자카르타에서 개최된 AFTA 평의회 회의에서 CEPT의 시행절차, CEPT 원산지 규정조항, AFTA의 창설을 위한 CEPT 협정 해설 등 3개 협정 및 관세 인하대상 공산품 목록과 예외품목 및 관세인하에 관한 일반 원칙이 검토되었다. 그러나 회원국 간에 CEPT의 개시 시기의 차이와 시행에 관한 이해관계가 얽

힘으로써 CEPT의 시행은 늦어지게 되었다. 다시 1993년 10월 제4차 AFTA 평의회에서 그 동안 확정되지 않았던 회원국별 CEPT 실천계획과 대상품목을 확정하였으며, 그 동안 각 회원국이 자율적으로 결정하게 되어 있던 관세인하 시행시기의 문제도 현행 관세율이 20%가 넘는 고관세 품목의 경우 관세율 인하일정을 1994년 1월 1일 이전으로 앞당기는 데 합의하였다. 이어 1994년 인도네시아를 비롯한 해외투자에 대한 규제완화, 9월 태국에서 열린 제26차 경제각료회의에서 AFTA의 완료시점을 2003년 1월 1일로 의결하게 되었다. 1995년 7월 29일에 아세안 가입국이 된 베트남은 역내 산업경쟁력이 취약성으로 인해 AFTA 이행시기를 2006년 1월에 완료하기로 양해하였다. 1996년 9월에는 관세협력을 체결하였다.

5. 아세안의 확대

1) EAEC 구상

1990년 12월 말레이시아의 마하티르 수상은 국제통상협상에서 동아시아 국가들의 발언권을 강화하고 역내 무역, 투자 부분에서의 협력을 공고히 하기 위하여 아세안을 중심으로 한국, 중국, 일본, 대만, 홍콩, 베트남, 라오스, 캄보디아, 미얀마 등 동아시아 국가들로만 구성된 동아시아경제그룹[7] 창설을 제안하였다. 마하티르의 EAEG 구상은 당시 UR 협상에서 열세에 처해 있던 동아시아 국가들간의 공동대응전략을 수립하여 이를 UR 협상시 관철시키고, 나아가 EC와 NAFTA 등 세계적 지역주의화 추세에 대응하는 동아시아에서의 경제협력체제의 구축을 목적으로 하였다. 그러나 이 구상에서 제외되어 있는 미국의 극심한 반대와 함께 아세안 내부에서도 EAEG가 미국과 불필요한 마찰을 일으킬 수 있다는 이유로 반대의사가 표명되자, 말레이시아는 원래의 구상을 완화하여 보다 느슨한 형태의 아시아경제협의체[8] 구상을 새로이 제안하였다. 그러나 EAEC 구상은 회원국 간

---

7) East Asian Economic Group : EAEG.
8) East Asian Economic Caucus : EAEC.

에 기구 운영문제를 놓고 이견을 보임에 따라 아세안의 공식입장으로 바로 채택되지 못하였다. 이후 1993년 7월 아세안 확대외상회의에 앞서 열린 마하티르와 수하르토 간의 정상회담에서 양국이 EAEC를 APEC 틀 안의 '협의체'로 추진해 나가기로 합의함으로써 EAEC 추진이 공식화하였다.

1994년 7월 아세안 6개국, 한국·일본·중국 등 9개국 외상들은 방콕에서 EAEC 비공식회의를 개최하였다. 그러나 이 모임에서 한국과 일본이 EAEC 참가에 줄곧 소극적인 태도를 견지함에 따라 EAEC 창설은 사실상 무기한 유보되었다. 그럼에도 불구하고 아세안은 EAEC 운영안을 새로이 마련하여 주목을 끌고 있다. 그 내용은, EAEC는 개방적·대외지향적 성격을 띠며 경제블록화는 추구하지 않으며 EAEC는 APEC 내의 협의체지만 '독자적'으로 운영한다는 것이다. 또한 구성원은 아세안 7개국, 한국·중국·일본·대만·홍콩 등 동아시아의 APEC 참가국으로 한다는 등이다. APEC이 미국주도로 이루어지고 있는 현재의 상황으로 볼 때, EAEC 추진을 둘러싼 아세안과 미국과의 대립은 당분간 계속될 것으로 전망된다.

2) SAC 구상

최근 아세안은 동남아공동체9) 구상을 통해 아세안의 확대방안을 구체화하고 있다. 아세안은 1994년 5월 10개국 정상의 개인 대표격인 정부 고위 당국자와 학계 인사들로 구성된 비공식회의에서 「2000년대 동남아의 비전」이라는 합의문을 도출하였다. 동남아 10개국은 이 합의문에서 "동남아는 하나의 공동체로서 21세기 국제사회에서 정치·경제·문화·도의적 측면에서 주요한 역할을 수행하는 존재가 되어야 한다"면서 지역주의의 강화 필요성을 강조하였다.

SAC 구상은 향후 아세안의 발전방향을 시사해 준다. 즉, 아세안은 SAC 구상을 통해 베트남 등 인도차이나 3국과 미얀마를 우선 SAC에 가입시키고, 단계적으로 아세안에 가입시켜 아세안의 동남아시아 전체로의 확대를

---

9) Southeast Asian Cummunity : SAC.

겨냥하고 있다. 아세안의 확대는 실질적으로 현재 진행중인 AFTA의 동남아 경제권 전체로의 확대를 의미한다. 이 아세안 확대구상에 대해 인도네시아는 유보적인 태도를 보였으나, 아세안의 전 동남아지역으로의 확산은 현실화되었다.

상이한 국내 총생산의 차이가 회원국 간의 불균형이라는 약점이 되기도 하나 현재로서는 오히려 최대의 장점으로 되고 있다. 즉, 활발한 역내분업으로 지속적인 경제성장의 조건을 갖추고 있는 것이다. 또 하나의 장점은 기존 강대국에 좌우되지 않는 자주성에 있다.

3) APEC 참여와 대 APEC 관계 설정

아세안은 아태경제협력의 필요성에 동의하여 APEC에 참가하였으나, APEC의 빠른 진전이 역내국가 간의 결속을 약화시킬 것을 우려하여 APEC의 추진에는 소극적인 입장을 보여 왔다. 즉, AFTA 결성의 이익을 상실할 것을 우려하고 개방압력을 통해 아세안이 현재 추진하고 있는 산업구조조정의 어려움을 가중시킬 것으로 보고 있다.

이러한 아세안의 입장은 말레이시아 마하티르 수상이 1993년 11월 시애틀에서 개최된 제4차 APEC 총회에의 참석을 거부함으로써 일차적으로 표면화된 바 있다. 또한 말레이시아와 태국 등 일부 아세안국가들은 1994년 11월 제2차 APEC 지도자회의에서 채택한 「보고르 선언」에 대해서도 부정적인 입장을 견지하고 있다. 특히 말레이시아가 APEC에 대해 부정적인 시각을 가지고 있다. 제4차 방콕 총회에서 아세안은 APEC 사무국을 역내국가인 싱가포르에 유치하는 데 성공했다. 이러한 조정을 통해서 아세안은 APEC의 협력범위와 발전속도가 가능한 한 아세안의 의도에서 크게 벗어나지 않도록 견제하고 있다. 그러나 아세안은 미국시장에 대한 높은 수출의존도와 지역안보라는 측면에서 미국중심의 APEC의 역할을 전면 부정하지는 않을 것이다.[10]

---

10) http : //trut.chungbuk.ac.kr/~jjjung/bbb2.htm

6. 아세안의 전망과 대책

아세안 각국은 1987년 이후 급증한 직접투자에 의해 자본과 기술이라는 면에서 경제발전의 두 가지 제약이 제거되면서 공업화가 가속화되고 있다. 아세안 각국 측에서 보면 NIEs[11]가 중요한 투자국으로 등장한 것과 투자대상국 측의 외자정책 등의 완화 등이 직접투자를 지속시키는 요인이 되고 있다. 이후 아세안 경제가 성장궤도를 유지할 수 있는지를 좌우할 최대 요인은 직접투자 동향에 있다고 생각된다.

그러나 급증한 투자에 따른 하부구조의 조정과 인재교육 등 투자환경문제가 일어나고 있는 반면, 중국이 투자대상국으로 급속히 부상하고 있는 가운데 일본과 NIEs로부터의 대 아세안 직접투자가 둔화될 우려가 있다.

아세안 각국은 그 타개책으로서 아세안 역내협력의 확대, 심화라는 두 가지 방향을 추진하고 있으며, 투자대상국으로서의 매력을 높이는 방법을 모색중이다. 아세안 각국은 아세안 지역경제협력의 확대와 심화를 통하여 시장원리에 따라 이미 확대되고 있는 역내분업에 탄력을 줌으로써 직접투자를 기초로 한 공업화를 유지할 필요가 있다.

아세안을 이루고 있는 인도네시아, 말레이시아, 태국, 필리핀, 브루나이, 싱가포르는 부존 천연자원이 풍부하기 때문에 농산물, 광물, 임산물 등 1차 산품의 수출에 크게 의존해 왔다. 그러나 1차 산품에 대한 수요는 비탄력적이며 공급의 변동이 커서 가격변동이 심하다는 특성을 갖고 있다. 더욱이 농산물에 대한 수입규제조치, 미국과 EU의 보조금 경쟁 등으로 농산물의 국제가격은 그 동안 크게 하락해 왔다.

이처럼 1차 산품의 교역조건이 악화됨에 따라서 과거 아세안 국가들은 수출에 대하여 비관적 견해를 갖게 되었으며, 공업화와 유치산업의 육성을 위하여 수입대체전략을 추구해 왔다.

그러나 수입대체를 통한 공업화전략은 소기의 성과를 거두기 어려웠다. 국제경쟁의 배제가 국내산업의 독점화와 비능률을 초래하였으며, 수입규

---

11) Newly Industrialized Economics.

제로 발생하는 지대(rents)를 추구하기 위한 비생산적 활동의 확산이 국내 산업의 경쟁력을 약화시키는 요인으로 작용하고 있기 때문이다.

대외지향의 경제발전전략을 추구함에 따라 아세안 각국은 역내국 사이뿐만 아니라 일본, 미국, EU, 대만, 한국, 중국 등 역외국(域外國)들과의 상호 의존관계도 더욱 심화되는 양상을 보이고 있다. 수출시장을 위시하여 자본 및 기술의 공급원으로서 이들 역외국에 대한 아세안 국가들의 대외의존도는 더욱 늘어날 전망이다.

동서냉전체제의 종식 이후 경제적 측면에서는 국가간 경쟁이 더욱 치열해지면서 동시에 지역주의도 심화되고 있다.

그러나 이제는 UR 협상도 타결되었으며, 자유무역을 추구하는 GATT 체제가 WTO[12]체제로 강화·확대되면서 국제 교역환경은 개선될 전망이며, 이는 대외지향의 경제발전을 추구하는 아세안 각국에 유리한 외적요건으로 작용할 수 있다. 뿐만 아니라 이들의 관심분야인 농산물과 섬유의 국제교역이 자유화될 것이므로 수출환경은 크게 개선될 수 있을 것이다.

그러나 아세안 국가들은 수출주도형 성장전략을 지속적으로 추구하기 위해서는 좀더 능동적으로 무역자유화를 추진해야 할 것이다. 특히 유럽연합[13]과 북미시장에 원활히 진출하기 위하여 아세안 각국은 보호장벽을 완화시키고 보다 적극적인 시장개방이 필요하다. 그러나 이러한 국제교역질서의 변화에 대해 아세안 각국이 어떤 형태로 대응할지는 두고 볼 일이다.

아세안은 세계 어떤 지역보다도 높은 경제성장을 기록하고 있을 뿐만 아니라 그 발전성으로 볼 때 앞으로 잠재력이 가장 큰 시장으로 평가되고 있다. 따라서 이 지역은 EU, 북미 등 선진국들의 관심거리가 될 수밖에 없으며 이해관계도 복잡하게 얽혀 있다. 이처럼 EU, 북미지역과의 교역 및 투자의 확대를 통하여 상호이익을 크게 기대할 수 있기 때문에 아세안이 추구하는 지역경제협력은 배타성을 지양하면서 개방적 성격을 유지할 것으로 보인다.[14]

---

12) World Trade Organization.
13) European Union : EU.

싱가포르는 1인당 GDP가 15,000달러 이상이며, 선진국 경제에 접근하고 있다. 말레이시아와의 연방으로 분리한 1965년부터는 수출촉진과 무역자유화를 적극 추진하고 있다. 요사이는 중개무역에만 의존하던 경제구조를 탈피하고 전자산업, 석유정제업, 금융산업 등에 두각을 나타내고 있다. 앞으로 싱가포르 경제는 단기적으로는 선진국 경기의 회복과 함께 약 6% 수준의 성장을 유지할 것으로 보이나, 장기적으로는 싱가포르가 지속적인 경제성장을 이룩하기 위해서는 임금상승에 대응한 생산성 제고, 기술향상, 그리고 기술집약적 산업과 서비스 산업으로의 신속한 구조조정이 필수적이라 할 수 있겠다.

말레이시아는 13개 주로 구성된 연방국가로 다양한 인종분포를 나타낸다. 이 나라는 고무, 팜오일, 열대산림, 주석, 천연가스, 석유 등 천연자원을 풍부히 부존하고 있지만 경제정책의 기본방향은 농업 및 자원에 크게 의존해 온 경제구조로부터 전환하여 공업화를 이룩하는 것이다. 1960년대까지는 유치산업을 보호하기 위한 수입 규제조치를 많이 취했지만, 점차로 수출 및 외국인투자를 촉진시키기 위하여 여러 가지 경제적 유인을 제공하면서 대외지향적 경제발전을 모색하고 있다. 말레이시아의 2000년까지의 신경제계획(NDP, OPP2)에 의하면, 민간부문 주도의 수출지향적인 공업 육성을 계획했었다. 그러나 노동력의 공급제약, 운수·통신·전력 등의 하부구조 조정문제, 특정 산업에의 투자집중 등이 제약요인으로 작용하고 있다. 말레이시아 경제의 지속적인 성장을 위해서는 위의 여러 문제점을 해결하는 이외에도 첫째, 아세안 역내 각국과의 경제협력관계를 심화시키고, 둘째, 효율적인 사회의 조성이라는 과제를 안고 있다.

1980~1991년 기간중 말레이시아의 실질 GDP 성장률은 연평균 6.2%를 기록하였으며, 1991년과 1992년에는 각각 8.7%, 8.0%의 고도경제성장을 실현하였다. 따라서 앞으로의 경제전망은 밝다고 할 수 있겠으나, 경제가 개방화되고 외국자본의 유입이 증가하면서 통화관리를 비롯하여 물가 및

---

14) http : //trut.chungbuk.ac.kr/~jjjung/b5.htm

환율의 안정적 유지가 상당히 어려운 과제로 등장하고 있다.

태국은 석탄, 석유, 천연가스, 주석 등 풍부한 광물자원을 부존하고 있으나 가장 중요한 자원은 역시 비옥한 농토라고 할 수 있다. 1960년대까지 태국은 1차 산품의 수출에 의존하면서 자본집약적 산업의 육성을 위해서 수입대체전략을 택하였지만 큰 성과를 거두지 못하였다. 1970년대에 들어서면서 신흥 공업국들의 수출주도형 성장전략에 영향을 받아 제조업 수출을 촉진하는 전략으로 방향을 전환하게 되었다. 이후 외국기업의 직접투자 붐에 편승하여 공업제품의 수출을 급증시켜 고도성장을 달성하였다. 이 고도성장의 왜곡을 완화하는 동시에 수출주도 공업화를 계속하여 2000년에는 NIEs와 같은 경제력에 접근하려는 야심을 가졌으나 IMF[15] 사태로 차질이 빚어졌다.

태국의 수출은 1987년에서 1991년에 공업제품을 중심으로 연 25%의 신장을 보였으나 수입이 자본재를 중심으로 연 31.8% 증가하였기 때문에 1991년에 무역적자가 GDP 대비 10.9%였고 경상적자도 8.5%에 달하였다. 그러나 정점에 이른 직접투자로 인한 자본재 중심의 수입 급증이 점차 둔화될 것으로 보여 경상적자는 축소될 것으로 예상된다. 단 하부구조, 인재 부족 등의 문제와 정치적 불투명성 등으로 인하여 1989년부터 외국자본의 투자신청이 줄고 있어서 문제점으로 대두되고 있다.

인도네시아 경제는 약 25년 동안 6.7%의 성장을 실현하였다. 탈석유화 정책과 아시아경제의 성장은 수출제조업의 급성장 및 산업구조의 변화를 가져와 고도성장을 달성시켰다. 2000년대에 지속적인 경제발전을 이룩하기 위해서는 내정(內政)의 안정과 지역의 균형발전, 하부구조 조정, 대외개방의 확대 등 투자환경 재개선이 불가피하다.

1991년과 1992년의 성장률은 각각 6.6, 5.9%로서 1990년의 7.1%에 비해서 상대적으로 저조하였다. 인도네시아는 1980년대 후반기에 과열되었던 경제를 안정화시키는 데는 어느 정도 성공하였으나, 지속적인 성장을 위해

---

15) 국제통화기금(International Monetary Fund).

서는 전력·통신 등의 사회간접자본의 확충 및 지역간 불균형의 해소 등 많은 문제를 안고 있다. 특히 대규모 국영기업들을 어떻게 합리화·민영화하여 능률을 제고시키느냐가 시급한 과제라고 할 수 있다.

7100개의 많은 섬으로 이루어진 필리핀은 우수한 교육제도, 비옥한 토지, 풍부한 광물자원을 보유하고 있다. 이 같은 호조건에도 불구하고 동아시아의 다른 개도국들에 비해 경제성과는 극히 부진하여 1980~1991년 기간중 실질 GDP 증가율은 1.4%에 불과하였다. 1991년과 1992년의 성장률은 각각 -0.7%, 0.0%에 그쳤다.

필리핀 경제는 정치적 불안정과 자연재해 등으로 저성장이 계속되었고, 경제구조개혁도 추진되지 않았다. 그러나 외국과의 양호한 관계, 채무구조의 대폭적인 개선에 의해 채무문제의 재발 가능성은 낮아졌다. 아키노 대통령의 후계자로 취임한 라모스 대통령은 선거에서의 낮은 지지율(25%)과 허약한 의회 기반, 불투명한 군의 움직임 등에 의해 강력한 리더쉽을 발휘하기가 어려웠다. 또 에스트라다 대통령은 부정축재로 피플파워에 의하여 축출되고 글로리아 아로요 부통령이 대통령직을 승계하였다(2001. 1). 그 동안 필리핀의 경제성과가 부진했던 가장 큰 이유는 오랫동안 지속되어 온 정치적 불안정과 부패라고 할 수 있고, 경제운용의 실패, 불평등한 소득분배, 무역 및 투자자유화의 실패 등도 원인으로 작용하였다. 따라서 필리핀은 좀더 효율적이고 빠른 경제발전을 이룩하기 위해 많은 과제를 안고 있는 셈이지만, 그 중에서도 특히 자본집약적인 수입대체산업으로부터 노동집약적인 수출산업으로 경제구조를 조정하는 문제, 경제활동에 커다란 애로요인으로 작용하고 있는 전력·운송·통신 등 사회간접자본의 확충이 시급한 과제로 되어 있다.

아세안 내에서는 다양한 형태의 프로그램이 추진되고 있음에도 이처럼 각국의 체제 자체가 안고 있는 문제점과 경제구조의 문제점 등으로 인해 역내경제협력의 추진은 부진하였다. 특히 현재 추진되고 있는 관세인하를 통해 무역 창출효과를 극대화하기 위해서는 아세안 각국의 경쟁적인 산업 및 무역구조의 문제, 시장의 협소성에 따른 대외의존적인 경제구조 문제,

사회·문화·경제 발전의 다양성 극복 문제, 관세인하 효과를 제한하는 비관세장벽의 완화 문제 등 선결과제가 산재해 있다.

그 동안 아세안은 역동적 경제성장과 구성원들 간의 긴밀한 협력을 통하여 동남아시아의 평화와 안정은 물론이고 이 지역의 발전에 긍정적 영향을 미치는 지역경제협력기구로서 인식되어 왔다. 그것이 바로 아세안이 APEC, ARF, ASEM[16] 등과 같은 협력기구 설립을 제창할 수 있었던 이유다. 그러나 현재 아세안은 IMF 사태로 인한 한파에서 벗어나기는 했다고 하나 여전히 경제위기에 처해 있고 몇몇 아세안 국가는 정치·사회적으로 불안정한 상태에 있기 때문에 아세안이 역내의 평화와 안정을 유지하기 위한 역할을 충분히 수행할 수 있을지 의문시되고 있다.

아세안은 인도네시아의 경제위기에 따른 소요사태 문제를 미숙하게 처리하여 비난을 받기도 했다. 또한 이 지역에서의 불법이주와 불법 마약거래 같은 문제에 대해서도 실질적인 역할이나 영향력을 발휘하지 못하고 있다. 따라서 이러한 새로운 환경에 대처하기 위한 역할을 모색할 때만 아세안은 동아시아의 경제위기를 극복하고 아시아태평양 지역과의 유대관계도 유지할 수 있을 것이다.[17]

아무튼 아세안은 이슬람, 불교, 가톨릭, 유교문명 등이 존립하면서도 새롭게 제3문명의 씨앗이 뿌려진 곳이다. 이처럼 아세안은 아시아적인 가치관을 유지하면서도 새로운 문명의 온상으로 뿌리를 내리는 데 일정한 성공을 거두었다. 아세안은 이를 기틀로 삼아 새로운 아세안 문명 창출에 활기가 넘치고 있다.[18]

참고문헌 및 URL

고대원 외, 『동아시아 신질서의 모색』, 프레스, 1996.
김국진 외, 『아세안의 정치경제』, 집문당, 1993.

---

16) 아시아·유럽 정상회의(Asia-Europe Meeting).
17) http://www.hufs.ac.kr/cias-report/cias1-top-no34.html (김장겸 기고)
18) 김정의, 「현대문명의 통합징후」, 『문명연지』 2-1, 한국문명학회, 2000, 18쪽.

배긍찬, 『동남아의 지역질서』, 나남. 1994
http : //asean-serer.or.id/economic/AGRAIP80.HTM
http : //asean-serer.or.id/economic/PRAIC15.htm
http : //asean-serer.or.id/economic/stmtn88.htm
http : //asean-serer.or.id/history/pro_ind.htm
http : //asean-serer.or.id/history/ASN_HIS1.HTM
http : //trut.chungbuk.ac.kr/~jjjung/b5.htm
http : //trut.chungbuk.ac.kr/~jjjung/bbb2.htm
http : //www.asean.org/
http : //www.hufs.ac.kr/cias-report/cias1-top-no34.html

제8장 아랍 문명의 신정주의

1. 아랍 문명의 개황

이슬람 제국이 번영하고 있는 기간에 일반적으로 아랍 문명으로 알려진 한 문명이 생겨났다. 이 문명은 페르시아, 이집트, 시리아 등의 정복을 완수한 후 이들의 문명을 함께 받아들여 만들어진 문명이다. 따라서 아랍 문명을 창조하는 데는 기독교, 유대교, 배화교 등의 공헌을 무시할 수 없다. 그러나 새로 생겨난 아랍 문명은 아랍어로 표현되었고 이슬람의 인생관과 세계관으로 장식되어 있다.[1) 아랍 문명에서 중요한 것으로 언어와 신앙 두 가지가 있다. 이 둘은 아랍인이 그들의 영역 내에서 발전된 새롭고 창조적인 문명에 이바지한 요소이다.

아랍문명권의 영역은 동쪽 아라비아 해로부터 서쪽 북아프리카의 대서양까지 약 8300km에 이른다. 북쪽의 지중해로부터 남쪽의 중앙 아프리카까지의 면적은 약 8만 7천 5백만 km^{2}이다. 이 중 72%는 아프리카 대륙,

---

1) 이슬람의 인생관과 세계관이 가장 잘 표출된 것은 다음과 같은 '이슬람의 5행'이다. ① 신앙고백 : "알라 이외의 신은 존재하지 않으며 마호메트는 알라의 예언자이다"라는 구문을 외운다. ② 예배 : 이슬람교의 가장 중요한 의무로 하루 다섯 차례(동 트기 전, 정오 조금 지난 후, 일몰 전, 일몰 직후, 밤) 메카를 향해 예배를 드린다. ③ 단식 : 이슬람력 9월(라마단) 한 달 간 행해진다. 하루 종일 낮에는 완전히 금식하며 차와 물은 물론이거니와 침을 삼키는 것조차 엄금한다. ④ 희사 : 이슬람교도는 수입의 40분의 1을 희사하며 그것을 가난한 자들에게 베풀어 서로 도움을 준다. ⑤ 순례 : 일생에 한 번 성지 메카를 순례한다. 부득이 갈 수 없는 사람은 대리인을 세워 갔다 오게 한다.

28%는 아시아 대륙에 있다. 인접하는 해안으로는 아틀란트 해, 지중해, 걸프 만, 아라비아 해, 아덴(Aden) 만과 인도양이 있으며, 이 지역들은 전략적으로도 매우 중요한 위치를 점하고 있다.

일반적으로 아랍세계를 생각하면 건조 혹은 사막 기후로만 생각하지만 산악지대도 존재하며, 계절풍 비가 내리기도 한다. 모로코, 알제리, 튀니스의 북서 아프리카 지역이 그 예로 이 지역들은 사하라 사막과 해안지대의 경계를 이루고 있다. 다른 중요한 산악지역으로는 레바논과 반(反)레바논 영역과 이라크 동쪽에 있는 자그로스(Zagros) 산맥 등이 있다. 대부분의 건조한 지역은 안정적으로 수원(水源)이 공급될 수 있는 샘, 오아시스, 하천 등이 매우 중요하며, 대표적인 수원으로는 나일 강과 티그리스·유프라테스 강이 있다.

아랍문명권의 인구는 2001년 기준으로 약 2억 8천만 명이다. 이 인구의 반 이상이 50세 미만으로 연령층도 젊다. 기후적인 요소로 인하여 아랍세계의 평균 인구밀도는 큰 의미를 갖지 못한다. 왜냐 하면 대부분이 물이 안정적으로 공급되는 지역에 정착할 수밖에 없기 때문이다. 그래서 해변과 주요 강 부근은 상대적으로 높은 인구밀도를 보인다. 가장 대표적인 예가 이집트로 인구의 90% 이상이 나일 강 주변에 거주하지만 이 면적은 이집트 전 국토의 5%도 안 된다.

아랍문명권의 주 경제활동은 농업이다. 중요 농작물은 밀, 보리, 쌀, 옥수수, 대추야자, 기장이며 대부분은 자체 소비된다. 주요 수출작물로는 목화, 사탕수수, 사탕무우와 참깨 등이 있고, 천연자원으로는 원유, 가스, 철광석, 인광석, 납, 코발트, 망간 등이 있다. 일반 상식과는 달리 원유와 천연가스를 가진 나라는 서남아시아지역의 몇 나라밖에 안 된다.

이집트 문명을 비롯하여 수메르, 아시리아, 바빌로니아, 페니키아 문명 등 세계의 주요 문명이 아랍세계에서 발생하였다. 또한 최초로 사회(社會)가 조직되고 농작(農作)이 시작되었으며, 가축을 기르고 도시를 처음으로 형성한 것도 모두 아랍문명권이다. 그리고 세계 3대 유일교인 유대교·기독교·이슬람교가 모두 이 곳에서 발생하여 세계 곳곳으로 퍼져 나갔다.

7세기에 예언자 마호메트(Muḥamad : 570?~632)에 의해 이슬람이 창시되고, 그의 교의(敎義)는 서쪽으로는 북아프리카 지역을 거쳐 스페인, 프랑스로 전파되고, 동쪽으로는 중국 경계지역까지 널리 퍼져 나갔다. 무슬림들은 침체되어 있는 유럽사회 속에서 빠른 속도로 역동적이고 새로운 문명을 만들어 냈다. 유럽이 중세 암흑시대를 겪는 동안 아랍·이슬람 문명은 최고조에 달했으며, 이슬람 문명은 인류과학과 서구의 르네상스(인본주의 사상)에 큰 영향을 미치며 현재 서구문명의 밑거름이 되었다.

지금의 아랍세계는 다양한 인종과 종교, 언어로 구성되어 있지만 이슬람과 아랍어가 이러한 다양한 문화를 하나로 묶어 주고 있다. 아랍인은 광대한 영역에 퍼져 살고 있지만 역사적으로 하나의 종교적인 전통을 갖고 22개국이 하나의 '아랍'을 이루고 있다. 아랍연맹은 세계에서 가장 오래 된 국제기구의 하나로 유엔이 결성되기도 전인 1945년 4월 22일에 결성되었다. 아랍연맹의 주요 목적은 아랍세계를 정치적인 목적뿐만 아니라 경제, 사회, 교육, 통신, 개발, 기술과 산업분야를 하나로 묶는 것이다. 연맹 본부는 이집트 카이로에 있으며 몇 개의 아랍국가 수도에 지사가 설립되어 있다. 아랍연맹은 알제리, 바레인, 코모로, 지부티, 이집트, 이라크, 요르단, 쿠웨이트, 레바논, 리비아, 마르티 타니아, 모로코, 오만, 팔레스타인, 콰타르, 사우디아라비아, 소말리아, 수단, 시리아, 튀니스, 아랍에미리트, 예멘의 22개국으로 이루어져 있다.

21세기의 아랍세계는 변화하고 있으며, 그 방향은 경제발전과 근대화, 아랍 세계의 르네상스를 위한 토대 건설이다. 아랍세계의 고대도시인 카이로, 다마스쿠스, 바그다드는 다른 지역으로의 통신 서비스와 다른 시스템들을 빠른 속도로 확대하고 있다. 일부 아랍국가들은 원유를 포함한 천연자원으로 벌어들인 자본으로 대규모 발전계획에 투자하고 있으며, 다른 형제 아랍국가들의 근대화에 재정적인 지원을 하고 있다. 또한 각 아랍국과 해외의 대학에서 수천 명의 젊은이들이 공부하고 있다. 미국에는 약 6만 명의 유학생이 있으며 자신의 조국을 발전시키기 위한 학문을 공부하고 있다. 이러한 개발과 근대화에도 불구하고 아랍국가들은 그들의 전통과 이슬람의 가치도 역시 함께 지켜 나가고 있다. 아랍인들은 근대화를 추진해 가면서도 근대화의 빠른 변화로 인한 혼란을 피하기 위한 노력을 하고 있는 것이다. 아랍국가의 주요 도시들은 위대한 과거의 유산인 건축과 예술, 전통을 지키면서 세계의 다른 국가들과 위성통신을 통하여 시공(時空)의 이익을 거두어들이고 있으며, 이는 아랍의 미래에 밑거름이 되고 있다.[2]

2. 아랍 문명의 생성

1) 이슬람 이전의 아랍부족사회

자할리야 시대 또는 무명시대, 영웅시대라고 하며 6~7세기 초까지가 여기에 해당한다. 이 시기의 특징은 아랍 유목부족의 생존경쟁, 부족적 혈연집단의 연대의식으로 요약할 수 있다.

당시 아랍인은 카흐탄 및 아드난이란 두 조상에 기원을 둔다고 여겼다. 카흐탄은 구약의 요그탄, 아드난은 이스마엘의 자손으로 여겨지는데, 전자는 남아라비아 예멘의 여러 부족으로 아라비아의 서남부, 후자는 북아라비아 출신이라 한다. 그러나 이런 인종상의 차이는 현실적으로 큰 문제가 되지 않는다.

실제로 아라비아 반도의 주민은 크게 유목민과 정주민으로 나뉜다. 유목민(베드윈)은 방목생활과 수렵, 전투, 약탈 등으로 생계를 꾸려 갔고, 정주민은 중부 아라비아의 오아시스나 해안가에 살며 농업과 상업으로 생계를 꾸렸다. 당시의 부족은 대개의 경우 생각하는 그런 커다란 집합체가 아니라 비교적 작은 집단으로 이루어져 있었다. 이들 집단은 혈연적 유대를 기본으로 하며, 노예와 해방노예, 차별받는 비자유민인 미왈리, 그리고 다른 부족 출신의 자유민인 할리프가 있었다. 즉 혈연을 바탕으로 하되 그 내부에서는 동족 이외의 자유민이 스스로의 의사로 공동체를 형성하기도 했다.

유목부족은 풀과 물을 찾아 이동하고 때때로 인근의 다른 부족과 싸우

---

2) http : //my.netian.com/~tosong/KovInfoEg/Texts/arabcivil01.htm

기도 했다. 그들에겐 약탈을 당했다고 생각되면 당한 만큼 되갚는 동해복수(同害復讐)가 행해졌다. 부족 내에는 뚜렷한 정치적제도나 조직이 없었고 정치적 권력을 가진 자도 없었다. 물론 부족장이 있기는 하였지만 그의 영향력은 그가 부족민에게서 어느 정도의 존경을 받는가에 의존하며, 자유민인 부족민은 부족 내의 중요 문제를 부족집회를 통하여 결정했다.

그러나 같은 부족민은 같은 조상의 자손이라는 강한 부족의식인 아사비야3)를 갖고 있어 부족 내에선 서로 보호해야 한다고 생각했다. 따라서 그들은 혈연을 모든 이가 복종해야 하는 유일 절대의 권위로 여겼다. 이것이 종교적이고 도덕적인 것과 연계되어 부족정신을 이루었다. 이러한 부족정신은 자신의 부족민이 살해당하면 가해자가 속한 부족에 대해 똑같은 복수를 행하는 것을 의무로 여기게 했다.4) 한편 그들에게는 '지와르'라는 것이 있었는데 이는 찾아온 손님을 환대하는 유목 베드윈의 관습이다. 보통의 경우 부족 밖의 다른 사람의 권리 침해나 약탈은 허용되었지만 이 지와르 관계에 있는 사람의 재산에 손을 대는 것은 수치스런 행위로 여기고 그의 재산을 보호하게 했다.

앞에서도 말했듯 유목부족은 방목과 약탈로 생계를 유지하였으므로 재산에 대한 소유권도 극히 유동적이었고, 힘이 강한 부족은 언제든 약한 부족의 재산을 빼앗을 수 있었다. 따라서 그들에겐 빈부격차도 크지 않아 부족내 개개인은 평등하고 상당한 정도의 자유를 누렸다.

2) 이슬람 발흥기의 메카

이슬람이 발흥하기 직전인 6세기 후반, 히자즈 지방의 메카(Mecca)에서 경제적 변화가 일고 있었다. 대상교역의 교통 요로에 위치한 메카에는 성소 카바 신전5)이 있어 아라비아의 유목민은 매년 일정 시기에 이 곳을 순

---

3) 집단 연대의식.

4) 피의 복수라고 한다. 이를 피하기 위해서는 배상금으로서 낙타 100마리를 변상해야 한다.

5) 오늘날 이슬람이 가장 신성시하는 신전. 『코란』에는 카바의 건설자는 아브라함과 그 아들 이스마엘로 되어 있다. 카바란 입방체를 의미한다.

례하고, 순례 기간인 신성월에는 성역으로서의 메카 및 그 주변에서 모든 전투행위가 금지되었다.

6세기 후반, 아라비아 반도의 각 부족사회는 각기 숭배하는 우상신을 갖고 있었는데, 이들은 메카의 카바 신전에 매년 특정 달에 희생을 바치고 또 매년 많은 사람들이 순례했기 때문에 메카는 언제나 축제 분위기였다. 따라서 이 같은 신앙(우상신)은 메카의 중요 소득원이 되었다. 즉 메카는 원래 땅이 척박하여 농사를 지을 수 없는 땅이라 목축을 했는데, 양·산양·낙타 등을 순례자들에게 팔고, 가축의 생산물·양모·가죽 등 제사에 쓰고 남은 것은 상품화하여 타 지방의 특산물과 교환하였던 것이다.

한편 메카는 교통의 요충지였기 때문에 상업의 중심뿐 아니라 금융의 중심으로서 경제활동이 왕성하였다. 그 결과 메카는 유목 내지 반유목 경제에서 상업경제로 이행하고, 6세기 후반에는 아라비아의 최대도시로 성장하였다. 그러나 사회조직 및 그들의 의식 면에서는 부족적 연대성이나 동해복수와 같은 유목생활에 적합한 사회제도와 의식이 여전히 자리잡고 있었다.

메카의 대다수 주민은 쿠라이시라는 부족에 속해 있었다. 쿠라이시 부족은 스스로 대상(隊商)을 조직하고 교역을 하면서 종래의 유목부족적인 부족연대의식이 희박해지고, 개인주의적 이기주의의 풍조에 물들어 부족내 유력자들은 약소자를 돕는 부족적 의무를 망각해 갔다. 부족적 집단지향형에서 개인적 이익지향형으로의 이러한 변화는 유목적 의식구조와 새로운 상업경제적 환경 사이에 모순과 갈등을 초래하여 이슬람이 발생하는 사회적·경제적 요인이 됐다.

3) 마호메트

마호메트는 쿠라이시 부족의 일원으로 570년경 메카에서 유복자로 태어났다. 6세 때 어머니까지 여읜 그는 할아버지의 보호 하에 있다가 숙부 아부 탈리브에게 위탁되어 성장한다. 그의 청년 시절은 잘 알려져 있지 않으나 메카의 대상활동에 참가하여 성실한 사람으로 인정을 받고 25세에 약

15세 연상의 거부 미망인 하디자와 혼인한다. 그 후 40세 정도 된 610년경, 처음 알라[6]의 계시를 받아 최초의 3년간은 그에게 찾아오는 특정인을 상대로 전도를, 614년에는 대중전도에 나서게 된다. 그는 예언자로서의 스스로를 자각한 후 13년간을 메카에서, 10년을 메디나(Medena)에서 지냈는데 『코란』의 2/3는 메카, 1/3은 메디나에서 받은 계시로 이루어져 있다.

『코란』은 예언자 마호메트에게 계시된 유일신 알라의 말씀을 기록한 것으로, 그가 처음 계시를 받은 610년경으로부터 623년 타계할 때까지 약 23년에 걸쳐 간헐적으로 계시된 장구(章句)를 모은 것이다.

그가 처음 계시를 받은 것은 라마단(9월) 말 히라 동산에서 명상을 하다 대천사 가브리엘로부터라고 전승[7]은 전한다. 초기 계시는 ① 신의 은총과 권능, ② 부활과 최후심판, ③ 절대자에 대한 감사와 예배, ④ 베풂과 너그러움으로 요약된다.

4) 박해

메카인들이 마호메트를 박해한 주된 이유는 이 종교와 교리를 수락함으로써 발생되리라 예상되는 정치·경제적 영향 때문이었다.

『코란』은 내세에 궁극적 가치를 두므로 현세적인 것을 상대화하여 부의 절대적 가치를 부정하고 신앙과 선행을 강조했다. 이 선행은 부족적 연대의식의 발로가 아닌 오히려 종교적 개인주의의 가치기준에서 나온 것으로,

---

6) 이슬람 이전에도 일신교(一神敎) 관념이 있어 '알라신도 지상신(至上神)'으로 숭배된 일이 있었으나, 아라비아인이 특별히 직접 숭배하지는 않았다. '알라'의 어원은 신을 뜻하는 '일라흐(ilh)'에, 정관사 '알(al)'이 붙은 '알일라흐'에서 온 것이다. 이슬람교의 창시자 마호메트가 처음으로 이 말에 명확한 의미를 부여하고 이슬람의 유일신으로 만들었다. 그는 처음에 다른 신도 인정하였으나, 나중에는 모두 부정하고 알라만을 신으로 보았다. 이슬람의 신조고백(信條告白)에는 "알라 외에 다른 신은 없다"고 규정하고 있으며, 『코란』에도 알라는 유일신, 세계의 창조자, 전지전능한 존재로 묘사되어 있다. 알라의 의지·결정·심판은 절대적이고 위협적이지만, 한편으로는 대자대비한 덕을 갖추고 있으며 초월적이면서 가장 친근한 존재라는 점 등이 강조되고 있다(http://100.naver.com/search.naver?where=100&command=show&mode=m&id=107293&sec=1).

7) 마호메트의 언행록.

비록 메카가 변화 과정에 있었다 해도 부족조직이 여전히 강했던 당시로
서는 종족의 전통을 파괴한다고 여겨 반발이 더했다. 그러나 어떤 의미에
서 『코란』의 상부상조원리는 사라져 가는 옛 부족적 윤리의 좋은 점을 재
생한 것이라고 할 수 있다.

아무튼 『코란』의 종교적 개인주의는 부족적 집단주의와 정면으로 대립
하고, 『코란』의 내세주의는 아랍부족의 현세주의를 부정하며 지상의 모든
권위를 상대화하고 대상인(大商人)층을 정점으로 하는 메카 사회체제의
기반을 허물어뜨리는 중대사였다.

따라서 마호메트와 대상인층의 사이는 나빴지만 당시 그를 양육한 숙부
의, 족장으로서의 비호로 신변에 위협을 느낄 정도는 아니었다. 그러나 615
년경 자신들이 제시하는 교리를 첨가하면 입교하겠다는 메카 대상인층의
제안을 거절함으로써 둘 간의 대립은 격화되었다. 게다가 그를 비호하던
숙부 아부 탈리브가 619년 별세하고 잇따라 부인 하디자까지 사망한데다,
또 다른 숙부 아부 라하브가 씨족장으로서 그의 보호를 취소하여 마호메
트는 치명적인 타격을 받았다. 이에 메카 동쪽 약 60km 떨어진 고원도시
티아프로 가나 거기서도 배척을 당했다.

5) 헤즈라

620년경 야스리브8)에서 메카를 방문한 여러 명의 순례자들이 마호메트
의 설교에 감명을 받고 다음 해에 다른 동료들을 데려와 아카바에서 마호
메트의 가르침에 따를 것을 맹세했다.9)

야스리브 즉, 메디나는 오아시스를 중심으로 하여 농업을 주요 생업으로
삼고 있는 도시였다. 경제적 실권은 유대족이 장악했고, 그 외 아우스와 하
즈라지의 두 아랍부족이 있었는데 양자의 계속된 상쟁으로 메디나의 정국
은 불안정했다. 여기에서도 새로운 정주사회에 적합치 못한 관습을 대치할
새로운 윤리가 요구되고 있었지만 그 실현을 보지 못하고 있었다. 마호메

---

8) 현재의 메디나.
9) 이를 '아카바의 맹세'라고 한다.

트는 그의 이상을 실현하기 위해 알라를 궁극의 주권자로 삼고 자신을 지상의 대리인으로 인정하는 공동체인 움마(Ummah)를 현실세계에 건설해야 한다고 생각하여 메디나로 이주한다. 이것을 '헤지라'(문자 그대로의 의미는 이주)라고 한다.

한편 그를 초청한 메디나 사람들은, 물론 그를 예언자로 인정하는 자들이지만 마호메트에게 아랍부족 간의 분쟁을 조정해 주는 역할을 기대하였다. 메디나 출신은 공정한 입장을 취하기 힘들고 보통사람은 사람들을 설득시키기 힘들 것이나 마호메트는 메카의 망명자이고 알라의 사도이므로 적격자라고 생각했던 것이다.

마호메트의 헤지라와 함께 메디나로 이주한 메카의 이슬람교도들을 무하지룬, 메디나의 아랍인으로 이슬람교로 개종한 자를 안사르라 불렀으며 이들은 하나의 신앙공동체인 움마를 형성했다. 마호메트는 메카에 삶의 기반을 다 두고 떠나온 무하지룬을 안사르의 자택에서 생활하도록 했다.

6) 바드르 전투와 우후드 전투

안사르의 도움으로 생활하던 무하지룬은 그들의 생활보장 방법으로 '대상 습격'을 택한다. 당시 아랍 유목부족에게 대상 습격이란 합법적이며 명예로운 생활수단이었다.

마호메트는 메카의 쿠라이시 부족이 파견하는 대상을 습격할 계획을 세웠다. 이것은 메카 측과의 전면대결을 의미하였다. 메카 측에서 보면 이러한 상업활동의 방해는 사활이 걸린 문제이고, 쿠라이시 부족의 체면과 권위에 관한 일이기도 했다. 반면 메디나의 이슬람교도 측에선 약탈은 경제적 자립의 토대가 될 수 있고, 또 그들을 박해한 불신앙자들에 대한 성전(聖戰)10)이라는 대의명분도 있었다. 유목민이 아닌 마호메트가 약탈을 결의한 데는 경제적 이익뿐만 아니라 쿠라이시 부족의 세력을 약화시키려는 의도가 작용한 것으로 보인다.

---

10) 이를 '지하드'라고 한다.

초기의 습격은 무하지룬이 주를 이루나 곧 안사르의 참가도 늘어나 바드르 전투에선 무하지룬 86명, 안사르 238명이 참여했다. 이 전투는 두 배에 달하는 쿠라이시 부족군을 완전 격파함으로써 이슬람교도에겐 자신감을 심어 주었고, 마호메트는 예언자적 위치가 고양되는 중요한 계기가 됐다.11)

『코란』 8장 전리품의 장에선 이 날을 '구제의 날'로 부른다. 이 승리로 이슬람교도들은 알라가 마호메트와 이슬람교도의 편임을 확신하게 된다. 더구나 전리품의 1/5을 마호메트 집안의 경비와 궁핍한 이슬람교도의 구제비로서 마호메트에게 취할 수 있게 한 것은 그가 일반 신도와는 다른 특수한 지위에 있음을 스스로 인정한 것으로, 가장 원초적인 형태이기는 하나 교단국가의 통치와 비슷한 정치가 시작됐음을 의미하기도 한다.

바르드 전투의 승리로 이슬람 세력은 메디나에서 자리를 굳히고 마호메트와 그의 공동체는 확고부동한 힘을 갖게 된 반면, 메카는 전쟁의 패배로 실추된 위신 회복에 전력을 기울였다. 625년 3월 유목민을 포함하는 메카군 약 3천 명이 메디나를 공격해 왔다. 이에 대응하기 위해 이슬람군은 메디나의 교외 우후드 언덕에 진을 쳤으나 전투가 개시되기 얼마 전 일부 신자들이 전열을 떠나고, 또 메카 기병대의 활약으로 이슬람군은 우후드 전투에서 고전을 면치 못했다.

이 전투에서 메카가 목적한 것은 마호메트가 메디나에 건설한 이슬람 공동체인 움마를 파괴하고 바드르 전투에서 본 손실을 몇 곱으로 갚아 주는 것이었다. 그런데 메카군은 우후드 언덕에서 돌연 전투를 중지하고 메디나로 진격하는 대신 메카로 회군한다. 이는 메카 쪽에서도 많은 사상자가 나기도 했고 메디나의 이슬람군 이탈자인 사이비 이슬람 신자의 세력 증대를 기대했기 때문이다.

그러나 바드르 전투의 승리로 알라의 도움을 확신하였던 이슬람 교도들은 우후드 전투의 결과를 자신들의 불신앙에 대한 알라의 처벌이며 신앙

---

11) 실제로 '예언자'라는 칭호는 바드르 승리 후의 일로, 바드르 전투에 관한 『코란』의 계시인 8장에 처음 나온다. 그 이전까지는 '알라의 사도'라고 칭하였다.

의 견고함을 확인하기 위한 수단으로서 내린 시련으로 받아들였다.

7) 유대교도와의 대립과 이슬람교의 확립

메카 후기 메디나 초기 이슬람법은 유대교도나 기독교 및 다른 일신교도에 대해 종교상의 관용을 베풀었다. 마호메트는 자기에게 계시된 것이 자기 이전의 일신교 예언자들에게 내려진 계시를 확인하는 것이라고 믿고, 유대교도를 계시 받은 경전의 백성으로 생각하여 그들의 신앙을 유지하게 한 것이다. 이는 다른 일신교도들이 자신을 예언자로 인정해 줄 것으로 예상한 데 따른 것이었다. 따라서 메디나로 이주한 마호메트는 처음 유대교도와 맺은 협약인 「메디나 헌장」을 통해 유대교와 이슬람공동체인 움마의 공존을 인정했다.

또한 유대교의 제도를 채택하여 메디나 초기 시대에는 이슬람교도가 예루살렘을 향해 예배토록 하고, 유대교의 1월 10일(속죄일) 단식일의 종교 행사도 받아들였다. 예배일이 금요일인 것도 유대교의 안식일(토요일) 준비와 상통된다. 이런 식의 친유대교 정책에 따라 무슬림과 비이슬람 여자와의 혼인을 허용하고[12] 그들이 먹는 음식 또한 먹을 수 있도록 허용하였다.

이런 식으로 마호메트는 유대교를 자기 편으로 끌어들이려 했으나, 유대교는 정치적으로는 여기에 동의한 흔적이 있으나 종교적 문제에선 거부를 보였다. 유대교의 반대는 마호메트의 유일신 사상 때문이 아니라, 그가 참으로 신의 계시를 받은 존재이며 예언자인가 하는 부분과 관련한 성서 해석 결과, 그를 인정치 않으려 한 데 있었다.

결국 메디나 이주 후 2년째인 624년 유대인이 마호메트를 그들의 구약 성서에 나오는 예언자의 계통을 잇는 존재로 인정하지 않자, 마호메트는 그 때까지 예루살렘을 향하던 예배방향을 메카의 카바로 향하게 하고, 바드르 전투 후엔 1월10일 행하던 단식 대신에 라마단(9월) 달에 1개월간 단

---

12) 여자의 경우 비이슬람교와의 혼인은 금지되었다.

식을 실시케 한다.[13)]

유대교로부터의 거부에 대한 마호메트의 반격이었다. 아브라함이 세운 카바 신전으로 예배방향을 바꾼 것은 이슬람교를 아랍의 전통 위에 확립시켜 세계적 종교를 이룩하려는 것이었고 유대교와의 결부를 부정하는 것이었다. 그리고 이는 아랍 다신교의 신전으로서가 아닌 알라의 집으로서의 카바의 의미를 강조한 것이었다.

바드르 전투 후 카바 신전의 건설자로서의 예언자 아브라함의 의의가 『코란』에 강조되어 게시되는데 내용은, 아브라함이 그 아들 이스마엘과 함께 카바 신전을 건설하고 이를 알라께 봉납하였으며 그 자손(아랍인) 가운데 한 사도가 나오길 간청했다는 것이다. 이는 마호메트의 등장을 아브라함과 이스마엘의 소원이 이루어진 것으로 볼 수 있게 만든 것이다.

이슬람에 따르면, 아브라함은 유대교도 기독교도 아닌 하니프[14)]이며 그의 신앙은 이슬람이다. 그리고 마호메트의 가르침 역시 아브라함이 믿는 일신교의 부활이며, 『코란』의 계시는 모세나 예수의 가르침과 동일하다고 주장한다.[15)]

순수한 아브라함의 종교복원으로서의 이슬람이라는 성격은 마호메트의 구약성서에 관한 역사적 객관적 지식에서 도출되었다고는 볼 수 없다. 대신 『코란』은 유대교와 기독교가 본래 옳은 성전을 잘못 해석하고 그 일부를 조작하거나 감추었다고 비난함으로써 유대교의 성서에 대한 전통적 해석에 의거한 비난을 다른 차원에서 되받아쳤다.

카바 신전을 알라의 집으로 간주하고 아브라함을 그 건설자로 여기는 것은 당시 메카와 그 주변 주민의 일반적 통념이었다. 마호메트는 이런 통념을 이용하여 이슬람교를 아랍의 민족감정과 민족적 전통 위에 정착시키는 데 성공하여 이슬람에 의한 아랍민족의 통합과 마호메트 자신에 대한

---

13) 라마단 단식은 아바다드(종교적 의무행위)의 하나로 그 달에는 일출에서 일몰까지 모든 음식의 섭취를 금한다.
14) 순수한 종교의 신도, 순수한 일신교도.
15) '이슬람'의 뜻은 신에 대한 절대복종이라는 아랍어에서 나왔다. 이 어휘가 『코란』에 처음 나타난 것은 바드르 전투 이후의 일로, 유대교와의 대립이 시작되면서다.

쿠라이시 부족의 적의를 약화시키는 데 기여할 수 있었다. 그러나 동시에 이것은 이슬람에 대해 애니미즘(Animism)의 요소를 남겼다는 오해를 낳고 8세기 중엽까지 이슬람을 아랍민족의 종교로 곡해하게 만든 중요한 원인이 되었다.

8) 한다쿠(참호) 전투와 마호메트의 말년

627년 3월 쿠라이시 부족은 우후드 전투로 일단 바드르 전투에서 당한 패배에 대해 복수했지만 마호메트와 그 움마를 지상에서 말살할 수 없었기 때문에 다시 약 7천 5백 명의 부족연합군을 동원하여 메디나 포위작전을 행하였다. 이에 대응하여 마호메트는 약 3천 명 정도의 군사를 모집하여 적의 공격에 노출되는 메디나의 모든 곳에 참호를 팠다.

연합군은 2주나 포위를 계속했으나 결국 이 참호를 넘지 못하고 메카로 돌아갔다. 모든 재력을 원정에 쏟아부은 쿠라이시 부족은 이 포위작전의 실패로 위신을 상실하였고, 메카와 메디나의 균형은 메디나 쪽으로 기울었다.[16]

마호메트는 연합군이 철수하자 곧 유대교도인 쿠라이시 부족을 처형하고 628년 1천 4백 명의 이슬람교도를 이끌고 카바 신전 순례에 나섰다. 이에 쿠라이시 부족은 2백 명이 기병대를 동원하여 메카 접근을 막았고, 마호메트는 후다이비야에서 메카의 대표와 교섭을 벌여 향후 10년간의 휴전과 다음 해의 메카 순례 허용 등을 내용으로 하는 타협을 체결하였다. 이를 소위 후다이비야 조약이라고 한다.

마호메트는 주위 여러 부족을 제압하거나 우호관계를 수립하는 한편, 유대교도를 메디나로부터 완전 추방하였다. 그 후 630년 1월 1만 대군을 이끌고 메카로 진격하여 전의를 잃은 쿠라이시 부족으로부터 항복을 얻는다. 무혈입성한 이슬람군은 카바 신전의 우상과 메카 시내의 모든 우상을 파괴하여 이교(異敎)의 시대를 종식시킨다.

---

16) 이를 '한다쿠 전투'라 한다.

아랍의 유력한 쿠라이시 부족을 정복했다는 소문이 퍼지자 많은 부족이 메디나로 사절을 보내 맹약을 맺고 이슬람교를 수용하였다. 630년 마호메트는 3만 대군을 인솔하고 타부크 원정을 감행하기도 했는데, 이는 이슬람의 북방정책의 일환으로서 이슬람교의 위용 과시가 목적이었다고 추정된다. 그 후 632년 마호메트는 순례를 마치고[17] 수개월 후 세상을 뜬다. 『코란』에는 순례에 대한 규정이 자세히 나오지 않으나 이 때의 선례로서 순례양식이 답습되고 있다.[18]

3. 아랍 문명의 공헌

1) 과학

(i) 화학

화학(chemistry) 혹은 연금술(alchemy)이라는 말은 아랍어 alkimiya에서 유래되었으며 아랍세계에서는 고대 그리스 화학저술에 정통한 무아위야(Khalid ibn Yazid Muawiyya)에 의해 처음으로 연구되기 시작하였다. 무아위야는 서구에는 Geber라고 알려진 자비르(Jabir ibn Hayyan)의 지도를 받았다. 721년에 출생한 자비르는 유명한 이슬람 선생인 자파르(Jaffar)의 지도를 받았으며, 대부분의 생을 이라크의 쿠파(Kufa)에서 보냈다. 자비르는 신비주의와 미신을 배웠음에도 불구하고 초기의 다른 학자들보다 실험의 중요성을 명확히 인식하고 주장하였다. 그는 "화학의 가장 첫 번째 기본은 실제적인 연구와 실험의 수행이다. 그렇지 못한 사람은 어떠한 전문적인 지식도 있을 수 없다"라고 선언하였다.

자비르는 결정, 소성(燒成), 분해, 승화, 환원과 같은 일반적인 화학작용에 대해 연구하고 저술활동도 하였는데, 특히 금속의 변화에 대한 연구는 유명하다. 화학의 실질적인 응용을 고려하여 철과 다른 금속의 정제 과정과 천과 가죽의 염색, 방수복과 철을 보호하기 위한 니스, 머리염색을 위한

---

17) 이별의 순례라 한다.
18) http://www.dasom.com/religion/5002.htm

조합제(調合劑)에 대해서도 기술하였다. 사본 장식에 쓰이는 금에서 만들어지는 비싼 재료를 대체하기 위해 황금백철광을 이용한 잉크를 개발하고 유리를 만들 때 이산화마그네슘을 사용할 것을 제안하기도 하였다. 또한 그는 적산화물(red oxide), 이염화수은(biochloride of mercury), 질산(nitric acid), 염화수소산(hydrochloric acid), 질산염은(nitrate of silver), 암모니아염(sal ammonic), 질산암모니아(ammonium chloride)의 발명자로도 평가받고 있는데, 그 중에서도 특히 질산은 그의 가장 유용한 발명 중 하나일 것이다. 그러나 중세시대의 연금술사와 화학자들은 자비르의 저서에 있는 용광로에 대한 기술이나 묘사를 보다 가치 있는 것으로 간주하였다.

자비르 사후 그의 연구를 계승한 것은 화학자이자 물리학자인 라지(Muhammad ibn Zakariya al-Razi)[19]다. 라지는 의학과 철학, 연금술, 수학, 논리학, 윤리, 학문연구방법(metaphysic), 음악 등 거의 모든 학문을 섭렵하였는데, 전문적인 의료사로서 그의 의학 저술은 화학 저술보다 훨씬 유명했다. 그는 젊었을 적부터 화학 분야에 대해 관심을 가진 것으로 보이는데, "이론뿐만 아니라 응용화학에서도 정통하지 않고는 누구도 철학자라는 이름을 받을 수 없다"라고 말한 것으로 전해진다. 그는 100여 권이 넘는 의학서를 저술하였으며, 연금술을 제외한 자연과학 분야에서 33편의 논문을, 수학과 천문학 분야에 11편, 철학 · 논리학 · 신학 분야에서는 55편 이상의 논문을 썼다. 연금술 분야에서는 *Compendium of Twelve Treatise and Book Secret*라는 책을 저술하였다.

라지는 화학물질과 반응, 신비주의와 모호함에서 완전히 벗어나 서술한 화학기구를 신중히 고려하여, 주의 깊게 관찰되고 검증된 사실을 체계적으로 분류한 최초의 인물로서 화학사(化學史)에서는 매우 중요한 인물이다. 그는 화학 분야에 사용되는 기구들의 목록표를 만들었는데, 이는 크게 철을 녹이기 위한 기구와 일반적인 물질을 조작하기 위한 기구로 분류할 수 있다. 그는 화학기구를 어떻게 구성할지에 대해서도 기록하였으며, 일반적

---

19) 서구에서는 Rhazes로 알려져 있다.

인 의미에서 오늘날 연구실에서 볼 수 있는 기구참고서와 같은 정보를 제공하였다.

라지의 뒤를 이은 유명한 과학자는 시나(Abu Ali al-Hussain ibn Sina)다. 유럽에서는 아랍의 아리스토텔레스로 일컬어지는 Avicenna로 알려진 그는 문학·의학·철학·과학 분야에서 방대한 업적을 이루었다. 그의 저술 가운데 바위와 돌의 구성, 미네랄과 철의 특성을 기술한 *Remedy*라는 책은 유명하다.

4세기부터 12세기까지 유럽에서 나온 화학 연구와 이와 관련된 저서는 사실상 존재하지 않으며, 아랍인의 저작들이 라틴어로 번역되어 유럽 학생들에게 표준 교과서로서 이용되었다. 유럽 학자들은 화학 분야의 전문용어를 번역하는 데 어려움을 느껴 일부 용어는 번역을 하지 않고 바로 직역을 하기도 했다. Alembic(증류기), camphor(장뇌), borax(붕사), talc(운모), saffron(사프란) 등과 같은 단어가 그 예에 속한다.[20]

(ii) 수학과 천문학

수학과 천문학 분야에서 아랍인의 영향은 의심할 여지가 없다. 하버드의 과학사가(科學史家) 샤르톤(George Sarton) 교수는 그의 유명한 저서 *Introduction to History of Science*에서 다음과 같이 쓰고 있다.

8세기 후반부터 12세기 말까지, 아랍어는 과학이었고 인류의 발전된 언어였다. 서구가 보다 깊은 지식이 필요하다고 느꼈을 때, 그리스 지식보다는 아랍의 지식에 주목하게 되었다. 12세기 유럽은 아랍인의 과학적 성과에 놀랐고, 그것을 배우기 위해 열을 올렸다. 유명한 기독교 학자들이 대부분의 아랍의 수학과 천문학을 번역하였고, 전문 번역을 위한 대학이 스페인 톨레도(Toledo)에 세워졌다. 유럽의 대부분의 대학에서는 아랍의 논문이 수학교재의 기본 틀을 이루었다.

---

20) http : //my.netian.com/~tosong/KovInfoEg/Texts/arabcivil07.htm

아랍 수학의 역사는 무하마드(Muhammad)에서부터 시작된다. 9세기에 활동한 그는 과학을 배우기 위해 인도를 여행하고, 0의 개념을 포함한 힌두 숫자를 아랍세계에 소개하였다(이는 후에 유럽으로 전파되었다). 서구인들은 처음에 아랍 숫자를 사용할 때 이를 로마 숫자의 꼴사나운 모조품이라고 생각했다. 하지만 십진수체계에서 아랍 숫자는 '천구백사십팔'을 '1948'이라는 네 개의 문자로 표시할 수 있지만, 로마숫자로는 'MDCCC XLVIII'라는 11개의 문자를 필요로 한다. 따라서 로마 숫자의 경우 간단한 수학 문제를 하나 푸는 데도 상당한 시간과 노동을 필요로 했지만, 아랍 숫자는 이를 상대적으로 간단히 표시할 수 있었다.

오늘날 서구의 과학발전은 수학의 끊임없는 도움 없이는 불가능했다. 이 수학의 바탕에는 십진수체계의 간단함과 융통성, 특히 '0'이 있었다. 아랍 숫자는 인도인의 발명품이었지만 이를 발전시킨 것은 아랍인이었다. 기록상으로 본다면 아랍세계에서 0이 최초로 쓰인 것은 873년인 반면 인도는 876년이다. 400년 동안 유럽인들은 0을 사용한 숫자표기를 '아무 의미도 없는 불필요한 것'이라고 비웃었다. 아랍인은 우리에게 단지 십진수체계만을 주었을 뿐이지만 그것이 인류발전에 수행한 공헌은 대단한 것이었다.

종교는 종종 과학발전에 장애가 되는 것으로 생각하지만, 아랍 수학분야는 종교적인 믿음이 과학 발전에 얼마만큼 영감을 줄 수 있는지 보여준다. 『코란』의 규정은 대단히 엄격하다. 유산 분배에서도 땅의 정확한 모양과 넓이를 얻기 위한 수단을 찾는 것은 아랍인들에게는 하나의 의무였다. 예를 들어, 한 부모가 6명의 자식에게 불규칙하게 생긴 땅 700평을 유산으로 남겼다고 생각해 보자. 『코란』의 규정에 따라 이 유산은 정확히 1/6씩 자식들에게 분배되어야 한다. 하지만 그리스인에게 물려받은 아랍 수학[21]을 갖고는 대단히 복잡해지거나 해결을 기대할 수 없었다. 바로 이러한 문제를 보다 정확하고 이해하기 쉬우며 여러 부분에 응용할 수 있는 방법으로 풀 수 있게 만든 것이 카와라즈미(khawarazmi)가 창시한 대수학(algebra)[22]

---

21) 아랍인에 의해 수학이 발달하기 전의 아랍 수학.
22) 아랍어 al-jabr에서 유래된 말.

이었다. 샤르톤 교수는 "카와라즈미는 다른 어떤 중세의 학자들보다도 수학적 '사고(思考)'에 영향을 미쳤다"라고 지적하고 있다. 카와라즈미는 수학의 한 분야로서 천문학·지리학·기하학·음악이론 분야에서도 선구자적 역할을 하였다.

카와라즈미 사후 200년 후 카이암(Omar Khayyam : 1040~1123)이 대수학을 더욱 발전시켰다. 동양 수학자들에게도 널리 존경을 받은 그는 서구에서는 피츠게럴드(Edward Fitzgerald)의 번역으로 유명해진 시집 *The Rubayat*의 저자로 알려져 있다. 페르시아 달력을 다시 만들고자 한 셀주크의 술탄인 하리크샤(Halikshah)의 명령에 따라 그는 오늘날 사용되는 그레고리력(曆)보다도 더 정확한 달력을 만들었다. 그레고리력의 경우 3300년마다 하루씩 오차가 생기지만 그가 만든 달력은 5000년마다 하루 오차가 생길 뿐이다.

아랍인들이 기존의 것보다 더욱 정확한 천문학적·지리학적 지식을 얻고자 한 것은 이슬람에 대한 믿음에서 보면 당연한 것이었다. 왜냐 하면 그들은 이러한 지식을 이용하는 하나의 종교적인 의무를 수행해야 했기 때문이다. 무슬림들은 반드시 메카 방향으로 기도를 올려야 하고, 메카 순례를 위해서는 그 방향과 여행거리를 정확히 측정해 내야 했다. 천 년 전 메카로의 순례는 몇 개월이 걸렸고, 스페인이나 시실리, 소아시아 같은 경우는 1년 이상씩 걸리는 긴 여행이었다. 또한 단식의 달인 라마단 동안 무슬림은 동이 트고 질 때까지 음식과 물을 금해야 했기 때문에, 언제 해가 뜨고 지며 라마단 기간은 언제부터 언제까지인지를 정확히 알기 위해 달의 변화를 알아야 했다. 이러한 요소들이 정확한 천문학적·지리학적 지식을 요구하였다.

아랍인이 천문학에 본격적으로 관심을 갖기 시작한 것은 위대한 칼리프 마문(Khalifah Ma'mun : 813~833) 시대이다. 아라비안 나이트의 주인공인 하룬 알-라시드(Harun al-Rashid)의 아들이기도 한 마문은 시리아의 팔미라(Palmyra)에 특별한 관측소를 짓고, 이를 바탕으로 아랍의 과학자들은 각도의 길이를 결정하여 위도와 경도를 만들어 냈다.

현대 천문학의 기초를 닦은 아랍인은 바타니(Battani : 858~929)와 비루니(Biruni : 973~1048)다. 바타니의 '천문학 테이블'은 서구사회에 널리 채택되어 르네상스 이전까지도 폭넓게 사용되었다. 또한 그의 연구결과는 라틴어로 번역되어 12세기부터 16세기 중엽까지 유럽에서 널리 출판되었다. 비루니는 샤르톤 교수에 따르면 '시대를 초월하는 최고의 과학자 가운데 하나'였다. 그는 정확한 위도와 경도를 완성하고, 갈릴레오보다 600년 전에 지구가 지축을 중심으로 자전한다는 가능성을 논했으며, 소리와 빛의 상대적인 속도에 대해서도 연구하였다.

아랍인들은 수학을 통해 천문학에 많은 영향을 주었으며, 천문학의 핵심이라고 할 수 있는 천문학 기구 분야에서도 선구자적인 업적을 남겼다. 초기 중세 무렵 천문학 관측은 각도를 측정하는 quadrant, sextant나 astrolabe 같은 기구를 통해 이루어졌다. 아랍인들은 이들 기구의 오차를 줄이기 위해 이전 것보다 크기를 더 크게 만들었고, 이로 인해 상당히 정확한 관측이 가능해졌다. 새로운 관측기구를 사용한 관측소는 마라그하(Maragha)에 있었고 13세기, 이 곳의 천문학자들은 다른 여러 나라의 학자들에 비해 수준이 매우 높았다.

우리는 수(數)는 함수의 한 요소일 수 있다고 한 비루니의 삼각법과 대수학적 기호로부터 무수한 가능성을 발견할 수 있는 카와라즈미의 대수학을 통해 수학분야의 새롭고 '동적(動的)'인 지식을 발견할 수 있다. 이러한 발전은 직관적으로 수학과 종교 사이에는 뭔가 중요한 것이 있음을 말해준다. 『코란』은 우주의 창조가 끝난 것으로 생각하지 않고 신이 존재하는 매 순간마다 계속해서 재창조가 이루어지고 있다고 말하고 있다. 즉, 창조는 끝없는 과정이고, 세계는 정적인 것이 아니라 동적이라는 것이다. 이러한 동적인 특징이 아랍인(무슬림)에게 물려졌고, 아랍 수학에서 역동적으로 크게 발전되었다.

결론적으로 아랍의 수학자들은 인도와 그리스의 경계를 넘어 삼각법과 천문학을 가장 먼저 발전시켰고, 대수학이라는 새로운 학문을 열었으며, 새로운 다양한 천문 관측기구들을 만들었다. 또한 과학은 종교적 믿음의 부정이 아니라, 종교를 대신할 수 있는 과학적 단언이 아니라면 종교의 한 도구로서 존재할 수 있음을 보여 주었다.[23]

(iii) 물리학

물어볼 것도 없이 아랍/이슬람 제국 동안 물리학 분야에서 가장 위대한 족적을 남긴 것은 하이탐(Ibn-al Haytham)이다. 그는 965년 이라크 바스라(Basra)에서 태어나 1030년 죽을 때까지 광학(光學), 천문학, 수학, 그리고 6세기 동안 이렇다 할 발전이 없었던 몇 가지 학문분야에 큰 업적을 남겼다.

특히 하이탐의 주 관심 분야이자 두드러진 업적을 남긴 분야는 광학이다. 그의 업적은 17세기 영국의 물리학자인 뉴턴(Issac Newton)의 것과 비견할 만하다. 뉴턴이 물리학 분야에 남긴 가장 큰 공헌의 하나는 중력의 법칙이다. 이 이론의 핵심 요소는 중력을 만유의 법칙으로 간주한 점이다. 즉 중력의 법칙을 하늘에서부터 지구 위에 있는 모든 것에 적용하여, 땅을 지배하는 법칙과 하늘을 지배하는 법칙은 다르다는 아리스토텔레스(Aristle : 서기전 384~322) 이래의 사고를 전면적으로 부정하였다. 뉴턴은 나무에서 사과가 떨어지게 하는 힘은 달을 비롯하여 일정한 궤도를 도는 모든 행성의 움직임을 지배하는 힘과 같다는 것을 알았다. 만약 만유의 법칙이 17세기에 새로운 것으로 받아들여졌다면 11세기에는 더욱 그러할 것이다. 하이탐의 몇 가지 실험은 대기 밖에서 일어나는 현상이 지구에서 일어나는 것과 똑같은 법칙에 지배된다는 것을 보여 주었다.

하이탐은 광선(光線)을 통해 광학이론에 열중하여 다음과 같은 몇 가지 중요한 특성을 밝혀 냈다. 첫째 빛은 직선으로 운동한다. 둘째 빛은 발광물체(發光物體)의 어느 지점이든지 사방으로 방사(放射)한다. 셋째 빛은 발광점으로부터 멀어질수록 약해진다. 그는 다양한 광원(光源)을 이용하여 이러한 특성들을 밝혀 냈다.

---

23) http : //my.netian.com/~tosong/KovInfoEg/Texts/arabcivil07-2.htm

겉으로 보기에 보잘것없어 보이는 이 실험은 사실상 초창기 '과학 연구 방법'의 한 예다. 하이탐은 빛이 직선으로 운동한다는 가설을 검증하기 위해 직접 실험을 하였다. 이론을 검증하기 위해 실험을 하는 것은 현대 과학연구의 핵심이다. 하이탐의 실험결과는 상당히 중요하다. 그는 실험에 태양과 달, 램프 불 및 다양한 발원체(發源體)를 이용하여 빛은 발원체와는 상관없는, 다시 말해 '빛은 빛일 뿐'이라고 말했다. 이러한 그의 관점은 17세기 만유의 법칙과 일맥상통한다.

여기에서는 광선에 대한 하이탐의 가장 간단한 실험만 설명했지만 복잡한 다른 여러 가지 실험도 있었다. 하이탐은 연구 자체뿐 아니라 측정에 도움을 주는, 현대과학의 열쇠라고 할 수 있는 실험기구의 발전에도 많은 영향을 미쳤다. 그는 실험을 하기 위해 파이프, 금속, 유리판, 실린더, 측정자, 오목·볼록 거울 등 다양한 기구들을 설계하고 만들었다.

그는 빛이 공기에서 물로 진행할 때, 즉 한 매개체에서 다른 매개체로 진행할 때 빛이 꺾이는 굴절현상도 연구하였다. 또한 빛이 공기와 물의 경계에서 수직으로 진행할 때는 굴절이 생기지 않는다는 것, 빛이 수직으로 진행할 때는 매개체가 여럿이라도 마찬가지라는 것을 증명하였다.

하이탐과 그로부터 600년 후에 태어난 과학자 뉴턴은 빛이 유리를 통과할 때 나타나는 현상을 연구하고 당시 일반적으로 받아들여지고 있던 많은 것들이 틀렸다는 사실을 깨달았다. 전시대의 뿌리 깊은 편견을 극복하기 위해 두 사람에게 요구된 지식의 정도를 추측하는 것은 어렵다. 뉴턴이 살던 17세기에는 오늘날은 상식으로 되어 있는 색이론(色理論)24) 같은 간단한 이론조차 받아들여지지 않았다. 하이탐은 프리즘이 서로 다른 색들의 굴절된 빛을 통하여 우리가 볼 수 있는 색과 스펙트럼을 만든다는 것을 증명하였다.

그는 렌즈의 작용에 대해서도 연구하였다. 그는 렌즈에 의해 사물이 확대·축소되는 배율은 유리와 공기의 경계면에서 유리 속에 있는 무엇인가

---

24) 모든 색을 가지고 있는 빛이 프리즘을 통과할 때 굴절에 의해 연속적인 스펙트럼을 갖는 색이 만들어진다는 이론.

가 만드는 것이 아니라 광선의 꺾임 혹은 굴절 때문이라고 주장하였다. 즉 배율 효과는 렌즈 안 그 자체보다는 렌즈의 표면과 곡선에 의존한다는 사실을 정확하게 추론해 낸 것이다. 이러한 추론은 렌즈 설계에서 대단히 중요한 요소다. 오늘날 우리가 사용하고 있는 카메라, 위성, 안경, 망원경, 현미경 등은 이러한 렌즈에 대한 지식 없이는 설계가 불가능하기 때문이다. 하이탐이 망원경까지는 만들지 않았지만 패러볼러 거울(parabolic mirror)을 만들었다는 것은 잘 알려진 사실이다. 별과 같이 멀리 떨어진 광원체로부터 오는 평행한 빛을 하나의 초점으로 모아 주어 보다 명확한 천체 이미지를 얻도록 해 주는 패러볼러 거울은 오늘날 광원망원경에 사용되고 있다.

뉴턴과 마찬가지로 하이탐은 시각에도 관심이 많았다. 당시 시각 분야에서는 3명의 그리스인[25]이 널리 알려져 있었다. 이 중 갈렌(Galen)은 안구와 그에 연결된 뇌의 해부 분야에서 선구자적 역할을 했지만, 시각에 대한 만족할 만한 이론을 만들지 못했다. 헤로(Hero)와 프톨레마이오스(Ptolemy)는 모두 시각은 눈에서 어떤 물질이 방사되어 생긴다고 믿었다. 그러나 관측자의 거리에 따라 객체의 모양과 크기가 다르게 보이는 원근효과에 대해서는 이렇다 할 이론적 설명을 하지 못했다. 반면 하이탐은, 오늘날 우리가 알고 있는 것처럼 시각이란 객체로부터 눈으로 반사되어 오는 빛에 의한 것이라고 생각했고, 이것으로 원근효과를 설명하였다. 그는 눈은 오늘날 영화나 슬라이드를 볼 때 사용하는 일종의 차단막이라고 생각했다. 이러한 혁명적인 생각은 르네상스 기간 동안 유럽으로 옮겨져 유럽의 과학뿐만 아니라 예술 발전에 영향을 미쳤다. 원근, 즉 대상의 움직임과 거리감에 대한 향상된 지식은 미술 분야에 많은 영향을 미쳤다.

하이탐은 시각을 설명할 때 빛과 스크린, 렌즈 등에 대한 물리적인 요소뿐만 아니라 눈의 해부학적·심리학적 요소도 아울러 고려할 것을 주장하고, 눈은 광학법칙과 똑같이 작용한다는 사실을 알았다. 또한 이미지의 위

---

25) Galen, Hero, Ptolemy.

치에 의해 생기는 원근효과는 눈뿐만 아니라 뇌의 심리적인 요소에 크게 좌우된다는 점을 증명하였다. 뉴턴처럼 하이탐은 왜 뇌에서 만들어지는 시각적인 상(像)이 관측자로부터 일정 거리에 있는 것처럼 인식되며, 실제로 일정한 거리에 있는지에 대해 고려하였다. 오늘날조차도 대부분의 사람들은 우리가 보는 객체의 상이 뇌에서의 전기·화학적인 작용에 의한 것이기 때문에 실제로 머리 안에 있는 것이 아니라 정확히 그것이 위치한 곳에 있다는 주목할 만할 사실을 잘 모르고 있다.

하이탐은 시각의 보다 미묘한 면을 알고 있었다. 예컨대 우리가 객체를 볼 때 만약 그것이 알고 있는 대상이라면 뇌는 그것을 보기 위해 자동적으로 기억보정작업을 하게 된다. 뇌에서는 눈으로 들어오는 빛에 의해 무수히 많은 신호가 생산되고, 그 정보를 통해 반사적으로 기억을 탐색하고 비교한다. 하이탐은 뇌의 이러한 작용을 '식별기능'이라고 부르고 시각의 전체 과정을 직접적으로 관여한다는 것을 깨달았다. 이 같은 현상을 설명하기 위해 그는 아직 심리학이 학문의 한 분야로 자리잡지도 않은 시기에 심리학 이론을 세워야 했다. 이러한 그의 사상은 그리스인의 관념이나 동시대의 다른 아랍 과학자들과는 뚜렷이 구별되는 특징이다.

하이탐이 『광학의 책(Kitab al-Manazar)』[26]에서 사용한 기술(記述) 방법은 과학역사가들에게 매우 흥미로운 것이다. 수학자이자 실험가였던 그는 자신의 주장을 펼 만한 실험적 근거를 갖고 있지 않았던 이전의 과학자들과는 전혀 달랐다. 그는 실험결과에 수학적인 지식을 적용하여 여러 가지 기하학적 그림과 수학적인 설명을 곁들여 기술하고, 실험기구를 제작하기 위해 전문적이고 기술적인 그림과 스케치를 했다.

오늘날까지 남아 있는 하이탐의 저술은 약 200여 개에 달하는데(이는 그가 평생 저술한 양의 1/4 정도 된다), 특히 유명한 것이 위의 『광학의 책』이다. 그의 저술에서 논의된 여러 주제에 대한 식견은 그의 관심이 얼마나 다양했는가를 잘 보여준다. 그는 시각적인 착각을 포함한 눈의 구조와 쌍

---

26) 영문명은 *Book of Optics*.

안경, 원근효과, 대기굴절, 유성, 신기루, 카메라 흐림 현상 등을 다루었으며 생리학, 해부학, 기상학에 대해서도 연구한 것으로 알려져 있다. 1세기에 프톨레마이오스가 주장한 행성궤도 모델의 문제점[27]도 지적하였다.

하이탐을 광학의 창시자로, 현대과학방법론의 선구자로서 뉴턴이 등장하기까지 600년 동안 비견할 자 없는 위대한 과학자로 보는 것도 무리가 아닌 것이다.[28]

2) 의학

유럽 의학의 발달과 창조는 사실 아랍을 빼고서는 생각할 수조차 없다. 그 시초는 고대 그리스의 유산이었는데, 이 유산은 아랍 학자들의 주석과 함께 아랍어가 번역 소개될 때까지 유럽에 알려지지 않았기 때문이다. 따라서 서구의학에 대한 아랍의 첫 번째 공헌은 그리스 지식의 전수다. 800년에서 900년 사이에 아랍인은 실제적으로 과학의 모든 영역에 걸쳐 그리스의 전 유산을 발견하고 해석하고 주석을 달았으며 이해하였다. 또한 히포크라테스와 갈렌과 같은 거장들의 저술뿐만 아니라 *Diosxorides, Paul of Aegina, Oribasius* 그리고 *Rufus of Ephesus*도 번역했다. 나아가 병원과 임상 분야에서 실질적인 공헌을 하고 인턴제, 의사의 면허제와 오진에 관한 규정 등을 덧붙였다.

아랍 의학의 발전에 가장 큰 영향을 미친 의학교는 준디스하푸르(Jundishapur)로, 지금의 서부 이란에 위치했다. 738년 아랍의 통치 하로 들어온 준디스하푸르는 아랍 세계와 무슬림들 사이로 의학을 널리 확산시키는 역할을 하였다.

아랍 세계 최초의 비마리스탄(Bimaristan)[29]은 칼리프 알 만수르(al-Mansur : 754~775) 시대에 바그다드에 세워졌다. 아랍 의학의 전통과 준디스하푸르의 제도·기술을 하나로 만들고, 아랍인들의 의학 연구를 기본

---

27) 이 모델은 16세기에 코페르니쿠스가 등장하기 전까지 변하지 않았다.
28) http://my.netian.com/~tosong/KovInfoEg/Texts/arabcivil07-3.htm
29) 병원과 의료기관.

으로 하는 병원들이 무슬림 통치의 황금기인 압바스 제국 기간(749~1258)에 계속 세워졌다. 병원과 연계된 의학교에는 잘 발달된 교과과정이 마련되고, 여기에서 교육을 받은 사람들은 의학뿐만 아니라 여러 학문에 대해서도 광범위한 지식을 갖추었다. 학생들은 의학이론을 배우고 임상지도를 받고 수술을 관찰하기도 하는 작은 교실에서 실습도 하였다. 선택과목으로는 음악과 수학, 천문학, 지리학 등이 주어졌다.

스페인에서 서부 인도에 이르기까지 비마리스탄들은 아랍 세계의 가장 중요한 교육기관이었다. 다양한 인종과 국적 그리고 종교를 가진 의사들이 가르치고 일을 했으며 회진을 하고 기록을 하며 처방을 썼다. 남자와 여자가 분리된 병동에서 치료를 받고, 많은 병원은 치료를 목적으로 하여 정원에서 약용식물(herb)을 길렀다. 의사들은 오지로 왕진을 가기도 했으며, 즉각적인 치료를 위해서 병사들과 함께 전쟁터로 달려가기도 하였다. 소경과 나환자를 위한 병원도 세워지고 정신병원도 있었다.

대부분의 초기 아랍 의사들은 환자를 병자로만 보지 않고 하나의 인간으로 다루었다. 그들은 환자의 신체적·정신적 상태의 관계에 대해 알고 있었다. 초기 이슬람 문학을 보면 의학의 본성에 대한 이야기와 일화가 많이 나온다. 예컨대 치료는 정신분석에 의해 영향을 받으며, 그가 종종 행하는 치료라는 것은 환자로 하여금 과거의 사건30)을 회상하도록 만드는 것이었다.

또한 아랍인은 이슬람 교의(敎義)뿐만 아니라 그리스와 인도, 페르시아의 가르침에 기초한 의료 윤리이론을 발전시켰다. 이런 주제를 담은 초기의 의학문학책 가운데 『아답알-팁(*Adabal-Tibb*)』이라는 것이 있는데, 저자는 의사를 '신체와 영혼의 수호자'로 여긴 루하위(Ishaq ibn Ali al-Ruhawi)다. 그는 의사들에게 높은 수준의 윤리를 요구하며 의사들의 예의에 대해 상술하였다. 9세기의 아랍에서는 과도한 진료비와 폭리, 강탈, 사기 등을 다루고 의료행위를 감시하며 의사들의 특별선서를 관리하는 사무

---

30) 무의식에 새겨지고, 변환되어 신체질병의 원인이 되는 것.

실이 세워지기도 하였다.

아랍 세계 최초의 위대한 의사로서는 라지(Muhammad Ibn Zakariya al-Razi : 860~940)가 꼽히는데, 아랍에서는 Razi, 중세유럽에서는 Rahzes로 알려졌다. 그는 의학사상 상당한 권위를 지니는 200권 이상의 책을 저술하였는데, 가장 중요한 저술이자 그의 날카로운 관찰력을 잘 보여주는 것이『치료법 사전(Hawi)』이다. 이는 25권에 달하는 의학백과사전으로, 동양에서뿐만 아니라 15세기에는 유럽 전역에서 의사와 학생들이 참조하는 책이 되었다.

라지는 수두와 홍역을 구분했으며, 이 두 가지를 모두 성공적으로 치료했다. 수두의 치료법은 수세기 동안 유럽의 각 언어로 번역되었으며, 1948년에는 영어로 번역되었다. 그는 알코올을 처음으로 소독에 이용하고, 수은을 하제(下劑)로 이용했다. 수술 상처를 봉합하는 데는 동물 내장으로 만든 가는 실을 이용했다.

가장 유명한 아랍의 철학과학자는 아마 이븐 시나(Abu Ali al-Hussain Ibn Sina, 혹은 Avcenna : 860~940)일 것이다. 대단히 신중한 젊은이였던 이븐 시나는 16세 때까지 의학과는 인연이 없었고, 그 때까지 이슬람법, 철학, 자연과학, 수학을 섭렵했다. 의사로서 명성을 얻고 당시의 왕자가 그의 진료를 받고자 했을 때 그의 나이는 겨우 18세였다. 정치가이자 선생, 강사, 사색가, 시인이었으며 지리학과 음악, 수학과 같은 여러 분야에 관련하여 많은 저술을 남긴 그는 의사를 단지 다양한 직업 중 하나로만 생각했다.

그럼에도 불구하고 그는 100만 단어가 실려 있는『백과사전(Canun)』을 포함하여 의료에 관한 16권의 책을 남겼다. 이『백과사전』은 당시 알려진 질병에 대한 그리스와 아랍의 권위자들의 처치와 투약을 적은 것으로, 그리스·아랍 의학을 완성한 책으로 간주된다. 라틴어로 출판되고 일부는 히브리어로 출판된 이 사전은 15세기 유럽 대학에서 의학과정의 반을 차지할 정도였다.

서구에서 의학계를 대표하는 인물들은 거의 페르시아 출신이지만, 실제로 서부 아랍31)에서는 아랍인이 주를 점했다. 특히 유명한 사람은 이븐 루슈드(Ibn Rushd 혹은 Averroes)인데, 의사로서보다는 철학자로 더 잘 알려져 있다. 그의 『의료법률(*Kulliyyat fa Tibb*)』은 그리스·아랍 의학의 요약이라 할 수 있는데, 이븐 시나와 라지의 책과 비교해 볼 때 보다 비판적이고 분석적이다.

아랍의 통치 하에 있는 동안 스페인은 유명한 외과의 자라위(Abu al-Qasim al-Zarawi 혹은 Abulcassis) 같은 훌륭한 의사들을 많이 배출하였다. 그의 주요 업적인 *Concession*은 서구에서 라틴어와 다른 언어들로 번역되어 수세기 동안 연구되었다. 그는 방광결석을 어떻게 부수며 상처는 어떻게 소작(cauterization)하는지에 대해 기술했다. 그는 이 책에서 최초로 일반 외과부분을 싣고 여러 가지 수술들에 대해 상세히 서술하였으며, 당시 이용하던 200개 정도의 수술기구 그림도 삽입해 넣었다.

전염병과 관련한 가장 중요한 발견도 아랍인에 의해 이루어졌다. 아랍에는 수두나 콜레라, 선페스트 같은 전염병이 알려져 있었지만, 페스트가 인도와 러시아로부터 유럽을 거쳐 세계를 휩쓴 14세기까지도 병의 전염성은 거의 인식되지 못하였다. 이를 인지한 것은 무어계 스페인인 이븐 카팁(Ibn Khatib)과 이븐 카티마(Ibn Khatima)였다. 이븐 카팁의 가장 중요한 업적이라 할 *On the Plag*에는 전염요소의 존재에 대한 분명한 확증이 찾아진다. 그로부터 200년 후 프라카스토로(Gerolamo Fracastoro)가 전염병의 과학적 공식을 알아내고, 다시 300년 후 파스퇴르(Pasteur)가 세균학적 발견을 하게 된다. 그러나 전염병을 임상학적으로 설명한 최초의 주인공은 역시 이븐 카팁과 이븐 카티마였다.

Kitab al-Maliki[32]라는 책에서 마주시(Majusi)는 서구보다 수백 년 앞선 10세기에 말초혈관계의 기본체계를 그림으로 상세히 보여 주었다. 같은 시기에 지리학자이자 역사가인 마수디(al-Masudi)는 그의 저서 *Kitab al-Tanbih*에서 광물에서 식물, 식물에서 동물, 동물에서 인간으로 진화하는 과정을 이야기하였다. 그래서 현대 학자들은 그를 다윈의 선구자라고

---

31) 모로코와 무어계 스페인.
32) 라틴어판 제목은 *Liber Regius*.

부르고 있다. 나피스(Ibn al Nafis)는 폐순환의 기본원리를 발견했을 뿐만 아니라, 하베이(William Harvey)보다 앞서서 심방 사이의 혈액순환경로에 대한 이븐 시나의 이론에 비평을 가하였다.

아랍의 영향은 서부 유럽, 특히 스페인과 시실리에서 강했는데, 이 곳의 학자들은 열린 아랍 지식을 흡수하였다. 아랍 의학의 서구 개척자로는 베이컨(Roger Bacon)과 스코트(Michael Scott) 등을 들 수 있는데, 이들은 아랍의 지식을 거의 맹신하면서 수용하였다. 중세 유럽은 아랍 의학에 놀라운 경외심을 갖고 대했으며, 아랍의 중심이었던 코르도바(Cordoba)는 유럽 식자층에게 경탄의 대상이 되었다. 16세기 말까지 유럽 대학의 의학 과정에서는 이븐 시나(Avicenna)의『백과사전(*Canun)*』이 채택되었고, 파리(1110), 볼로냐(1113), 몽펠리에(1181), 파두아(1222), 나폴리(1224) 등지에 세워진 우수한 의학교의 교과과정은 아랍 의학이 지배적이었다. 이들 대학은 지금까지도 의학 분야에서 선구적인 역할을 하고 있다.[33]

3) 철학

이슬람교도들은 자신들의 철학을 일반적으로 팔사파(falsafah)라고만 부른다. 팔사파란 그리스어 필로소피아(philosophia)가 아라비아어화한 말이다. 다만 근대에 와서 이슬람교도들이 서양철학이나 그 밖의 비(非)이슬람 문화권의 사상을 알게 된 이후에는 자신들의 전통철학을 그것들과 구별하기 위해서 이슬람 철학이라는 명칭을 사용하는 경우도 있다.

이슬람 철학의 전통은 7세기에 이슬람교도에 의해 정복된 서남아시아 세계의 헬레니즘 철학의 유산을 계승·발전시킨 데서 유래한다. 이슬람 세력이 정복한 지역 가운데에는 다마스쿠스, 에데사, 준디사푸르 같이 고대로부터 내려오는 학예의 중심지가 여럿 포함되어 있었다. 그 곳에서는 그리스 철학을 비롯한 여러 학문이 활발히 연구되고 있었다. 활력이 넘치는 신흥 이슬람은 이러한 이질적인 문화전통을 흡수, 동화해 갔다. 특히 헬레

---

[33] http : //my.netian.com/~tosong/KovInfoEg/Texts/arabcivil08.htm

니즘 시대의 학술서나 고대 페르시아 문학서 등은 당시 이슬람교도들의 지적 호기심을 자극하여 잇따라 아라비아어로 번역되었다.

이슬람 철학사 상 최초의 철학자로 일컬어지는 킨디는 이러한 번역사업에서 지도적인 역할을 한 인물이다. 그는 이슬람교 역사상 최초의 체계적인 호교신학(護敎神學)인 무타질라 신학파의 형성과도 깊은 관계를 갖고 있다. 그는 신플라톤주의적 사상을 가지고 있었으나, 철학적 고찰의 결과와 이슬람의 가르침이 서로 다를 경우에는 언제나 이슬람 가르침의 우월성을 인정하고 철학과 종교의 조화를 꾀하였다. 종교와 철학의 관계를 어떻게 파악할 것인가 하는 문제는 킨디뿐만 아니라 그 이후 이슬람 철학자들 모두에게 부과된 심각한 문제였다. 이슬람 철학은 『코란』을 진리의 유일한 근거로 삼는 이슬람 신학이나 법학과 긴밀한 관계를 가지면서 발달하였다.

킨디에 이어 파라비가 나타나 이슬람 철학의 발달에 크게 이바지했다. 아라비아어로 번역된 아리스토텔레스의 많은 저작에 관한 주석서를 저술한 그는 이슬람 철학에서 존재론의 개척자이기도 했다. 그는 신플라톤주의적 세계관 안에 아리스토텔레스의 형이상학을 편입시켰는데, 이러한 그의 사상은 이슬람교 시아파와도 관계가 깊다. 즉 그는 신플라톤주의의 유출철학(流出哲學)에 바탕을 둔 계층적 세계상을 기초로 한 일종의 이상국가론을 전개하였는데, 그것은 시아파의 카리스마적 종교국가관의 형성에 도움을 주었다.

10세기 중엽에 이르러 이슬람 세계에 수니파 이데올로기와 시아파 이데올로기가 각기 명확한 형태로 정착하였다. 수니파는 『코란』과 예언자의 언행록(言行錄)을 절대적인 신의(神意)의 현시(顯示)라 하여 윤리와 사회질서의 궁극적 근거로 간주하였다. 이에 비하여 시아파는 『코란』과 예언자의 언행록을 우주론의 근거로 간주하고 거기에서 철학적 의미를 찾고자 하였다. 이 같은 차이 때문에 수니파와 시아파는 종종 대립하였다. 세계관의 확립을 원하는 철학자들은 대부분 시아파 신학이 가지고 있는 우주론적 경향에 친근감을 가지고 시아파에게 보호를 구하였다. 이에 따라 수니파 신학자들은 철학에 대해 더 한층 격렬한 공격을 가하였다.

한편 파라비의 뒤를 이어 나타난 이븐 시나는 아리스토텔레스 철학 연구에서 출발하여 존재론 분야에서 독자적인 경지를 개척하였다. '공중인간설(空中人間說)'이라는 이름으로 알려진 그의 존재의 선험적 지각설은 후대의 이슬람 철학에 커다란 영향을 주었다. 또한 그의 주요 저서가 라틴어로 번역되었기 때문에 중세 유럽의 스콜라 철학에도 깊은 영향을 주었다. 토마스 아퀴나스의 존재에 관한 형이상학과 초월개념론은 이븐 시나의 학설을 계승, 발전시킨 것이다. 이븐 시나는 만년에 그 때까지의 소요학파적(逍遙學派的) 철학을 버리고 신지주의적(神智主義的) 철학의 이론적 구축을 지향하였으나, 그 완성은 후대에 이루어졌다. 그의 형이상학과 우주생성론은 후에 시아파 안의 12이맘파의 신학에 흡수되었다.

수니파 신학자 가잘리는 철학 연구에서도 훌륭한 업적을 남겼지만, 그러한 연구를 근거로 『철학자의 모순』이라는 책을 저술하여 파라비·이븐 시나 등의 철학설의 주요 부분을 분석·비판하고, 아울러 시아파 신학의 근거를 논파하였다. 가잘리의 이 철학 비판은 이후 이슬람 사상계에 큰 영향을 주었다. 그의 철학비판에 대해서는 시아파와 수니파 양쪽 모두로부터 반론이 제기되었다.

시아파의 신학자이며 천문학자로서도 저명한 나시르 우딘 투시는 가잘리의 『철학자의 모순』에 대한 반론서를 저술하였다. 또 수니파 세계에서는 중세 서유럽 철학에 절대적인 영향을 미친 이베리아 반도 출신의 이븐 루슈드가 『모순의 모순』이라는 반론서를 저술하였다. 그러나 수니파 세계에서는 가잘리의 철학비판 이후 이븐 루슈드의 아리스토텔레스 연구나 파흐르 우딘 라지의 존재론을 제외하면 이렇다 할 업적이 없었다. 게다가 파라비와 이븐 시나의 철학은 분석보다 직지(直智)를 존중하는 조명철학(照明哲學)의 수립자 수라와르디에 의해서도 비판을 받았다.

그러나 시아파 세계에서는 앞서 언급한 나시르 우딘 투시 등에 의하여 이븐 시나 철학에 대한 연구가 계속되었다. 이븐 시나는 존재를 선험적(apriori)인 인식의 대상으로 여겼기 때문에, 그 이후의 이슬람 철학에서는 존재론과 인식론이 통일적 차원에서 논의되었다. 이리하여 이슬람 철학은 존재와 인식을 통일적으로 파악하기 위해 이윽고 신직지(神直智)를 목표로 하는 신지론적(神智論的) 경향을 띠게 되었다. 같은 헬레니즘 사상을 원류(源流)로 하면서도 서유럽 철학이 근세에 들어와 존재론과 인식론으로 분열된 것과는 대조적인 현상이다.

이슬람 철학에서의 존재론·인식론·신지학(神智學)의 종합은 이븐 아라비에 의해 확립되었다. 이븐 아라비는 탁월한 신비사상가로서, 신인식방법(神認識方法)의 정밀한 이론화 과정에서 이를 종합하였다. 그의 사상은 수니파와 시아파의 두 세계에 커다란 영향을 주었다. 특히 12이맘파의 신학은 이븐 아라비의 '존재일원론(存在一元論)'에서 많은 영향을 받았다. 12이맘파 신학은 이븐 아라비의 신지학뿐만 아니라 수라와르디의 조명철학, 이븐 시나의 형이상학을 종합하여 단순한 호교신학(護敎神學)에서 심오한 스콜라 철학으로 변화해 갔다. 이와 같은 근세 12이맘파 철학에서 큰 역할을 한 인물이 미르 다마드다. 그의 제자인 몰라 사드라는 스승의 업적을 계승하여 이러한 철학적 종합의 성과를 완성의 경지로 이끌었다. 이리하여 12이맘파 교학(敎學)의 일부로서 명맥을 이어온 이슬람 철학의 전통은 근대의 사브자와리를 거쳐 현대에까지 이르고 있다.[34]

4) 문학

아랍 문학을 얘기하려면 우선 그 언어인 아랍어로부터 시작해야 한다. 이슬람 제국 동안 문학의 대가들은 민족적 다양성과 문화적 배경을 대표한 반면, 그들 가운데 비아랍권 출신은 표현의 일반적 매개로서『코란』경전의 언어를 사용하였다. 아랍인은 그들의 언어를『코란』그 자체로서, 그리고 일련의 문학작품으로서 증명된, 정교하고 정확하며 설득력 있는 완벽한 언어라고 생각해 왔다.『코란』이 아랍 세계에서 일정한 기준으로 자리잡은 이래 1400년 동안 축적된 광대하고 풍성한 문학은 놀라울 정도다.

---

34) http : //my.netian.com/~tosong/KovInfoEg/Texts/arabcivil12-2.htm

지금까지 알려진 아랍 문학의 가장 초기 형태는 카시다(Qasidah)다. 이는 아랍의 표준 구어시(口語詩)로서, 이슬람 이전 아랍의 귀족부족들에 대한 일종의 영웅시다. 장시(長詩)인 카시다는 시인의 인생이나 그 부족 안에서 일어나는 일들을 자세히 표현하여 극적이기도 하고 서사적 경향을 지니기도 한다. 이슬람 이전 시대의 시들은 구전된 것이 대부분인데, 7세기경 학자들은 암송자들이 기억하고 있는 구문이나 짧은 문장들을 수집하여 기록하였다.

우마이야(Umayyad : 667~750) 기간에 아랍의 생활은 생존을 위한 유목으로부터, 좀더 정착되고 복잡해진 도시 형태로 전환되었다. 당시 시는 그리스와 페르시아의 관습과 더불어, 여인들에 의해서 음악과 함께 표현되곤 했다. 또한 복잡하고 고도로 잘 다듬어진 운율의 아랍 전통시는 더 짧아져, 다양한 운율로 음악에 맞추어 변형되어 단순해졌다. 결국 시와 음악은 불가분의 관계가 되었다. 이는 유명한 노래책인 『노래의 책(Kitab al-Aghani)』에 잘 드러나 있다.

아랍 문학은 8세기 중반 바그다드를 근거지로 권력을 장악한 압바스(Abbasids) 때 전성기를 이루었다. 이슬람의 문화와 상업의 황금시대는 유명한 『아라비안 나이트』의 주인공 하룬 알-라시드(Harun al-Rashid)와 그의 아들 알-마문(al-Ma'mun)의 통치기 때 절정에 달했다. 아랍 산문이 시와 쌍벽을 이루며 당당한 자리를 차지하기 시작했지만, 종교문학과 세속문학은 미비하였다. 압바스 시대 작가들은 그 시대를 풍성하게 만드는 데 공헌했을 뿐만 아니라 유럽의 르네상스에도 뚜렷한 공적을 남겼다. 이 시대의 가장 뛰어난 산문가는 자히즈(Abu 'Uthman 'Umar bin Bahr al-Jahiz : 776~869)다. 한 시대의 지성을 대표하는 인물로 평가받는 그는 이라크 바스라에서 교육을 받은 흑인 노예의 자손이었다. 알-자히즈의 이름을 빛낸 가장 유명한 책은 『동물에 관한 책(Kitab al-Hayawan)』으로, 사실과 허구의 절묘한 조화를 대표하는 일화집이다. 『구두쇠 이야기(Kitab al-Bukhala)』는 인간심리를 통찰한 재치 넘치는 책으로 당시의 어떤 책보다도 아랍인의 성격과 사회상을 잘 보여주고 있다. 자히즈의 산문은 품위있는 문학 혹은 순수문학의 커다란 범주의 한 부분을 차지하고 있다.

10세기 후반에는 새로운 문학 장르가 나타났다. 『모음집(*Assemblies*)』으로 알려진 이 장르는 재치로 먹고사는 방랑자들에 의해 서술된 재미있는 일화집이다. 『모음집』은 하마드하니(Badi'al-Zaman al-Hamadhani)에 의해 처음 발간되었는데, 그의 4백 개가 넘는 작품 가운데 현재는 겨우 52개만이 남아 있다. 하리리(Al-Hariri)는 이 장르를 보다 발전시키고 정형화시켰는데, 같은 형태의 양식을 사용하면서 장난스러운 영웅을 만들어 냈다. 『모음집』의 인기는 현대 아랍 문학의 등장으로 소멸되었다.

한편 많은 사람들로부터 아랍 최고의 시인으로 평가받고 있는 인물은 무타나비(Abu al-Tayyib al-Mutanabbi)다. 10세기 초 이라크 쿠파(Kufa)에서 출생한 그는 시리아에서 공부하였는데, 충성심과 명예, 우정, 용맹성 그리고 기사도 등을 테마로 선택하여 전통적인 아랍의 미덕을 상기시켰다.

압바스 시대 최후의 위대한 시인은 마아리(Abu al-'Ala al-Ma'arri)다. 마아리의 시들은 그 시대의 염세적이고 비판적인 경향을 나타내고 있음에도 불구하고, 시대를 뛰어넘어 서구 학자들에게 자주 회자되고 있을 뿐 아니라 아랍 문학의 중요한 인물 중 하나가 되었다.

역사는 9세기 후반으로 가면서 순수문학의 한 형태를 띠게 되었다. 압바스 제국 시대에 자료수집에 대한 필요성이 제기되면서 여행자의 관찰과 이런저런 애기들을 곁들인 지리학적인 저술이 나오게 되었다. 12세기, 시실리의 이드리시(Idrisi)는 노르만 왕 팔레르마오(Palermao)를 위한 *Book of Roger*의 저술을 지도 제작과 함께 위탁받았으며, 야쿠트(Yaqut)는 다양한 자료들을 바탕으로 하여 방대한 지리학적 사전을 썼다.

아랍의 역사 서술은 예언자 마호메트의 일생을 기록하는 데 그 바탕을 두었다. 이 같은 전기문의 편집은 이스나드(Isnad), 즉 가능한 모든 권위를 이용하여 전기(傳記)의 신뢰도를 높이는 체제가 구축된 이래 결정되어 있었던 것이다. 이로 인해 아랍의 역사 서술은 일반적으로 가능한 자료들을 해석하거나 새로이 해석하기보다는 보다 정확성을 기하는 쪽으로 이루어졌고, 결과적으로 이는 현대 역사가들에게 가장 정확하고 풍부한 자료를 제공하고 있다. 이러한 저술들을 바탕으로 소위 현대 역사학과 사회과학의 아버지로 불리는 이븐 칼둔(Ibn Khaldun)이 탄생하였다.

튀니지에서 태어나 그라나다와 모로코, 알제리에서 정부관리를 지낸 이븐 칼둔은 이집트 맘룩(Mamluk) 술탄의 법관장이 되었다. 그는 서남아시아에 정착하기 전에 몇 년 동안 마그립(Maghreb)에서 보냈는데, 이 기간 동안 자신의 대작인『무카딤마(*Muqaddimah*)』를 집필하였다. 그가 출현하기 전에는 역사 편찬이라고 하면 주로 통치자와 전쟁, 그리고 주요 사건의 개요 등의 서술을 의미하였다. 하지만 그는 사건들이란 갑자기 일어나는 것이 아니라 그 이전의 요소들, 즉 기후와 사회적 관습, 음식이나 미신 기타 등등에 의해 발생한다고 생각했다. 그래서『무카딤마』에서는 사회, 직업, 노동조건, 기후, 교육방법 등에 대한 주제들을 다루었다.

현대 학자들에 따르면, 이븐 칼둔의 등장과 함께 후반기 역사 편찬의 방향이 기본적으로 바뀌게 되었다. 토인비(Arnold Toynbee)는 이러한 위대한 업적을 다음과 같이 평가하였다. "이븐 칼둔은 역사철학을 생각하고 만들어 냈으며, 이는 의심할 바 없이 누구도 생각해 낸 적 없는 가장 위대한 작업이다." 조지 사르톤(George Sarton) 교수 또한『무카딤마』에 대해 "중세의 가장 중요한 역사적 작품이다"라고 말하고 있다.[35]

5) 건축

모든 문화는 물려받은 과거의 유산이 전시대와 구분되는 다른 형태로 발전한 것이다. 그리고 그 중 가치 있다고 여겨지는 것이 새로운 시대를 열어나간다. 이슬람의 모든 위대한 건축물은 신에 대한 믿음에 기초하고 있다. 가장 초기의 이슬람식 건축물은 이슬람 이전 시대의 것을 재건축한 메카의 카바[36] 성소(聖所)로, 사도 마호메트가 생존해 있던 시기에 만들어

---

35) http://my.netian.com/~tosong/KovInfoEg/Texts/arabcivil06.htm
36) 메카에 위치한 이슬람교 성전. 네모꼴 건물로서 검은 융단으로 덮여 있으며 벽면에는 성스러운 검은색 돌이 박혀 있다. 마호메트가 출현하기 이전부터 아라비아에서 행해지던 원시종교의 중심으로서 많은 성석(聖石)이 신들의 상징으로 모셔지고 각지로부터 순례자가 모여들었으나, 마호메트가 우상을 파괴하고 흑석만 남겨 이슬람교도 신

졌다. 이슬람 건축물은 독특한 설계 개념과 스타일을 갖고 있는데, 이는 오늘날까지 그대로 전승되고 있다. 이슬람 건축의 기본 형태는 모스크와 첨탑, 이슬람 학교, 무덤(mausoleum), 칸(Khan),[37] 성채와 궁전 등 모두에 적용된다.[38]

먼저 아랍인은 그리스 디자인과 건축구조를 자신의 목적에 맞도록 원용하였다. 예를 들면 가장 오래 된 이슬람 건축물 중 하나인 7세기의 우마르('Umar) 모스크[39]에는 비잔틴 스타일의 둥근 천장이 사용되었다. 사도 마호메트가 하늘로 승천한 자리에 지어진 이 모스크는 전 아랍/이슬람 제국의 장인들이 모여 함께 건축하였다.

이슬람 모스크의 돔(dome)을 만드는 방법은 서구인들에게는 또 다른 하나의 건축학적 주제였다. 아랍인들은 돔과 둥근 천장, 모스크풍 육면체 사이의 건물 모서리 부분에 설치하는 무카르나사트(muqarnasaat)[40]로 알려진 지지구조를 만들어 냈다. 이 기술은 시실리 지방의 중심지 팔레르모(Palermo)에 세워진 카펠라 팔라티나(Capella Palatina : 1132년 건축)에 잘 나타나 있다.

모스크 첨탑은 이전 시대의 모양에서 영감을 받아 무슬림들이 재창조한 하나의 발명품이다. 670년에 세워진 가장 초기의 첨탑은 매우 크고, 전쟁시 이용되는 전망대 같은 모양을 하고 있었다. 튀니스의 카이루완(Kairouan)에 있는 첨탑이 이와 유사하다. 이라크의 무슬림 수도 사마리아(Samaria)에 있는 첨탑은 대단히 높고 지구라트(Ziggurats)[41]라고 불리는 원추형 구조를 하고 있다. 아랍의 이 첨탑 구조는 서구의 건축가들에게 크게 영향을

양의 중심으로 삼았다. 매년 각지로부터 순례자가 참배하며, 매일 올리는 예배의 방향은 카바 쪽을 향하도록 정해져 있다. 중국에서는 천당(天堂) 혹은 천방(天房)이라고 부른다.
37) 일종의 휴게실.
38) 아랍 건축의 내부는 대체로 '아라베스크(Arabesk)' 문양으로 이루어져 있다. 아라베스크는 시작과 끝을 알 수 없는 것들의 반복되는 연속이다.
39) 이스라엘에 있는 황금사원, 685년 건축.
40) 일종의 종유석.
41) 옛 바빌로니아, 아시리아의 피라미드형 신전.

미쳤다. 중세의 영국 교회에 많이 보이는 일반 탑과 종탑이 모두 이 첨탑의 영향을 받았고 르네상스기 피렌체의 종탑(Palazzo), 베니스의의 종탑(Piazza San Marco) 등에서도 쉽게 그 영향을 찾아볼 수 있다.

말발굽 모양의 아치도 이슬람 초기 건축 스타일 중 하나로 다마스쿠스에 있는 그레이트 모스크(Great Mosque : 707년 건축)를 비롯하여 시비아(Seville)의 알카자르(Alcazar), 톨레도(Toledo)의 산타마리아 라 블란카(Santa Maria la Blanca) 등에서 볼 수 있다. 또한 무슬림은 뾰족한 아치(Pointed Arch) 형태도 만들어 냈는데, 이 기술은 유럽의 고딕 양식 교회에서 널리 사용되기 200년 이전에 이미 아랍 세계 전역에서 널리 사용되었다. 중세 프랑스, 독일, 영국, 이탈리아의 건축학자들은 이 기술을 트레포일(trefoil) 아치, 총화(蔥花) 아치 부분에 적용하였다. 오늘날 유명한 유럽 성(城)인 프랑스의 샤르트르(Chartres)와 노틀담(Notre Dame), 영국의 웰스(Wells) 등에서 찾아볼 수 있다. 아랍인들은 영국을 비롯하여 프랑스, 이탈리아 교회에서 발견되는 튜더(Tudor) 아치나 다른 여러 아치들에 하나의 모델을 제공한 것이다. 코르도바(Cordoba)의 그레이트 모스크(Great Mosque : 786년 건축)에 있는 활공 더블 아치(Soaring Double Arch)는 이전의 말굽 모양 아치보다 높게 만든 것으로, 후에 고딕 양식에서 더욱 높아지게 되었다.

건물의 인테리어 공간으로 사용하기 위한 중앙의 천장 공간과 열공(列空, arcade),[42] 열주(列柱, colonnade)보다 높은 늑골형 둥근 아치(ribbed vault arch)뿐만 아니라 지지대의 구조는 서구 교회의 설계에 많은 영감을 주었다.

돌 또는 나무의 격자 그릴(grill)[43]은 초기 아랍 건축구조의 한 형태로, 당시 가장 장식적인 성격을 띤 것이었다. 카이로에 있는 이븐 툴룬(Ibn Tulun) 모스크를 비롯하여, 이스파한(Isfahan)에 있는 블루 모스크(Blue Mosque), 다마스쿠스에 있는 기념건조물 등에 사용된 격자 그릴은 매우

---

42) 건물 측면에 복도처럼 줄지어 서 있는 아치.
43) 아랍어로는 mashrabeyya.

복잡한 기하학적 무늬로 디자인되어 있다. 이 기술 또한 중세 유럽 교회의 건축가들에게 많은 영향을 주었다.

1230년 아흐마르(Muhamad Ibn Al-Ahmar)에 의해 만들어진 스페인 그라나다(Granda)의 무어인들(Moorish)의 왕궁 알함브라(Alhambra) 궁은 아마도 유럽에서 가장 유명한 전통적 이슬람 건축물일 것이다. 외관상으로는 요새처럼 보이지만 그 내부는 대단히 사치스럽게 치장되어 있고, 공간과 빛, 물을 잘 활용한 건축물로 유명하다. 이 궁전은 크게 정원과 코트와 방과 하나의 모스크로 이루어져 있다. 장신구와 광 타일을 이용한 이슬라믹 벽장식기법이 이 궁전에서 가장 잘 나타나 있고, 파양스(faience) 모자이크와 타일을 이용한 디자인 기법은 서구 디자인의 큰 줄기로 흡수되었다.

마지막으로 조경(照鏡)의 한 요소로서 물을 이용하는 방법은 후에 유럽 건축학자와 조경가(照鏡家)에게 소개되어 이탈리아 로마에 있는 장원식 공원(Villa D'Este)과 같이, 서구의 야외장식으로 널리 사용되는 분수나 인공폭포 등의 형태로 나타났다.44)

4. 아랍 문명을 보는 눈

만일 이슬람의 발상지가 인도네시아고 그 신앙의 주요 지역이 동남아시아였다고 한다면 이슬람의 역사는 불교와 유사하게 조용한 역사가 되어 버렸을지도 모른다. 그러나 3대륙의 교차점에서 발상한 이슬람은 정력적이고 끊임없이 영토확장을 꾀해 온 서구세계의 공세로부터 잠시도 쉴 겨를 없이 자기방위를 해야 하는 처지에 있었다.

신흥세력인 이슬람은 근접하는 보스포루스 해협이 아닌 멀리 떨어진 지브롤터 해협으로까지 그들의 방위선을 뻗쳐야 했다. 이러한 이유로 이슬람교도는 프랑스 진공을 감행하여 그들에게 공포를 심어주었고, 그 이래 기

---

44) http : //my.netian.com/~tosong/KovInfoEg/Texts/arabcivil08.htm

독교도는 12세기 동안에 걸쳐 지속적으로 이슬람을 증오하고 비난 공격을 가했다.

왜 이 2대 종교는 중립 완충지대라고 할 지중해를 사이에 두고서도 평화로운 공존을 꾀하지 못했을까? 사실 양 종교는 그러한 평화공존의 가능성을 생각하는 것 자체를 서로가 살아 있는 신앙의 기본적 본질을 무시하는 일이라고 비난했고, 서로의 입장이 진리임을 확인하기 위해 상대방에게 비난을 퍼부어 댈 수밖에 없었다. 게다가 이슬람과 기독교 양 종교의 싸움은 같은 일신교의 경쟁이었던 만큼 더욱 심했다. 자신들을 제외한 그 밖에 암흑 속에 꿈틀거리는 이교도들이야 나무나 돌을 숭배하고 있는 형태였으므로 보호할 필요도, 배척할 필요도 없었다. 하지만 같은 일신교인 두 종교는 자신들이 보기에 그릇된 길을 걷는 상대편의 오류를 알려주고 바로잡아주어야 했다. 결국 기독교와 이슬람교 간의 항쟁은 서로가 상대를 설득해야 한다는 종교상 혹은 정신상의 문제에서 발단된 것이라 할 것이다. 그것은 서구 기독교가 전도를 위해 이슬람 세계에 도전을 한 데서 비롯되었다.

현대에 들어 이미 독립 이전부터 서구의 압력을 받아 온 이슬람 세계의 대응은 1947년부터 1962년에 걸쳐서 나타났다. 순수히 종교적인 면에서 이슬람이 서구의 공세에 대응하는 전법은 두 가지였다. 하나는 기독교도의 선교활동에 대한 반론이고, 또 하나는 서구문명과 서구적 근대화에의 대결이다. 기독교 선교활동에 대한 반론은 크게 두 가지로 나뉜다. 하나는 물리적으로 선교활동에 대항하는 것이고, 또 하나는 기독교 선교단에 의해서 이루어지던 예언자 마호메트의 인격이나 이슬람 교의에 대한 비방과 중상에 대한 반론이었다. 전자, 즉 미션 스쿨이나 진료원을 통한 기독교 선교활동에 대한 반론은 이슬람 국가의 독립과 함께 바로 막을 내렸다. 제국주의 세력의 후퇴와 함께 선교사들도 함께 떠나 버렸기 때문이다.

이슬람은 그 전도에 보다 크고 보다 좋은 장점들을 갖추고 있다. 토인비는 특별히 두 가지 이유를 들어 이슬람이 전도에 안성맞춤이라고 보았다. 그것은 인종적 차별과 알콜 중독 문제에 대한 해결이다. 이슬람은 그 본질을 재검토하고 사상개혁을 이룩한 뒤 이러한 문제에 전념할 필요가 있을 것이다.

이슬람이 지닌 자신과 긍지는 젊은 활력의 구현으로서 설명함이 적절하다. 따라서 이슬람이 오해를 사는 근원도 이 같은 이슬람의 젊음 그 자체, 그 젊음 넘치는 전투성에 있으며, 노쇠한 기독교와의 세대격차에 있다.

오늘의 전투적인 이슬람은 그 신앙의 확실성을 확신하고 있다. 그들은 과거의 역사경험을 통해 전투적인 프로테스탄트처럼 우매하게 경거망동에 나서지 않을 것이고 동시에 그들의 혁신적·전투적 태도 또한 바꾸지 않을 것이다. 예컨대 전투적 이슬람은 그 신앙이 이슬람국의 운명을 지배하는 동안은 정신적·물질적인 투쟁을 중단하지 않을 것이다.

이제 우리는 이슬람 세계를 이해하고 그들을 객관적으로 바라볼 필요가 있다. 세계는 이미 이슬람이 12억이라는 인구를 가진 거대한 문화덩어리이자 유엔에 가입해 있는 나라만도 55개국에 달하는 세력임을 인정할 때가 되었다. 세계화라는 명제를 감소시켜 가면서 언제까지 서구 언론이 자기들 구미에 맞게 양념한 정보만을 취하면서 우리 자신을 우리 바깥의 문제들과 때로는 우리의 문제까지 서구의 입장에서 평가하고 수용하는 무지와 위험 속에 방치해 둘 것인가? 이슬람은 위험하고 무슬림은 테러리스트 같은 사람들이라는 이미지 조작은 우리의 입장에서 그들을 이해하고 그들의 문화적 본질에 접근하는 자세가 될 수 없다.

이슬람 세계의 서구세계와의 갈등의 역사와 대응 과정을 살펴보면서 이슬람 세계에 객관적 판단을 내리는 것은 이제 우리의 몫으로 남았다.[45]

참고문헌 및 URL

김용선, 『코란』, 대양서적, 1978.
김정위, 『이슬람 문화사』, 문학예술사, 1981.
이희수, 『한·이슬람 교류사』, 문덕사, 1991.
황원구, 『동양문화사략』, 연세대출판부, 1980.

---

45) http : //www.dasom.com/religion/5006.htm

Arnold Toynbee 지음, 강기철 옮김, 『역사의 연구』, 현대사상사, 1979.
Edward W. Said 지음, 박홍규 옮김, 『오리엔탈리즘』, 교보문고, 1991.
Khaldun, A.J.A.R 지음, 김용선 옮김, 『이슬람 사상』, 삼성출판사, 1979.
http : //my.netian.com/~tosong/KovInfoEg/soccul05.htm
http : //www.chosun.ac.kr/~bhhwang/islam/아랍문화-01.htm
http : //www.dasom.com/religion/5001.htm
http : //www.dasom.com/religion/5002.htm
http : //www.dasom.com/religion/5006.htm
http : //www.ubf.or.kr/~chunahn/pds/civil.htm

제9장 유럽 문명의 유로이즘

1. 유럽 문명의 본질

유로이즘의 골격을 이루는 것은 유럽의 지식, 철학, 종교다. 유럽의 지식은 그리이스 문화를 바탕으로 플라톤 사상에 근원을 두고 발전했다. 특히 데모크리토스의 우주론은 서양 지식에 큰 골격을 마련했다. 유럽의 인간관은, 인간을 하나의 작은 세계요 작은 우주질서를 가지고 있는 존재로서 우주와 밀접한 존재로 보아 우주의 신인(神人) 동형론적 개념에서 벗어났다. 신적인 섭리에 지배받지 않으며 물질 속에 내재하는 원리를 우연과 필연의 이법(理法)에 둔 유럽 이성철학의 모태를 만든 것이다.

르네상스(1450~1500) 시대의 다빈치, 미켈란젤로, 15세기의 마키아벨리 등은 이성철학에 합리화한 힘과 예술을 제시하였고, 1790년 아담 스미스는 유럽의 자본주의 모델의 틀을 만들고 이를 발전시킨 케인즈는 거시경제를 체계화시켰다. 여기에 마르크스(K. Marx)의 자본주의 비판, 뒤르켐의 서구 사회 병폐와 아노미 현상 분석, 베버의 서구 자본주의에 대한 비판 및 재해석, 나아가 슈펭글러의 우주론적 서구시각은 유럽 지성의 큰 맥을 이어 왔다.

이러한 기초를 배경으로 하고 유럽의 경제통합이라는 실리적인 측면에 가중치를 둔 유럽 통합이 마침내 성사되었다. 이 유럽 통합의 중심에 있는 것이 바로 유로이즘이다. 여기서 유로이즘의 사고와 행위의 기반이 되어 왔다고 할 종교 문제를 살펴보자.

유럽인은 그 사고의 기초를 인간 내면의 깊은 성찰과 본연의 심연에서 출발하는 심성의 관점에서보다는 이성(理性)체제에 두고 있다. 이성의 영역은 머리 속에서의 끊임없는 사고와 논리적 사색으로부터 출발한다. 유럽의 소수 엘리트(elite)는 이성의 영역을 민중의 문화 및 생활양식을 지배하고 통제하는 도구로 삼았다. 유럽 사회에서의 지식사상과 이론체계는 곧 귀족 및 엘리트의 산물이었고, 특히 상부층은 가톨릭과 프로테스탄트 등 서구 종교를 정치화하고 독트린화하였다.

유럽의 정신은 정서적 인간교류보다는 논리적이고 합리적이면서 지식을 우선으로 하는 능력 위주의 패턴을 형성시켰다. 이 정신은 지배의 논리와 투쟁의 원칙 하에서 생성되는 정반합(正反合)이라는 변증법의 원리에 입각해 있었고, 변증법은 계단식의 패권사상과 진보사상을 제시해 주었다.[1]

유럽의 종교는 이미 오랜 역사를 거치면서 보수적 체계를 굳혀 왔고, 이 때문에 정체되어 있다거나 혹은 죽어 있다는 주장이 나올 수도 있다. 그럼에도 불구하고 오늘날까지 힘을 발휘할 수 있는 것은 이러한 이성과 지성을 바탕으로 하는 조직과 종교철학이 깊숙이 장치화되어 있기 때문일 것이다.

오늘날 유럽사회를 연령별로 보면 크게 노년, 중·장년, 젊은 층으로 나누어 볼 수 있는데 노년층은 세계대전을 지켜본 세대이며 그들의 종교관은 전통 유럽사회와 맥락을 같이하고 있다. 현재 유럽사회는 이들 노년층의 힘과 경험이 약화되고 그 대신 젊은층이 그 영향력을 키워 가고 있다. 문제는 영향력을 확대해 가고 있는 이들 젊은층의 무분별과 방황이다.

요컨대 유럽사회의 젊은 세대는 혼돈 상태(chaos)에 빠져 있다. 그들은 철학의 빈곤과 물질만능의 노예 상태에 놓여 있다. 뚜렷한 윤리의식과 도덕관, 인간성의 결핍으로 인한 윤리의 방종, 마약의 급속한 확산 등은 이들 젊은 세대의 정신적 방황의 한 단면이다. 이들은 유럽의 종교를 마치 박물관의 유물쯤으로 간주하고 자기들과는 거리가 먼 것으로 보고 있다. 유럽

---

1) 칸트의 순수이성비판론은 유럽인의 이성관과 헤겔(Hegel)의 정반합으로 이어지는 변증법론이다.

의 장래는 정치·경제·파워(power)라는 실리 차원에서의 빛나는 청사진에도 불구하고 정신적·도덕적 영역에서 이미 그 본질적 가치를 잃고 있다.

이 점은 오늘날 유럽사회의 통합 운영에서도 장애 요인이 되고 있다. 이러한 문제에 일찍이 눈을 돌린 베버는 유럽이 안고 있는 인간의 내재적 문제와 종교성 문제를 사회과학적인 비판시각에서 분석하고, 나아가 유럽사회가 걷게 될 미래를 내다보는 통찰력을 보여주었다.

뒤르켐은 이러한 유럽의 상황을 '아노미현상'을 통해 분석하고 유럽의 장래를 문제시하였다. 인간사회와 자신을 뒤돌아볼 때에 인간으로서 가장 중요한 영역은 정신 분야이지 물질이 주가 될 수는 없다. 그것이 깨지고 인간이 물질의 지배 하에 놓이게 될 때 인류사는 그야말로 종말의 상황에 한층 더 가까이 다가서게 될 것이다.

현재의 유럽 문명을 진단해 보건대, 우선 유럽이 정신영역의 급격한 퇴보와 물질영역의 급속한 지배라는 비균형 상태에 놓여 있다는 점을 들 수 있다. 두 번째로 가족공동체라는 혈연·윤리 사회와 도덕의 붕괴로 인하여 개인주의가 만연하고 부모와 자식 간의 관계가 종식되고 가정 내의 윤리와 권위체제가 흔들리고 사회의 흐름은 패권주의로 치닫고 있다. 세 번째로 가정의 윤리질서가 혼돈에 빠지면서 이혼율이 증가하고 있고, 이 때문에 인간사회의 근본적 모태인 가정개념이 사라지고 있다. 네 번째로 가톨릭·프로테스탄트의 정신적 퇴보로 인해 유럽인들의 근본적 정신지주가 사라지고 있다. 이 같은 문제들 속에서 유럽 엘리트들은 유럽통합과 함께 경제생활의 향상이라는 방법론을 채택하였다. 그 첫 모델을 동독과 서독의 통합 과정에서 볼 수 있다.

동독의 국민은 경제적 후진성과 사회복지의 미비 등 여러 문제점을 안고 있다. 상대적으로 정신영역의 한 부분인 전통문화가 비교적 잘 보존되어 있고 순수성의 퍼센트가 높은 편이지만 반면 민중의식이 덜 세련되고 현대성의 정도가 떨어진다. 이 같은 특성은 보다 완만한 사회 흐름 속에서 전통사회의 보존과 '자연'이라는 인간성이 더 많이 존재할 수 있었던 데서 나온 것이다.

이에 비해 서독은 서구 선진국의 경제모델을 갖추고 윤택한 경제생활을 누리고 있지만 그 이면에는 패배된 개인주의와 현대의 각박한 이기성, 물질적으로 계산화된 의식구조 등의 문제점을 갖고 있다.

이렇게 볼 때 동독과 서독의 통독 과정에서 보이는 문제점은 서구유럽과 동구유럽, 구소련과 유럽통합 속에서 확산된 영역의 문제라고 할 수 있다. 유럽의 학자들은 이러한 문제를 해결하는 방법의 하나로서 동양의 전통적인 윤리사상과 불교·유교의 덕(德)의 개념을 연구하고 있다. 여기에서 특히 주목받고 있는 것이 불교에서 말하는 니르바나(Nirvana)라는 선의 극치의 도달과, 인간의 궁극적 유토피아가 자기 내면에 존재한다는 가르침이다.

이러한 연구작업들은 서양의 이성적 지식을 바탕으로 동양사상을 끌어들여 정신영역을 개선하고 해결하고자 하는 노력의 일환이라고 할 수 있다. 이미 독일에서는 동양사상을 깊이 인지하고 연구에서도 상당한 진보를 보이고 있다. 하지만 동양의 심오한 사상의 근본적 원리는 머리와 지식을 통해서가 아니라 마음의 정심(正心)으로부터 출발한다. 이에 비해 유럽에서는 고대 그리스 문명의 이성적 사고로부터 출발하여 이로부터 민주주의라는 다수결의 합리수렴이론을 발전시키고 투쟁의식과 발전의 논리를 추구해 왔다.

그리스 시대에는 지식을 우선으로 하고 군사와 힘이 추가된 문화를 형성하였다. 로마 시대에는 군사문화가 주가 되고 지식이 후가 되는 양태로 바뀌었고 이후 유럽의 역사는 끊임없는 지식과 군사의 반복된 윤회 과정을 겪었다. 로마 시대에는 종교문화인 가톨릭 세력과의 합(合)이 이루어져 유럽의 인간성 형성에 많은 변화를 주었다.

로마의 군사문화와 가톨릭 정신문화가 유럽에 들어오면서 이는 명령체계를 지닌 구조적 권위주의로 전환하게 되고 이로써 유럽사는 권위적이고 상하구별적이며 귀족지배의 문화로 바뀌었다. 유럽의 중세기에 가톨릭 종교와 귀족문화는 한데 어울러 민중과 결별된 뚜렷한 피라미드식 사회계층

구조를 형성하여, 유럽 중세사회는 민중의 여론 구심점이 존재치 않는 귀족과 종교 엘리트의 종속 아래 놓이게 되었다.

근대사회에 들어 기술이 발달하고 인구가 증가하면서 시민계급을 이루는 중간계층이 대두하고 아울러 부르주아라는 또 하나의 새로운 중간계층군이 확대되어 자본주의 체제가 성립하였다. 이러한 유럽의 커다란 문화형태는 동양과는 상반되는 정신구조를 야기하고, 이에 따라 인간 내면의 형태와 생활양식에는 근본적인 차이가 생겨났다.

유럽에서는 인간의 존재를 국가라는 차원에서 법적인 규제 아래 두고 그 테두리 안에서 자유를 찾고 권리를 요구하는 민주주의라는 개념을 발전시켰다. 자신의 능력과 권리를 구축하고자 하는 합리적 사고 영역 속에서 이루어진 것이다.

반면 동양사상은 사고와 반성을 통한 덕과 윤리라는 개념 아래 자기 자신을 수신하고 자연에 순응하며 우주의 섭리까지 넓게 볼 수 있는 본질적이고 거시적인 관념을 추구해 왔다. 따라서 동양사상에서는 유럽의 진취적이고 도전적인 면과는 대조적으로 겸손과 지덕을 내세우고 있다. 이러한 것은 자칫 패권주의 논리에 묻혀 무능으로 흐를 수도 있다. 인간의 속성에는 항상 부정적이고 부패적인 요소가 존재하고, 이 때문에 이를 통제하고 한계를 제시해 줄 수 있는 규범과 법, 사회구조가 제시될 필요가 있는 것이다.

유럽에서 인격이라는 것은 지식을 통한 끊임없는 능력 개발과 창조력을 바탕으로 한 엘리트적 차원의 선택된 부류의 관념이다. 따라서 유럽의 문화는 상류층 문화이고, 엘리트의 통제 속에서 구성체제가 존속되어 나간다. 이러한 속에서 엘리트층과 민중과의 사이에는 커다란 블록이 형성되어 있고, 부르주아층인 테크노클라티는 행정 및 사무의 테두리 안에서 기계적이고 돈만을 추구하는 인생관에서 헤어나지 못하고 있다. 오늘날 유럽사회가 안고 있는 숙제는 이 패권적 엘리트층과 부르주아층 및 민중 사이에 어떻게 유대관계를 형성하고, 커뮤니케이션적 관계의 합치점을 찾아나갈 것인가다. 이는 정신적 차원에서 유로이즘의 본질작업이 될 것이다.

유럽에서의 개인주의는 오랜 역사를 통해 축적되어 온 산물이다. 이 개인주의는 단순한 선악의 개념을 떠나 각 개개인의 존재와 윤리 영역을 각각이 책임진다는 의미를 지니고 있다. 그런데 이것이 부정적인 현상인 이기성으로 변질될 때, 사회는 극단적으로 분열하여 커다란 병폐를 낳게 된다. 개인주의 개념이 크게 발전한 것은 프랑스 혁명 이후 지식인들 사이에 다양한 이론과 논리가 제기되면서다. 20세기 들어 제1·2차 세계대전이라는 유럽사회의 극단적인 패권주의 전쟁, 좌절과 분열, 실패 등으로 심리적 불신과 사회파괴를 경험하면서 개인주의의 이 부정적 측면인 이기성이라는 변태적 현상이 뚜렷하게 드러났다.

이러한 개인주의의 이기성은 오늘날 유럽사회의 고질병으로 되어 가장 큰 난제 중 하나로 떠오르고 있다. 개인주의는 독립적·진취적 창의력의 고양이라는 장점을 갖고 있지만, 이것이 이기성으로 흐를 때에는 무관심과 소외 등 병적인 현상을 야기한다. 현대에 급격히 제기된 이기성은 도덕적 윤리를 제시해 줄 수 있는 윤리적·종교적 기반이 되는 가톨릭 문화의 신뢰성 상실, 종교의 정치화·조직화를 통한 패권사회의 가속화 속에서 정신 영역의 부재 현상을 불러왔다. 거기에 급격한 현대화의 흐름 속에서 가속화된 핵가족화로 야기된 정신적 성숙의 미약이라는 문제가 있다. 바쁘고 쫓기는 일과 속에서 자신을 되돌아볼 정신적 여유, 수양을 위한 공간과 시간이 없어졌다.

엘리트층은 이러한 이기성으로 파기된 대중들의 부정적 현상들을 근본적으로 고치려 하기보다는 현상은 그대로 두고 기존의 부정적 현상들이 더 이상 확산되지 않도록 하는 데 주력하고 있다. 자신들의 현 위치와 권위는 그대로 유지하면서 민중들의 경제적 향상을 통해 그들의 정신적인 고양을 기하고자 하고 있는 것이다. 예컨대 유럽사회의 정신적 위기가 팽배돼 있는 현 시점에서 보수학자들은 그 해결의 실마리를 경제시장의 확산과 여러 개로 나뉘어 각자의 이익을 추진하는 국가들의 통합에서 찾고 있는 것이다.[2]

2. 유럽통합운동의 역사적 기원과 배경

일반적으로 우리가 유럽통합운동으로 알고 있는 운동은 2차대전 이후에 시작되었다고 볼 수 있다. 물론 유럽통합사상이 20세기 중반에 갑자기 발생한 것은 아니다. 그것은 이미 수백 년의 역사를 가지고 있으며,[3] 18~19세기의 많은 지식인들이 이미 유럽통합사상을 전개한 바 있으나[4] 본격적인 유럽통합운동이 시작된 것은 역시 2차대전 이후다.

10세기 이전 유럽은 그리스·로마 제국, 그 뒤를 이은 프랑크 왕국의 존재로 하나의 정치적 통일체를 이루고 있었다고 할 수 있다. 그러나 10세기에 프랑크 왕국이 3분되면서 유럽의 정치적 통일은 붕괴되고[5] 이후 분할과 이질화가 심화되었다. 지난 1천 년 동안 유럽사는 전쟁의 시대였고, 이 전쟁이 유럽에 가져온 피해는 심각한 것이었다. 물론 그 반작용으로서 평화에 대한 열망을 더욱 고조시키는 결과를 가져오기도 했다. 칸트의『영구평화론』같은 것이 그 대표적인 예다. 그러나 유럽의 역사가 곧 세계의 역사로 인식되던 시대에 서로의 이해가 상반되는 국가들로 구성된 유럽의 평화안이라는 것은, 지배와 종속 관계이거나 강대국들 간의 세력균형을 통한 평화유지라는 매우 위태로운 상황적 대안에 불과한 것이었다.

구체적인 유럽통합운동의 추진은 제2차 세계대전중에 나치에 대항한 저항투사들에 의해서 시작되었다.[6] 베스트팔렌조약 이후 300여 년 간 유럽

---

2) 김희일,『세계와 한국의 미래』, 백산출판사, 1997 참조.
3) 샤를르 마뉴의 프랑크 제국으로부터 가까이는 히틀러까지 그러한 예를 찾을 수 있다. 그러나 히틀러의 경우를 진정한 '유럽통합'이라고는 볼 수 없을 것이다.
4) '유럽연방공화국' 창설을 촉구한 빅토르 위고와 생시몽, 공동군의 창설과 유럽의회의 설립을 제창한 벤담(Jeremy Bentham),『영구평화론』을 저술한 칸트와 생 피에르 신부 등을 들 수 있다.
5)『르몽드』지의 주간 앙드레 폰텐느의 지적처럼 이후 진정한 정치적 실체로서의 유럽은 더 이상 존재하지 않게 되었다(장홍,『유럽통합의 역사와 현실』, 고려원, 1994. 26쪽).
6) 나치라고 하는 공동의 적 앞에서 그들은 뭉치지 않을 수 없었다. 점령치하라는 특수상황 속에서 현실적으로 공동행동을 취하기는 불가능했지만, 그들의 유럽통합에 대한 기본이념은 동일했다. 이는 1941년 7월의 베네덴토 선언과 1944년 7월 제네바에서 발표된「유럽 레지스탕스 선언」에서 절정에 달하였다. 그러나 그들은 우선 조국해방

세계를 지배해 온 근대 민족국가체제는 더 이상 유럽인에게 안정과 번영을 가져다줄 수 없는 것으로 보였다. 파괴된 유럽을 재건하면서 저항운동가들은 통합된 유럽이라는 사상을 설파하였다. 그러나 그들의 이상은 단번에 실현될 수 없었다. 그들이 꿈꾼 '유럽통합'은 전쟁의 엄청난 피해로 야기된 경제난 극복이라는 현실적인 과제 앞에 수그러들지 않을 수 없었다. 전쟁은 엄청난 물적·인적 손실을 초래했고, 따라서 경제재건이 유럽통합 건설계획보다 우선권을 갖게 되는 것은 불가피한 일로 보였다. 유권자들을 신경쓸 수밖에 없는 기성 정치인들이 다시 정권을 장악한 것도 그 한 요인으로 볼 수 있을 것이다.

제2차 세계대전 후 저항운동가들에 의해 주도된 통합운동은 여러 가지 한계와 장벽으로 인해 실패로 돌아갔다. 단 실패로 돌아갔다고는 하나 상황은 그 이전과는 달라져 있었다.[7] 통합론자들의 로비 활동은 전처럼 적극적이지는 않았으나 많은 정치인들이 여기에 관심을 보이고 있었다. 일부 사람들은 보다 기능적인 접근방식을 추구하기 시작하였다. 세계경제에서 축소된 유럽의 역할, 미국의 지배적인 경제력, 소련과 공산주의에 대한 공포, 독일 재건문제, 집단적 유럽협력에 대한 미국의 압력, 유럽 각국의 경제적 어려움 등이 중요 현안으로 제기되었고, 이를 해결하기 위해 유럽인

이라는 당면 과제를 안고 있었고, 여기에 공산계와 비공산계 간에 통합이라는 개념을 둘러싸고 상이한 해석을 내림으로써 내부분열이 일어났다. 레지스탕스는 새로운 유럽통일을 위한 씨를 뿌리기는 했으나 그 싹이 틔우기에는 아직 많은 시간이 필요했다(장홍, 위의 책, 44쪽).

7) 1920년대와 30년대에도 유럽통합운동이 있었다. 대표적인 예로 1930년 프랑스 외무성의 「브리앙 각서」를 들 수 있다. 브리앙은 미국의 대공황을 염두에 두고 유럽의 경제통합을 위한 정치연합을 제안했다. 브리앙 각서에서 유럽통합의 장기적 목표는 '유럽공동체 전 지역에 걸쳐 복지 수준을 최고화'하기 위한 공동시장의 형성에 있었다. 공동시장이나 공동체 등 차후 유럽통합에서 핵심적으로 사용되는 용어들이 이 때 이미 사용되고 있다. 그러나 이 브리앙 각서는 결국 빛을 보지 못했다(장홍, 위의 책, 42쪽). 브리앙 외에도 쿠덴호프 칼레르기 백작을 비롯한 많은 선구자들의 헌신으로 몇몇 정치인들이 유럽의 통합 문제에 관심을 보이고 실제로 벨기에와 룩셈부르크 간에 벨룩스 경제동맹이 체결되기도 했으나, 실질적인 결과를 이끌어 낸 것은 없었다. 제2차 세계대전 종전까지 유럽통합은 어떤 형태 어떤 형식으로든 심각한 토론 주제가 되지는 못했다(어윈 지음, 노명환 편역, 『유럽통합사』, 7~11쪽 참조).

들은 새로운 형태의 협조체제 구축을 모색하기 시작했다.

　'유럽인들의 협조체제'라 하여도 그것은 미국의 지원이 없으면 사실상 추진하기 힘든 것이었다. 제2차 세계대전 직후 유럽 각국은 전시경제체제의 평시체제로 전환과 전쟁피해의 복구라는 두 가지 긴급한 과제를 해결해야 했고 거기에 새로운 적 소련과 소련의 위성국가들과 또 다른 전쟁[8]을 전개해야 했다. 이 과정에서 유럽은 전 세계적으로 강력한 영향력을 발휘하고 있던 미국에 절대적으로 의존할 수밖에 없었다. 만일 미국이 자국의 이익을 위해 유럽의 새로운 협조체제를 방해한다면, 그들의 노력은 물거품으로 돌아갈 수 있었다. 미국의 지배적인 경제력을 경계하면서도 미국에 의존할 수밖에 없는 모순된 상황이었던 것이다. 이러한 미국의 파워는 앞으로 유럽통합의 발전 과정에서 야기되는 여러 가지 문제에 대해 상당한 영향력을 발휘하게 될 것이다.[9]

3. 유럽통합에서의 통독의 의미

　게르만족, 프랑크 왕국, 노르만의 활동은 유럽 문명의 뼈대를 이룬다.

　게르만족은 로마시대에는 야만족으로서 현재의 서북부 프랑스에 위치한 유목집단이었다. 로마시대 때 노예로 유입되면서 프랑스의 골족과 아울러 고용부족으로 성장한 이들은 결국 로마사회를 멸망시킨 부족 가운데 하나가 되었고, 그 후 다시 프랑크족의 지배 아래 농민부락을 구성하였다.

　게르만족은 그룬드허샤프트(Grundhershaft) 체제 아래 게르만 귀족을 형성하고 18~19세기 전후에는 프랑스의 지배 아래 있던 마세족(Masse)과 독일 후페(Hufe) 지역의 촌락공동체에서 제일 먼저 민주평등사상을 내세우고 주거지, 땅, 채원지, 공동경지 등을 주장하며 기본적인 평등원칙을 세웠다. 이 같은 농민운동의 고양과 1794년 라인강 파안 지방에서 일어난 농민귀족 융커의 위로부터의 개혁은 독일 개혁운동의 원동력이 되었다. 그

---

8) 이것을 소위 냉전(Cold War)이라고 부른다.
9) http : //galaxy.channeli.net/deutsch/eu/eu_grad_chapter_2_1.htm

후 1884~1885년 프랑스 나폴레옹의 보나파르티시즘(Bonapartism)을 적용시켰고 그 후 비스마르크의 붕괴를 거쳐 독일사회민주당이 집권하였다.

독일은 프랑스, 영국과의 관계 안에서 끊임없이 민중경제체제의 발전을 모색했으며 귀족계급 융커에 의한 위로부터의 개혁은 독일 발전의 모태를 이루었다. 독일 게르만 민족은 보헤미안적 방황 속에서 끊임없이 도전을 계속해 온 기질을 갖고 있다. 유럽사회는 이러한 게르만 민족의 도전적이고 저돌적인 민족성을 두려워하고 경계하고 있다. 한편 이 게르만 민족주의는 독일 국민의 구심점으로서 독일 발전의 원동력이자 활력이 되어 왔다. 실제로 통독의 급속한 추진도 독일인들의 잠재의식 안에 개재된 이러한 게르만 공동체라는 심리적·내적 공감대가 중요한 요인이 되었다.

독일의 재통일은 역사의 굴곡 속에서 도전과 성공, 그리고 좌절을 반복해 온 게르만 민족사에 또 하나의 중대한 전환점으로 기록될 것이다. 어떤 의미에서 독일의 재통일은 과거의 좌절들을 한꺼번에 만회·치유하는 게르만 민족의 도약이라고도 평가할 수 있다.

나폴레옹은 프랑스 민족의 자존심을 고양시킨 반면에 인접한 독일 민족에게는 고난과 좌절을 안겨 주었다. 민족국가로 발돋움하고 있던 독일은 이 나폴레옹의 침략적 팽창주의로 인해 국가로서의 발전을 저지당했다. 특히 식민지 경략이 국가발전의 관건이던 19세기에 프랑스·영국의 아프리카와 서남아시아 지역에서의 식민지 독점은 독일의 왜소함을 조장하여 민족적 열등감을 심고 양국에 대한 적대감을 야기하였다. 독일의 제1차 세계대전 도발 원인도 민족 자체의 호전성 차원에서가 아니라 자국의 국가발전을 원천적으로 가로막고 있던 영국·프랑스의 식민지 독점 상황을 깨뜨리기 위한 선택이라는 측면에서 살펴보아야 할 것이다.

나폴레옹 시대를 전후한 유럽사를 다시 한 번 분석 정리해 본다면, 소위 유럽의 프랑스화라고 할 만한 변화를 가져온 나폴레옹의 출현은 유럽사회의 방향을 지성과 도덕적 진보보다는 패권과 정복의 측면으로 전환시키는 계기가 되었다. 이는 도덕적·지적 발전단계에 있던 독일로서는 치명적인 타격이었다. 20세기 들어와서는 제1차 세계대전의 패망으로 독일은 더한 어려움에 봉착했다. 여기에 1929년에 불어닥친 세계 경제공황의 여파로 독일은 극한 상태에 빠졌다. 1931년 독일은 후버 대통령이 독일 전쟁배상금을 지불했음에도 불구하고 해결 불능 상태에 빠졌고, 독일인들은 독일을 구제해 줄 메시아적 인물을 기다리고 있었다.

이러한 상황에서 등장한 히틀러는 구국적 나치즘, 범(汎)게르만 민족주의를 표방하면서 독일인들 속으로 파고 들어갔다. 히틀러는 모리스의 인종주의, 포수의 사회공상주의와 아울러 드루몽의 반(反)유대주의, 소렐의 폭력주의 등을 여러 차원에서 응용하여 범게르만 민족주의를 정립하였다. 특히 1807년 「독일 국민에게 고함」을 주창한 피히테의 독일 민족주의의 최초의 선언을 기반으로 범게르만 민족주의를 제창하여 독일 국민들의 열정적 동조를 얻어냈다.

총체적으로 볼 때 나치즘은 분명 게르만의 역사 및 유럽사에 커다란 영향을 미치고 인류역사상 가장 많은 인명피해와 경제적 손실을 남겼다. 특히 상식을 넘어선 극도의 비정상적인 유대인 대량학살은 인류사상 가장 큰 죄악으로 기록되며 그 책임은 결국 모든 독일 국민들에게 돌아갔다.

제2차 세계대전 때까지의 영국·프랑스·독일의 삼각관계에서 보건대 영국과 프랑스는 독일에 비해 보다 계산적이고 팽창적인 지배논리를 구사하고 패권주의를 펼쳤다. 반면 독일은 게르만이라는 울타리 안에서 국가주의 및 디오니소스(Dionysos)적인 철학적 사고를 유지하였던 것으로 분석된다. 독일은 큰 틀에서 보면 논리적 사고를 바탕으로 하는 서구사상의 테두리에 속해 있었으나 프랑스·영국에 비해 보다 뒤떨어져 있었다. 반면 정신적 영역의 건전함과 검소함 등을 보다 강고히 간직하고 있었다. 괴테의 『파우스트』에서 파우스트가 선과 악 사이에서 갈등을 겪듯이 독일 역시 힘이 주도하는 서구사회 속에서 정신영역의 윤리성이라는 문제로 끊임없이 갈등하며 나아가는 대표적 국가였다.

이러한 나라가 제2차 세계대전의 패배와 함께 연합국에 분할점령되고, 이 분할점령은 끝내 동·서독으로 분리 독립이라는 비극으로 이어졌다. 경쟁적으로 다른 이념을 바탕으로 국가건설에 매진한 동·서독 가운데 마침

내 경제건설 면에서 앞선 서독에 의하여 통독이 성사되었다(1990). 이는
독일사는 물론이고 나아가 유럽사에서도 획기적인 계기가 될 사건으로, 유
럽의 재기에 폭발적인 기여를 할 것으로 전망된다.

4. 마스트리히트 조약과 유럽연합

1957년 로마 조약이 체결되고 30년도 훨씬 지나서야 유럽공동체는 정치
와 통화 연합을 위한 구체적인 방안을 겨우 마련하게 되었다. 동구 공산권
의 급격한 와해와 갑작스런 독일통일은 유럽통합 과정에 심한 동요를 가
져왔고 동시에 유럽회의주의도 또다시 고개를 들고 있었다. 유럽공동체는
이 같은 안팎의 문제에 대처하여 새로운 돌파구를 열어야 했고, 그 결과물
이 마스트리히트 조약이었다.10) 이 조약의 핵심은 경제통화동맹(EMU)과
정치연합(EPU : European Political Union)의 창설이다.

들로르와 그의 참모들이 1990년 역내시장 창출에 따른 당연한 결과로서
유럽연합의 형성을 더욱 강력히 추진하기로 결정한 것은 바로 동유럽에서
일어난 사건들 때문이다. 들로르는 1990년 1월 집행위원회가 진정한 행정
부가 되기 위해서 보다 강력한 정책결정권이 부여되어야 한다고 주장했다.
즉, 집행위원회는 미래 연방의 민주적인 기구들, 특히 집행위원회 위원들
을 선출하는 권한을 갖게 될 EPU에 대해 책임을 지며 그것과 세력균형을
이루겠다는 것이다. 연방주의 실현에 대한 강력한 의사표시였다. 물론 이
것은 국가간 협력체를 원하는 이들의 강력한 반대에 직면했다. 초국가주의
와 정부 간 협력주의의 대립은 쉽게 풀 수 없는 문제들이다. 1992년에 형
성된 유럽공동시장은 유럽통화11)에 대한 상징성 외에도 각 국가의 주권을

---

10) 1991년 12월 마스트리히트에서 체결된 것은 단순한 협정문이다. 정식으로 조약의 형
　태를 갖춘 것은 1992년 2월 7일이다. 마스트리히트 조약이라고 할 때는 후자를 지칭
　한다.
11) 1999년 1월 1일 유럽의 단일통화 Euro를 출범시켰다. 1998년 12월 31일을 기점으로
　각 나라 화폐와 Euro의 환율을 결정하여 2001년까지 사용하고, 2002년부터는 각 나
　라의 화폐를 폐지시키고 Euro만 사용하기로 하였다. 현재 Euro 통화체제에는 유럽연

어느 정도 축소시킨다는 의미를 갖게 될 것이었다.

유럽연합(European Union : EU)을 성립시키기 위해 1992년 2월 마스트리히트 조약이 체결되었다.[12] 이 조약은 비준 과정에서 많은 논란을 불러일으켰다. 경제불황과 실업증가, 그에 따른 사회적 불안, 여론의 정치권력에 대한 식상 및 유럽통합에 대한 대여론 홍보부족이라는 열악한 상황에서 마스트리히트 조약 비준을 둘러싼 찬반토론이 시작되었다. 가장 큰 문제는 공동체에 대한 부정적인 인식이었다. 일반 유럽인들은 공동체를 자기와는 거리가 멀고 비민주적이며 신뢰할 수 없는 관료주의 체제로 인식하였다. 덴마크, 영국, 프랑스 국민들은 그들의 민족적 동질성이 위험에 처했다고 판단하기까지 했다. 영국과 독일에서는 마스트리히트 조약이 헌법에 위배되지 않는가에 대한 심판부터 받아야 했다.

그런 어려운 과정을 거친 끝에 비준에 성공한 마스트리히트 조약으로 공동체 국가들은 더욱 긴밀히 협조할 수 있게 되었다. 1993년 11월 1일부터 시행에 들어간 유럽공동체(EC)는 이제 유럽연합(EU)으로 발전하고 있는데,[13] 이와 동시에 유럽 각국과 지역의 역사적 다양성을 유지할 것임도 분명히 하고 있다.[14]

1992년 12월부터는 유럽공동시장이 성립되어 자본과 화폐의 이동이 자유로워졌다. 역내시장은 경제통화동맹으로 발전이 가속화되었다. 이에 따

합 15개 회원국 중 11개국이 참여하고 있다.

12) 유럽통합의 과정을 간략히 소개하면 다음과 같다. ① 1950년 슈망 선언과 6개국 공동체, ② 1957년 로마조약 : 유럽경제공동체(EEC) 창설, ③ 1967년 유럽공동체(EC) 구성 합의, ④ 1973년 유럽공동체의 확대, ⑤ 1979년 유럽의회 최초의 직접선거 실시, ⑥ 1986년 단일유럽법(SEA) 조인, ⑦ 1992년 마스트리히트 조약 : 유럽연합(EU)의 설립 합의, ⑧ 1997년 암스테르담 조약 체결 : 유럽 단일화폐 사용 등(http : //165.194.71.71/data/b.html 참조).

13) 유럽연합은 마스트리히트 조약의 발효와 함께 출범한 유럽 12개국의 연합기구다. EU는 20세기 말에 단일통화의 사용을 기축으로 하는 경제통화연맹에 진입하였고, 정치, 외교안보 및 사법, 내무정책을 조화시킴으로써 궁극적으로는 유럽합중국을 지향하고 있다. 1995년에 핀란드 · 오스트리아 · 스웨덴이 EU에 가입하여 회원국이 15개국으로 늘어났다. 현재 주변 10개국 이상의 국가들이 유럽연합의 이념에 동조하여 참여 신청을 해 둔 상태다.

14) http : //galaxy.channeli.net/deutsch/eu/eu_grad_chapter_2_6.htm

라 필연적으로 회원국들은 주권의 일부를 공동체에 이양하게 되었다. 이는 지금까지의 통합 단계와는 그 차원을 달리한다. 주권의 양도는 공동체가 정치연합으로 이어질 때만 이루어질 수 있으며, 주권의 양도가 이루어질 때 정치공동체가 성립되기 때문이다.

정치연합의 성공이 반드시 낙관적이지만은 않다. 1993년 11월 1일부터 유럽연합은 본격적인 가동에 들어갔지만, 처음 로마 조약의 체결로 EEC가 탄생했을 때 일어난 커다란 희망과 비교해 보면 반응은 상당히 회의적이다. 우선 공동외교안보정책 등 새로운 희망을 불러일으키기에 충분한 목표가 설정되어 있음에도 불구하고 유럽 회의주의가 날이 갈수록 심화되고 있다. 둘째, 마스트리히트 조약 자체가 갖는 모호성과 상반성도 문제다. 로마 조약의 경험에 비추어 보건대, 그 때보다는 폭넓은 공감대가 형성되어 있는 것은 사실이지만 차후 논쟁의 여지가 많다고 하겠다. 셋째, 경제적으로는 상당히 통합된 유럽이지만 정치적으로는 국제사회에서 자신의 역할을 수행할 수 있을 만큼 통합되어 있지 않다. 유고슬라비아의 민족분쟁이 대표적인 예다. 넷째, 경제침체에 따른 실업의 증가와 사회불안정의 문제가 있다.15)

그럼에도 불구하고 마스트리히트 조약이 유럽 건설에 새로운 방향성과 활력을 제시하고 있는 것은 분명하다. 동구 공산권의 붕괴와 독일통일로 유발된 새로운 국제기류에 능동적으로 대처하려는 유럽 12개국16)의 의지도 이 조약에 분명히 나타나 있다. 그러나 희망적 요소 만큼이나 많은 문제를 안고 있는 것도 사실이다. 미테랑은 1993년 10월 25일 TV 대담에서 유럽통합은 '의지의 문제'라고 전재하면서 현재 유럽이 직면하고 있는 위기를 극복하기 위한 가장 확실한 해결책으로서 유럽통합의 빠른 실현을 강조하였다.

유럽연합의 미래는 불투명하며, 불확실한 채로 현재 진행중인 역사다.

---

15) 장홍,『유럽통합의 역사와 현실』, 322쪽.
16) 유럽연합의 최초 12개 회원국은 다음과 같다. 벨기에, 덴마크, 프랑스, 독일, 그리스, 이탈리아, 룩셈부르크, 네덜란드, 포르투갈, 스페인, 영국, 아일랜드.

그리고 그 장래에는 수많은 변수가 있을 수 있다. 우리가 유럽연합에 더욱 주목해야 할 필요가 여기에 있다.[17]

5. 유로이즘의 팽창

독일은 통독의 경험을 살려 프랑스 등 유럽의 여러 나라와 의견을 조율하여 유럽연합(EU)[18]을 성사시켰다. 이는 세계사적 흐름의 주도권을 놓친 후 와심상담 끝에 유로이즘을 통해 세계사의 주도권을 다시 잡겠다는 야심을 가진 것으로, 이에 힘입어 유럽연합은 앞으로 국제세계에서 발언권을 회복할 기미를 보이고 있다.

그 경우 먼저 예상되는 것은 중국·한국을 중심으로 한 동아시아 문명과의 대결이다. 동아시아는 불교·유교 문명권이다. 그런데 유럽에서는 일본만은 색다르게 구분하고 있다. 첫째, 일본은 이미 메이지 유신을 통해 유럽을 그대로 복사한 나라로서 유럽의 복사국가라고 비판하고 있다. 둘째, 현재 일본을 세계경제대국으로서 발전의 마지막 정점에 달해 있다고 보고 있다. 따라서 이제 일본은 서서히 사양길로 접어들고 있으며 일본의 젊은 세대는 일본의 전통 국수주의자들과는 달리 서구사회의 개인주의로 팽배해 있다고 평가하고 있다.

그런 면에서 유럽이 경계하는 대상은 일본보다는 중국과 한국이며, 특히 이들 국가의 잠재된 능력과 인구분포를 두려워하고 있다. 이러한 전제 하에 유럽인들은 아시아의 일원인 일본이 서구주의와 맥락을 같이하는 아시아의 대표국이라는 점에서 어느 정도 만족감과 안정감을 느끼고 있다.

유럽은 국제관계에서 힘과 능력을 우선해 왔고, 이에 발맞추어 오늘날 유로이즘은 동·서 유럽의 선(先) 능력·자본, 후(後) 정신이라는 모델을 구사하고 있다.[19] 아시아, 특히 한국이나 대만 등 신진공업세력에 대해서

---

17) 장홍, 앞의 책, 325쪽.
18) 유럽연합의 국기는 파란색 바탕에 12개 회원국을 상징하는 노란색 별 12개를 원 모양으로 배치하고 있다.

는 블록을 통하여 그 세력을 압도하여 과거 일본의 전철을 되풀이하지 않겠다는 자세를 취하고 있다.

거기에 동·서 유럽의 통합 및 구소련의 개방화를 계기로 유로이즘의 시각을 더욱 넓히고 있는데, 구소련의 중앙아시아와 시베리아, 그리고 동아시아로 펼쳐지는 범세계적 유로이즘을 창출한다는 국제적 계획도 가지고 있다. 특히 유로이즘의 기반이 되는 EU를 통해 경제블록을 형성하여 타지역의 블록을 능가함으로써 세계를 유로이즘 아래 놓겠다는 야심찬 설계도를 그리고 있다. 획기적이고 조직적인 유로이즘을 바탕으로 한 세계화를 부르짖고 있는 것이다. 이는 동유럽과 구소련 및 서유럽의 경제융합과 아울러 세계지배를 의미한다. 세계를 유럽지역으로 끌어들여 세계를 재지배하면서 일본과 미국을 소외시키고 온 지구를 그들의 영향 하에 놓겠다는 것이다. 그야말로 새로운 21세기의 새로운 식민지 구상책에 다름아니다.

유사한 역사·문화·전통을 공유하며 오랜 역사를 지닌 거대한 거목인 유럽은, 이제 유럽연합을 통해 세계적인 경제블록으로서 동유럽·구소련의 시장개방화를 통한 미시·거시경제를 계획하고 있다. 또한 동유럽·구소련에 잠재되어 있는 종교세력인 동방교회의 역량을 동원하여 게르만 가톨릭, 개신교 등과 아울러 유럽의 종교조직화를 추구하고, 특히 제3세계 및 이슬람 문화를 유럽화하여 범세계적인 종교문화군을 구축시킨다는 구상을 하고 있다. 통독과 유럽연합은 이미 성취되었으며, 이는 유로이즘의 1, 2단계의 성취를 뜻한다.

그러나 그러한 성공 안에도 여전히 해결해야 할 문제들이 남아 있다. 우

---

19) 니스 유럽연합 정상회담(2000. 12. 7~11)은 투표권 배분을 회원국의 파워에 따라 새롭게 차등화하는 데 합의하였다. 독일·영국·프랑스·이탈리아는 각각 29표, 스페인 27표, 네덜란드 13표, 그리스·벨기에·포르투갈 12표, 스웨덴·오스트리아 10표, 덴마크·핀란드·아일랜드 7표, 룩셈부르크는 4표로 조정됐다. 또한 앞으로 가입이 예정된 폴란드는 28표, 루마니아 14표, 체코·헝가리 11표, 불가리아 9표, 슬로바키아·리투아니아 7표, 라트비아·슬로베니아·에스토니아·키프로스·몰타에 3표씩 할당했다(http://www.joins.com/news/2000/12/11/int/int20001211183546102160.html 참조).

선 갈수록 커지고 있는 지배자와 피지배자 계층 간의 격차, EU 각 국 간의 보이지 않는 이해관계와 갈등을 어떻게 극복하느냐의 문제가 있다. 또한 유럽 내에서 통독이 동유럽과의 관계에서 얼마만큼 실속을 거둘 수 있으며 유럽연합에 어떠한 실리를 가져다줄 것인가도 역시 큰 관건이다. 그리고 현재 구소련의 침체된 경제문제, 각 지역의 분쟁 문제를 어떻게 조정할 것인가도 난점으로 되어 있다. 또한 유럽사회가 안고 있는 난점 중의 하나로서 계속 지적되어 온 소수 엘리트 중심체제의 문제가 있다. 이들 엘리트층은 유로이즘의 중요성을 크게 인지하고 있으며 각 국가 간의 문제점들을 유럽 문명이라는 커다란 항아리 속에서 해결하고자 하고 있다.

유럽연합의 지도층은 유로이즘의 기반을 여유로운 삶과 경제구조의 구축에 두고 있다. 현재 유럽인들은 1년에 한 달 이상씩 휴가를 얻어 자기 시간을 갖고 있지만, 문제는 그 대다수가 낮은 차원의 1단계 소비휴가에 머물고 있다는 점에 있다.

이에 유럽의 지도층은 우선 자본주의를 재분석한 네오 케인즈 이론을 연구하여 경제모델의 대안을 재검토하고 있다. 또한 동양의 내적 수양 및 인륜, 도덕성을 연구하고 있다. 예컨대 균형된 삶의 향유를 목적으로 하여, 서구의 경제체제를 바탕으로 여러 각도로 다른 문화의 영입을 시도하고 있는 것이다.

유로이즘에서 추구하는 유토피아(Utopia)는 자성과 휴식이 리듬적 조화를 이루고 창조적·부르주아적 정신을 향유하는 것이다. 일찍이 유럽은 19세기 말 푸르동의 이상사회주의자의 이론을 계기로 하여 고대 플라톤의 이데아 개념을 구체화시켰다. 그러나 이러한 이상적 개념과는 달리 유럽사회는 제1·2차 세계대전을 전후로 하여 지나친 자유에 따른 방종과 퇴폐 문화로 뒤덮였고 민주주의는 혼돈과 뒤섞였다. 특히 섹스문화의 범람과 마약·알코올 중독 등의 확산으로 대중은 그 건전성을 상실하고 그야말로 혼돈 상태에 빠졌다. 이러한 상황 속에서 유럽의 지도층은 끊임없이 이러한 문제들을 해결하기 위하여 균형된 삶과 청사진을 계속 추진하고 있다.

이 경우 유럽인들이 추구하고 있는 삶이란 여유로운 삶, 극단적인 부나 극단적인 삶을 지양한 중간 상태의 안정된 삶이다. 유럽인들도 당연히 돈을 좋아하고 돈을 많이 벌려고 한다. 그러나 극단적으로 돈이 많거나 횡재를 하는 자체에 대해서는 질시하는 경향이 있다. 그들은 적당한 수준에서 인생을 즐기는 경제구조 모델을 찾아가고 있는 것이다.[20]

6. EU의 전망

1) EU의 의미

유럽통합은 근대세계의 중요한 축으로 존재했던 국민국가들 간의 통합이라는 점에서 근대국가체제의 변화를 의미한다. 세계화와 함께 1990년대 이후 강조된 지역주의(Regionalism) 경향은 국가 간 그리고 지역 간의 시장통합을 통해 지역내 기업의 경쟁력을 강화하고 개인에 대해서는 삶의 기회를 확장하는 것이다. 하지만 지역주의의 심화를 위해서는 국민국가의 절대적 주권의 일부가 양도되지 않으면 안 된다. 유럽연합은 이미 회원국 시민들에게 자유로운 이민을 허용하고 있으며 외교안보정책에서도 공동정책을 마련하기 위해 협력하고 있는 상황에 이르렀다. 지역통합은 탈국민국가적 경향의 중요한 징후로 이해할 수 있는 것이다.

이런 관점에서 볼 때 유럽통합은 근대적 국민국가의 경계와 구속을 넘어서는 '새로운 중세'-탈국가적, 횡(橫)국가적 지구촌을 만들어 나가는 전위적 현상이라는 점에 주목할 필요가 있다. 근대 이후 우리는 민족(국가) 개념을 중심으로 세계를 이해하고 자신을 정체화시켜 왔다. 따라서 국민국가 개념은 근대세계를 이해하는 전형적 사고의 중심개념이었다. 그런데 이제 탈근대적·탈민족적 세계관이 열리고 있다. 이런 점에서 유럽통합은 탈근대적 세계관과 탈민족적 인식론의 중요한, 그러면서도 매우 확고한 징후라고 간주할 수 있다.[21]

---

20) 김희일, 『세계와 한국이 미래』, 백산출판사, 1997 참조.
21) http : //165.194.71.71/data/g.html

2) EU의 문제점

첫째 유럽통합의 심화를 들 수 있다. 유럽공동체가 지금까지 획득해 온 것들을 보전해 가면서 마스트리히트 조약에 설정된 새로운 목표를 실천에 옮기는 문제다. 특히 통합화폐인 유로화의 전도에는 많은 난관이 예상된다.

둘째 유럽연합의 확장에 관한 문제다. 유럽연합의 확장은 내부 결속과 동질성의 약화를 초래할 위험을 안고 있으며 동시에 유럽 기구들이 새로운 자유무역 지역으로 흡수 편입될 위험을 내포하고 있다.

셋째 유럽연합에만 존재하는 강력한 사회보장제도를 바탕으로 한 사회경제 모델이 가속화되는 경제의 국제화 추세 속에서 과연 계속적으로 보전될 수 있느냐다. 커다란 경제위기를 맞고 있는 유럽이, 지난날의 경제호황과 국제경쟁상 절대적 우위를 점하고 있던 시절에 수립한 사회보장제도를 점점 치열해져 가는 국제경쟁사회에서 어떻게 유지해 나갈 것인가의 문제다.

넷째 유럽회의주의의 팽배다. 유럽회의주의가 팽배한 이유로는 먼저 마스트리히트 조약 자체에서 찾아진다. 15개 회원국의 각기 다른 상황과 입장을 최대한 반영하려 한 타협안이어서 내용 자체가 대단히 복잡하다. 게다가 영국과 덴마크는 몇 가지 예외조항을 획득함으로써 유럽통합이 두 가지 속도 혹은 여러 가지 다른 속도로 발전해 나갈 소지를 남기고 있다. 경제적으로는 상당히 통합되어 있으면서도 정치적으로는 국제사회에서 자신의 역할을 수행할 수 있을 만큼 통합되어 있지 못한 점, 경제침체에 따른 실업의 증가와 사회불안정도 빼놓을 수 없다.

마지막으로 유럽통합이 진척되면 될수록 브뤼셀 위원회의 개입이 잦아지고 복잡해진다는 점을 지적할 수 있다. 이런 이유로 팽배해 가는 유럽회의주의는 유럽통합의 선구자들이 철저히 배척했던 민족주의를 새로이 고개 들게 하고 있다.

3) EU의 전망

유럽연합은 예정된 대로 유럽중앙은행(European Central Bank : ECB)의 설립과 유럽단일통화의 창출을 완료하고 경제통화동맹(Economic and Monetary Union)으로 발전하였다. 또한 헝가리, 체코, 폴란드 등 구동구권 국가 10개국과 키프로스, 몰타 등 12개국을 추가로 EU에 가입시키기로 하여 유럽연합이 대폭 확대되었다.[22] 그러나 유럽연합은 정치적 통합의지를 완전히 결여한 자유무역지역으로 흡수되었을 뿐이라는 설과, 유럽연합의 핵을 이루는 국가들을 중심으로 경제·정치·외교·방위 문제를 통합하는 유럽연방 내지는 유럽합중국으로 발전해 나갈 것이라는 두 가지 설이 있다. EU의 미래는 많은 변수가 있을 수 있고 미테랑 대통령의 지적처럼 유럽의 개개 국가들의 정치적 의지에 달려 있는 것으로 보인다.[23]

참고문헌 및 URL

김희일,『세계와 한국이 미래』, 백산출판사, 1997.
민석홍,『사학논총』, 삼영사, 1985.
민석홍,『서양사개론』, 삼영사, 1993.
민석홍·나종일,『서양문화사』, 서울대출판부, 1985.
민석홍·나종일·윤세철,『세계문화사』, 서울대출판부, 1992.
배영수,『서양사강의』, 한울아카데미, 1994.
이규태,『비교 서양인의 의식구조』, 신원문화사, 1991.
이민호,『서양문화사』, 느티나무, 1988.
이태영·홍종필,『동서양의 역사와 문화』, 백산출판사, 1996.
장홍,『유럽통합의 역사와 현실』, 고려원, 1994.
진원숙,『서양사 산책』, 신서원, 1997.

---

22) 2000년 12월 11일 EU 정상회담은 2003년 1월 1일부터 2004년 중반까지 폴란드·헝가리·체코·슬로베니아·에스토니아·키프로스 등 1차 그룹 6개국과 불가리아·루마니아·슬로바키아·리투아니아·라트비아·몰타 등 2차 그룹 6개국 등 총 12개국을 EU 회원국으로 가입시키기로 결정하였다. 당초 가입후보국으로 거론된 터키는 제외되었다. 따라서 EU 총 회원국은 25개국으로 대폭 확대되게 되었다(『조선일보』 2000년 12월 12일자 기사).

23) http : //mm.ewha.ac.kr/~jhcho/spring99/ec/전망.html

차하순, 『서양사총론』, 탐구당, 1984.
최금숙, 「동유럽문명 견문기」, 『문명연지』 1-1, 한국문명학회, 2000.
C. 브린톤 외 지음, 양병우 외 옮김, 『세계문화사 3』, 을유문화사, 1963.
K.M. 세톤·H.R. 윈클러 지음, 지동식 외 옮김, 『서양문명의 제문제 2』, 법문
    사, 1978.
노먼 F. 캔토 지음, 사우엘 버너 편, 진원숙 옮김, 『서양근대사 1500~1815』,
    혜안, 2000.
N. 캔터 지음, 지동식·이규하 옮김, 『서양사신론 2』, 법문사, 1979.
O. 할레키 지음, 최영보 옮김, 『유럽사의 경계와 구분』, 탐구당, 1993.
P. 게이·R.K. 웹 지음, 박무성 옮김, 『서양최근세사』, 법문사, 1983.
R.R 파머·J. 콜튼 지음, 강준창 외 옮김, 『서양근대사 3』, 삼지원, 1985.
http : //165.194.71.71/data/g.html
http : //galaxy.channeli.net/deutsch/eu/eu_grad_chapter_2_1.htm
http : //mm.ewha.ac.kr/~jhcho/spring99/ec/전망.html
http : //npqs.go.kr/national/eu.htm

제10장 유대 문명의 선민의식

1. 유대 문명의 개관

유대 문명은 이스라엘 문명이며, 이스라엘 문명은 사실상 유대교 문명을 지칭한다. 유대교란『구약성서』를 성전으로 하는 유대인의 민족종교다. 천지만물의 창조자인 유일신인 하느님 야훼(Jehovah)를 신봉하며 유대인 자신을 스스로 신의 선민(選民)으로 자처하고 메시아의 지상천국 건설을 믿는 종교다.

서기전 538년 바빌론의 포로 상태에서 해방된 뒤 예루살렘 신전을 중심으로 성립된 엄격한 율법적 일신교인 유대교는, 여호와를 유일·절대의 신이며 창조주로서 전 인류를 지배하는 존재로 보았다. 그 신의는 모세의 율법에 계시되었으며 그들의 일체의 일상 생활은 여기에 의거하여 영위되었다. 그 율법은 유대 민족만의 것이었으므로 유대인은 스스로를 신과 특수한 계약을 갖는 선민이라 하였다. 이러한 사상은 유대민족이 위기에 처할 때마다 민족적 독립을 수호하는 수단으로서 민족지도자들에 의하여 강조되었으며, 서기전 70년 로마제국에 굴복당한 뒤로는 여기에 강력한 정치적 색채가 부여되었다. 이에 따르면, 말세에 그들 가운데 구세주가 나타나 천사의 군사를 거느리고 신의 백성에 반역하는 제민족을 벌하여 새로운 신의 나라를 실현한다는 것이다. 이러한 비원은 19세기의 시오니즘(Zionism) 운동으로도 연결된다. 예수(Jesus Christ)가 출현했을 무렵의 유대교는 이러한 정치적 정열이 완고한 율법주의와 연결되어 있었다. 예수는 이것을 비판하고 새로운 신앙을 세웠으나, 유대교의 영향이 절대적으로 많은 것은 분명하다.

유대교는 시나고그(회당)를 중심으로 조직되었으며 예배의식을 주관하는 랍비(rabbi : 선생)를 둔다. 안식일을 엄수하여 일체의 노동을 쉬고 하루를 기도로 보낸다. 할례를 중요한 의식 중 하나로서 지키며, 기타 신년, 이집트 탈출을 기념하는 유월절 등의 축제일이 있다.

2. 유대 문명의 의미

1) 유대 문명의 저력

서양문화의 3분지 1이 유대의 흔적을 지니고 있다. 서유럽에서는 어린이의 이름을 유대인의 이름을 따라 짓는다. 아담 스미드, 아브라함 링컨 등이 모두 유대 이름을 본뜬 것이다. 그러나 실제로 고대 유대인들이 미친 중요한 영향은 인간이 살아가는 데 필요한 심각한 질문들에 대해 비전을 제시해 주었다는 점에 있다.

유대인들은 상당히 뒤늦게 역사무대에 등장했다. 서기전 3000년에 에집트에는 이미 피라미드가 서 있었고, 수멜과 아카디안은 국제적 왕국을 이루고 있었으며, 서기전 1400년에 페니키아는 식민지정책을 쓰고 있었다. 이처럼 대왕국들이 찬란한 역사를 창조하고 있을 때 유대인들이 아라비아 사막 북부에서 유목생활을 하고 있는 조그마한 집단에 불과하였다.

그들이 드디어 한 곳에 정착했을 때 그들이 선택한 땅 역시 보잘것없는 곳이었다. 팔레스타인은 단에서 브엘세바까지 약 150마일, 너비는 약 50마일 정도로 한국의 강원도밖에 안 되는 조그마한 땅이었다.

유대인들로 하여금 아무런 보잘것없는 것으로부터 영구적인 종교적 위대성으로 옮겨가게 만든 것은 여러 가지 '의미에 대한 그들의 열정'이었다.

2) 창조의 의미

유대교의 기록은 "태초에 하느님이 천지를 창조하시다"로 시작된다. 우리가 알고 있는 자연적인 존재의 모든 영역, 이 우주를 하느님이 창조하셨다고 함은 무슨 뜻인가? 이는 우주와 그 안에 있는 생명이 어떻게 생겨났느냐를 말하는 것이, 아니라 그 존재의 가치를 말하는 것이다.

하느님이란 단어가 무엇을 의미하든 그것은 인간에게 힘을 주고 그 가치를 한 점으로 모아서 무엇이든 원하는 것을 할 수 있고 그 원하는 것이 좋은 것이 될 수 있음을 의미한다. 이러한 의미에서 하느님이 세상을 창조하셨다는 신조는 견디어 낼 수 있는 가치를 확인하는 것이다.

유대인들은 하느님이 세상을 창조하셨다는 사실을 그들의 생활중심에 두고 아무리 절망적인 처지에 놓이고 죽음의 골짜기가 아무리 깊고 험해도 결코 절망하지 않았다. "태초에 하느님이 천지를 창조하시다"로 시작해서 하느님은 창조하신 모든 것을 보시고 "대단히 좋았다"라고 하였다는 구절에서 다른 종교들과 얼마나 다른가를 알 수 있다.

성(sex) 또한 좋은 것이다. 유대 종파 가운데 소수는 독신주의를 신봉하나 전체로 보아 "열매를 맺고 번창하라"라는 하느님의 말씀에 존중하고 혼인을 높이 평가한다.

3) 인간의 의미

인간이 제한된 존재임을 유대인은 잘 알고 있었다. 하늘의 웅장함에 비해서 인간은 티끌과 같다고 생각한 것이다.[1] 자연의 힘과 비교할 때 인간은 대단히 연약하다. 인간의 수명은 너무나 짧아서 마치 아침에 피었다 저녁에 시드는 풀과 같다.[2]

유대인들은 인간에 대해서 회의적인 태도를 표현했지만 인간이 동물과 같다는 결론을 내리지는 않았다. 유대인들은 인간의 육체적 제한성 즉, 인간의 연약함, 고통에 대한 감수성, 짧은 생명 등에 대해서 말했다. 그러나 유대인의 인간관은 인간의 육체뿐만 아니라 정신적인 제한성까지 포함해서 언급하였다. 사람은 육체적으로 연약한 동시에 죄인이라는 것이다.

---

1) 시편 34 : 10.
2) 시편 90 : 7.

'죄'라는 히브리어는 어원상 '어떤 표적을 빗맞추다'라는 뜻을 갖고 있다. 인간은 동물 이상으로 창조되었음에도 때때로 동물과 같이 낮은 자리로 떨어진다. 인간은 고상하여야 함에도 불구하고 일상 생활에서는 그렇지 못하다.

유대인들은 인간의 자유에 대해서는 조금도 의심을 품지 않았다. 최초의 인간행동에 대한 기록은 자유선택의 행동에 대한 것이다. 아담과 하와가 에덴 동산에서 금지된 실과를 먹으라는 유혹을 받았다. 그 때에 그들은 그 유혹을 물리칠 능력을 가지고 있었다. 뱀은 아담과 하와를 단지 유혹했을 뿐이다. 이 유혹을 받아들인 것은 아담과 하와다. 이는 분명 인간의 자유에 대한 이야기다. 인간은 자신이 선택한 것을 통해서 자신의 운명을 창조한다.

마지막으로 인간은 사랑의 하느님으로부터 총애를 받는 존재라고 유대인은 믿는다. 다시 말해서 인간은 근본적으로 죄인이지만 자기 운명을 스스로 창조할 수 있는 자유를 가지고 있다. 인간은 하느님의 사랑을 받는 하느님의 아들인 것이다.

4) 역사의 의미

성서의 역사관은 변화와 투쟁의 세계에서 하느님을 발견한다는 것이다. 유대인에게 있어서 역사는 가장 중요한 것이다. 역사가 가장 중요한 첫째 이유는 문제를 일으키고, 기회를 묘사하고, 성취조건을 만드는 매일의 생활에 영향을 준다고 확신하기 때문이다.

역사가 중요한 둘째 이유는 만일 사건들이 삶에 중요한 역할을 한다면 그룹활동, 사회활동 또한 중요한 역할을 한다고 보기 때문이다. 예를 들면 이집트에서 노예생활을 하던 히브리인 개인의 운명이 동족 전체와 함께 일어날 때 해결이 되었던 것이다.

역사가 중요한 셋째 이유는 역사는 항상 기회를 주는 무대로 생각되기 때문이다. 하느님은 역사의 주로서, 우연히 일어나는 것은 하나도 없다. 하느님은 역사의 모든 사건에서 활동하는 존재다.

마지막으로 역사의 중요성은 역사가 제공해 주는 기회들은 하나도 같은 것이 없다는 점에 있다. 역사의 각 기회는 특수하나 어떤 것은 좀더 결정적이다.

이러한 역사적 사건들의 특색은 첫째 어떤 역사적 위기점에서는 하느님이 직접 간섭한다는 것, 둘째 그들은 하느님의 특수한 도전을 받아들이는 선택받은 민족이라는 것이다.

5) 고통의 의미

유대교에서의 고통이란 단순히 유대인들에게 형벌을 경험하게 하는 고통이 아니었다. 그것은 그 백성을 위한 교훈의 경험이었으며 세계를 위한 구원의 경험이다.

고통의 경험은 교훈과 통찰력이라는 측면에서 볼 수 있다. 패망과 정배의 경험은 이집트에서의 노예 경험에도 불구하고 이를 경시하는 사람들에게 진정한 자유의 진가를 가르쳐 주는 교훈이다. 예언자들은 고통만이 전적으로 교훈이 될 수 있는 가르침이라고 보았다. 그러나 유대인들이 포로생활을 통해 배운 것은 다만 가혹한 시련의 의미만이 아니었다. 포로생활을 통해 하느님은 이스라엘 백성에게 역사적 통찰력을 갖게 하였다.

6) 선민의식

'하느님이 유대인을 택하시다니 얼마나 이상한 일인가?'

분명 전 인류의 하느님이 자기 자신을 밝혀 보이기 위해서 한 국민만을 선택했다는 것은 종교 연구에서 가장 취급하기 어려운 교리다.

랍비의 이론은 다음과 같다.

하느님은 이 지구상에 있는 모든 나라에게 내적으로 토오라를 주었으나 그 중 유대인만이 하느님의 요구를 받아들임으로써 토오라를 발견했다. 그들은 자신들도 무엇을 받는 것인지 알지 못한 채 그대로 받아들였다. 그리고 이 토오라의 높은 요구를 받아들이고서는 약속을 이행하지 않았기 때문에 유대인들은 벌을 받게 되었다.

그렇다면 다음과 같은 질문이 나올 수 있다. ① 무엇이 유대인으로 하여금 그것을 받아들이게 했는가? ② 그들의 역사를 위해서 무엇을 했는가? ③ 왜 하느님의 계시는 인간에게 그러한 것을 요구했는가?

먼저 이스라엘은 보잘것없는 노예집단으로서 당시 가장 강성했던 이집트의 울타리를 벗어나 자유를 얻고 특별한 예외로서 존경을 받는 국민이 되어 나라의 형태를 이루게 되었다. 그 일이 있은 직후 그들은 현세상에서는 비교할 수 없는 하느님의 존재를 이해하게 되고 그 후 오늘날에도 세계를 지배하고 있는 윤리도덕과 정의의 기준을 이끌어 내었다.

또한 유대인이 선택되었다는 것은 하느님이 객관적으로 모든 민족을 제쳐둔 채 유대인에게만 기울어졌다는 뜻이 아니라, 그들을 통해 하느님 자신을 가장 분명하게 드러냈다는 뜻이다. 예컨대 하느님이 억압받는 자를 억압에서 따로따로 모두 구원해 냈다면 유대인의 해방이라는 사건은 늘 있는 사건 중 하나로만 받아들여졌을 것이다.

7) 이스라엘

유대교는 국민 전체의 신앙이다.

인간은 누구나 언어와 땅을 가지고 있는데 유대인에게는 히브리어와 이스라엘 땅이 있다. 오랜 방랑을 끝내고 1948년 이스라엘 땅으로 다시 돌아오게 된 이유를 요약해 보면 다음과 같다.

① 유대 인구의 3분지 1이 나치에게 학살당한 후 자신들의 나라 안에서만 안전을 찾을 수 있다고 느꼈다.

② 심리적으로 볼 때 사방으로 흩어져 비굴해지고 자신을 저버리게 되는 문제는 오직 자신의 나라를 가질 때만 해소될 수 있다고 생각했다.

③ 문화적으로 유대교가 점점 희박해져 가고 그 전통이 죽어 가고 있는 상황에서 유대교를 기본적 문명으로서 성장시켜 나갈 장소가 필요하다.

④ 예언자적 이상과 윤리를 역사적으로 완전히 이해할 수 있도록 헌납

할 수 있는 나라가 있어야 했다. 어떤 이유로든 지금 이스라엘은 존재하고 있다.3)

8) 『탈무드』

유대인의 생활규범인 『탈무드』는 모두 20권 1만 2천 쪽에 2백 50만 개 이상의 단어로 이루어진 책으로서, 그 무게가 75kg에 달한다. 따라서 이 방대한 책이 어떻게 해서 만들어졌으며 어떤 책인가를 한 마디로 설명하기란 지극히 어려운 일이다. 아주 간단히 설명하려 할 경우 『탈무드』의 본 뜻에서 벗어날 우려가 있고 제대로 설명하려면 끝이 없기 때문이다.

『탈무드』는 엄격히 말해 책이라기보다는 '학문'이라고 해야 한다. 1만 2천 쪽이나 되는 『탈무드』는 서기전 500년까지 1천 년의 세월 동안 구전으로 전해 내려오던 것을 2천 명에 달하는 많은 학자들이 10년에 걸쳐 편찬한 것이다. 이 책은 유대의 옛 선조들의 생활을 지배하였으며 현재의 유대인까지 지배하고 있는 것으로서 실로 유대 5천 년의 지혜이자 모든 지식의 저장창고라 할 수 있다. 그렇지만 이것은 정치가나 과학자, 철학자, 대부호, 저명인사들에 의하여 만들어진 것이 아니라 오직 학자들의 손에 의해 문화·도덕·전통이 총망라된 결과물임을 기억해 두어야 한다. 이것은 법전이 아니지만 법률을 논하고, 역사책이 아니지만 역사를 말해 주며, 인물사전이 아니지만 많은 인물을 소개하고, 백과사전이 아니지만 백과사전의 구실까지도 하고 있다. 삶이란 무엇인가? 인간의 존엄성이란 무엇인가? 행복이란 무엇인가? 사랑이란 무엇인가? 5천년 유대 역사의 정신적 재산과 양식이 여기에 고스란히 담겨 있으니, 『탈무드』야말로 진정한 의미에서 '뛰어난 문헌'이요 화려한 문화의 모자이크라 아니할 수 없다. 오늘날의 서양 문명을 잉태한 문화양식과 사고방식을 이해하고자 한다면 『탈무드』를 먼저 이해하지 않고는 불가능할 것이다.

『탈무드』의 원류는 '구약성서'이며 이 구약성서를 보완하여 보다 확대·

---

3) http : //www.dasom.com/religion/6001.htm

발전시킨 것이라 할 수 있다. 그렇지만 기독교도들은 예수 출현 이후의 유대 문화는 모두 무시해 왔고, 『탈무드』의 존재 또한 완강히 거부해 왔다. 『탈무드』는 학문으로 집대성되기 전까지는 랍비로부터 제자들에게 구전으로 전해져 내려왔다. 히브리어와 아랍어로 되어 있고, 그 대부분은 문답 형식으로 되어 있으며 다루는 내용의 범주는 한없이 넓고 깊다. 이 책이 글로 씌어질 당시에는 구두점 따위의 문장부호가 전혀 무시되었고 서문이나 후기도 없었다.

『탈무드』는 흔히 읽는 것이 아니라 배우는 것이며 유대인의 얼이 깃든 것이라고 한다. 2천 년이라는 기나긴 세월 동안 세계 각지로 뿔뿔이 흩어져 살아야만 했던 유대인에게 이『탈무드』야말로 그들 간의 유대를 강화시켜 주고 끈질긴 생명력을 불어넣어 주는 원천이었다. 오늘날의 유대인이 모두 이『탈무드』를 연구하고 있는 것은 아니지만, 한결같이 그들의 정신적 자양분을 이 책에서 섭취하고 생활규범 또한 여기에서 찾고 있다. 따라서『탈무드』는 유대인의 생활 그 자체이며, 유대인이『탈무드』를 지켜 왔다고 하기보다는 오히려『탈무드』가 유대인을 지켜 왔다고 하는 편이 옳을 것이다.

'탈무드'란 본래 '위대한 학문' '위대한 고전 연구'라는 뜻을 갖고 있다. 『탈무드』는 20권이 전부 하나같이 2쪽에서부터 시작된다. 이는『탈무드』를 읽기 전에 이미 누구나『탈무드』의 연구자였다는 것을 상징한다. 1쪽에는 언제나 읽는 이의 경험이 씌어져야 하기 때문이다. 유대인들은『탈무드』를 '바다'에 비유한다. 엄청나게 방대해서도 그렇지만, 모든 것이 그 안에 포용되어 있고 그 깊은 심연에는 무엇이 존재하는지 아직도 확실히 알 수 없기 때문이다.

9) 근·현대의 유대교

18세기에 이르러 독일에 살던 유대인들 중에서 은행가와 공장주 등으로 성공한 이들이 생기면서 자연스럽게 주변 사회와의 접촉이 잦아지게 되었다. 그 결과 멘델스존(1729~1786)과 같은 계몽철학자가 나타났다. 그는 조상 전래의 유대교 신앙과 서구 계몽사상의 융합을 시도했다. 18~19세기에 독일에서는 유대교를 당시 사회와 사조에 적응시키려는 개혁운동이 계속되었다. 1840년대에 이르러 독일 유대인들이 대거 미국으로 이주하여 기존 미국 유대교 개혁자들과 합세함으로써, 1880년 미국 유대교 200개 회당 거의 전부가 개혁유대교로 기울어졌다.

그렇지만 서유럽의 유대인들 대다수는 조상 전래의 유대교를 돈독히 지키면서 아울러 문화적으로 현대사회에 적응하는 신보수주의적 입장을 취했다. 동유럽에서는 18세기에 하시딤 운동이 일어났는데, 이것은 카발라 운동을 대중에 확산시킨 것이다. 하시딤 운동은 철저히 카리스마적 지도자(rebbe)를 중심으로 전개되었는데, 지도자들끼리 다투는 일이 잦아졌다. 처음에는 지도자가 민주적으로 선출되었으나 나중에는 세습되었다.

예루살렘의 하시딤은 메아셰아림 지구에 모여 살았다. 19세기 말엽에는 시온주의 운동이 일어났다. 오스트리아 태생 유대인 작가 테오도어 헤르츨(1860~1964)이 팔레스타인에 유대인의 국가를 세운다는 기치 아래 1897년 바젤에서 제1차 시온주의 세계대회를 열었다.

1917년 11월 2일 영국 외무장관 A.J. 벨푸어는 유대인들이 팔레스타인에 자신들의 국가를 건설하는 데 찬동한다고 선언했다. 1918년 영국군은 독일과 동맹을 맺은 터키군을 팔레스타인에서 몰아냈다. 1930년대와 1940년대 초에 서구의 유대인들이 히틀러의 박해를 피하여 팔레스타인으로 대거 이주함으로써 유대인들과 아랍 원주민들 간의 관계가 악화되었다.

1947년 11월 29일 국제연합이 이스라엘 독립을 승인한 데 이어 1948년 5월 14일 이스라엘 독립을 선포했다. 그 결과 이스라엘은 주변 아랍국들과 여러 차례 전쟁을 치렀다. 이스라엘 독립전쟁(1948~1949), 시나이 전쟁(1956), 6일전쟁(1967), 속죄일전쟁(1973), 이스라엘군의 레바논 침공(1982), 아랍인 봉기(1987) 등 분쟁의 연속이었다.[4]

---

4) http://www.dasom.com/religion/6002.htm

3. 유대 문명 네트워크

유대인을 가리켜 흔히 '세계에서 가장 단단히 뭉친 민족'이라고 한다. 사실 전 세계에 퍼져 있는 유대인은 마치 한 장의 담요처럼 짜여져 있고, 이 '담요'를 떠나서는 존재하지 못한다. 유대인은 이것을 히브리 말로 '하베림 갓 이스라엘'이라고 표현한다. '모든 유대인은 한 덩어리다'라는 뜻이다. 유대인의 고전에는 '이스라엘의 백성은 하나다' '유대민족은 하나다. 뭉쳐야만 한다' '그들은 같은 길을 가는 사람이다'라는 말들이 자주 되풀이해서 보인다. 이러한 사고방식은 고대로부터 지금까지 줄기차게 전승되어 왔고, 따라서 유대인이 한가족이라는 말은 결코 꾸미거나 부풀린 말이 아니다. 이러한 단단한 결합이 없었더라면 유대인은 이미 아득한 옛날에 다른 민족과 문화에 동화되고 말았을 것이다.

'we are doing it.'

이것은 미국내 유대인들의 한 모국 돕기 단체가 해마다 벌이고 있는 모금 캠페인이다. 이러한 단체가 미국 내에는 약 200개 정도 되며, 모금액의 약 80%가 모국으로 송금된다. 요란 떠는 일 없이 조용하게 모금운동에 자발적으로 참여하는 유대인들은 모국인 이스라엘과 미국 두 나라의 경제를 모두 살린다는 자세다.

다국적기업이라는 개념은 유대민족이 망국의 백성, 무국적의 백성으로서 이나라 저나라를 떠돈 이산·유랑의 역사 속에서 생겨났다. 1900년 동안 유대민족을 괴롭힌 것은 박해와 학살, 추방의 세 가지였다. 전 세계를 상대로 하는 유대인에게 상대의 국적 같은 것은 아무문제가 되지 않는다. 유대인들이 유대인이 아닌 사람과 거래를 할 때 일일이 '한국인', '프랑스인' 식으로 상대방을 가려 부르지 않고 통틀어 '이방인(異邦人)'으로 간주하는 것도 이 때문이다.

전 세계에서 손꼽히는 곡물회사는 다섯 개인데, 그 중 콘티넨탈·그레인, 카이글, 루이·드레퓨즈의 세 개가 확실한 유대계 회사로 알려져 있다. 유대인들이 이 분야에서 발군의 실력을 갖추게 된 것은 기나긴 고난의 역사를 통해 곡물과 식료를 쥐는 자가 힘을 갖다는 사실을 체득하였기 때문이다.

"만일 유대인이 북반구로 분산 이주하지 않았다면, 근대 자본주의는 발생하지 않았을 것이다"라고 문화사가 W. 존파르트가 말한 바도 있지만, 유대인들의 영향력은 그야말로 막대하다. 1천 300만 유대인들 중 약 600만 명이 세계 자본주의의 종주국인 미국에 살고 있다.5) 미국은 정치적으로든 경제적으로든 거대한 독점자본가들에 의해 움직이는 나라인데, 미국의 거대 독점자본가 그룹의 상위 5개 기업이 유대계다.

재벌 규모로는 최상이 아니지만 국제 유대자본 가운데 중요한 위치를 차지하고 있는 것이 캐나다의 프롬프만 재벌이다. 스페이스 리서치는 미국과 바르바도스에 자회사를 가지고 있으면서 150mm 곡사포, 미사일 발사 시스템 등을 중심으로 미국방성, 한국, 대만, 이스라엘, 남아프리카연방 등과 교역하고 있다. 또한 세계 금융시장은 의문의 여지없이 유대자본이 경영권을 장악하고 있는 미국 은행이 지배하고 있다.

이 지구에는 약 60억 이상의 인간이 살고 있는데, 유대인은 1천 300만 명이니 비율로 보면 겨우 0.22%를 점할 뿐이다. 숫자통계로만 보면 거의 무시해도 좋을 만큼 소수민족에 속한다. 그런데 경제 한 분야에서만 65%, 실로 2/3 가까이를 유대인들이 차지하고 있다. 우리에게도 익히 알려져 있는 밀턴 프리드먼이나 폴 새뮤얼슨 등도 유대인이다.

노벨상에서도 문학상의 30%, 의학상 25%, 물리학상의 23% 이상을 유대인이 차지하였다. 뿐만 아니다. 우리가 기억하는 초특급 인물 중에는 유대인이 부지기수로 끼여 있다. 상대성이론으로 우주의 신비에 접근한 아인슈타인, 중세기의 과학자 갈릴레이 갈릴레오, 미국인으로 알려져 있는 발명왕 에디슨, 정신분석학의 거성 프로이트, '제3의 물결'로 미래사회를 예견한 앨빈 토플러, 미술사를 빛낸 화가 샤갈, 풍부한 감성으로 오늘날까지 사랑받는 음악가 멘델스존, 유럽을 장악한 금융왕 마이어 암셀 로스차일드,

---

5) 1996년을 기준으로 이스라엘 인구는 460만 명이다.

영화계의 귀재 스필버그, 외교가 헨리 키신저, 그리고 칼 마르크스, 스피노자, 로스차일드, 록펠러, 트로츠키, 데이비드 릴타르도, 사무엘슨, 엘리자베스 테일러, 채플린 등도 유대인이다. 이외에도 각 분야에서 최고의 위치에 이름을 올린 유대인은 밤하늘에 반짝이는 별처럼 헤아릴 수 없이 많다.[6] 큰 출판사의 대부분은 경영자가 유대인이거나 직·간접으로 유대인이 관리하는 출자로 운영되고 있음도 잘 알려진 사실이다.

시오니스트의 다양한 행동과 의지는 미국에서 어떻게 힘을 가질까? 인구비율로 보면 그들은 미국에서 겨우 3%밖에 안 된다. 그러나 이들 중 많은 수가 미국의 부유층을 형성하며 항상 그들의 집단과 이스라엘의 이익을 위해 노력하고 있다.

미국의 유대 커넥션은 정치·경제·방위·문화 방면 모두에서 막대한 영향력을 행사하고 있다. 그들은 루즈벨트 정권 이래로 미국정부의 중요한 정책결정에 관여해 왔다. 미국의 정치는 사실상 소수파의 로비나 그 압력에 의해 좌우되는데, 미국의 대통령선거인단제도의 경우 민족적·종교적 압력단체 및 소수의 압력단체, 특히 유대 시오니스트나 이스라엘 압력단체에 의해 좌우되고 있다.

ADL[7]은 1913년 이스라엘을 최우선시하고 반(反)유대주의를 지양하는 조직으로서 막대한 재정을 기반으로 하여 설립되어 여타의 유대인 조직의 지지를 받으며 활동하고 있다.

중세에 유대인들은 주변 사회로부터 박해당하고 학살과 추방과 같은 고난을 반복해서 겪었다. 암흑시대로 불리는 중세기에는 유대인에 대한 근거 없는 소문으로 고통을 받았다. 유럽에 흑사병이 발생하여 수많은 희생자가 나왔을 때 유대인이 우물에 독을 뿌렸다는 유언비어가 번져 나갔고, 이는 유대인 학살을 부추겼다. 심지어 유대인의 가장 큰 명절인 유월절에 먹는 누룩 없는 빵 마짜를 만들 때 기독교인 갓난아기의 피를 섞는다는 확인되지 않은 이야기들이 유대인에 대한 기독교인의 증오감을 증폭시켰다. 세익

---

6) http://www.babynow.co.kr/lib/text/lib06_04.html
7) 유대 명예훼손방지연맹.

스피어의 『베니스의 상인』에 피도 눈물도 없는 냉혹한 대금업자로 등장하는 유대상인은 유대인에 대한 부정적인 이미지를 대표하는 예다. 유대인들이 대금업에 종사하게 된 데에는 나름대로 이유가 있었다. 중세에 유대인들은 토지를 소유할 수가 없었고, 이러한 토지소유의 금지는 유대인들에게 무역에 눈뜨게 만들고 금융업에 종사하도록 만들었다. 당시 기독교는 대금업을 천시하며 기독교인의 대금업 종사를 막고 있었다.

박해의 역사를 걸머지고 세계 각지를 떠돌던 유대인들이 다방면에 걸쳐 뛰어난 인물들을 다수 배출할 수 있었던 이유는 어디에 있을까. 답은 역시 교육을 통한 공동체의식의 함양과 네트워크를 통한 결속력의 강화에서 찾을 수 있을 것이다.

유대인 부모들은 자신의 자녀가 독립된 인격으로 성장하기보다는 유대인으로 성장하기를 기대한다. 훌륭한 대학을 나오고 탁월한 재능을 발휘하기보다 하느님을 경외하는 신앙인이 되기를 기대한다. 또한 유능한 기능과 탄탄한 재력으로 공헌하는 사회인이기 전에 유대민족의 문화와 전통을 계승하는 유대민족의 계승자가 되어주기를 바란다. 따라서 그들의 가정교육의 핵심은 민족정신을 심어 주는 데 있었다. 그들에게는 오래 전부터 하느님으로부터 선택받은 민족이라는 선민의식이 대단히 강했다. 유대인들은 이러한 사상을 원동력으로 하여 현대 인류사에 중대한 공헌을 한 다수의 인물을 배출해 왔고, 21세기도 리드해 나갈 것이다.

참고문헌 및 URL

강영수, 『뒤집어서 읽는 유대인 오천년사』, 청년정신, 1999.
박재선, 『세계사의 주역 유대인』, 모아드림, 1999.
유대용, 『문화란 무엇인가』, 학연문화사, 1999.
루스실로, 『자식은 유대인처럼 키워라』, 범림출판사, 1990.
막스디몬트, 『유대의 역사』, 대원사, 1990.

우노 마사미, 『1992년 유대인이 세계를 지배한다』, 백만인출판사, 1991.
우노 마사미, 『유대인의 세계전략』, 원음사, 1993.
후지타 덴, 『난세를 헤쳐 온 유대인 상술』, 책공장, 1998.
http : //100.naver.com/search.naver?where=100&command=search&srchmode=
        0&query=%C0%AF%C5%C2
http : //mm.ewha.ac.kr/~chonglee/99f/wowboard/data/datamovies/12-0
http : //myhome.dreamx.net/pwproot2/53/okbong/a2.htm
http : //myhome.shinbiro.com/~hanb다/world/1-1-3.htm
http : //www.babynow.co.kr/lib/text/lib06_04.html
http : //www.dasom.com/religion/6001.htm
http : //www.dasom.com/religion/6002.htm
http : //www.isrealemb.or.kr/facts/facts-tec.html

제11장 아프리카 문명의 유원성

1. 아프리카 이야기

그 밖에 그 밖에 여기 다 있다
그 밖에 그 밖에 여기 다 있다
그건 역사, 우리가 노예이기 이전 '우리 이야기' 말이다.
우리가 왕이고, 여왕이고, 땅의 지배자였을 때
우린 오늘날에도 불가능한 피라미드를 세웠다.
단지 사람, 흑인의 손으로 세워 냈다.

우리는 문명의 출발점으로 곧바로 돌아간다.
아프리카는 그들이 처음 창조한 땅이다.
즉 아프리카가 최초의 국가라는 뜻이다.
우리는 이 세상을 실용적이고 극적인 기술로 이끌지만
세상의 나머지는 여전히 그대로 서 있었다.
독재자들이 나타나 신의 의지를 설교했지만
그들 손에 있었던 것은 진정 살인뿐이었다.
만약 당신이 그들의 종교를 거절했다면 피를 흘렸을 것.
그들이 한 짓을 생각하면 몸이 아파온다.

누군가는 내가 배우지 못해서 그렇다고 말한다.

그건 당신과 내가 바보 되도록 세뇌시키거나 조정하면서
우리 이야기를 모르는 게 약이라고 말하는 것.

그들은 결코 우리 이야기를 그들의 프로그램에 넣지 않는다.
그들의 교활한 술책의 한 단면일 뿐.
창조적 역사에서 아무 역할도 못함을 만약 당신이 안다면
너는 모든 정체성의 자신감을 잃으리라.
다른 자에게 안전을 구하며 네가 그의 바보 이데올로기를 모두 믿는다,
마치 나무에서 그가 너를 발견할 때 그랬던 것처럼.
차를 끓이려고 분주히 모두 돌아다니는 게 문명이라 생각했던 것처럼.
그 백인통치가 살아 유지되게 해 준 쓰레기와 환상의 더미.

하지만 이제 요리를 치우고
마음과 눈을 뜨고 새 책을 읽을 시간이 되었다.
챈슬러 윌리엄의 『흑인문명 파괴』와 같은 책들이
거기 여자와 어린이와 남자를 위해 준비된다.

왜 우리 이야기가 숨겨졌는지 그 책은 설명해 주리라.
그건 하느님이 주신 바 너무나 풍부하고 광대하기 때문.

하지만 너는 선량한 사람들을 꺾어놓을 수는 없을 터,
올라가는 것은 내려오고
돌아가는 것은 돌아오는 법.
네가 잠이 깨거든 새로운 소리로 노래할 것이다.
그러니 나를 따라 낭송하라, 제임스 브라운의 말씀을.
나는 흑인, 나는 자랑스럽다.[1]

---

1) 아디사 지음, 「우리 이야기」. http : //myhome.dreamx.net/pwproot3/222/poempost
   /members_ads_03.htm

2. 역사의 후유증

인류의 발상지로 언급되는 아프리카는 대단히 오랜 문명의 역사를 간직하고 있다. 그러나 오늘날 아프리카는 낙후된 후진국, 혹은 빈곤과 질병, 끊임없는 분쟁에 시달리고 있는 대륙으로 인식되고 있다. 이는 3세기 반에 걸친 노예무역과 무분별한 서구 제국주의에 의한 대외팽창의 결과다. 오랜 식민통치는 아프리카 인들의 독자적인 문화와 전통을 붕괴시키고 부족단위의 통치체제에 큰 변화를 가져왔다.

유럽인 콜럼버스의 이른바 신대륙 발견은 대서양 시대를 여는 포문이었다. 유럽인에 의한 신세계 진출과 아메리카대륙 경영이 본격적으로 시작된 것이다. 신세계 개척을 위해 많은 노동력을 필요로 했던 유럽인들은 그것을 토착 아메리카 인디언에 의존했다. 그러나 인디언은 새로운 질병에 취약했고 유럽인들이 필요로 하는 노동력을 원활히 공급하지 못했다. 이에 유럽은 새로운 노동력의 공급처로서 지리적으로 인접한 아프리카로 눈을 돌려 아메리카대륙과 아프리카를 잇는 노예무역을 전개하였다.

유럽인들의 노예무역은 아프리카 중간상인이 토착사회의 부족장으로부터 노예를 사들여 백인들에게 판매하는 방식으로 이루어졌다. 당시 토착 부족장들이 같은 아프리카인의 노예매매에 관여하게 된 것은 무력을 앞세운 백인들의 강요와 위협 때문이었다. 그러나 한편으로 이들 부족장은 자신들의 기득권 유지와 인접한 경쟁 부족을 정복하기 위해 백인과 연합세력을 구축하기도 했다. 수세기에 걸친 아프리카 노예무역이 아무런 저항을 받지 않고 진행되었던 것은 토착사회 부족장들의 이 같은 협조가 있었기 때문에 가능한 것이었다.

아프리카인의 상품화는 아프리카 문명의 기반 파괴를 불렀고, 아프리카에 대한 유럽의 관심은 노예무역을 중심으로 하는 단순한 상업적 거래에서 차츰 경제적 착취를 위한 식민지 통치 쪽으로 확대되었다. 18세기 이후 자본주의가 발달하면서 아프리카는 원료공급지와 유럽의 상품시장으로서 급부상하였다. 이에 따라 아프리카에서 유럽 열강의 이해관계가 충돌하기 시작했으며 아프리카는 식민지 쟁탈의 각축장이 되었다.

18~19세기 동안 프랑스, 영국 등 유럽 각국은 아프리카 전역에 본격적으로 식민지를 건설하기 시작했다. 프랑스는 가봉을 비롯한 서부 아프리카로 프랑스 영토를 확장해 나갔으며, 영국과 이탈리아로부터 모로코에 대한 보호권을 승인받았다.

영국은 기네비아 해안에서 나이지리아까지의 동·서부 아프리카에 세력을 확장했으며 보어 전쟁을 계기로 남아프리카의 트란스발과 오렌지 자유국을 지배하게 되었다. 포르투갈은 앙골라와 모잠비크 등을 점령했으며, 이탈리아는 리비아와 에티오피아를 정복했다. 영국과 프랑스에 이어 아프리카 식민지 경영에 참가한 독일은 토고, 카메룬, 나미비아를 보호령으로 선포했다. 특히 독일의 아프리카 식민지 획득은 경제적 이유보다는 전통적으로 경쟁관계에 있던 프랑스의 아프리카 진출을 견제한다는 목적이 컸다.

이처럼 유럽 열강의 제국주의적 팽창이 확대되자 아프리카에서 유럽 열강 간의 충돌을 막기 위해 1884년 베를린 회의가 소집되었다. 여기서 아프리카 대륙의 분할이 결정되었는데, 이 회의에 참가한 유럽 열강들은 강자 우위의 분할원칙에 따라 아프리카 대륙을 임의로 분할하여 이를 식민지로 규정하였다. 이러한 분할은 아프리카 대륙의 역사적·인종적·문화적 배경을 전혀 고려하지 않은 채 식민지 본국의 세력권에 따라 이루어졌기 때문에 오늘날까지 내전이나 종족간의 분쟁 등 지역분쟁의 심각한 원인이 되고 있다.

이후 유럽 열강은 아프리카 대륙에 대한 식민지 경영을 단순한 노예 및 자원의 수탈이라는 차원을 넘어 상품의 소비 및 전략적 기지 확보를 위해 각 지역에 대한 지배권을 강화해 갔다.

영국은 실용적이고 지방분권적인 간접통치를 통해 아프리카 전역에 걸쳐 광범위한 식민통치를 실시하였는데, 지방의 토착문화나 통치제도를 활용하여 토착 사회와 문화를 유지하고자 하였다. 즉, 토착 부족장들의 통치를 통해 권력장악에 관여하지 않고서도 실제적인 통치력을 행사했으며, 소수의 행정 관리와 작은 노력으로도 광범위한 지역을 효과적으로 장악하였다. 이것은 영국의 식민정책이, 기본적으로 식민지인들이 이해할 수 있는 원칙으로 통치되어야 한다는 전제를 바탕으로 하였기에 가능한 것이었다. 그러나 다른 한편으로 남아공화국과 케냐 등과 같이 백인 정착민이 많이 거주하는 지역에서는 백인들이 정책 결정 과정에서 중요한 역할을 수행하였고 때로는 식민모국과의 마찰도 초래했다. 또한 간접통치는 전통적인 부족사회의 결속과 그 세력에 의존하였기 때문에 토착세력의 제도나 기능이 약한 곳에서는 효과적이지 못했다.

프랑스의 식민정책은 영국과 대조적으로 목적과 방법이 보다 한정적이고 참여적이었으며, 직접통치와 정치적 동화라는 정책적 기조 위에 수행되었다. 즉, 식민지 아프리카인들을 모국의 법과 가치체계에 부합하는 시민으로 만들고자 하였다. 따라서 식민지를 프랑스 해외영토로 간주하여 영국에 비해 보다 직접적이고 중앙집권적인 행정을 수행했으며, 이를 위해 많은 수의 관리를 필요로 했다. 또한 식민지 토착사회의 통치제도나 문화를 무시하고 프랑스적인 것을 강요하였기 때문에 지방 문화나 언어의 발전은 저해당할 수밖에 없었다. 서구문명의 우수성과 프랑스 문화의 보편성을 확신한 프랑스 식민주의자들의 이러한 식민정책은 문화적·종교적 열등성의 전제를 부정하는 아프리카인들과, 기득권을 위협받고 있던 백인 식민통치자의 반대에 부딪혀 간접 통치형태와 유사한 협동정책으로 대체되었다. 이 협동정책을 통해 표준 생활의 향상과 프랑스식 교육, 아프리카인들의 생활양식·관습·종교 등이 존중되었다.

아프리카 대륙에 최초로 진출한 유럽의 식민세력 포르투갈은 동화정책과 혼혈정책을 주요 식민정책으로 채택했다. 포르투갈은 아프리카인들을 자국민과 동등하게 대우할 것을 약속했으나, 실질적으로는 포르투갈에 이익이 되는 소수 식민지인과 백인 혼혈인에게만 시민권을 부여하는 등 원주민을 차별 대우했다. 즉 이들의 동화·혼혈정책은 잔혹한 식민지 경영방식을 은폐하기 위한 수단에 불과한 것이었다. 따라서 식민지의 교육 및 복지 시설은 극히 낙후되었고 앙골라와 모잠비크의 경우 문맹률은 99%에 달하였다. 또한 이들 식민지에 많은 포르투갈인을 이주시켜 값싼 원주민 노동력을 이용한 대농장을 경영하게 하는 등 경제적 수탈을 자행하였다.

식민지를 식민종주국의 통치단위로 간주한 이러한 유럽의 식민통치는 기존의 아프리카 부족단위의 통치를 붕괴시켰고 모든 부족은 자동으로 식민종주국의 구성원이 되었다. 이것은 결과적으로 아프리카 국가들의 이질적인 부족들을 하나의 국민, 즉 민족이라는 의식으로 단결하기 어렵게 만들었다. 유럽의 아프리카 진출은 아프리카의 전통사회를 붕괴시키고 인종적 굴욕과 사회적 황폐, 부족 간의 대립만 격화시키는 결과를 낳았던 것이다. 거기에 오랜 식민통치에의 의존과 그로 인한 통치경험의 부족, 지속적인 경제수탈에 의한 경제기반 시설의 미비는 신생 독립국들의 발전을 가로막는 커다란 장애로 작용하게 되었다.

아프리카 국가들이 이러한 모든 어려움을 극복하기 위해 시급히 해결해야 할 과제는 민족적 동질성을 확립하여 종족간의 분쟁 및 권력투쟁의 악순환을 종식시키고 정치적 안정을 이루는 것이다. 정치적 안정을 이룩하지 않고서는 아프리카에 내재해 있는 어떠한 어려움도 해결할 수 없음은 물론, 피폐할 대로 피폐해진 경제의 재건은 더욱 어려워질 것이다. 아프리카 각국은 정치적 안정을 통해 역사의 객체가 아닌 주체로서 유럽 열강에 의해 왜곡된 역사를 새로 정립하고, 보유하고 있는 자원을 바탕으로 단계적인 경제개발을 계획하여 기간산업을 확충하며 지역경제협력을 통해 부족한 기술과 재원 및 국제경쟁력을 키워 나가야 할 것이다. 아프리카 대륙에 내재된 무한한 가능성과 잠재력을 오랜 식민통치의 압제를 이겨낸 강인한 의지력으로 결집시켜 국가발전과 경제발전이라는 목표를 달성해야 할 것이다. 이로써 아프리카는 종족분쟁으로 인한 내전과 기아·질병을 호소하는 인도주의적 구호가 필요한 땅이 아니라 희망과 기회가 넘치는 약속의 땅이 될 수 있을 것이다.[2]

3. 사라진 흑인제국의 문명도시

---

2) http://www.samsung.co.kr/magazine/injae/May98/main61.html(조부연 기고)

흔히 아프리카 대륙 하면 뒤떨어진 문명과 가난, 야생동물들의 땅, 검은색 피부의 흑인들을 떠올릴 것이다. 어떤 면에서 보면 이는 옳다. 그러나 지금으로부터 수백 년 전 이 검은 대륙 아프리카에도 고도로 발달한 문명이 있었다.

고대문명이 거의 모두 그렇듯이 아프리카에 발달한 이 문명 역시 돌의 문명이었다. 아프리카 짐바브웨 남부의 관목지대에는 오랫동안 버려진 신비롭고 경이로운 돌의 도시가 바람에 날리고 세월에 찌들고 비에 씻긴 모습으로 남아 있다. 1868년 독일 탐험대에 의해 처음으로 세상에 모습을 드러낸 이 돌의 문명 도시는 문명인이라고 자부하는 독일인들에게조차 경이로운 대상이었다. 발견 이래 100여 년이 지나는 동안 도굴범들에 의해 수없이 도굴을 당하긴 했지만 아직도 발견 당시의 모습을 그대로 간직하며 오롯이 서 있다.

24헥타르3)의 면적에 자리잡은 이 유적은 결코 넓은 공간이라고는 할 수 없다. 그러나 전체적인 넓이만 갖고 도시가 아니라고 생각하면 큰 오산이다. 왜냐 하면 넓이 때문에 문명도시라고 한 것이 결코 아니기 때문이다.

이 유적에는 두 개의 구조물이 서 있는데 그 중 하나가 원형이 거의 그대로 보존된 타원형 담장이다. 길이 약 90m, 폭 약 70m의 이 담장은 높이가 9m이고 두께는 6m가 넘는 곳도 있다. 이 구조물을 학자들은 '사원'으로 부른다.

또 하나는 작은 언덕들 위로 솟아오른 성채인데, 주위의 바위들과 조화를 이루고 있다. 축조 연대는 15세기 말로 추정되며, 특별한 나라의 이름이 없던 한 부족에 의해 지어진 것이다. 16세기 중반 포르투갈의 역사학자 다미앙 데 고에스는 이 건축물에 대해 전해들은 이야기를 기록하였는데, 이 성채는 신비하게도 돌을 쌓을 때 아무런 접착제도 사용하지 않았다고 한다. 그는 아쉽게도 이 성채가 언제 어떤 용도로 지어졌는지에 대해서는 언급하고 있지 않다. 그러나 이 구조물이 아프리카 대륙에는 문명이 형성되

---

3) 약 7만 5천 평.

지 않았을 것이라는 기존의 사고가 편견임을 보여준다는 것, 동시에 유럽인들이 그토록 오랜 세월 동안 아프리카를 탐험하면서도 왜 이 구조물을 발견하지 못했을까 하는 의문을 제기하고 있다.

학자들의 추정에 의하면 이 건축물은 신전이었던 것으로 보인다. 확실히 그렇게 좁은 곳에서 전쟁을 할 수는 없었을 것이며, 또한 제대로 된 성이라면 이 구조물처럼 성루나 성문이 없지는 않았을 것이다. 분명 학자들의 주장에는 설득력이 있다.

이 구조물을 지은 사람들은 어디로 갔을까. 또 이토록 정교한 구조물은 어떤 용도로 사용되었을까. 이 유적이 불가사의로 남아 있는 것은 결코 아프리카라는 지역에 존재하기 때문이 아니다. 그런 오지에 어떻게 그렇게 발달된 도시문명이 존재할 수 있었을까 하는 의문이다.

아프리카 문명은 당연히 뒤떨어져 있다고 생각한 학자들을 놀래킨 이들의 후손은 과연 어느 종족일까. 한때 아프리카 문명을 주도했을 이들의 문명이 언제쯤 온전한 모습을 보여줄지 궁금하다.[4]

4. 아프리카 문명

1) 아프리카의 자연

아프리카는 지역에 따라 자연환경이 크게 다르다. 아프리카 북부지역은 대부분 사막으로 이루어져 있다. 주민들은 서남 아시아 지역처럼 유목생활을 하고 있다.

나일강 유역의 이집트는 과거 화려한 고대문명을 꽃피운 곳으로 왕의 무덤인 피라미드 등 많은 유적과 유물이 보존되어 있다. 또, 나일강 물을 이용해서 사막에서도 농사를 짓는다. 알제리와 리비아 등의 나라는 석유 등의 자원이 풍부하여 이를 산업발전에 이용하고 있다.

중부 아프리카는 덥고 비가 많은 열대지역이 넓게 분포되어 정글이 많

---

4) http : //my.netian.com/~jupiteru/mystery/hkindosi.htm

다. 기니만 연안에서는 카카오, 땅콩, 기름야자 등을 재배하여 수출한다. 중부지방의 동쪽은 고원지대로 서부지역보다 서늘하여 사람이 살기에 알맞다. 이 곳에서는 커피, 사탕수수 등을 재배하며 사자나 얼룩말, 기린 등이 뛰어다니는 넓은 풀밭도 볼 수 있다.

남부 아프리카의 고원지대는 온대기후가 나타나는 지역으로, 소나 양을 치는 목축업이 발달하였다. 금이나 다이아몬드 같은 지하자원이 풍부하다.

오랫동안 외국의 통치 아래 있었던 아프리카의 대부분의 나라는 독립한 지 얼마 되지 않았고 가난을 벗어나지 못한 나라들이 많아 그 동안 암흑의 땅으로 불려 왔다. 현재는 자원 개발과 관광 개발 등으로 차츰 발전이 이루어지고 있으나, 다른 한편으로는 지나친 삼림개발과 계속 건조해지는 기후, 사막화의 확대 등 두드러진 환경파괴가 세계적인 문제로 대두하고 있다.5)

2) 아프리카의 과거

아프리카는 최초의 인류가 출현한 대륙으로 알려져 있다. 그러나 적도 이남의 아프리카는 기술적·지적 진보로부터 수천년 동안 벗어나 있었고 서력 기원후가 되어서야 철기가 등장하고 농업이 시작되었다. 이에 비해 적도 이북에서는 석기시대 말에 이미 농경이 시작되었다. 나일 강 델타 지역에는 밀과 보리를 재배한 흔적이 남아 있고 사하라 지역의 여러 곳에서는 가축을 사용한 흔적이 남아 있다.

서기전 663년 아시리아의 침입과 함께 도입된 제철기술이 나일 강을 타고 남부로 전파되었다. 이 제철기술을 받아들여 번영을 누린 나라가 누비아 지방의 쿠시 왕국이다. 그리스·로마인들은 이 왕국을 에티오피아라고 불렀는데, 오랫동안 이집트의 지배 아래 있다가 이집트가 혼란한 틈을 타 독립하였다. 쿠시 왕국은 이집트가 외세의 지배를 받고 있던 동안에도 이집트 문명의 정치·종교적 전통을 오래 유지하였다. 아프리카 북부에서는

---

5) http : //media.kyongsan-e.ed.chungbuk.kr/edu/

페니키아인들에 의해 서기전 12세기부터 식민활동이 시작되었으며 카르타고가 건설되었다. 카르타고인들은 서기전 10세기경부터 지중해 무역을 기반으로 하여 지중해 여러 곳에 식민지를 건설하였다.

3) 아프리카 민족회의

소수의 백인이 정권을 장악하고 흑인 차별정책을 실시해 온 남아프리카 공화국의 흑인들이 백인에게 맞서기 위해 1912년에 조직한 흑인해방운동 조직이다. 아파르트헤이트를 반대하는 조직 중 가장 오랜 역사를 가지고 있다. 처음에는 인도의 민족운동 지도자 간디의 영향을 받아 비폭력주의를 내세웠으나, 1960년의 흑인폭동 등을 계기로 흑인해방운동이 크게 탄압을 받자 무장노선(폭력주의)을 취하였다. 1970년대 후반 이후 백인정권은 흑인에 대하여 '당근과 채찍' 정책을 취하였고, 이에 반발한 흑인들은 도시에서도 게릴라 활동을 벌여 나갔다.

1990년 아프리카 민족회의의 지도자 넬슨 만델라가 27년 만에 감옥에서 풀려나와 무력투쟁의 종언을 선언하였다. 세계여론에 밀린 클레르크 백인 대통령도 인종차별정책의 철폐를 담은 새 헌법을 마련하였다. 이 새로운 헌법에 의해 실시된 1994년 대통령선거에서 아프리카 민족회의는 60% 이상의 표를 얻어 최초의 흑인정권을 수립하는 데 성공하였다.[6]

4) 아프리카 역사의 10대 위인

(i) 쿠푸 : 이집트의 파라오

세계 최대의 불가사의인 대(大) 피라미드(the Great Pyramid)를 서기전 2560년에 건축한 주인공으로 알려진 이집트의 왕

(ii) 시바 : 에티오피아의 여왕

서기전 1000년 솔로몬 왕을 방문한 에티오피아의 부유한 왕국의 여왕

(iii) 클레오파트라 7세 : 이집트의 여왕

서기전 47년경 줄리어스 시저와 마크 안토니우스와의 관계로 유명한 이

---

6) http://kones.co.kr/library/sisa/sisa2-ah.html

집트의 여왕

　(iv) 모노모타파 : 베나메타파의 왕

　중세 아프리카 제국 최고의 왕이자 1200년 대(大) 짐바브웨의 통치자

　(v) 만사 칸칸 무사 : 말리의 황제

　수단 군주 중 가장 유명한 인물로, 자신의 재임기간을 '약 1년'이라고 선언하였다. 말리는 당대 세계의 최대 국가 중 하나였다.

　(vi) 하일레 셀라시 : 에티오피아의 황제

　아프리카 최초의 독립민주국을 영도한 황제(1930~1974). 아프리카 단결기구(OAU)의 초대 회장이다.

　(vii) 알버트 루툴리 : 아프리카 민족회의 총재

　1960년 아프리카 대륙 출신으로는 최초로 노벨 평화상을 수상. 남아프리카공화국 더반 근교에서 태어났다.

　(viii) 크리스찬 바나드 박사 : 외과의사

　1967년 최초로 인간의 심장 이식 수술을 집도한 외과의사. 남아프리카공화국 케이프 타운에 소재한 흐루트 슈르 병원에서 실시된 이 수술은 의학 발전에 크게 공헌하였다.

　(ix) 부트로스 갈리 : 국제연합 사무총장

　아프리카인으로서는 최초로 1992년 국제연합 사무총장에 임명되었다. 이집트 태생으로 이집트 부총리를 지냈다.

　(x) 넬슨 만델라 : 남아프리카공화국 대통령

　아프리카의 자유를 위해 투쟁한 인물 중 가장 유명하고 존경받는 인물 중 한 명. 남아프리카공화국 최초의 민주선거(1994)를 통해 당선된 대통령이자 1993년 노벨평화상 수상자.[7]

5) 남아프리카공화국의 주요 지표
(i) 1인당 국민소득(1997) : $3,131
(ii) 주 교역상대국 : 이탈리아, 일본, 독일, 미국, 영국

---

7) http : //www.africapositive.co.za/

(iii) 문자 해독률(1991)

① 백인 : 99.5%

② 흑인 : 76.6%

(iv) 대학수(1996) : 21개

(v) 대통령 : 타보 음베키

(vi) 주 : 9개

(vii) 인프라 및 통신

① 철도 : 21,303km

② 도로 : 188,392km

③ 주요 항구 : Cape Town, Durban, East London, Mossel Bay, Port Elizabeth, Richards Bay, Saldana Bay

④ 주요 국제공항 : Cape Town International, Durban International, Johannesburg International

⑤ 전화기 대수(기관 및 숙박업소 제외) : 9,059,571대

(viii) 총면적 : 1,219,090km[8]

5. 아프리카 문명의 전망

아프리카는 암흑의 대륙으로 불리며 오랫동안 문명이 존재했다는 사실조차 알려지지 않았다. 그러나 아프리카 여러 곳에서 오래 된 인간의 해골이 발견되면서 이 대륙이야말로 인류의 기원의 땅으로 여겨지게 되었다. 석기시대 유적도 아프리카 전 지역에서 발견되고 있다.

유럽인에 의한 아프리카 탐험은 맨 처음 에스파냐·포르투갈 사람들에 의하여 이루어졌다. 그 뒤 17세기 무렵부터 내덜란드·영국·프랑스·벨기에 사람들이 아프리카로 진출했다. 탐험가로는 콩고강 상류지역을 탐험한 스탠리와 잠베지강 유역을 탐험한 리빙스턴이 유명하다.

20세기 첫 무렵에는 아프리카의 대부분이 유럽 여러 나라에 의해 나뉘

---

8) South Africa Today, May 2000 Edition

어져 있었다. 제2차 세계대전이 끝난 직후 독립국은 라이베리아, 에티오피아, 이집트, 남아프리카공화국의 네 나라뿐이었다. 그러나 아프리카의 해로 불리는 1960년 이후 아시아의 아랍 지역에서 일어난 민족독립운동의 영향으로 유럽 여러 나라의 식민지 상태에서 벗어나 차례로 독립했다. 오늘날 아프리카의 독립국은 50개국이 넘는다. 이 새로운 독립국들은 풍부한 자원을 갖고 있으나 기술과 자본의 부족으로 개발이 늦어지고 있어, 선진국의 자본과 기술 원조를 필요로 하고 있다.

아프리카의 대부분의 국가는 경제적으로 완전한 독립을 달성하지 못한 상태지만 대부분 국제연합에 가입하여 세력을 형성, 국제정세에도 큰 영향을 미치고 있다. 한편 각종 국제 스포츠는 아프리카인의 축제처럼 화해 가고 있다. 음악에서도 아프리카의 선율이 세계를 뒤덮고 있다. 크리스찬 바나드 박사의 인류 최초의 심장 이식수술은 세계인을 놀라게 한 경사였고, 넬슨 만델라의 행적은 전 세계인의 존경심을 자아냈다. 치누아 아체베는 『분열의 시대』로 전설적인 인물로 부상하였다.9)

이러한 저력들은 과연 어디에서 찾을 수 있을까. 아프리카에서는 이미 300여만 년 전 인류의 먼 조상인 오스트랄로피테쿠스를 출현시키고, 고대에는 도시혁명을 성취시켜 명실공히 문명의 아침을 처음 맞이하기도 하였다. 세계에서 가장 먼저 문명을 깨우친 문명의 유원성(悠遠性)을 확인해 준 땅인 것이다.

그러나 근대에는 유럽인들의 만행에 의하여 350여 년 동안 노예로 팔려가거나 식민지가 되는 등 수난을 당하였다. 이러한 곤경 속에서도 드디어 독립을 하고 자립하는 저력을 발휘하였다. 지금 아프리카는 과거의 수난을 딛고 생기있고 활기차게 세계사의 무대로 진출하고 있다. 새로운 문명모델을 창출하고 있는 것이다. 이 추세는 앞으로도 계속될 것으로 전망된다.

---

9) 사이언 그리피스 지음, 이종인 옮김, 『미래는 어떻게 오는가?』, 가야넷, 2000, 383~395쪽 참조.

참고문헌 및 URL

권명식, 『아프리카학 입문』, 명지출판사, 1988.
김창훈, 『아프리카의 어제와 오늘』, 탐구당, 1981.
성백엽, 『아프리카 환상곡』, 은혜기획, 1999.
심의섭, 『아프리카 경제론』, 명지출판사, 1990.
왕인근, 『아프리카 농업발전』, 서울대출판부, 1995.
유부웅, 『기독교는 아프리카를 구원하고 있는가?』, 아세아선교회, 1992.
이동진, 『아웃 오브 아프리카』, 모아드림, 1999.
이지상, 『나는 늘 아프리카가 그립다』, 디자인하우스, 1999.
조홍식, 『나의 사랑 나의 아프리카』, 샘터사, 1996.
한비야, 『바람의 딸 걸어서 지구 세바퀴 반』, 금토, 1996.
한상기, 『신비의 땅 아프리카』, 교육과학사, 1990.
한상기, 『아프리카 아프리카』, 생활성서사, 1999.
라에네크 위르봉, 『부두교 : 왜곡된 아프리카의 정신』, 시공사, 1997.
마크 트웨인 지음, 최인자 옮김, 『톰 소여의 아프리카 모험』, 문학세계사,
        1999.
윌리엄 보이드 지음, 박미경 옮김, 『굿맨 in 아프리카』, 지호, 1999.
존 S. 음비티, 『아프리카 종교와 철학』, 현대사상사, 1979.
콜린 턴불, 『외로운 아프리카인』, 창작과비평사, 1985.
크레이그 패커, 『아프리카 동물기행』, 가람기획, 1997.
http : //dns.mofat.go.kr/web_missions/sudan.nsf/
http : //kones.co.kr/library/sisa/sisa2-ah.html
http : //media.kyongsan-e.ed.chungbuk.kr/edu/
http : //sdfa.co.kr/fashion/look_po/african.html
http : //www.africapositive.co.za/

제12장 라틴아메리카 문명의 이중성

1. 라틴아메리카 문명의 불가사의

중남미에 자리잡은 라틴아메리카 문명들은 불가사의로 싸여 있다. 아직까지 그 태동과 종말이 수수께끼로 남아 있기 때문이다.

원시시대의 유적을 통해 돌도끼의 사용과 수레 탄생의 대략적인 시기와 과정까지 예측할 수 있고, 화성탐사를 행하고 우주정거장을 계획하고 유전자를 임의대로 조작할 수 있는 현대의 과학력으로도 이 불가사의한 문명에 대해서는 정확한 해답을 내놓지 못하고 있다.

라틴아메리카 문명에 대해서는 논자들 사이에 의견이 분분하다. 무엇보다 현대 과학의 이성으로는 이처럼 거대한 고도문명을 설명해 내기 어렵기 때문이다.[1]

첫 번째로 기독교적인 사고틀에 입각한 설이 있다. 이들의 주장은 라틴아메리카의 많은 전설과 유적의 증거들을 성경과 신(神)의 행적으로 해석하고 있다. 기독교나 신 중심적으로 사고하는 사람들에게는 타당하게 여겨

---

[1] 아메리카의 고대문명에서 보이는 과학적 지식은 상당히 높았다. 특히 관측의 정확성은 놀라울 정도다. 마야인들은 태양의 공전주기를 365.2420일로 계산했는데 이는 현대 천문학의 과학적 계산치인 365.2422에 거의 근접한 것이다. 현재 우리가 쓰고 있는 그레고리 달력은 오히려 태양의 공전주기를 365.2425로 쓰고 있어 마야의 그것보다 오차가 더 크다. 또한 마야인들은 한 달의 주기를 29.53086일로 계산하였는데 이는 현대의 계산치인 29.53059일과 비교할 때 불과 1년에 23.328초의 오차가 날 뿐이다. 그저 놀라울 뿐이다.

지는 부분이 있겠지만 그렇지 않은 사람에게는 공허한 주장으로 들리는 단점이 있다.

두 번째는 우주인 설이다. 앞서 설명한 신이라는 존재가 우주인으로 바뀐 것으로, 상상을 초월하는 고대의 과학적 흔적들에 대해 명쾌한 해석을 내놓는다. 그러나 이 또한 그 전제가 되는 우주인의 존재를 믿지 않은 사람에겐 하나의 공허한 망상에 불과할 것이다.

세 번째는 밝혀지지 않은 지구의 또 다른 문명으로 해석하는 견해다. 간단히 말하면 현대의 역사는 일부분 이미 과거에 반복된 적이 있지만 원인 모를 이유로 멸망한 세대가 있었다는 것이다. 불가사의한 고대문명은 이들의 흔적을 기본 토대로 발전되었다는 설이다. 하지만 현대과학에서 증명하는 지구의 생성과 진화를 믿는 사람에겐 논리적인 해석이 되지 못한다.

이 밖에도 여러 주장이 있지만 위에서 언급한 주장들까지 포함하여 공통적으로 지적할 수 있는 것은, 라틴아메리카 문명의 발생배경을 그것이 신이든, 우주인이든 혹은 다른 무엇이든 초자연적인 존재를 통해 해석하려 한다는 점일 것이다.

2. 라틴아메리카의 역사

이 지역의 원주민 인디오의 선조는 수만 년 전에 시베리아로부터 베링 해협을 거쳐 파상적으로 이주한 것으로 여겨지지만, 이후 성립된 아메리카 문화와 아시아는 거의 관련성이 없는 것으로 판단된다. 15세기 말까지 라틴아메리카에는 각종 문명이 명멸하였는데, 크게 코르디예라 산계(山系) 고원이나 분지에서 옥수수를 재배2)하면서 영위된 고도의 조직을 가진 사회의 문명과, 열대우림이나 온대초원에서 카사바를 재배하고 수렵·채집

---

2) 현재 인류가 먹는 작물의 반은 아메리카 대륙의 고대문명들에서 비롯되었다. 전통적으로 유럽인의 주식으로 생각해 왔던 많은 작물들도 알고 보면 아메리카 대륙이 정복된 이후 건너간 것들이다. 옥수수, 감자, 토마토, 고추, 초콜렛 등이 그 대표적인 예라고 할 수 있다.

을 하면서 영위된 소부족사회의 원시적인 문화로 나눌 수 있다. 고원문명은 서기전 2세기~서기 9세기의 멕시코 고원의 테오티와칸, 4~8세기의 유카탄 반도의 마야, 10~13세기의 멕시코 고원의 톨텍 등 도시문명을 거쳐 14세기에 멕시코 고원에 아스텍제국(帝國), 15세기에 안데스 산지에 잉카제국을 이룩하였다. 이 제국의 문명은 16세기 초 에스파냐에 의해 정복·말살되었다.

1492년 이른바 신대륙이 서구에 알려진 이후 에스파냐·포르투갈의 아메리카대륙 정복은 이베리아 반도에서 지속되어 온 이슬람 교도로부터의 국토회복운동(Reconquista)의 일환으로 추진되었다. 일찍이 이민족과의 공존 및 문화적·인종적 혼효(混淆)에 익숙해진 이들 나라의 국민성은 인디오나 흑인과의 융합을 용이하게 하여 새로운 문화를 형성시키고 혼혈족을 양성하였다. 이들 유럽의 절대왕정은 권력강화의 기초가 되는 금(金)의 산출에 주력하는 한편, 식민지의 독점을 목적으로 본국의 종교 즉, 가톨릭교와 생활양식을 이식하고, 대토지소유제와 원주민의 예속화를 정착시켜 나갔다.

에스파냐는 코르테스·피사로 등 정복자들의 모험에 힘입어 반세기 동안 라틴아메리카의 대부분을 지배 하에 두고, 19세기 초까지 약 300년 동안 이 곳을 식민지로 통치하였다. 16~17세기에 반출된 금·은은 가격혁명을 야기하고, 카리브해 연안에서는 흑인노예가 수입되어 대대적인 혼혈이 이루어졌다.

1500년 카브랄의 도착으로 시작된 포르투갈의 브라질 식민지 경영은 16세기 후반 사탕수수농장의 번영을 계기로 본격화되었다. 노예사냥을 통한 인디오의 노예화와 흑인노예의 수입이 이루어지고, 18세기에는 미나스제라이스의 금·다이아몬드 산출로 더욱 번영을 구가하였다. 중상주의정책을 전개한 식민지 본국의 입장에서 라틴아메리카는 상업자본의 착취대상일 뿐이었고, 따라서 현지의 생산력 발전이나 합리화에는 관심이 없었다.

라틴아메리카의 독립 배경으로는 중상주의에 대한 반발 외에 크리올(Creole),[3] 특히 에스파냐인의 본국인에 대한 반감, 그 밖에 계몽사상·프랑스혁명·미국독립혁명 등을 들 수 있으나 직접적인 동기가 된 것은 역시 나폴레옹의 이베리아 침입에 따른 본국정부의 권위실추에 있었다.

독립운동은 시장확대를 원하는 영국의 지원을 받은 것이 많았으나, 시민혁명의 성격은 띠지 않았고, 아이티와 멕시코를 제외하면 인디오·메스티소·흑인의 적극적인 참가도 적었다.

독립 후 각국은 민주적 헌법을 채택하면서도 소수의 백인에 의한 수탈은 계속되었다. 대개의 국가는 군인수령(軍人首領)들에 의한 정권쟁탈이 반복되면서 경제발전이 저해되었으나, 19세기 후반부터 선진 제국의 경제침투로 신기술이 도입되고 자본이 투하되면서 급속한 개발기를 맞게 되었다. 개발의 진척과 함께 새로운 이민이 쇄도하고 인디오의 공유지가 해체되는 한편, 노예제도도 폐지되었다.

먼로주의가 발표된 이후 미국과의 관계가 깊어졌으나, 19세기 이후 강력한 미국경제의 진출은 범미주의정책(汎美主義政策)이나 달러 외교와 함께 정치적 압력을 강화시켜 각국 국민들로부터 반발을 사게 되었다. 20세기에 들어 라틴아메리카 각국에서는 내셔널리즘이 대두하고 후진성에서 탈피하고자 하는 노력이 두드러지게 되었다.

3. 라틴아메리카 문명의 현실

아메리카 대륙 개척 초기에 에스파냐, 영국, 프랑스 탐험가들이 라틴아메리카에 발을 들여놓은 이래 포르투갈의 식민지가 된 브라질을 제외하면 라틴 아메리카의 대부분은 에스파냐의 식민지가 되었다. 19세기 초부터 이들 지역에서 독립투쟁이 본격화되어 1812년에 아르헨티나, 1820년에 칠레, 1821년에는 브라질이 독립하는 등 현재의 라틴아메리카 국가들은 대부분 19세기에 독립을 이룩하였다.

---

3) 식민지 태생의 백인.

1) 자연환경

서부산지인 안데스 산맥에는 해발고도 4000m 이상의 고원이 발달해 있는데, 환태평양 조산대의 일부로서 지각이 불안정하며 화산 및 지진활동이 활발하다.

고원과 구릉성 산지로 구성된 동부는 기아나 고지, 브라질 고원, 파타고니아 대지 등이 속한 곤드와나 대륙의 일부로서 안정된 지괴를 이루고 있다.

구조 평야의 중앙 평원에는 아마존 강과 오리노코 강 등이 흐르고, 아마존 분지, 오리노코 분지, 그란차코 평원, 팜파스 평원이 발달해 있다.

안데스 산맥은 남아메리카 대륙의 서부 태평양 연안을 따라 베네수엘라, 콜롬비아, 에콰도르, 페루, 볼리비아, 칠레, 아르헨티나 등 7개국에 걸쳐 뻗어 있는 대산맥으로, 북쪽은 파나마 지협을 지나 시에라마드레 산맥 및 로키 산맥의 연장으로 연결되고, 남쪽은 드레이크 해협에서 일단 바다 속을 통과, 남극의 파마 반도에 이른다. 연장 약 8900km로 세계에서 가장 긴 50개 이상의 화산이 있으며, 주요 산업은 광업으로 금·은·구리·주석·석면 등의 광산이 분포해 있다.

길이 6300km에 달하는 아마존 강은 라틴아메리카 최대의 강이자 유역 면적($705km^2$)과 유량 면에서 세계 최고를 자랑하는 하천이다. 페루의 안데스 산지에서 발원하여 처음에는 북류하다가 나중에 동류하여 브라질 북부를 관류, 적도상의 대서양으로 유입한다. 하구의 너비는 약 335km로 추정되며 하구 근처에는 크고 긴 삼각주가 발달해 있다. 아마존 강은 강이라기보다는 오히려 작은 바다에 가까운데, 하구에서 3700km나 거슬러 올라간 페루의 아키토스까지 대형 선박의 항해가 가능하다.

브라질의 아마존 강 유역에는 약 200만 명의 인구가 거주하고 있는데, 원주민인 인디오가 5%, 백인과 혼혈인이 각각 40%, 흑인이 10% 정도 된다. 하구에 가까운 벨렘은 아마존 강 유역의 물자집산지로서 최대의 항구도시다.

2) 기후와 식생

대부분 지역은 적도를 중심으로 남회귀선과 북회귀선 사이에 위치하며, 열대 및 아열대 기후에 속한다. 온대기후 지역은 남부에 약간 분포하며 적도지방의 안데스 산지에는 고산기후가 발달해 있다. 안데스 산지의 고도 3000m 부근에 발달한 독특한 고산기후는 온대기후 지역과 마찬가지로 연평균 기온이 10~15℃ 내외이며, 기온의 연변화가 거의 없이 온화한 봄 같은 기후가 계속된다. 이러한 기후 조건 때문에 과거에는 고산지역을 중심으로 아스텍·잉카 문명이 번영했고, 오늘날에도 대부분의 주요 도시들은 2000~3000m의 고원지대에 분포하고 있다.

적도가 통과하는 아마존 강 유역 일대는 열대 우림기후 지역으로 지구상에서 가장 넓은 열대밀림인 셀바스가 분포하고 있다. 셀바스 주변에는 열대초원인 사바나가 펼쳐지는데, 오리노코 강 유역에서는 야노스, 브라질 고원에서는 캄푸스, 파라과이 강 유역에서는 그란차코라고 부른다.

고도가 높은 안데스 산지는 동·서 간 기후변화의 원인을 제공한다. 육지의 대부분은 저위도 지역에 속하며 저지대에는 열대의 특성이 나타나는 곳이 많다. 고지대는 고산기후의 특징이 잘 나타난다. 기온은 대략 고도가 100m 상승할 때마다 약 0.5℃씩 하강하여 고도에 따른 식물의 수직적 분포가 뚜렷하여 식생과 재배작물의 종류가 다르게 분포한다. 냉·온대 고산지역은 몹시 추워서 인간이 생활하기에는 불리하지만, 고도 2000~4000m의 열대 고산지역은 오히려 온화하여 연중 10~15℃의 상춘기후가 나타나 인구가 집중되어 있다. 안데스 산지, 멕시코와 중앙아메리카 등은 대표적이다. 또한 이 열대 고산지역은 저지대보다 대체로 강수량이 많은데, 이러한 곳에서 흘러내리는 강물은 페루와 칠레의 건조한 해안지대에 대단히 중요한 의미를 갖는다. 고도 1000m 이하의 지역은 대부분 열대밀림으로 사탕수수, 바나나, 카카오 등이 재배된다. 고도가 4000m 이상이 되면 기온이 낮아져 지의류나 선태류가 분포하며, 산정 부근은 만년설로 덮여 있다.

약 16세기까지 원주민인 인디오가 건설한 잉카 제국이 안데스 산지의 고산 지역을 중심으로 번창하였는데, 감자를 주식작물로 재배하고 라마와 알파카를 사육하여 털을 이용하고 물자수송 수단으로도 이용하였다. 이후 유럽인이 진출하면서 새로운 작물과 소·양 등의 가축이 도입되어 새로운 농업이 발달하게 되었다. 특히 바나나와 커피 등의 플랜테이션에 의한 기업적 농업의 등장과 지하자원의 개발은 원주민들의 전통적인 생활양식에 많은 영향을 주었다.

3) 고산도시의 발달

안데스 산지에 에스파냐와 포르투갈 계의 백인들이 진출하면서 주로 고도 2000m 이상의 고원지대에 도시가 발달하였다. 잉카의 수도였던 쿠스코와 볼리비아의 수도 라파스가 3000m 이상의 고지대에 위치하며, 키토와 보고타도 고도 2000m 이상의 지역에 발달하였다. 칠레의 구리광산 도시 추키카마타와 콜롬비아의 공업도시 메데인도 고산지역에 위치해 있다.

육지의 약 80%가 열대지역에 속하며 인구밀도가 낮고 미개발 지역이 많으나 연중 상춘기후가 계속되는 고산지역인 서부산지는 인간활동에 적합하여 인구 밀도가 높고 고산도시가 발달해 있다.

남아메리카 남서부는 편서풍의 영향으로 서안 해양성기후가 나타나고, 칠레의 중부지역은 온대 하계 건조기후가 나타나며 칠레의 중북부는 한류인 페루 해류의 영향으로 해안사막이 발달하였다. 라틴아메리카는 열대기후가 대부분이나 일부에서는 온대 건조기후도 나타난다.

셀바스[4]는 때때로 하수가 범람하는 저지삼림과 범람으로부터 벗어난 비교적 높은 대지삼림으로 구분된다. 저지삼림에서는 주로 야자나무가 무성하고, 대지삼림에서는 활엽수나 기타 착생식물이 무성하며 인간과 가축의 통행이 거의 불가능하다.

서부의 해안지역은 남북으로 길게 열대 우림기후, 사바나 기후, 사막기후, 지중해성기후, 서안 해양성기후가 차례로 나타나며, 페루에서 칠레 북부에 걸쳐 해안사막인 아타카마 사막이 발달하여 건조기후가 나타난다.

---

4) 숲이라는 뜻으로 아마존 강 유역의 저지를 차지하는 세계 최대의 열대우림, 즉 밀림 지역을 말한다.

  마야 문명은 고대 멕시코 및 과테말라를 중심으로 번성한 인디오 문명 및 이를 이룩한 마야족의 문명을 일컫는 말이다. 마야 문명이 번성한 지방은 3개 지역으로 구분되나 중심을 이룬 곳은 과테말라 북부의 페텐 지방으로부터 서쪽은 멕시코의 타바스코, 동쪽은 벨리즈 지방에 이르는 중앙지역이다. 서기전 3000년경에 이 지역에 정착하여 서기 300년경 융성기를 맞은 마야 문명은 900년경까지 계속된다. 마야 문화의 기반은 옥수수 농경이었으나, 콩·호박·고추·목화 등도 재배하였다. 농사는 화전이 주를 이루었으며 개와 칠면조 등을 사육하고 양봉도 한 것으로 보인다.

  잉카 문명은 1~4세기경 쿠스코를 중심으로 발달하여 점점 그 지역이 확대되었다. 15세기 들어 안데스 산지의 많은 지역으로 급속히 발전 팽창하여, 1500년대 초에는 거의 대부분의 안데스 산지가 잉카 제국으로 변하였다. 계단경작과 관개체계를 개발하고, 비료를 사용하였으며, 아마와 알파카, 돼지 등을 길들이고 감자와 옥수수를 경작하였다.

  라틴아메리카의 인종은 라틴계 백인, 아프리카 흑인, 아시아인, 메스티소(mestizo),[5] 물라토 등의 혼혈 등 그 구성이 극히 다양하다. 쿠바·칠레·아르헨티나를 제외한 대부분의 국가에서는 지배층인 백인과 피지배층인 흑인 및 인디언 사이의 중간계층을 이루고 있는 메스티소가 많은 비율을 차지하고 있다. 대부분의 국가가 인구의 자연증가율이 높고 농촌인구의 도시집중으로 인한 도시인구의 과밀화로, 도시문제와 인구분포의 불균형 문제를 안고 있다. 라틴아메리카에서 인구의 밀집도가 큰 지역은 남아메리카 남동부 해안지역과 보고타, 키토, 라파스, 멕시코시티 등의 도시가 분포하는 고원지대다.

  브라질에서 마멜루코라고 부르는 메스티소는 라틴아메리카 전 지역에 걸쳐 널리 분포해 있다. 특히 멕시코·브라질·페루·베네수엘라 등의 국가에서는 메스티소의 비율이 상대적으로 높아 이들 국가를 일명 메스티소 아메리카라고도 한다.

---

 5) 아메리카 인디언과 백인과의 혼혈종.

　라틴아메리카는 방대한 면적에 풍부한 자원을 갖고 있지만 극심한 빈부 격차와 공업자본의 높은 해외의존도 등의 문제를 안고 있다. 대토지를 소유하는 상류계급은 도시에서 풍요로운 생활을 누리고 있으나 농민과 도시노동자들의 생활은 극도로 빈곤하여 국내시장이 대단히 협소할 뿐 아니라 공장규모도 작고 기술수준도 낮아 국내경쟁력이 매우 약하다. 국내자본의 축적도 미약하여 대부분의 공업의 선진외국에 대한 자본의존도가 극히 높다.

　상파울루는 남아메리카 최대의 경제도시로 커피의 집산지이며, 인종의 전시장이라고 불릴 만큼 다양한 인종이 거주한다. 면방직 공업과 커피 가공업이 발달하였으며, 최근에는 농촌인구가 집중하면서 많은 도시문제를 낳고 있다. 세계 평균을 훨씬 웃도는 라틴아메리카의 인구증가율은 인구급증을 불러 도시화의 진전을 촉진하였으나, 상대적으로 산업의 발달이 이 도시화를 따라가지 못해 도시주민들 중 상당수가 빈민층에 해당하며 이들은 슬럼(slum)을 형성하고 있다.

4) 농목업

　유럽을 비롯한 선진 산업사회의 식량수요의 증대와 함께 냉동기술의 발달로 라틴아메리카의 열대 및 아열대 지역에서는 열대성 작물이 주로 재배되고, 남부의 온대지역에서는 농업과 목축업이 크게 발달하여 이 지역 경제의 중심을 이루어 왔다.

　대표적인 농산물은 브라질과 콜롬비아에서 주로 생산·수출되는 커피로, 상파울루와 파라나 주를 중심으로 해발 600~800m 고원지대에서 대규모로 재배되고 있다.

　농업의 주요 특징으로는 외국자본에 의한 플랜테이션 농업, 대토지소유제, 수출 위주의 단일경작농업 등을 들 수 있다. 또한 관개시설이 된 농경지의 개발로 목화·옥수수·사탕수수 등의 작물도 생산이 증가하고 있으며 초지 개량을 통해 소·양 등의 방목이 이루어지고 있다. 예컨대 대단위 농장인 파젠다는 전통적으로 커피와 사탕수수를 단일경작해 왔으나, 최근 국제시장의 가격하락에 따르는 피해를 줄이기 위해 단일경작 면적을 줄이고 목화와 콩, 옥수수 등의 작물을 함께 재배하고 있으며, 열대 초지를 개량하여 대규모로 목우지역을 조성하고 있다

마토 그로스, 고이아스, 바이아, 미나스 제라이스, 상파울루의 각 주에 걸쳐 150만 km^2 이상 펼쳐져 있는 캄푸스[6]는 이식생이 분포하며, 연간 4~7개월간의 건계를 갖고 연강수량은 700~1500mm 정도 된다.

파젠다[7]는 지주가 소작인(colonos)에게 주택이나 농기계, 토지를 대여하여 4년 또는 6년 계약으로 토지를 개간시켜 커피나무를 재배하게 하는 일종의 청부 개간제로 운영된다. 계약기간 동안 소작인은 수확된 커피를 판매하여 수입을 얻고, 계약기간이 만료되면 토지를 지주에게 반환한다. 특히 커피나무는 심은 뒤 약 4년 후에 수확되기 때문에 소작인은 면화, 사탕수수, 수수 등의 간작을 통하여 생계를 유지하거나 가축을 사육하여 생활한다. 대규모 파젠다에는 사무소, 가공공장, 학교, 교회, 병원, 시장 등의 시설을 갖추고 있어서 하나의 경제적·사회적 생활단위를 이루고 있다.

5) 아마존 개발과 그 문제점

아마존 지역은 과거 아마존 강의 수운에만 의존했지만 1970년 자동차도로가 건설되기 시작하면서 이 지역을 동서로 연결하는 횡단도로와 브라질리아와 이어지는 종단도로가 건설되어 아마존의 비경지대와 다른 지역과의 연결이 시작되었다.

지하자원은 마카파 지구(금, 주석, 철, 망간, 크롬), 로라이마 지구(적철광, 동, 니켈), 마라바 지구(다이아몬드, 망간, 철), 아리무냥, 스크린조리 지구(주석, 망간), 론도니아 지구(주석) 등에서 개발되고 있다. 농업지역에서는 새로운 상품작물이 재배되기 시작하여 약초·주트·후추 등이 재배되고, 벨렘 부근에서는 쌀과 과실을 주로 하는 식료와 카카오·사탕수수·담

---

6) 브라질 고원에 넓게 분포하는 사바나의 이름.
7) 브라질 상파울루 주를 중심으로 하는 브라질 고원에서 커피를 주로 재배하는 대농장을 지칭하는 용어다.

배 등이 생산된다.

도로의 확대에 따라 일을 찾아 개척전선으로 모여드는 사람들을 위해 횡단도로의 연도에 같은 모양의 집을 짓고 마을을 건설하였는데, 이것이 농업개발의 거점촌인 아그로 빌라다.

이처럼 농경지의 개간, 지하자원의 채굴, 도로 및 철도의 건설 등 다양한 방식으로 아마존 분지가 개발되면서 광대한 면적의 열대우림이 급속도로 사라지고 있다. 이로 인하여 열대식물종의 생육 기반이 파괴되고 대규모로 토양이 유실되어 일부 지방에서는 열대우림이 재생 불가능한 지경까지 황폐화되었다. 아마존 강 유역의 삼림자원은 지구촌의 중요한 산소공급원이 되어 왔는데, 지나친 남벌로 인한 계속된 열대림의 감소는 지구온난화 등 많은 국제적 환경문제를 일으키고 있어 이에 대한 경계의 소리가 높아지고 있다.8)

4. 라틴아메리카 문명이 주는 의미

1) 15세기 이후 라틴아메리카의 의미

1492년 콜롬부스가 유럽인으로서는 처음으로 아메리카 대륙을 발견하고9) 아메리고 베스푸치에 의해 이 곳이 신대륙임이 밝혀지면서 유럽에 알려지기 시작하였다. 그 이전에 유럽인에게 라틴아메리카라는 존재는 한 마디로 '무'였다. 전혀 알려지지 않은, 전혀 존재한다고 믿어지지 않았던 세계였던 것이다.

콜롬부스의 발견 이래 라틴아메리카는 유럽인에게 어떤 의미를 가졌을까.

먼저 당시 대부분의 유럽국가도 그랬겠지만 특히 스페인의 경우 새로운 세상에 대한 동경의 의미가 담겨 있었다. 물론 유럽인이 신대륙이라고 칭

---

8) http : //100.naver.com/search.naver?where=100&command=show&mode=m&id=104
635&sec=1#06
9) 발견 당시엔 인도인 줄 알았다.

하긴 했지만 이 대륙은 비어 있는 대륙이 아니었다. 이미 수많은 사람들이 문명을 이루고 살고 있었으며 그 나름의 문화를 발전시키고 있었기 때문이다.

하지만 유럽인들에게는 이 곳이 비어 있는 대륙으로 인식되었고, 따라서 여기에 새로운 세상을 이룰 수 있다는 희망으로 가득 찼다. 이 같은 경향은 특히 예수회에서 뚜렷하게 보인다. 영국 등 유럽의 여러 나라에서 개신교의 힘이 강해지고 있을 무렵 스페인은 가톨릭 수호의 주국가로 자부하고 있었으며, 예수회는 이러한 가톨릭적 파라다이스를 이 곳 아메리카 대륙에서 이룰 수 있다는 희망과 꿈을 품고 아메리카로 건너갔다.[10] 그들은 이 곳에서 인디오의 전통(집단농장)과 더불어 신의 뜻을 섬기는 이상향인 유토피아를 이루고자 했다. 현실적 갈등이 사라지고 오직 신을 섬기며 서로 돕고 공동생활을 하는 그런 이상향을 이루고자 했던 것이다.

한편 라틴아메리카에는 '엘도라도'라는 천국의 의미가 부여되었다. 이는 유토피아적인 동경이 아닌 '황금'이라는 현실적, 소유적 천국의 의미인 것이다. 유럽 내에서 만족을 얻지 못하던 수많은 하층민이 부자의 꿈을 안고 엘도라도를 찾았고, 이는 라틴아메리카로 떠나지 못한 사람들에게까지 동경으로 남아 있었다.

'유토피아'와 '엘도라도'라고 하는 의미로서의 이러한 동경이 현실적으로 이루어진 것은 아니다. 존재하지 않는 이상향 유토피아는 역시 존재하지 않았고, 황금의 땅 '엘도라도'는 영원히 동경으로만 남았다. 하지만 이러한 동경은 유럽인에게 뜻밖의 행운을 가져다주었다. 황금이나 이상향보다 더 의미가 클 수도 있는 수많은 광물들, 일년 내내 수확 가능한 옥수수, 식량 문제를 해결할 수 있는 길을 연 감자 등이 유럽으로 전해졌다. 유럽은 그 부와 식량으로 '산업혁명'을 지원하고, 그 부가 축적되어 '자본주의'라는 역사상 최강의 개념을 이루어 낸 것이다.

'동경'이라는 의미와 함께 라틴아메리카에는 '정복'이라는 의미가 부여되

---

10) 이는 영국의 청교도들이 청교도 천국에 대한 꿈을 안고 북아메리카로 향한 것과 같다.

었다. 팽창의 길을 걷던 유럽 각국은 라틴아메리카의 발견 이후 '선교'와 함께 '정복'을 행하였다. 에르난 코르테스(아스텍 정복자), 프란시스코 피사로(잉카 정복자) 그리고 페드로 데 발디비아(마야 정복자)의 3인으로 대표되는 정복은 기존의 문화와 문명의 파괴, 라틴아메리카에의 유럽 이식을 의미하였다. 이러한 정복은 '신의 이름'이라는 개념으로 정당화되었고, 이 정복을 통해 유럽은 어쩌면 인간의 가장 기본적인 본능이자 욕구 중 하나인 파괴와 창조를 라틴아메리카에서 행했는지도 모른다.

2) 19세기 이후의 라틴아메리카의 의미

1492년 이후 19세기까지 라틴아메리카는 스페인 등의 식민지로 존재하였다. 유럽에서 필요로 하는 모든 것을 제공하는 풍부한 창고 역할을 하였으며 유럽의 번영을 지원하는 영원한 대출 창구였다. 하지만 1810년에서 1825년에 걸쳐 쿠바와 푸에르토리코를 제외한 거의 대부분의 나라가 독립을 하였고 유럽으로부터의 탈피를 기도하였다.

이 때부터의 라틴아메리카에는 '동경'과 '정복'이라는 의미보다 새로운 문화의 '이식'과 '시험장'으로서의 의미가 부여되었다. 미국의 독립과 프랑스혁명 이후 등장한 자유와 평등 그리고 인권과 주권재민이라는 민주주의와 자유주의 사상은 전 유럽을 휩쓸고는 곧바로 라틴아메리카에 이식되었다.

물론 기존의 자원수탈지, 유럽번영의 지원지라는 의미가 사라진 것은 아니었으나 유럽에서 창출된 이 새로운 사상이 라틴아메리카를 강타하여 기존의 모순과 부딪히며 혼란이라는 결과를 낳았다. 바로 이 곳에 새로운 문화가 이식되고 새로운 이론과 사상들이 이 곳에서 시험을 거쳤다. 하지만 라틴아메리카 국가들에게 있어서 독립이란 그저 스페인에 대한 종속에서 영국이라는 다른 유럽국가에 대한 종속을 의미할 뿐이었다.

3) 20세기의 라틴아메리카의 의미

유럽 내의 갈등이 제1·2차 세계대전으로 폭발한 이후 라틴아메리카의 패권은 미국이라는 새로운 국가로 넘어갔고, 다른 한편으로는 그와 함께 라틴아메리카 세계 자체 내에서의 자의식의 발전이 이루어졌다. 어쩌면 미국 먼로주의11)의 영향이었는지 모르겠지만 이러한 자의식의 발전을 배경으로 라틴아메리카는 새로운 길을 걷기 시작했다.

경제적·정치적으로는 수많은 자원이 미국으로 흘러들어가고 각 국가들은 미국의 힘에 좌우당하고 있었지만, 유럽 문화의 이식지로서 혹은 정복의 대상으로서 그리고 동경의 대상으로서의 라틴아메리카가 아닌 스스로의 의미가 강조되기 시작하였다.

문화적인 면에서 라틴아메리카는 세계에 존재하는 삼색인종의 문화가 모두 융화·혼합된 특이한 문화를 창출하였다. 스페인의 백인적 요소와 함께 라틴아메리카에 이미 존재했던 잊혀진 인디오의 전통에 대한 관심이 높아지고 이러한 문화적 바탕 위에 노예로 유입된 흑인의 문화가 더해져 라틴아메리카 특유의 문화가 이루어진 것이다.

이러한 문화의 좋은 예는 아메리카 발견 500주년을 기념하여 1992년에 이루어진 논의에서 찾아볼 수 있다. '만남'인가? '정복'인가? 둘 중 어느 하나가 정확한 답은 되지 못할 것이고, 오히려 두 가지가 모두 답이라고 하는 편이 더 옳을 것이다. 라틴아메리카의 정체성(Identity)의 중심을 유럽으로 본다면 유럽인이 라틴아메리카를 정복한 것이니 '정복'이 맞을 것이고, 인디오가 중심이 된다면 정복당했다는 치욕적 의미보다는 다른 두 문화의 '만남'이라는 의미가 더 맞다고 할 것이다. 이러한 양면성을 모두 내포한 것이 바로 라틴아메리카의 문명인 것이다. 이를 '이중성(Duality)'이라는 용어로 표현할 수 있을 것이다.

정치와 사상 면에서 라틴아메리카는 새로운 이론의 '시험장'이라는 기존의 의미와 함께 새로운 이론의 '창출지'라는 의미가 등장하였다. 미국이라는 세계 최강국의 안마당이라 할 수 있는 곳에서 사회주의의 적용은 크나큰 실험의 하나였다. 쿠바에서의 혁명 발발과 성공은 이러한 시험의 큰 예

---

11) "아메리카 일은 아메리카에 맡기라"라는 일종의 고립주의.

가 될 것이며, 칠레의 선거라는 평화적 방법에 의한 사회주의 정권-아옌데 정권-의 출현도 마찬가지 예일 것이다.

사회주의 이론과 함께 라틴아메리카에서는 수많은 정치적·경제적 이론들이 시험적으로 운용되고 이를 넘어 새로운 창출도 이루어졌다. 민중주의(포퓰리즘)라는 개념이 발전 적용되었고,[12] 종속이론이 생겨나 발전하고 현실에 적용되기 시작하였다. 아울러 종교에서는 천주교의 '지상에서의 정의, 천상에서의 평화'라는 개념 가운데 기존의 천상에서의 평화를 중시한 내세적 종교에서 탈피하여 지상에서의 정의에 더 무게를 둔 해방신학이 등장하였다.

'이중성'의 문화, 다양성의 문화라는 의미와 새로운 이론의 '시험'과 '창출'이라는 의미가 라틴아메리카에서 새로이 등장하기 시작한 것이다.

4) 우리에게 있어서의 라틴아메리카의 의미

우리 나라와 라틴아메리카의 첫 만남은 1905년 유카탄 반도로 애니깽 재배를 위해 천여 명이 농업이민을 하면서 이루어졌다. 이들 이민 중 일부가 1921년 쿠바로 사탕수수 재배를 위해 이주하였다.[13] 그리고 1950년 6·25전쟁에 콜롬비아가 군대를 파견하였으며, 1960년대부터는 브라질로 농업이민을 보내기 시작하고, 1970년대에는 아르헨티나와 파라과이에 계획적으로 농업이민을 보내기 시작하였다.

1959년 브라질과의 첫 수교 이후 UN 외교[14]의 일환으로 라틴아메리카의 대부분의 국가들과 수교를 하여 현재 32개국이 수교국이고(북한은 20개국), 대사관이 설치된 국가는 18개국(북한은 5개국)에 달한다. 경제적으로는 1969년 수리남에 어업 전진기지가 설치된 이래 라틴아메리카로의 수출액은 1964년에 국내 총수출 1억 달러 중 30만 달러, 1988년 총수출 600

---

12) 아르헨티나의 페론 주의와 페론 정권 그리고 그 밖의 라틴아메리카 대부분의 국가에 들어선 민중주의적 정권들.
13) 최홍선, 「쿠바문명 체험기」, 『문명연지』 1-2, 한국문명학회, 2000, 182쪽.
14) 북한과의 대결적 외교.

억 달러 중 16억 달러, 1993년에는 수출 822억 달러 중 49억 달러를 차지하는 발전을 이룩하였다. 투자액은 1995년 3억 3천만 달러에 달했으며 그 밖의 차관 제공이나 국제협력단을 통한 무상협력 형태로 개발원조도 계속하고 있다.

그러나 이러한 피상적인 모습만 갖고는 라틴아메리카에서 특별한 의미를 찾기가 힘들다. 그래서 현재를 살아가는 우리에게 있어서 라틴아메리카가 갖는 의미를 정치적·경제적·문화적 면에서 정리해 보고자 한다.

첫째, 정치적 의미에서 우리 나라는 국제적으로 보아 제1세계[15]의 주변국으로서 존재해 왔다. 냉전이라는 체제 아래서 핵우산의 혜택을 보며 정치적으로 미국에 상당히 의지하며 국가의 존립을 도모하였다. 이러한 점에서 우리 나라는 1960년대 말까지의 라틴아메리카와 별다른 차이가 없다고 할 수 있다. 하지만 그 이후 라틴아메리카에서 터져나온 제3세계 주장과 미국의 영향력으로부터 탈피하려는 노력들은, 냉전이 해체되고 우리에게 정치적 수혜를 부여하던 미국이 오히려 적국으로 돌아서고 있는 현대 국제정치의 상황 속에서, 우리가 나아갈 방향에 대해 중요한 시사점을 던져 주고 있다. 비록 종속에서 탈피하지 못하고 신자유주의의 물결에 휩쓸려 다시 미국의 영향권 밑으로 들어가긴 했지만, 이러한 공통점과 미국에 대한 탈피 노력은 라틴아메리카를 우리와 가까운 새로운 국제적 동반자의 위치에 설 수 있게 하는 좋은 바탕을 제공하고 있다고 할 것이다. 또한 라틴아메리카의 큰 특징으로 지적되는 다양성의 혼합과, 이 혼합을 극복해 가는 과정은 현재 극우와 극좌라는 대극에 선 한국과 북한이 통일되었을 경우 이 차이를 극복해 나가는 데 좋은 이론적 지침을 제공해 주리라 믿는다.

둘째, 경제적 의미를 살펴보면 우리 나라는 자원이 부재한 관계로 자원을 수입하여 그 산품을 가공, 수출하는 수출의존적 경제구조를 가지고 있다. 이에 비해 라틴아메리카는 1차 산품을 수출하고 공산품을 수입하는(수

---

15) 미국을 중심으로 한 자본주의국가군.

입대체산업화의 실패로) 경제구조로 되어 있다. 이는 상호의존적 구조를 가능케 하는 것으로, 그 동안 일방적으로 강대국에 의존해 오던 관계에서 상호 탈피할 수 있는 좋은 환경을 제공한다고 하겠다. 이러한 시각은 오래 전부터 존재해 왔으나 여러 가지 문제로 인해16) 실현되지 못하고 있고(계속된 관계의 증가는 보이고 있지만) 아직도 의미로만 존재하고 있다. 또한 IMF 금융지원 이후 큰 혼란에 빠진 우리는 이미 수차례에 걸쳐 IMF의 금융지원을 받은 라틴아메리카 세계의 경험 속에서 많은 가르침을 얻을 수 있을 것이다.

셋째, 라틴아메리카는 경제적·정치적 선진국은 아니지만 이미 문화적으로 선진국을 이루고 있다고 할 수 있어 우리가 배우는 바가 많을 것이다. 문학에서 라틴아메리카는 이미 5차례에 걸쳐 노벨상 수상자를 배출하며 세계문학의 중심으로 등장하였고, 쿠바와 브라질을 중심으로 제3세계 영화의 중심으로 부상하였으며 이 밖에 연극과 미술 등의 분야에서 보인 발전은 이미 세계 최고를 자랑하고 있다고 해도 과언이 아니다. 라틴아메리카의 음악과 춤이 세계 대중문화에서서 중요한 역할을 하고 있음은 물론이다. 얼마 전 유럽에서 열린 프랑스 월드컵의 주제곡이 삼바 리듬이었고 가수가 라틴아메리카 출신이었다는 것은 익히 알려진 사실이다.

현재 우리는 문화의 단절을 경험하고 있다. 특히 1910년 식민지 이전의 문화와 식민지를 거쳐 해방 이후 도입된 서양문화와의 단절은 우리 문화의 정체성에 방황을 가져온 주요 요인 중 하나다. 라틴아메리카 세계는 이미 오래 전부터 이러한 단절을 경험했고 이를 극복해 나가는 과정에서 독특한 나름의 문화를 형성하여 세계문화의 중심으로 나서고 있다. 이러한 라틴아메리카의 경험을 배움으로써 어쩌면 미국 일변도의 문화적 수입 상황에서 탈피하고 새로운 우리식 문화의 중흥을 이룰 수 있을지도 모른다.

5. 라틴아메리카 문명의 정체성

---

16) 거리상의 문제, 미국의 개입, 일본이라는 경쟁자 등.

아이덴티티(Identity)를 정체성으로 번역하는 것이 정확한지에 대한 토의는 일단 접어 두기로 하자. 다만 우리가 여기서 정체성이라고 할 때 그것은 '다른 사람, 다른 민족들과 구별되는 자신의 독특한 존재 양식' 정도의 의미로 사용하고 있음을 밝혀 둔다. 그것은 구체적으로 나는 누구인가? 우리는 누구인가? 하는 질문들로 나타나게 된다.

라틴아메리카에서는 이러한 정체성의 문제가 다른 어떤 국가나 지역에서보다도 더 심각하게 고려되고 더 활발하게 토의되고 있다. 정체성 문제는 라틴아메리카 지식인이라면 누구나 관심을 갖는 주제이며 그로 인해 그에 관련한 학문적 연구가 풍부하게 축적되었다. 지금도 이러한 탐구 열기는 전혀 수그러들 기미가 보이지 않는다. 이것은 무엇을 말하는가? 한 마디로 라틴아메리카에서 정체성 탐구가 그 만큼 어려운 과제임을 시사하는 것이 아닐까? 그렇다면 왜 라틴아메리카의 정체성을 찾는 일이 그렇게 어려운 일일까? 이 분야에서 라틴아메리카 최고 권위자 중 하나로 꼽히는 레오폴도 세아는 이 문제에 대해 적절한 해답을 던지고 있다고 생각된다.

그에 따르면, 정체성 문제가 주로 발생하는 곳은 식민지배를 겪은 저개발 국가들인데 그것은 식민지배기 동안 대부분 자신의 정체성이 파멸되고 왜곡되었기 때문이다. 그런데 라틴아메리카에서 특히 이 정체성 문제가 심각한 이유는, 서유럽이 이 지역에 미친 영향이 아시아와 아프리카에 비교하면 질적으로 완전히 다른 차원의 것이었기 때문이라고 한다.

아시아와 아프리카의 경우, 독립 이후 정체성을 찾는 작업은 그 동안 서유럽에 의해 왜곡된 시각과 말살정책으로 인해 잠시 잃어 버린 것들을 복원하기만 하면 되었다. 반면 라틴아메리카는 식민지배기 이전의 것을 단순히 복원하는 작업만 갖고는 현재의 정체성을 말할 수 없게 된 데 문제점이 있었다. 예컨대 라틴아메리카에서는 식민지의 역사도 길 뿐 아니라 인종적·문화적 혼합이 대대적으로 이루어졌기 때문에, 정체성을 논할 경우 식민지시대를 거치면서 이식된 것도 아울러 취해야 한다는 어려움이 따랐다. 라틴아메리카적인 것은 피정복자의 것인 동시에 정복자들의 것이기도 했던 것이다.

라틴아메리카인들은 이런 다양한 문화적 특성 가운데 어떤 것도 온전히 자신의 것으로 받아들이지 못하고 있다. 유럽적인 것을 추구하자니 자신들의 아메리카적 뿌리가 다리를 걸고 넘어지며, 그렇다고 원주민적인 것에 뿌리를 내리기에는 라틴아메리카를 구성하는 많은 사람들의 피부색이나 자의식이 이를 허용하지 않는다.

유럽적인 것을 추구한 19세기의 실증주의자들은 자신의 역사를 부정하는 것으로부터 출발하였다. 그들은 문명 대 야만의 틀을 설정하고 유럽을 문명의 틀에, 라틴아메리카는 '야만적'인 인종과 혼혈로 인해 '오염'되고 '퇴화'한 것으로 보았다.

이러한 시각에서 아르헨티나의 정치가이자 교육자인 사르미엔토는 다음과 같이 지적하였다.

> 라틴아메리카의 크리올17)들이 유럽 인종보다 훨씬 작은 토착민들과의 혼혈로 인해 일반적으로 점차 키가 작아지는 것은 두려운 일이다. 심지어 그러한 혼혈은, 모두 똑같은 크기의 뇌를 가지며 모두 같은 것을 생각하는 다시 말해 생각한다기보다는 오직 느낄 뿐인 그런 야만적 인종과의 혼혈이며, 나아가 아프리카에서 데려온 노예종과의 혼혈이 그에 첨가되었다.

이에 따라서 라틴아메리카가 보다 문명적으로 변화하기 위해서는 식민지시대부터 진행되어 온 혼혈을 청소할 필요가 있음을 주장하였다. 그러나 이러한 시각은 자기 문화의 열등성을 스스로 인정하는 것이며, 결국 자기 자신을 부정하고 내가 아닌 나를 추구하는 데 지나지 않았다. 현실은 자신이 아무리 거부하려 해도 거부할 수 없는 것이며, 완전한 유럽인이 된다는 것은 이룰 수 없는 환상에 불구한 것이었다. 원하든 원하지 않든 과거의 역사는 지울 수 없고, 따라서 정체성도 또한 자신의 주어진 역사 위에서 성립되어야 한다는 인식이 그 후 차차 확산되었다.

그렇다고 콜럼부스 이전의 원주민적인 것이 현재 혼혈인종 혹은 흰색

---

17) 아메리카 대륙에서 출생한 에스파냐인.

피부의 라틴아메리카인들에게 중국인이나 우리 한국인들이 과거에 대해 갖고 있는 그런 문화적 일체감이나 자부심 같은 것을 줄 수는 없는 것이다. 이렇게 볼 때 라틴아메리카의 정체성이라는 것은 아직까지 그 구성인자로서만 존재할 뿐 완성된 형태로서는 그 실체가 드러나지 않는 무엇이며, 그러므로 정체성의 탐구라는 것도 존재하는 것의 발견이 아니라 창조의 문제가 된다. 결국 콜럼부스 이전의 원주민 문화나 에스파냐 혹은 서구의 문화 중 그 어떤 것도 그들의 완전한 정체성으로 받아들일 수 없는 라틴아메리카인들은 이들의 혼합을 통해 새로운 정체성을 창조해야 하는 문화적·역사적 과제를 안고 있는 것이다.

이러한 새로운 정체성의 창조 작업은 서유럽을 중심으로 하는 사고방식의 틀에서 벗어나 주체적으로 자신의 미래를 창조하는 일이기도 하다. 따라서 그 출발은 자신의 현재에 대한 냉철한 판단으로부터 시작한다. 그것은 라틴아메리카인이 닮고자 했던 인간과 문화에 대한 종속, 즉 자신의 역사에 대한 왜곡된 시각을 극복하는 일이다. 그 중 하나가 콜럼부스 이전 문화에 대한 새로운 가치평가이며 다른 하나는 혼혈에 대한 것이다.

참고문헌 및 URL

강석영, 『라틴아메리카 이민과 민족주의』, 송산출판사, 1981.
국제경제조사연구소, 『라틴아메리카 환란 왜 반복되나?』, 국제경제조사연구소, 1999.
국제문화연구소, 『해외동포의 현실과 정책과제』, 국제문화연구소, 1990.
김동규, 『세계의 환경교육』, 교육과학사, 1996.
김영명, 『제3세계의 군부 통치와 정치 경제』, 한울, 1990.
김원호, 『한·브라질 21세기 협력 비전과 과제』, 대외경제정책연구원, 1999.
김인규, 『브라질 문화의 틈새』, 다다미디어, 1997.
김희경·정승원·이경형, 『남미 주요국의 금융제도』, 한국금융연구원, 1996.
대외경제정책연구원 지역정보센터, 『브라질의 자원개발현황』, 대외경제정책연구원 지역정보센터, 1993.

민만식·강석영·최영수,『라틴아메리카 근현대 정치사』, 민음사, 1993.
박은홍,『제3세계의 민주변혁과 선거의 정치경제학』, 백의, 1992.
이성형,『라틴아메리카의 역사와 사상』, 까치, 1999.
이성형,『신자유주의의 빛과 그림자 : 라틴 아메리카의 정치와 경제』, 한길사, 1999.
외무부,『브라질 개황』, 외무부, 1996.
이윤희,『내일의 나라 브라질』, 범우사, 1996.
이윤희,『상 파울로의 한인들』, 미리내, 1999.
이은충·문일현·최재영,『격동하는 라틴 아메리카』, 세진사, 1991.
정지성,『마야 문명의 신어 : 아즈테카』, 한백, 1999.
조의설,『세계기행』, 장왕사, 1968.
존 S. 헨더슨,『마야 문명』, 기린원, 1999.
최홍선,「쿠바문명 체험기」,『문명연지』1-2, 한국문명학회, 2000.
한국라틴아메리카학회,『라틴아메리카연구』10-1, 소화, 1997.
한국사회연구소,『동향과 전망』5, 백산서당, 1989.
한국수출보험공사,『라틴아메리카 편람』, 한국수출보험공사, 1997.
한국은행조사제1부,『중남미 주요국의 최근 경제동향과 전망』, 한국은행조사제1부, 1998.
한국정치학회,『민주화와 개혁의 국제비교』, 한국정치학회, 1994.
Linda H. Jones 지음, 안재웅 옮김,『인권운동』, 종로서적, 1988.
Heleith I.B. Saffioti 지음, 김정의 옮김,『산업사회의 여성』, 일월서각, 1986.
Joachim Georg Piepke 지음, 강원돈 옮김,『브라질 바닥공동체 : 하느님의 인민의 교회론』, 한국신학연구소, 1990.
John Updike 지음, 김진준 옮김,『브라질』, 문학사상사, 1995.
Ronald Munck 지음, 강문구·김형수 공역,『라틴아메리카 정치경제학』, 한울, 1991.
Thomas E. Skidmore·P. H. Smith 지음, 민준기 외 옮김,『라틴아메리카의 민주화』, 법문사, 1989.
http : //100.naver.com/search.naver?where=100&command=show&mode=m&id=104635&sec=1#06
http : //cuth.cataegu.ac.kr/~bhlee/list/944.html
http : //myhome.shinbiro.com/~letras/prehispanica/pre.html

http : //plaza1.snu.ac.kr/~sujy62/981012.htm
http : //saejo.pufs.ac.kr/~spain/latin_america/historia/historia.htm
http : //saejo.pufs.ac.kr/~spain/viaje/cyber.htm
http : //san.hufs.ac.kr/~kywchung/llahu/7/2-2.htm
http : //www.arirang.co.kr/~anemone/v01-08/inca/andesculture.html

□ 보론 :

현대문명의 통합 징후

1. 머리말

다닐레프스키(Nikolai Danilevski : 1822~1865)는 서구문명이 마치 세계 문명의 전부인 양 행사하던 고정관념을 깨고 세계사의 문명 단위를 12개로 나누었다.[1] 다닐레프스키의 문명사관을 계승한 슈펭글러(Oswald Spengler : 1880~1936)는 다닐레프스키와는 달리 문명 단위를 8개로 나누었다.[2] 그리고 토인비(Arnold J. Toynbee : 1889~1975)는 유사 이래 세계사에서는 21개 내지는 23개의 문명이 명멸했고 이 중 5개는 현존하고 있다고 말했다.[3] 베버(Alfred Weber)는 10개의 문명을 예시했다.[4] 또한 헌팅턴

---

1) 다닐레프스키가 말하는 12개의 문명 유형은 이집트, 지나, 고 셈(아시리아=바빌로니아=페니키아), 인도(힌두), 이란, 헤브류, 그리스, 로마, 신 셈(아라비아), 유럽(게르만=로만), 멕시코, 페루를 일컫는다(이양기, 『문명론이란 무엇인가』, 영남대출판부, 1986, 75쪽).

2) 슈펭글러는 그가 분류한 8개의 고등문화(문명) 전부를 조사하지는 못하고 서구, 그리스·로마, 아라비아의 세 문명은 소상하게, 이집트와 인도, 중국문명은 객관적으로 검토했고, 바빌로니아와 멕시코 문명은 손도 대지 못했다(이양기, 위의 책, 92쪽).

3) 토인비는 『역사의 연구(A Study of History)』를 통하여 문명의 생성과 붕괴 과정을 설명하면서 그 동안 역사에서는 21개 내지 23개의 문명이 생성되었다고 지적하였다. 그가 말하는 21개의 문명권이란 이집트, 은, 인더스, 미노스, 수메르, 마야, 유카테크, 멕시코, 히타이트, 시리아, 바빌론, 이란, 아랍, 중국, 한국·일본, 인도, 힌두, 헬레네, 정교기독교, 러시아, 서구문명을 일컫는다(Arnold J. Toynbee 지음, 강기철 옮김, 『역사의 연구 I』, 현대사상사, 1979, 650쪽 <표 V> 참조). 23개 문명권일 경우 여기에 안데스, 중국의 진·한 문명이 추가된다(이양기, 앞의 책, 67쪽). 현존하는 5개 문명은 서구기독교 문명, 동방정교 문명, 이슬람 문명, 힌두 문명, 동아시아 문명을 말한다

(Samuel P. Huntington)은 9개의 현대문명을 거명했다.[5] 이들의 문명 분류는 모두 나름대로 설득력을 갖췄다고 생각된다.

필자는 이들을 여러 측면에서 다각적으로 검토해 보고 현대사의 총체적인 이해단위로서의 현대문명을 12개 문명권으로 새롭게 나누어 고찰하였다.[6]

이러한 검토 과정을 통하여 역사가 쌓임에 따라 문명은 점차 더 큰 문명의 흡인·동화력에 의하여 재조정되는 현상을 낳기도 하는 것이 아닌가 하는 생각이 들었다. 사람들은 더 큰 문명권에서 우월의식을 갖고 살고 싶어하는 면모를 발견하였기 때문이다. 마치 문명권의 확장 장면에서는 스포츠에서 볼 수 있는 것처럼 예선전을 거치면서 결승전으로 올라가는 느낌을 받았다. 그 때마다 승리한 문명권은 상대방의 세력권까지 아울러서 더 큰 세력 공간을 확보하는 것이 역사의 길임을 확인했다.

문명은 샘물에서 시작해서 다른 문명을 통합하면서 계곡을 만들고, 내를 만들고, 가람을 만들고, 드디어는 바다를 이루는 것 같기도 하다. 이렇게 생성된 바다가 문명의 성숙기가 아닌가 한다. 이 같은 성숙 과정에서 문명과 문명은 어떤 방식으로든 서로 영향력을 주고받으며 역사는 진행되었다. 100%의 일방통행적 승리만을 거두며 나아간 문명은 없다고 판단된다. 라틴아메리카 문명에서 보이는 것 같이 처음에는 서구문명의 일방적인 승리 같이 생각되었지만 지금 보면 반드시 그렇지만도 않다는 게 실증되었다.[7]

아무튼 문명과 문명의 만남에서는 서로 영향력을 주고받으며 자기들의

(김정의, 『신문명 지향론』, 혜안, 2000, 18쪽).

4) 베버는 역사체로서로서 서구문명 이외에 이집트, 바빌로니아, 인도, 지나, 페르시아, 유태, 그리스·로마, 비산즈, 이슬람 문화의 10개를 들고 있다(이양기, 앞의 책, 103쪽).

5) 헌팅턴(하버드 대학 석좌교수)은 1960년대 이후의 냉전세계(자유세계, 공산권, 비동맹권)에서 벗어나 이제 세계질서 재편의 핵심 변수가 된 것은 문명이라며 1990년대 이후의 문명세계를 서구, 라틴 아메리카, 아프리카, 이슬람, 중화, 힌두, 정교, 불교, 일본 등 9개 문명권으로 나누었다(Samuel P. Huntington, *The Clash of Civilization?*, New York, 1993, 24~27쪽).

6) 이 책의 본문 참조.

7) 이 책의 제12장 참조.

문명을 전파함으로써 상대방의 문명을 자기식으로 동화시키고 나아가 보편화시키는 데 공을 들여 왔다. 개중엔 대대적으로 성공한 문명이 있는가 하면 서로 윈윈 성공한 문명도 있다. 또 좌절하여 역사의 뒤안길로 사라진 문명들도 있다.

지금 세계에 현존하고 있는 국가들은 그러한 점에서 성공한 나라들이라고 생각된다. 그런데 이들 나라들은 서로 인종, 관습, 정치제도, 어문, 신앙 등 유사성의 정도에 따라 그 친소가 갈리고 있다. 이 때 커다란 문명은 이른바 보편성을 들먹이며 흡인·동화력을 발휘하고 있는 것이다. 그래서 작금 세계는 미·소 냉전의 구도에서 소련체제의 붕괴로 미국의 신자유주의적인 팍스아메리카나(Pax Americana)가 형성되고 있다. 중국의 부상과 도전을 제외한다면, 이제 미국이 군사적으로 전면적인 대결을 각오할 상황은 없을 것이라는 것이 홉스봄(Eric Hobsbawm)의 진단이다.8) 이에 대하여 헌팅턴처럼 기독교권과 이슬람권의 쟁패전을 점치는 학자들도 있고, 토인비처럼 여전히 중국의 부상을 확신하는 학자들도 있다.

이는 모두 예상이다. 그러나 가능성 있는 예상이다. 하여간 많은 수의 문명에서 수는 적지만 점차 커다란 문명으로 압축되고 있는 현상이다. 이것은 분명 현대문명의 통합 징후라고 생각된다. 이에 이 글에서는 현대문명의 통합 징후를 좀더 학술적으로 구명해 보고자 한다. 이를 위하여 여러 선학들의 견해를 살피면서 필자의 의견을 개진하고자 한다.

2. 동아시아 문명 부상론

일찍이 칸트(Immanuel Kant : 1724∼1804)는 보편적 법이 지배하는 세계 시민사회가 도래할 것이라고 내다보았다. 그에 의하면 역사의 목표는 이성(理性)의 왕국의 건설이며 그것이 곧 자연의 계획이며 신의 섭리라는 것이다.9) 이는 서구 시민사회가 세계 시민사회로 확장될 것으로 예견한 괄

---

8) http://www.chosun.com/w21data/html/news/199903/199903040233.html.
9) 차하순, 『사관이란 무엇인가』, 청람, 1999(증보11쇄), 14쪽.

목할 만한 발언이다. 그의 예견은 그 후 많은 부분에서 실증되었다. 지금 세계는 이슬람권 문명을 제외하고는 거의 다 서구문명의 세례를 받았다.

그러나 세계사는 서구문명의 확대일로라는 일방통행만 있었던 것은 아니다. 20세기가 되자 세계가 온통 서구문명으로 동화된 마당에 토인비의 탄복이 들려왔다. 그는 기독교 세계인 서구에 동양의 불교가 전파된 것을 동양문명의 서구 잠식용 예광탄으로 보았다. 그래서 동양의 불교가 서구에 전파된 것을 20세기 최대의 사건이라고 지목하였다.[10] 이는 세계국가의 새로운 정신문명의 패러다임으로 동양문명이 갖게 될 입지를 꿰뚫어 본 탁견으로 평가된다.

토인비는 벌써부터 머지않아 세계국가가 도래할 것이라고 예견했었다. 세계국가의 도래는 필연성이 있기 때문이라는 것이다. 세계문명은 세계국가의 테두리 속에 형성되며 세계가 하나로 묶일 문명은 세계적인 제도나 조직이 이루어진 다음, 그 속에서 나타난다는 것이 그의 전망이었다. 토인비가 세계국가가 곧 나타날 것이라고 예상한 데는 세 가지 이유가 있었다. 첫째 이유는 근대과학기술, 그 중에서도 교통·통신수단의 비약적인 발전이고, 둘째 이유는 인류의 멸망을 막기 위한 원자 에너지의 초국가적인 규모의 관리 필요성에서, 그리고 셋째 이유는 인류의 역사 속에 포함되고 있는 어떤 규칙성, 즉 통합적 경향 때문이라는 것이다.[11]

그는 세계국가 형성의 중심이 될 국가로 처음엔 인도를 지목하였으나 후에 중국으로 변경하였다.[12] 그것은 2000년 이상 동양사회에서 동양세계의 세계국가를 경영한 경험을 가진 중국이 서구 제 국민과 충분히 대결할 수 있다는 자신감과 서구에 도전하려는 용기를 보유하고 있기 때문이라는 것이다. 따라서 중국을 위시한 동아시아공동체는 EC[13] 등과는 비교도 안

---

10) 현각, 「불교가 서양으로 간 까닭은」, 『샘터』 358, 1999, 46쪽.
11) 이양기, 앞의 책, 158~159쪽.
12) 동아시아 문명에는 세계국가를 주도할 정치적 자질과 세계정신, 그리고 자연의 소중함에 대한 아시아적 감수성이 있는데 인도 문명과 이슬람 문명에서는 이러한 자질이 발견되지 않는다고 토인비는 피력하였다(위의 책, 175쪽).
13) EU(유럽연합)의 전신.

되는 장래성을 가지게 될 것으로 전망하였다.[14]

때맞춰 문명사가들에 의해서 문명동진론(文明東進論)이 풍미하기 시작하였다. 즉, 2000년대를 아시아의 시대로 예측하기 시작한 것이다. 메소포타미아에서 발원된 인류문명이 유럽을 거쳐 대서양을 건너고 드디어는 태평양을 넘어 아시아로 다가오고 있다는 분석이다.[15]

실제로 20세기 후반부터 동아시아는 경제 분야에서 경이적인 발전을 보이기 시작하였다. 이 과정은 1950년대 일본에서 처음 시작되었다. 한동안 일본은 근대화를 성공적으로 도입하여 경제적 부를 축적한 유일한 비서구 국가로 아주 예외시되었다. 그러나 경제발전의 과정은 네 마리 용[16]으로, 여기에서 다시 중국, 말레이시아, 태국, 인도네시아로 파급되었으며, 필리핀, 인도, 베트남에서도 서서히 뿌리를 내리고 있다. 이 나라들은 지난 십여 년 동안 연평균 8~10%를 상회하는 경제성장률을 보였다. 무역량 또한 처음에는 아시아와 세계 사이에서, 그 다음에는 아시아 내부에서 비약적으로 늘어났다. 아시아의 이러한 경제성장은 유럽과 미국경제의 완만한 성장 정체에서 벗어나지 못하고 있는 세계의 나머지 지역과 크게 대조된다.

따라서 예외적 현상은 일본에 국한되지 않고 아시아 전역으로 확산되고 있다. 서구를 부국으로, 비서구를 저개발국으로 단정짓는 시각은 21세기에는 남아 있지 못할 것이다. 이 변화의 속도는 가히 충격적이다.

아시아는 서·중아시아를 빼고도 1999년 드디어 세계 부의 점유율이 1/3선을 넘어섰다.[17] 키쇼 마부바니[18]의 분석에 따르면, 1인당 생산량을 두 배로 늘리는 데 영국과 미국이 각각 58년과 47년이 걸린 데 비해, 일본은 35년, 인도네시아는 17년, 한국은 11년, 중국은 10년이 걸렸다. 중국의 경제는 1980년대에서 2000년 말까지 연평균 9%의 성장률을 보였으며 네

---

14) 이양기, 앞의 책, 171~176쪽.
15) 동학학회 창립준비위원회, 「동학학회 발기취지문」, 1998(김정의, 『한국문명사』, 혜안, 1999, 269~271쪽 및 『동학학보』 창간호, 동학학회, 2000, 327~330쪽 소재).
16) 홍콩, 대만, 한국, 싱가포르를 지칭한 표현.
17) 『조선일보』 2001년 1월 29일자, 9쪽.
18) 주 싱가포르 미국 대사.

마리 용이 그 뒤를 바짝 추격하고 있다. 1993년 세계은행의 보고서에 따르면, 중국경제권은 미국·일본·독일과 함께 네 개의 성장 축이 되었다. 2001년 현재 세계 2위와 3위의 경제대국을 가지고 있는 아시아는 2020년까지는 5대 경제대국 가운데 4개국, 10대 경제대국 가운데 7개국을 가지게 될 공산이 크다. 가장 경제력이 뛰어난 국가들도 대부분 아시아의 몫으로 돌아올 가능성이 높다. 아시아의 경제성장이 예상보다 훨씬 빨리 전성기로 들어설 가능성도 배제할 수 없지만 이미 이루어진 성장의 파급력은 우리의 상상을 초월한다.

동아시아의 경제발전은 아시아와 서구, 특히 미국과의 세력균형에 변화를 낳고 있다. 경제발전은 그것을 성취하고 거기서 이득을 보는 주체에게 자신감과 자긍심을 준다. 경제력 또한 무력처럼 도덕적·문화적 우위의 표현, 미덕의 증거로 간주된다. 경제적 성공을 거두면서 동아시아인들은 자기 문화의 고유성을 역설하고 서구를 비롯한 다른 사회와 비교하여 자신의 가치관과 생활방식이 갖는 우월성을 서슴없이 강조한다. 아시아 사회는 미국의 요구와 이해관계를 점점 덜 수용하는 추세에 있으며 미국과 여타 서방국가의 압력을 거부할 수 있는 실력을 꾸준히 쌓아 가고 있다.[19]

여기서 힘을 얻은 일단의 한국 학자들은 '한국문명사'를 표제로 부각시킨『한국문명사』를 출간하였다.[20] 그들은 한국문명학회를 조직하여 한국사를 단순한 정치·경제사나 문화사적 시각으로 보는 것을 뛰어넘어 총체적 범주로서의 문명사로 고찰하고, 세계문명 속에서의 한국문명의 실체를 밝히고자 계속적으로 문명사관 정립에 심혈을 기울이고 있다.[21] 그 과정에서 태평양시대가 도래하고 있음을 확신하고 새 시대 준비에 패기와 창의

---

19) 박은미, 「미래문명론」(초안), 2000.
20)『한국문명사』는 1995년에 초판이 출간되었고, 1997년에 개정 2판, 1999년에 개정 3판이 간행되었다. 개정 3판의 체제는 제1부 한국문명사 서설, 제2부 시대사 기본자료, 제3부 한국문명사의 분류사적 이해, 제4부 주변문명사의 이해로 나뉘어져 있다. 여기에는 원유한, 윤종영, 김정의, 강세구, 김재순, 이원명, 이인재 교수 등 28인이 글쓴이로 참여하였다.
21) 김정의, 「한국사의 문명사적 인식론」,『실학사상연구』9, 무악실학회, 1997, 31쪽.

력을 발휘하고 있다.[22]

그런데, 한국이 중심된 태평양시대의 도래를 예측하고 맞이할 준비를 하고 있는 것은 한국문명학회뿐이 아니다. 태평양시대위원회,[23] 아태평화재단,[24] 신문명정책연구원,[25] 신문명아카데미,[26] 미래문명연구소,[27] 한국문명사연구소,[28] 새천년준비위원회[29] 등이 설립되어 각각 의욕적으로 태평양시대를 향한 미래를 수놓고 있는 것이다.

이를 성원하듯이 존 나이스비트(John Naisbitt)는 아시아의 부상을 주목하였다. 그는 서구의 전유물로 여겨 왔던 인권의식에 대하여 실은 그렇지 않다는 견해를 보였다. 그의 말을 빌리면,

> 인권은 과연 서구세계가 아시아에 강요하는 것인가? 전혀 그렇지 않다. 불교의 교리에서는 "삼라만상 가운데 사람의 마음처럼 고귀한 것이 없다"고 내세운다. 즉 모든 사람이 저마다 '어떤 천부적인 권리'를 지니고 있다는 것이다. 한국에서 발생된 동학에서는 '사람이 곧 하늘'임을 내세운다. 즉 '하늘을 섬기듯이' 사람을 귀하게 여겨야 한다[事人如天][30]는 것이다. 500년간 지속된 한국 조선시대의 대학자이자 정치인이었던 율곡 이이(栗谷 李珥 : 1536~1584)의 가르침은 민주주의의 핵심적인 원칙을 명확하게 지적하고 있다. 즉 "어느 사회가 흥하고 망함은 언로(言路)가 열려 있는지 여부에 따라 좌우된다"는 것이다.[31]

---

22) Paul Kennedy 지음, 변도은·이왈수 옮김, 『21세기 준비』, 한국경제신문사, 1993, 421쪽 ; 김정의, 「한국사의 문명사적 관점」, 『한국문명사』, 혜안, 1999, 15쪽.
23) 김동길(金東吉 : 1928~) 주축으로 1991년 창립.
24) 김대중(金大中 : 1925~) 주도 하에 1993년 창립.
25) 장기표(張琪杓 : 1945~)에 의해 1996년 개원.
26) 송희식(宋熙植 : 1953~) 등에 의해 1996년 개원.
27) 김정의(金正義 : 1942~)에 의해 1998년 개소.
28) 구종서(具宗書 : 1938~)에 의해 1998년 개소.
29) 1999년에 설립된 대통령 자문기구, 위원장은 이어령(李御寧 : 1934~)이다.
30) 사인여천 사상의 원뿌리는 홍익인간이다(김정의, 「동학·천도교의 문명 인식론」, 『하현강교수정년기념논총 - 한국사의 구조와 전개 -』, 혜안, 2000, 762쪽).
31) John Naisbitt 지음, 홍수원 옮김, 『메가트렌드 아시아』, 한국경제신문사, 1996, 122쪽.

이와 같은 인권의식에 뿌리박고 있는 아시아는 아시아적인 방식으로 현대화를 추진하여 아시아를 부상시키고 있다. 지금과 같은 추세라면 아시아의 현대화는 머지않아 현대화의 새로운 모델을 탄생시킬 것이고, 새로 탄생된 신형 모델의 추동력은 앞으로 매우 큰 영향력을 행사하게 될 것이다. 따라서 아시아와 함께 21세기로 나아갈 서구세계는 그 과정에서 도전과 기회를 아울러 맞이하게 될 것이라고 예견하였다.32)

같은 기조에서 미래주의자33)인 앨빈 토플러(Alvin Toffler)도 오늘의 문명이 제3의 물결인 정보혁명의 파도를 타기 시작했다고 하면서, 균형과 자원의 지속적인 사용에 대한 관심이 높아져 미래세계는 자연보호, 삶의 존엄, 협력의 문제들에 더 민감해질 것이라는 견해를 피력하고,34) 21세기 문명에 대하여 10대 예측을 하였다. 그 중에는 아시아가 제3의 물결을 타고 유럽을 휩쓸지도 모른다고 지적하여 구미인에겐 충격을, 아시아인에겐 희망을 안겨 주었다.35)

더욱이 제프리 존스(Jeffrey Jones)36)는 아시아, 그 중에서도 한국을 꼬집어 한국의 잠재력을 극명하게 드러냈다. 그는 "21세기는 변화의 시대다. 변화를 쫓아가지 못하는 사람이나 집단은 더 이상 설 곳이 없다. 따라서

---

32) 위의 책, 400쪽 참조.
33) '미래주의자'란 용어는 미래 경향과 상황의 특성을 설명하고 이러한 특성의 의의를 발견하고 평가할 수 있는 방법에 대한 진지한 관심을 가지고 있는 사람을 가리킨다 (Donald N. Michael 지음, 김여수 옮김, 『미래사회』, 을유문화사, 1973, 19쪽).
34) 김경동, 「미래사회와 인간주의」, 『한국의 미래와 미래학』, 나남출판, 1996, 39쪽.
35) 앨빈 토플러는 21세기 10대 예측으로서 "① 21세기의 본질은 지식과 정보 싸움이다. 디지털 기호로 구성된 지식과 정보가 자본을 대체한다. ② 세계 금융개편 투쟁이 절정에 달하면 권력 당국들이 쓰러질 수 있다. ③ 대통령제와 내각제, 관료제도가 무의미해지고, 미디오와 영상 정치가 권력투쟁의 새로운 원천이 된다. ④ 권위주의 정권이 힘을 잃고, 교육받은 중산층이 국가를 이끈다. ⑤ 미디어도 인터넷 등으로 특화되지 않으면 살아남기 어렵다. ⑥ 기술 없는 인력의 대규모 실업이 발생할 수 있다. ⑦ 재택근무자가 늘어나고, 가정의 역할이 더 중요해진다. ⑧ 유전공학의 발전으로 인류 전체가 충분히 먹을 수 있다. ⑨ 아시아가 제3의 물결을 타고 유럽을 휩쓸지도 모른다. ⑩ 인류의 다음 거주지는 우주다"라고 언급하여 크게 주목받고 있다(http://www.chosun.com/w21data/html/news/199903/199903040247.html).
36) 주한미상공회의소(AMCHAM) 회장.

변화에 익숙한 한국 사람들은 그만큼 유리한 출발점에 서 있는 셈이다. 새로운 잣대를 들이대 보니 지금까지 한국 사람들의 단점이라고 생각해 온 것들도 어마어마한 잠재력으로 전환될 수 있다"[37]고 변화에 능숙한 한국 문명의 잠재력을 높게 평가하고 2025년쯤에는 한국이 인터넷 세상의 주인공이 됨으로써 미국이 곤경에 빠지게 될 것이라고 내다봤다.[38]

펠리프 페르난데스-아메스토(Pelipe Fernández-Armesto) 역시 『밀레니엄(Millennium)』에서 한국 문명에 대하여 합당한 평가를 내렸다. 그는 세계에서 한국의 비약적인 발전을 금세기 최상의 발전모델로 자리매김하는 데 주저하지 않았다.[39] 이는 새로운 세계문명에서의 주도력을 한국이 행사할 수 있다는 가능성을 객관적인 입장에서 짚어 주었다는 점에 의의가 있다.

이에 상응하여 한영우는 21세기는 20세기와는 다른 모습의 문명이 형성될 것이라고 지적하고, 동양문명 특히 그 동안 숨겨져 온 한국 문명이 당당하게 세계 속에서 자리잡고 서양문명과 조화하여 새로운 제3의 문명이 창조되는 시대가 될 것이라고 전망하였다. 그것은 우리의 정신문명이 물질 중심의 서양문명의 한계를 극복할 수 있는 상당한 대안을 가지고 있다고 믿기 때문이라는 것이다. 그러나 이러한 기회를 살리려면 주체성을 지니고 대안문명으로써 세계화를 이루어야 진정한 의미의 세계화라는 것이 그의

---

37) http://www.ypbooks.co.kr/cgi-bin/db2www/specdm.mbr/output?p_isbn=1720100328
38) 제프리 존스는 "한국이 인터넷 세상의 중심이 될 것이라고 확신하는 이유는 인터넷 기술만이 아니라 한국인의 인정 때문"이라며 "삭막한 사이버 세상에서 인정을 불어넣을 수 있는 사람이 인터넷을 지배할 것"이라고 전망했다. 그는 또 "흔히 '한국병'이라고 불리는 급한 성격과 민감한 유행감각이 정보화를 앞당기는 밑거름이 될 것"이라고 밝혔다(제프리 존스, 『나는 한국이 두렵다』, 중앙M&B, 2000, 249~253쪽 ; http://www.albat.co.kr/korea.htm).
39) "세계 도처에서 다른 잠재력으로 '새로 산업화하고 있는 국가들'에게는, 한국이 그들의 색깔에 따라 고무적이거나 위협을 주는 하나의 눈부신 본보기였다. 남한은 아시아의 태평양 가장자리에서 분명히 특수한 능력을 과시한―아니면 적어도 이례적인 위업을 달성한―하나의 싱싱한 증거다. 제3세계 상태에서 나름대로 기도한 산업화를 그만큼 성공시킨 나라는 세계 어느 나라에서도 찾아볼 수 없다"(Felipe Fernández-Armesto 지음, 허종열 옮김, 「태평양의 도전」, 『밀레니엄 하』, 한국경제신문사, 1997, 428쪽).

일관된 논조다.[40] 배규한 역시 한국은 20세기 초 세계와의 첫 번째 만남에서 겪은 시련을 딛고 일어나, 21세기를 바라보며 세계의 중심으로 향하고 있다는 데 견해를 같이하고 있다.[41]

이러한 견해들은 한국에서는 대세처럼 보이기도한다. 서구화된 동아시아가 이미 사멸된 것으로 알았던 동아시아 특유의 잠재적인 자연관을 표출함으로써 인류와 지구의 위기를 극복할 수 있는 지혜를 얻게 됐다는 것이다. 그래서 지금은 서구적인 과학문명을 한 차원 높여 한국적인 견지에서 하나의 세계문명을 조화롭게 환경친화적으로 창출할 수 있는 창조적 계기를 만났다는 생각들이다.[42] 특히 한국은 동아시아의 중심에 위치한 국가라는 사실을 상기하고 있다.[43]

그러나 한국 내지 동아시아가 새로운 지구촌시대의 중심권으로 떠오를 것을 명시하지 않고 지구촌시대가 도래할 것이라는 설이나 심지어 한국이 새로운 세계화에서 처질 수 있음을 우려하는 목소리도 있음을 경청해야 할 것이다.

예를 든다면 여호규는 "21세기에는 지구촌의 세계화, 보다 정확히 말하면 자본의 세계화로 민족이나 국가 간의 경계선이 더욱 낮아질 것이다. 지역별 경제블록의 강화나 유로화의 탄생은 이를 예고하는 신호탄으로 받아들여진다. 이처럼 우리 나라가 세계 유일의 분단국가로 남아 있는 동안, 세계사의 수레바퀴는 민족에 바탕을 둔 근대국가를 뛰어넘어 새로운 단계로 나아가고 있다"[44]고 토로하였다. 이는 현금 세계사는 지구촌의 세계화를 위해 변화무쌍한 시기인데, 이렇게 중요한 시기에 한국은 같은 민족끼리 분쟁하면서 세계화로 나아가야 할 처지이므로 다른 나라에 비해 세계화에 많은 장애가 도사리고 있을 것임을 적절히 지적한 견해라고 생각된다.

---

40) 한영우,『미래를 위한 역사의식』, 지식산업사, 1997, 4쪽.
41) 배규한,『미래사회학』, 나남출판, 1995, 7쪽.
42) 김정의,「미래 문명론」,『문명연지』 1-1, 한국문명학회, 2000, 25쪽.
43) 위의 글.
44) 여호규,「정치력과 외교력, 그 엇갈린 선택」,『역사의 길목에 선 31인의 선택』, 푸른 역사, 1999, 29쪽.

3. 인류공동체문명 확산론

한스 코온(Hans Kohn)은 서방 측의 번영과 공산주의의 쇠퇴를 예고[45] 하며 민족주의를 넘어 인류공동체의 출현이 현실화되고 있다고 주장한 바 있다. 그는 "인류는 인간의 정신 속에 아이디어로 생겼다. 그런데 차츰 국가나 민족주의가 전 세계적으로 뚜렷한 현실성을 띠어가자 인류가 현세대에는 현실로 서서히 떠오르고 있다. 이것은 지금 우리가 겪는 대혁명의 중요한 일면이다"[46]라고 우 탄트(U Thant)[47]의 연설을 인용하였다. 이는 지구촌화(Glocalization)[48] 시대의 도래를 예견한 탁견으로 평가된다.

지구촌화 시대의 도래는 1972년 스톡홀름 세계환경회의에서 '지구는 하나'라는 「인간환경선언문」을 채택함으로써 성큼 다가온 감이 든다. 이로써 인간에게는 어려운 고비가 있을 때마다 이를 극복해 나갈 수 있는 슬기가 있다는 믿음도 함께 주었다고 생각된다.[49]

모리 슈워츠(Morrie Schwartz)[50]의 말을 빌린다면 백인과 흑인, 천주교 신자와 개신교 신자, 남자와 여자가 다 같으므로 사람들에게 관심을 갖고 애정을 쏟음으로써 인류라는 대가족의 합류가 가능하다고 진단하였다. 그의 진단은 인류애를 통해서 인류공동체문명의 실현이 가능하다는 희망을 불러왔다.[51]

---

45) Hans Kohn 지음, 민석홍 옮김, 『역사가와 세계혁명』, 탐구당, 1980, 183~193쪽 참조.
46) 위의 책, 226쪽.
47) 미얀마 태생. 1961년부터 1971년까지 UN 사무총장 역임. 1974년 뉴욕에서 암으로 사망한 후 시신은 양곤으로 옮겨졌다. 저서로 『세계 평화를 위하여(*Toward World Peace*)』(1964), 『유엔에서 본 관점(*View from the UN*)』(1978, 유고집) 등이 있다. 1965년 네루상을 수상하였다.
48) Glocalization는 Globalization과 Localization의 합성어로 지구촌화 혹은 세방화(世邦化)를 뜻한다.
49) 스톡홀름 세계환경회의는 1972년 6월 5일부터 세계 114개국 1200여 명의 대표가 참석한 가운데 11일 동안 열렸다. '지구는 하나'라는 「인간환경선언문」은 마지막날 채택되었다. 이듬해 1973년부터는 스톡홀름 회의의 개막일인 6월 5일을 세계환경의 날로 지정하였다(http://www.chosun.com/w21data/html/news/199908/199908110351.html).
50) 전 브랜다이스 대학 사회학 교수.
51) Mitch Alborm 지음, 공경희 옮김, 『모리와 함께한 화요일』, 세종서적, 1998, 166쪽.

더 나아가서 루만(N. Luhmann)은 아예 이제는 세계사회(Weltgesellschaft)만이 유일한 체제라고 주장한다. 체제의 진화(Evolution)에 의해서 하나가 된 세계사회 속에서 인간은 안전을 누릴 수 있다고 본 것이다. 그리고 이러한 세계사회 속에서는 국경이 문제가 되는 것이 아니라 의사소통(Kommunikation)만이 문제가 될 뿐이라는 것이다.[52]

확실히 통신망의 확대와 지구 전체를 덮고 있는 정치적·경제적 연결관계는 진정 세계사의 통합이라고 부를 만한 현상을 초래하였다. 현대문명의 조류는 한국이라든가 유럽이라든가 미국에만 국한되어 형성되지 않는다. 세계 어느 지역을 막론하고 지금은 중요한 사건들의 흐름과 관련을 맺고 있는 것이 분명하다.[53]

의사소통에 의한 제3의 슈퍼문명으로의 통합 징후는 좀더 구체적으로 나타나고 있다. 즉 제3의 문명은 지구상의 수십억 인구에게 소통(communication)의 힘을 부여했다. 농업문명과 공업문명에서는 찾아볼 수 없었던 현상이다. 이 소통의 힘이 인류를 한데 묶는다. 물건을 사는 것이든 파는 것이든, 장소와 시간에 구애받지 않는다. 이것이 헌팅턴의 간이직절한 진단이다.

정치적 이슈에 대해서도 제3 문명권의 인류는 같이 힘을 모아 저항한다. 미국 시애틀의 WTO[54] 반대 데모, 한국 서울의 반ASEM[55] 데모, 프랑스 니스의 반EU 데모 등은 반세계화 데모의 대표적인 사례다.[56] 인종, 종교, 국적, 언어, 문화의 장벽 앞에 인터넷을 통한 소통이 가진 위력이 과시된 본보기라고 볼 수 있겠다.[57]

---

52) N.Luhmann, "Soziale System", *Grundri β einer allgemeinen Theorie* 4, Aful. Frankfurt/M, 1991, 585쪽.
53) Robert V. Daniels 지음, 정경현 옮김, 『역사학 입문』, 지식산업사, 1983, 45~46쪽 참조.
54) 세계무역기구.
55) 아시아·유럽 정상회담.
56) 반세계화에는 베르나르 카센(Bernard Cassen : 파리8대학 교수)이 그 때마다 연대하고 있다(『조선일보』 2000년 12월 29일자 기사 참조).
57) 「긴급좌담회 - 지구화시대의 국제 NGO 운동」, 『당대비평』 겨울호 통권 13, 삼인,

　제3의 슈퍼문명이 종교나 인종의 장벽을 넘어선 지는 이미 오래 전이다. 실리콘 밸리(Silicon Valley)야말로 새 문명의 발상지 가운데 한 곳이다. 가톨릭이든 개신교든 불교든 힌두교든 유태교든 유교든 실리콘 밸리는 모든 것을 포용하고 흡수한다. 천도교·유교·기독교·불교가 공존하는 한국, 신도·불교·개신교가 섞인 일본, 이슬람교·유교가 함께 존립하는 말레이시아와 유교국가인 싱가포르 등이 이 제3문명의 씨앗이 뿌려진 곳이다. 이 곳들은 새로운 문명의 온상으로 자리잡고 있다.

　새로운 온상에서 가꿔진 새 문명의 아이디어는 인터넷을 통하여 삽시간에 전 세계에 전파된다. 새로운 문명은 새로운 종교와 이데올로기를 창출해 내기도 하며, 테러를 조직화하고, 화생방 무기 제조법을 한 순간에 전 세계에 전파시킨다.

　이 문명의 거주자들은 또한 모든 것을 서로 나누어 가진다. 거리는 더 이상 장애물이 되지 않고, 농업문명권이든 공업문명권이든 과거 두 개의 슈퍼문명권과도 거리낌 없이 서로 소통한다. 이 모든 것을 가능케 하는 것은 이메일(E-Mail)이라는 가공할 만한 위력을 지닌 소통수단이다. 원격교육의 확산[58]이나 동구권의 붕괴를 가능케 한 것도, 반지뢰 시민운동가에게 노벨평화상을 안긴 것도 이메일이라는 소통수단이었다.

　이 새로운 삶의 방식은 이제 막 시작되었을 뿐이다. 지금 당장 예측 가능한 것은 이 새로운 삶의 형태가 지금까지 인류가 겪지 못했던 최대의 속도로 새로운 문명을 전 세계에 전파시키리라는 막연한 추측뿐이다. 무역은 이제 양국 간의 단순거래가 아니며, 해외 직접투자의 추세는 일반화되어 버렸고, 인터넷은 새로운 문명의 실마리이자 핵심이고 또한 미래다.[59]

　드디어 인간을 달에까지 착륙시키고 화성 탐색선도 정보를 보내오는 우리 시대의 과학과 기술은 동·서 세계를 하나로 묶어 하나의 세계사회(eine Weltgesellschaft)를 이룩해 놓았다. 그래서 오늘날의 지역사나 국가

　2000, 13~34쪽 참조.
58) 정인성, 『원격교육의 이해』, 교육과학사, 1999, iii쪽.
59) 『주간동아』 2000년 4월 5일 ; http://my.dreamwiz.com/geophill/read1/re99.html.

316 현대문명의 성향

사는 곧잘 세계사화한다고 말할 수 있는 것이다.[60]

한편 세계사의 조류는 공간적·시간적 차원에서 지구민족주의화되어 가고 있다. 현재 세계는 NAFTA,[61] EU, APEC[62] 등의 블록경제를 이루고 있지만, 세계사적 경향은 정보통신의 발달, WTO체제의 성립, 자본기술의 자유로운 이동 등으로 경제적으로 일원화되어 가고 있다. 이런 상황 속에서 국제사회를 움직이는 힘은 어떤 특정 이념이나 군사력보다도 과학기술에 기초한 경제력에 있다. 세계 각국은 경제력을 확보하기 위해서 자국의 국익(國益)을 위해서는 어떠한 이념과 장벽도 개의치 않고 거래를 하면서 무한자유경쟁을 벌이고 있다.[63]

1997년과 1998년에 금융시장에서 발생한 동요에도 불구하고, 이런 세계화의 방향은 여전히 지속되었다. 뿐만 아니라 세계시장은 앞으로도 계속 통합될 것이고 경쟁은 더욱 치열해질 것이다. 이것은 정보화 민주화를 실현시킨 정보기술의 진화에 힘입어 더욱 강력하게 추진될 것이다. 세계화는 이제 엄연한 대세다. 그리고 세계화는 지난 세기처럼 서구가 비서구 국가에게 강제로 부과하던 것에서 벗어나서 이제는 경우에 따라선 쌍방향으로 전환되었다. 가령 중국 같은 나라는 대국의 위용을 과시하기 시작하였고, 러시아도 여전히 대국의 위용을 잃지 않고 있다. 태국과 한국은 1997년 말에 심각한 외환위기를 겪었지만 지금은 사실상 그 위기에서 회복했다. 태국은 역사상 가장 민주적인 헌법을 갖게 되었고, 한국은 경제를 자유화시키기 위한 대규모 구조조정을 실시하였다. 이에 힘입어 세계화로의 사정은 전보다 더 좋아진 편이다.[64] 이처럼 인류는 처음으로 진정한 의미의 세계사가 형성되고 있음을 목격하고 있다. 국가와 민족, 문명의 경계가 급격히

---

60) 이태영·홍종필, 『세계문화사』, 홍문당, 1985, 3쪽.
61) 북미자유무역협정.
62) 아시아·태평양경제협력체.
63) 조인형, 「세계사적 시각에서 본 민족통일의식」(http://guide.kangwon.ac.kr/%7Eeducatio/jour/mater/hist/cyber.html#3).
64) 프랜시스 후쿠야마, 「여성의 정치학이 지배하는 민주사회」, 『미래는 어떻게 오는가?』, 가야넷, 2000, 136~137쪽.

무너지면서 전 세계가 하나로 통합되고 있는 것이다.65)

후쿠야마(Fransis Fukuyama)는 단정적으로 말했다. "이제 세계화를 그만둔다는 것은 생각조차할 수 없습니다." 지구의 양 극단에 있는 나라들도 실제적으로 이미 이웃이 되었다. 사람들은 세계 도처에 산재되어 있지만 세상을 바라보는 방식은 점점 더 유사해지고 있다.66) 인류는 지금 자유민주주의의 확산이라는 대행진에 낙오하지 않으려고 스스로 그 거센 물결에 빨려 들어가고 있는 느낌이다.

이러한 현실을 사실상 수긍한 것이 보드리야르(Jean Baudrillard)의 체념적인 토로다. 그는 "한때는 우파들이 비관적이었고 좌파들이 명확히 낙관적이었지만 오늘날 우리는 우파들에게서는 '찬연한 자유주의'를, 좌파들에게서는 '슬픈 열대(tristes tropiques)'67)를 발견한다"고 자유주의를 축으로 한 지구촌의 세계재편화 현상을 씁슬하게 받아들였다.68)

하지만 동·서 냉전체제의 붕괴로69) 현대문명의 통합 분위기는 더욱 확산되고 있다고 볼 수 있다. 온통 신자유주의의 물결이 도도히 흐르고 있는 것이다.70) 다만 화이부동(和而不同)과 화엄(華嚴) 즉, 하나이면서 여럿이고 여럿이면서 하나인 지구촌 문명이라면 얼마나 아름다우며 얼마나 건강하랴.71) 서로가 자기의 방식을 고집하는 것이 아니라(not for self) 서로가 서로를 이해하려는 것이, 서로가 상대방의 가치관을 존중하고 서로의 문명

---

65) 물론 미국 주도하에 신자유주의 이념을 바탕으로 이루어지는 현재의 세계화에 대해서는 국가의 서열화, 빈부격차의 심화 등 비판의 소리도 높다는 사실을 배제해서는 안 될 것이다(「공동기획 미래에셋 : 지와 예의 프론티어 7」, 『조선일보』 2000년 12월 29일자, 9쪽).

66) 「미래를 만들어갈 5가지 실험」, 위의 책, 402쪽.

67) 레비 스트로스(Levi-Strauss)가 식민주의와 서구문명에 의하여 파괴된 남미 원주민의 연민을 자아내는 삶을 기술한 책 이름이다(송두율, 『역사는 끝났는가』, 당대, 1995, 106쪽).

68) 위의 책, 27쪽 재인용.

69) 김기봉, 「1989/1990년 이후 현대사를 보는 새로운 시각과 쟁점」, 『역사학보』 153, 1997, 256쪽.

70) 이도흠, 「세계회는 미국의 세계 지배로 가고 있다」, 『신인간』 604, 2000, 20쪽.

71) 위의 글, 27쪽 참조.

을 닮으려는 것이 진정한 퓨전(fusion)이 아니겠는가. 그것이 동귀일체(同
歸一體)가 아니겠는가. 참 사랑하는 연인들처럼. 그러한 세계화가 아쉽다.

4. 맺음말

이상으로 '현대문명의 통합 징후'를 살펴보았다.

여기서 토인비는 중국이 부상하여 세계국가를 리드할 것이라는 주장을
폈다. 과연 그렇게 될 것인지 아닌지는 지금으로서는 알 수 없다. 그러나
개연성은 충분히 있다고 생각된다. 중국은 지난 세기의 수모를 씻고 중화
주의를 펼칠 야심찬 의욕이 왕성하다고 진단되기 때문이다.

그러나 미국이 그렇게 만만한 상대가 아니라는 것은 주지의 사실이다.
미·소의 냉전체제가 소멸된 오늘날 새로이 예상되는 미국과 중국 문명의
대결구도는 미·중의 대결을 넘어 서구문명과 동아시아문명의 세력쟁패전
이라고 볼 수 있겠다. 과연 중국 문명이 미국을 극복하고 세계문명의 주도
권을 잡을 것인지, 아니면 미국이 순항하여 세계문명을 계속 이끌 것인지
는 누구도 단언하기 어렵다고 생각된다.

여기에 제3의 요소로 한국 문명의 역동성을 간과해서는 안 될 것이다.
한국 문명은 홍익인간(弘益人間)과 환경친화적인 정보문명을 축으로 하여
인류공동체문명의 중심권으로 접근하고 있다. 한국은 이미 중국적인 문화,
인도적인 문화, 일본적인 문화를 소화시켰고, 미국적인 문화마저 소화시키고
있다. 이처럼 동·서 문화를 모두 섭렵하여 새로운 즈믄해(New Millennium)
의 통합문명을 일구고 있는 것이다. 현실적으로 한국에서는 도처에 문화의
퓨전 현상이 확산되고 있는 양상이 확연히 목격되고 있다.

어쨌든 중국이 리드하든 미국이 리드하든 한국이 리드하든, 아니면 제3
의 다른 문명권이 리드하든 간에 하나의 문명권으로 점차 통합되는 과정
이라는 것만은 확실하다. 인류공동체문명에 좀더 가까이 다가가고 있는 것
이다.

여기서 경계해야 할 것은, 지금 우리는 상대방의 문명을 존중하는 길만

이 피차간의 갈등을 막고 평화와 번영을 구가하는 지름길이 된다는 점이다. 문명 리드의 과욕으로 전쟁을 도발하면 지난 역사와는 달리 현대문명의 통합은커녕 지금 남아 있는 모든 문명권의 자멸을 초래하는 길일 수도 있다고 생각된다. 올해는 마침 UN이 정한 '문명간 대화의 해'다. 이를 상기하여 미래에는 문명간 대화를 통하여 서로간의 문명이 공존하길 갈구한다.

　다만 인류의 이상적이고 보편적인 문명을 창출한 문명에 대해선 그 정도에 걸맞는 흡인력이 생기게 마련이다. 이 때 비로소 이웃문명이 그를 선망하고 따라가게 되는 것은 자연의 이치일 것이다. 현재의 선상에서 볼 때 그 문명사의 대세는 배려, 신뢰, 자유, 형평, 인권 및 환경친화의 정신으로 인류공영을 표방하는 쪽이라고 추론된다. 이를 인지하여 평화리에 현대문명권 상호간에 스스로 통합의 길을 밟는 것이 이상적인 수순이라고 생각된다.

　(김정의, 「현대문명의 통합 징후」, 『문명연지』 2-1, 한국문명학회, 2001)

참고문헌 및 URL

강기철, 『토인비와 문명』, 샘터사, 1982.
김동길, 『역사의 발자취』, 지학사, 1985.
김용준 외, 『문명 그리고 화두』, 열린사회아카데미, 1998.
김정의, 『한국문명사』(한국문명학회총서 1), 혜안, 1999.
김정의, 『신문명 지향론』(한국문명학회총서 4), 혜안, 2000.
김준호, 『문명앞에 숲이 있고 문명뒤에 사막이 남는다』, 웅진, 1995.
김형국, 『한국의 미래와 미래학』, 나남, 1996.
김형석, 『현대인과 그 과제』, 삼중당, 1973.
김희일, 『세계와 한국의 미래』, 백산출판사, 1997.
노태구, 『세계화를 위한 한국민족주의론』, 백산서당, 1995.
라종일, 『세계사를 보는 시각과 방법』, 창작과비평사, 1992.
문일평, 『한국의 문화』, 을유문화사, 1969.
미래학회, 『미래를 묻는다』, 나남, 1988.
민석홍 외, 『인문과학의 새로운 방향』, 서울대출판부, 1984.

320 현대문명의 성향

민현구 외,『역사상의 분열과 재통일(상)』(한림과학원총서 4), 일조각, 1997.
박이문,『문명의 위기와 문화의 전환』, 민음사, 1996.
박이문,『문명의 위기와 생태학적 세계관』, 당대, 1997.
밝은사회서울클럽,『새 문명의 태양은 동방에서 뜬다』, 자유지성사, 1996.
송희식,『자본주의 우물을 벗어난 문명사』, 모색, 1995.
스트로스,『역사와 문명』(서문문고 239), 서문당, 1976.
신문명아카데미,『문명의 전환을 향하여』(21세기문명전환총서 1), 모색, 1997.
에스터 다이슨,『인터넷 디지털 문명이 열린다』, 경향신문사, 1997.
이민호,『현대사회와 역사이론』, 문학과지성사, 1982.
이상신,『역사학 개론』, 신서원, 1994.
이시환,『자연을 꿈꾸는 문명』, 나산, 1996.
이양기,『문명론이란 무엇가』, 대구 : 영남대출판부, 1986.
이윤선,『제5의 문명 발상지 실리콘밸리』, 자유지성사, 2000.
이현희,『역사는 무엇을 가르쳐 주는가』, 벽호, 1994.
인류사회재건연구원,『종합문명의 시대』, 경희대출판국, 1989.
임희완,『역사학의 이해』, 건국대출판부, 1994.
佐久間章行,『인류멸망과 문명붕괴의 회피』, 광주 : 전남대출판부, 1999.
전해종 · 길현모 · 차하순,『역사의 이론과 서술』, 서강대 인문과학연구소, 1975.
제프리 존스,『나는 한국이 두렵다』, 중앙M&B, 2000.
차하순,『현대의 역사사상』, 탐구당, 1994.
차하순,『사관이란 무엇인가』, 청람, 1999.
편집부,『21세기 문명과 불교』, 동국대출판부, 1996.
피터 드러커 외,『다시 그리는 세계지도』, 해냄, 2000.
한림대 아시아문화연구소,『21세기 문명과 아시아』, 춘천 : 한림대출판부, 1990.
홍이섭,『한국정신사 서설』, 연세대출판부, 1975.
A. Toynbee 지음, 강기철 옮김,『시련에 처한 문명』, 일지사, 1975
Agnes Heller 지음, 강성호 옮김,『역사의 이론』, 문예출판사, 1988.
Ake, Claude, A Theory of Political Integration, Homewood, IL. : The Doresey
        Press, 1967.
Alvin Toffler 지음, 장을병 옮김,『미래의 충격』, 범우사, 1970.
B. Croce 지음, 이상신 옮김,『역사의 이론과 역사』, 삼영사, 1978.
Dahl, Rovert A, *Polyarchy : Participation and Opposition*, New Haven :

Yale University Press, 1971.

Daniel Bell 지음, 서규환 옮김, 『2000년대의 신세계 질서』, 디자인하우스, 1991.

David McClelland, *The Achieving Society*, Prinston, NJ : Van Nostrand, 1961.

D.N. Michael 지음, 김여수 옮김, 『미래사회』, 을유문화사, 1973.

Edward Cornish ed., *The Study of the Future*, Bethesda, MD : World Future Society, 1977.

E. Pies 지음, 남정우 옮김, 『인류의 미래』, 현대사상사, 1983.

Felipe Fernández-Armesto 지음, 허종열 옮김, 『밀레니엄』 상·하, 한국경제신문사, 1997.

Handlin Oscar, *Truth in History*, Cambridge, Mass. : Harvard University Press, 1979.

Jack Knight, *Institution and Social Conflict*, NY : Cambridge University Press, 1992.

J. Chesneaux 지음, 주진오 옮김, 『실천을 위한 역사학』, 이론과실천, 1985.

John Naisbitt and Aburdene Patricia 지음, 김홍기 옮김, 『메가트렌드 2000』, 한국경제신문, 1990.

John Naisbitt 지음, 홍수원 옮김, 『메가트렌드 아시아』, 한국경제신문사, 1996.

Josep A. Schmpeter, *Capitalism, Socialism and Democracy* (3rd ed.), New York : Harper Torch Books, 1962.

Joseph A. Tailter 지음, 이희재 옮김, 『문명의 붕괴』, 대원사, 1999.

Lewis A. Coser, *Function of Social Conflict*, Glencoe, IL : Free Press, 1964.

Lillian Biermann Wehmeyer, *Futuristics*, New York : Franklin Watts, 1986.

Max Way, *Beyond Survival*, New York : Harper and Brothers, 1959.

M.E. Olsen, *Participatory Pluralism*, Chicago : Nelson-Hall, 1982.

Norbert Elias 지음, 박미애 옮김, 『문명화과정』, 한길사, 1996.

Paul Kennedy 지음, 변도은·이왈수 옮김, 『21세기 준비』, 한국경제신문사, 1993.

Peter F. Drucker 지음, 이재규 옮김, 『자본주의 이후의 세계』, 한국경제신문사, 1993.

R. G. Collingwood 지음, 이상신 옮김, 『역사학의 이상』, 박문각, 1978.

Peter James 등 지음, 오성환 옮김, 『옛문명의 풀리지 않는 의문들』(상·하), 까치, 2001.

Richard A. Slaughter, *Future Concept and Powerful Ideas*, Australia : The Future Study Center, 1991.

Samuel P. Huntington 지음, 이희재 옮김, 『문명의 충돌』, 김영사, 1997.

Sian Griffiths 지음, 이종인 옮김, 『미래는 어떻게 오는가』, 가야넷, 2000.

Robert V. Daniels 지음, 정경현 옮김, 『역사학 입문』, 지식산업사, 1983.

Talcott Parsons, *The Social System*, Glencoe, IL : Free Press, 1951.

Ulrich Beck 지음, 홍성태 옮김, 『위험사회. 새로운 근대(성)를 향하여』, 새물결, 1997.

William Henry Gates Ⅲ 지음, 이규행 옮김, 『빌 게이츠의 미래로 가는 길』, 도서출판 삼성, 1996.

World Future Society, *The Study of the Future*, Bethseda, MD, U.S.A, 1977.

http ://anc.or.kr/mun/newciv.html

http : //guide.kangwon.ac.kr/%7Eeducatio/jour/mater/hist/cyber.html

http : //my.dreamwiz.com/geophill/read1/re99.html

http : //www.asem3.go.kr/korean/index01.htm

http : //www.chiwoo.net/hahngoon/vision/pro252.html

http : //www.svnews.com/

찾아보기

【ㅎ】

【A~Z】

김정의

4275년 출생
연세대학교 사학과 및 동 대학원 졸업
성신여자대학교 대학원 사학과 졸업(문학박사)
서경대·배화여대·성신여대·서울여대 강사,
교육부 교육과정심의회·국사교육심의회·국사교과서편찬심의회 위원,
한국민족운동사연구회 총무간사, 무악실학회·한국문명학회 회장 역임
현재 : 한양여대 여성과 교수, 동학학회·동선사학회 이사,
　　　한국민족운동사학회·한국문명학회 평의원, 미래문명연구소 소장
저서 :『한국소년운동사』,『한국의 소년운동』,『한국문명사』,
　　　『신문명지향론』,『역사의 시공을 넘나들며』외 다수
E-mail : jekim@hywoman.ac.kr

현대문명의 성향

김정의 지음

초판 1쇄 인쇄·2001년 2월 17일
초판 1쇄 발행·2001년 2월 22일

발행처·도서출판 혜안
발행인·오일주
등록번호·제22-471호
등록일자·1993년 7월 30일
121-836 서울 마포구 서교동 326-26
전화·02) 3141-3711, 3712
팩시밀리·02) 3141-3710

값 12,000원

ISBN 89-8494-116-6 03910